普通高等教育“十一五”国家级规划教材
面向21世纪课程教材
Textbook Series for 21st Century
普通高等教育农业部“十二五”规划教材

农产品国际贸易

第二版

温思美　主编

中国农业出版社

图书在版编目（CIP）数据

农产品国际贸易/温思美主编．—2版．—北京：中国农业出版社，2011.6（2023.7重印）

普通高等教育“十一五”国家级规划教材．面向21世纪课程教材．全国高等农林院校“十二五”规划教材

ISBN 978-7-109-15779-8

Ⅰ.①农…　Ⅱ.①温…　Ⅲ.①农产品－国际贸易－高等学校－教材　Ⅳ.①F746.2

中国版本图书馆CIP数据核字（2011）第116711号

中国农业出版社出版
（北京市朝阳区麦子店街18号楼）
（邮政编码 100125）
责任编辑　何晓燕
文字编辑　何晓燕

中农印务有限公司印刷　　新华书店北京发行所发行
2002年10月第1版　　2011年6月第2版
2023年7月第2版北京第4次印刷

开本：787mm×1092mm　1/16　　印张：15.25
字数：357千字
定价：39.80元

第二版编写人员

主　编　温思美

副主编　熊启泉　庄丽娟　谭砚文

审　稿　钟甫宁　李崇光

第一版编写人员

主　编　温思美

副主编　牛宝俊　庄丽娟

第二版前言

本教材是农产品国际贸易理论和政策的专业基础课教材，适用于全国高等农业院校农林经济管理专业及贸易类相关专业的大学本科生使用，也可供综合院校经济类专业的师生在学习和研究农产品贸易时参考。

本教材是2002年版《农产品国际贸易》（面向21世纪课程教材）的修订重编本。经过多年的使用，该教材得到了国内高等院校师生的广泛好评，2005年被评为中华农业科教基金优秀教材。但是，随着国际经济环境的变化和经济学理论的发展，亟须对原来的体系进行补充和修订。

作为普通高等教育“十一五”国家级规划教材，本书在原版的基础上主要作了以下修改补充：对国际贸易理论的章节（第二至第五章）进行了修订，以期尽可能反映贸易理论的主要进展，修改了部分图表使其更加准确易懂，同时，使文字表述更具可读性；在保留贸易政策分析基本框架的基础上，力图反映贸易政策实践的最新发展和国际多边贸易机制的内容，特别是重点修改补充了第六章、第十三和第十四章；重写了关于农产品国际贸易格局的章节，充实更新了相关数据。

本教材是分工与合作的结果。本书编写者是华南农业大学经济管理学院的教师他们在农产品国际贸易教学、科研和课程思政中积累了丰富的经验。第二至第五章由熊启泉教授修订，第六章、第十三章和第十四章由谭砚文教授修订，庄丽娟教授负责第十五章和第十六章的撰写；其余章节由温思美教授负责。最后，由温思美教授统稿。

特别感谢南京农业大学钟甫宁教授的协助和指导。本教材的编写和出版得到了中华农业科教基金、华南农业大学“211工程”建设基金和国家重点学科建设经费的支持，在此一并致谢。

不足之处，恭请读者和同仁指正。

编　者

辛卯　春于羊城五山

（重印修改于2023年6月）

第一版前言

本教材是根据农业部原教育司“九五”教材规划中关于重编《农产品国际贸易》的任务而编撰的，得到了中华农业科教基金的立项资助；同时被教育部列入高等教育“面向21世纪课程教材”。

本教材是一本农产品国际贸易理论和政策的专业基础课教材，适用于高等农业院校农业经济管理专业以及贸易类相关专业的大学本科生使用，也可供综合院校经济类专业的师生在学习和研究农产品贸易时参考。

本教材是1992年版《农产品国际贸易》教材的重编本。作为国内第一本关于农产品国际贸易的高校统编教材，已故的侯晓昌教授作为当时的主编付出了极大的心血。经过多年的使用，该教材得到了师生的广泛好评，并被评为第二届农业部优秀教材奖一等奖。但是，随着国际经济环境的变化和经济学理论的发展，亟须对原来的体系进行补充和修订。因此，全国高等农业院校教学指导委员会在1997年决定重编农产品国际贸易教材。

教材的撰写和出版一再推迟，既有主观原因，也有客观的因素。主要困难在于如何对一本广受欢迎的教材进行取舍。现在的版本与原教材比较，在体系和内容上作了较大调整：①完全重写了关于国际贸易理论的内容（第二章至第五章），以尽量反映贸易理论的进展；②在保留贸易政策分析基本框架的基础上，力图反映贸易政策实践的最新发展和国际多边贸易机制的内容；③关于农产品国际贸易格局的分析，重点选择了大宗农产品的贸易，并在篇幅上进行了调整。

本教材是分工与合作的结果。第二至第五章由牛宝俊教授撰写，牛宝俊、温思美、魏思怡共同撰写了第十四章，庄丽娟博士负责第十五至第十六章的撰写；温思美教授负责第一章、第六章至第十三章的编写。最后，由温思美教授统稿。

特别感谢南京农业大学钟甫宁教授、中国农业出版社教材出版中心以及华南农业大学经济贸易学院的同事们。本教材的编写和出版得到了中华农业科教基金、华南农业大学“211工程”建设基金和国家重点学科建设经费的支持，在此一并致谢。

不足之处，恭请读者和同仁指正、海涵。

编　者

2002年仲夏

目　录

第一章 导论

中国既是一个农业大国，也是农产品贸易大国，且近年来在国际农产品市场的地位发生了重要变化。研究表明，中国的农产品进口从1991年占世界农产品进口约1.4%迅速上升到2006年的5.5%，成为世界第五大农产品进口国（约为530亿美元）；而同期的农产品出口也从约80亿美元增加到370亿美元，占全球农产品出口的约4%，成为世界第七大农产品出口国。2008年我国农产品贸易总额达991.6亿美元，成为世界第四大农产品贸易国。在经济全球化背景下，农产品国际贸易对一国的经济发展至关重要。为了理解国际贸易影响国内农业发展的机理，科学制定农业发展政策，熟悉农产品国际贸易的特点和规律，农产品国际贸易已经成为农林经济管理专业学生重要的必修课程之一。作为全书的导论，本章将首先介绍国际贸易相关概念、国际贸易及其理论的产生和发展过程，然后简要介绍农产品贸易在农业发展中的作用和农产品贸易研究的特殊性，最后扼要介绍本书的结构和主要内容。

第一节 基本概念

1. 国际贸易（International Trade） 国际贸易是指世界各国（或不同关税区）之间在商品和服务等方面进行的交换活动，是各个国家或经济体在国际分工的基础上相互联系的基本形式。

从自身的角度考察，一个国家或经济体与世界其他地区的交换活动就是对外贸易（Foreign Trade）。对于像英国、日本和中国台湾等海岛国家和地区，其对外贸易不得不跨洋过海，因此他们也将对外贸易称为海外贸易（Overseas Trade）。从世界范围来观察，国际贸易是一种世界性的经济交换活动，因此，又被称为世界贸易（World Trade）。

2. 有形贸易和无形贸易（Tangible and Intangible Trade） 有形贸易是指买卖那些看得见、摸得着的物质性商品（如粮食、机器等）的活动。联合国将有形商品分为10大类（与农林产品相关的共4大类）、63章、233组、786个分组和1 924个基本项目。

无形贸易是指买卖一切不具备物质自然属性的商品的活动。例如运输、金融（含保险）、旅游等服务产品，现代无形贸易还包括信息、技术、专利和许可证、海外投资以及无偿转让等内容。

3. 直接贸易、间接贸易、转口贸易、过境贸易 直接贸易（Direct Trade）是指国家（或经济体）之间在商品和服务方面的直接交换；间接贸易（Indirect Trade）是指商品和服务通过第三国（或者第三方经济体）而实现的经济交换活动。转口贸易（Entrepot Trade）是指在间接贸易中，本国商人充当中间人的角色，从生产国进口商品和服务，再转销向其他进口国。转口贸易又可以分为两类：一类叫直接转口贸易，即转口商人参与交易过程，但商品和服务直接从出口国运往最终消费国；另一类叫间接转口贸易，商品和服务由生产国输入转口商人的所在国，再转向最终消费国。过境贸易（Transit Trade）指的是生产和出口国在出口商品与服务的过程中，经过第三国的国境。

4. 易货贸易与自由结汇贸易 根据清偿工具的不同，将国际贸易分为易货贸易和自由结汇贸易。自由结汇贸易（Cash Settlement）是以在国际金融市场上可以自由兑换的货币作为清偿（支付）手段，而易货贸易（Barter Trade）是指贸易双方以货物经过计价作为清偿工具，用等价的货物交换货物。

5. 总贸易与专门贸易 总贸易和专门贸易是各个国家在统计进出口贸易时采用的两种不同标准，即国境标准和关境标准。根据国境标准，凡进出一国（或经济体）边境的商品和服务就列为国际贸易账下，其总额叫做总贸易（General Trade）额。国境和关境不同，关境指的是一个国家海关法规全部生效的领域。如外国商品虽然已经进入国境，但仍然存放于海关的保税仓库内，或者只在免税的自由经济区内流通，这部分已经进入国境的商品就不在统计之列。因此，进出关境的商品和服务被称为专门贸易（Special Trade）。

6. 贸易顺差和贸易逆差（Trade Surplus and Trade Deficit） 一个国家或经济体既有进口也有出口。在一定时期内（通常为一年），一个国家（或经济体）的出口总值与进口总值之间的差额，称作贸易差额（Balance of Trade）。如果出口大于进口，则称为贸易顺差（A Favorable Balance of Trade），否则，就叫做贸易逆差（An Unfavorable Balance of Trade）。贸易差额是衡量一个国家国际贸易状况的重要指标。保持一定的国际贸易顺差对一个国家的经济发展是有利的，但顺差太大或者逆差太大都会产生不利的后果。

7. 国际贸易纯理论（The Pure Theory of Trade） 国际贸易纯理论主要研究国际分工与贸易是如何产生的（贸易产生的供给和需求基础），贸易是怎样进行的（贸易模式），以及特定贸易模式的经济影响（对国内的生产、消费、价格、政府的影响，以及对国际贸易条件、对贸易伙伴的生产与消费的影响），也研究经济的动态变化如何受贸易的影响以及如何影响贸易模式的变化。这部分研究属于实证经济学（Positive Economics）的范畴。

8. 贸易政策（Trade Policy） 国际贸易政策主要研究贸易政策的类型，贸易政策产生的政治经济原因，政策演变的过程，贸易政策对国内生产、消费和贸易模式的影响以及对国际、国内不同利益群体经济福利的影响，并为“合理”的贸易政策设计提供理论依据。这部分内容既有实证经济学的范畴，也有规范经济学（Normative Economics）的范畴。

第二节 国际贸易及其理论的发展

一、国际贸易的产生与发展

国际贸易是经济社会发展到一定阶段的产物，是人类社会分工专业化的必然结果。只要存在不同的国家（经济实体），只要存在可供交换的剩余产品，就有贸易，只是不同历史阶段的贸易模式有所不同而已。

国际贸易的历史源远流长，最早的对外贸易产生于原始社会末期到奴隶社会初期，随着人类几次社会大分工的发展，国际贸易也迅速发展。早在西汉时期，中国就已经与中东和欧洲通过著名的“丝绸之路”进行跨国境的贸易，到明朝时又开拓了“海上丝绸之路”，使中国的对外贸易迅速发展。欧洲国家早在古罗马和古希腊时期就开始了跨国境贸易，11世纪以后，十字军东征加速了东西方贸易，到15世纪末16世纪中期出现的“地理大发现”，大大拓展了世界市场，给欧洲各国的工商业带来了空前的刺激，使国际贸易出现了前所未有的大发展。

资本主义生产关系的出现和工业革命在欧洲的发生，使真正意义上的世界市场逐步形成，开拓海外市场、推动国际贸易作为商品销售和资本积累的重要方式，既是资本主义生产方式的必然结果，也是资本主义生产方式和工业革命得以成功的条件。资本主义生产方式的发展进一步深化了人类社会的分工专业化，工业革命则从技术上使国际贸易的交易费用大幅度下降，它不但大大地提高了劳动生产率，创造出更多更好的产品用于交换，也大大地促进了交通运输业的发展。分工专业化的加深和技术的进步，使国际贸易成为各国经济中不可缺少的组成部分。

工业革命以后，国际贸易迅速发展。在19世纪，国际贸易总额增长了近10倍，其贸易的总额相当于在这以前人类历史上对外贸易的总和。在20世纪，随着现代工业革命和技术革命的进一步发展，国际贸易更是出现了飞速的发展，仅第二次世界大战结束到20世纪末的半个世纪，国际贸易总额就增长了近15倍，世界贸易的年增长幅度一般都是世界经济增长率的2倍以上，许多国家的经济对国际贸易的依赖程度进一步加深，最高的贸易依存度高达80%，世界平均水平也超过40%。在20世纪最后20年中，随着经济全球化趋势的进一步加强，国家之间通过贸易的相互依赖不仅体现在产品和服务品的交换，更全面地表现在生产、金融、技术和制度的相互传播和彼此依赖，国际贸易的领域、范围、方式都发生了根本性的变化，世界市场的一体化程度迅速提高，在全球范围内配置资源正在成为世界经济发展的基本模式。

二、国际贸易理论的产生与发展

国际贸易的理论与经验研究，最早产生于欧洲资本主义的原始积累阶段，其主要理论是15世纪末16世纪初的重商主义。像其他经济学流派一样，重商主义对国际贸易的研究，也主要着眼于贸易的财富创造功能，而财富又被定义为用金银货币来衡量。在重商主义者看来，国内市场上的贸易是一部分人支付货币给另一部分人，从而使一部分人获利，另一部分人受损，其结果是社会财富在不同集团之间的再分配，整个社会的财富总量并未增加。国际贸易则不同，它可以使一国从国外获得金银货币从而使国家致富。基于这种认识，重商主义对国际贸易的研究主要集中在如何进行贸易，即怎样通过鼓励出口限制进口以增加货币的净流入从而增加社会财富。

早期重商主义强调绝对的贸易顺差，主张控制商品进口和货币外流；而晚期重商主义（16世纪中叶以后）则从较长远的观点出发，认为在一定时期内的贸易逆差是可以接受的，只要最终的贸易结果能够保证贸易顺差，保证货币最终回流国内。但无论是早期的还是晚期的重商主义，都主张鼓励出口、限制进口，都主要关心贸易中财富流动的方向和规模，都集中研究如何贸易这类规范问题，因此，其理论具有很大的局限性。

随着资本主义生产方式的进一步发展和工业革命的出现，重商主义的这种单边贸易主义的理论对生产方式的制约进一步凸现，固守这一理论显然不利于资本主义生产方式对分工专业化进一步发展的要求和海外市场的拓展，因此，受到了来自古典学派的挑战并被自由贸易思想所取代。古典经济学家亚当·斯密（Adam Smith）的基本经济思想是“自由放任”，这一原则也被用于国际贸易理论。在《国富论》一书中，斯密从个人之间的交换推演到国家之间的交换。既然每个人只生产自己擅长生产的东西，然后用来交换别人擅长生产的东西，这样做比自己什么都生产要更为合算。因此，国家之间的分工和交换也应该同样是合算的。无论是出口还是进口，一国都能获得贸易利益。另一位古典经济学家大卫·李嘉图（David Ricardo）在《政治经济学与赋税原理》一书中，也对自由贸易的好处进行了系统论证。

新古典贸易理论和当代贸易理论逐步放弃古典贸易利益的假设，重新考察国际贸易的基础、贸易的模式、贸易利益与结果及与此相关的政策问题。瑞典经济学家赫克歇尔（Eli Heckscher)、俄林（Bertil Ohlin)，美国经济学家列昂剔夫（Wassily Leontief)、萨缪尔森（Paul Samuelson)、克鲁格曼（Paul Krugman）等世界著名经济学家，从不同角度对国际贸易理论发展与政策研究作出了开创性的贡献，使国际贸易理论对当代国际贸易的解释力显著增强。

第三节　国际贸易问题的特殊性

自经济学诞生以来，国际贸易问题的研究就是经济学研究的重要内容之一。在现代经济学的宏大体系中，广义的国际经济学以及国际贸易理论一直占有重要的位置。尤其是20世纪以来，世界经济的相互联系日渐加强，国家之间的商品和服务贸易成为各国经济发展的重要驱动力，国际贸易研究在经济学中的地位也与日俱增。自1969年诺贝尔经济学奖设立以来，萨缪尔森、列昂惕夫、米德、蒙代尔、俄林、克鲁格曼都在国家贸易研究领域作出过巨大贡献，后两人则直接是因为国际贸易领域的开创性贡献而获奖的。

一、经济全球化与国际贸易

20世纪80年代中后期以来，经济全球化趋势进一步加强，对国际贸易问题的关注也进一步增加。经济全球化实质上是市场全球化，具体表现为世界各国生产的全球化、消费的全球化、贸易的自由化、经济竞争的本地化、国际金融市场的一体化、技术转移和制度扩散的全球化。与此相联系的是，跨国公司在全球范围内从事资源配置的主导作用进一步强化，国际多边贸易协定和组织的协调作用逐渐弱化了主权国家的经济管理功能，而以信息技术、生物技术和新能源技术为核心的现代科技革命更强化了这种全球化趋势，使其正在成为一种新的国际经济制度。在经济全球化条件下，国家间的经济联系进一步加强，彼此的相互渗透和依赖程度正在提高，贸易自由化格局中出现了许多新的问题和新的国际经济现象。在国际贸易和国际经济关系发生历史性变化的今天，国际贸易问题的研究就变得十分重要。

经济全球化和贸易自由化的趋势对国际贸易问题的研究提出了现实的需求，而国际贸易问题的特殊性更使国际贸易成为经济学一个独立的分支。国际贸易问题的特殊性产生于国际贸易与国内贸易的本质差别：主权国家与经济实体所产生的特殊问题。

二、国际贸易的特殊性

1. 生产要素的流动性明显削弱 就生产要素的流动能力而言，国际贸易与国内贸易存在显著差别。在国内贸易条件下，由于市场机制的作用在一国内部受到较少的人为障碍，因此，它能够较好地调节稀缺资源在部门之间和地区之间的配置，生产要素一般可以在一国内不同部门和地区之间自由地流动。但是，国际贸易则不同，尽管人类社会一直在致力于减少或消除国家之间经济交换的障碍，但国家的存在本身就构成了一定的障碍。因此，主要生产要素的流动能力较低，有些根本就不能流动，即便可以流动，其流动能力也受到限制，交易费用也比国内要高。这就使得国际贸易问题的研究与国内贸易问题有所不同。

2. 主权国家的经济政策互不相同 每个主权国家都有自己的经济发展目标和政策优先序。在国内贸易中，各经济参与者面对的政策是相同或者基本相同的。但在国际贸易中，参与者必须同时面对两个或两个以上的政府和具有差异的政府政策。尽管在经济全球化和贸易自由化条件下，多边国际组织要求对外国经济参与者给予国民待遇，但各国仍然有一整套经济政策体系，以区别国内和国外参与者，如关税、配额、行政性贸易障碍等，这些都会对国际贸易产生重要影响。

3. 货币制度与交易的不确定性 几乎所有国家都有自己的法定货币。在国内贸易的情况下，这不构成问题。但在国际贸易的条件下，参与者必须面对不同的货币和复杂多样的货币政策和多变的货币（资本）市场，因此，商品贸易与国际金融市场相互交织，增加了国际贸易的不确定性。

4. 法律制度与其他非正式制度的差异 国内贸易的参与者面对同样的民法体系和商业文化习惯等非正式制度，但国际贸易中不同国家的法律体系和商业文化存在显著差异，这就使得在缔结贸易合约和合约的执行方面存在许多复杂问题和不确定性，贸易风险也更大。

三、农产品国际贸易的特殊性

与非农产业不同，农业的产业特性、技术特性所引起的农业政策的特殊性，农产品与其他制成品贸易之间存在明显的差别，作为国内政策延伸的农产品贸易政策也与制成品贸易政策存在很大差异。

农业资源在全球范围内分布的不平衡，以及由此导致的农业生产在全球范围内的区域性，加上农产品消费（中间消费和最终消费）的地域性（如亚洲主要是大米消费区，而欧美则主要是面食区），这些因素使农产品的国际贸易与制成品具有显著差异。农产品的自然再生产过程受非人为因素的影响也比制成品要大。这些都使得农产品的贸易模式异常复杂，国际市场的异质性非常明显。

农业产业的外部性及其在不同国家经济发展不同阶段所处的地位的差异，使农业成为一个特殊的部门，并因此而影响农产品国际贸易和国际市场的格局。对大多数国家来说，农业不仅仅是一个提供经济物品的产业部门，它还向社会提供许多非经济性物品，如环境生态产品、文化遗产，甚至社会稳定这类公共物品，也就是说，农业具有“多功能性”（Multi-functionality）和“非贸易关注”（Non-trade Concerns）的特点。

农产品的产品特性，决定了它的贸易方式和交易过程与制成品明显不同。农业产品的多用途性质，决定了农产品国际贸易中市场结构的复杂性；同类农产品的异质性，决定了农产品交易的个别性；农产品的低值性和易腐性，决定了它在贸易中对贸易模式、运输方式、交货条款等都具有特殊性。农产品的这些特性决定了各国农业政策的巨大差异，以及农产品贸易的复杂性。世界各国都有一整套独立的农业政策，包括国内农产品生产政策、消费政策、市场运销政策和国境政策，这些政策对农产品国际市场和国际贸易的实践产生重要的影响。

第四节　教材内容与结构安排

本书是为大学本科生准备的教科书。其主要目的是为那些已经具备微观经济学和宏观经济学基础知识的学生，提供一本系统的有关农产品国际贸易理论和政策的教材。基于这一考虑，本书试图用现代经济学的基本框架，全面介绍有关贸易理论及与农产品国际贸易相关的贸易政策问题。除本章导言外，本书后续章节大致可以分成三部分：第一部分集中讲述国际贸易纯理论（Pure Theory of International Trade）；第二部分为贸易政策（International Trade Policy）；第三部分概述主要农产品的贸易格局（Trade Pattern of Major Agricultural Products）。

第一部分贸易纯理论部分共四章，即第二章至第五章。这四章的主要任务是要解释贸易产生的基础、贸易利益、贸易模式的形成、贸易与经济发展之间的关系以及特定贸易模式的经济影响。在基础理论的要求方面，只要具备微观经济学的一般知识就足以理解这部分内容，如生产理论、成本理论、消费理论、市场供求理论、局部均衡和一般均衡的分析方法等。

在这四章中，首先介绍了有关贸易模式形成的各种理论，如技术差异论（绝对利益和比较利益理论）、要素禀赋论、规模经济理论、技术进步理论、需求决定论等，这些基本理论旨在说明贸易是如何形成的。然后，考察了经济增长与贸易模式的变化，也即从动态的角度分析了贸易模式的形成，以及贸易与经济发展之间的关系。此外，还分析了贸易模式与资本等要素流动之间的关系，以及贸易模式的经济影响，包括对生产、消费、贸易条件和资源配置效率的影响。这部分的分析基本上属于实证分析的范畴。

第二部分贸易政策分析包括九章内容，即第六章至第十四章。这部分的主要目的是利用基本经济学原理和方法，对各国广为采用的主要农业贸易政策的经济影响做出分析。对农业贸易政策分析的大部分内容仍然属于实证经济学的范畴，各章的分析采用相似的表述方式和结构：贸易政策对国内、国际价格的影响，对政策实施国的国内市场、相关产品的生产、消费和政府财政的影响，并简单地分析了各种政策的福利经济效应。

除了各种主要农业贸易政策以外，本部分还分析了汇率变化对农产品贸易的影响（第十二章），以及各国贸易政策对国际农产品市场的综合影响（第十三章）。在经济全球化和贸易自由化条件下，多边国际贸易体制的影响日渐加强。因此，第十四章介绍了与世界贸易组织（WTO）有关的问题，包括世界贸易组织的基本框架、《农产品协议》的主要内容，同时简要介绍了发达国家和发展中国家的农业贸易政策，并分析了中国农业政策的有关问题。

第三部分是对有关主要农产品市场格局的分析，包括第十五章和第十六章。第十五章考察了谷物类农产品的国际市场和我国谷物农产品的国际贸易。谷物是农产品国际市场中最大宗的农产品，也是反映农产品国际市场格局的主要产品，同时，谷物贸易与其他农产品贸易具有不同的特点。因此，分析谷物贸易有助于了解国际农产品贸易的基本状况。第十六章考察了非谷物类农产品的国际贸易。

复习思考题

1. 在不同国家中农产品贸易的地位与作用。
2. 相对于工业品，农产品贸易有哪些特点？
3. 改革开放以来，中国农产品贸易发生了哪些变化？
4. 中国农产品贸易的地理方向。

第二章 国际贸易基本理论：供给

第一节 生产技术的差异：绝对优势论和相对优势论

最早对国际贸易进行系统阐述的是重商主义。重商主义产生于15世纪，盛行于16和17世纪，到18世纪，重商主义被称为贸易差额论（Balance of Trade Theory）。但是由于重商主义的贸易差额论与经济发展明显冲突而逐渐被自由贸易理论所取代。

亚当·斯密（Adam Smith，1723—1790）在1776年出版的《国民财富的性质和原因的研究》（简称《国富论》）一书中，从三个方面批判了重商主义的贸易思想。第一，批评了重商主义的财富观。货币只能作为交换媒介，衡量财富的标准不应是货币，而是一个国家生产产品和劳务的多少。第二，批判了重商主义的国家富强观念。国家富强的途径是减少政府干预，促进国民经济的发展，而不是由政府对经济活动进行严格控制。第三，货币差额论是不可持续的。货币流入的结果是出口竞争能力的降低。根据硬币流通量调节机制（Specie-flow Adjustment Mechanism），长期保持国际贸易顺差，货币源源不断地流入，会造成价格上涨，导致出口商品尤其是制成品的竞争能力降低。亚当·斯密主张强调个人自抉和把政府对经济的干预减少到最低程度的自由经济理论开创了自由贸易的先河，建立了绝对优势理论（Absolute Advantage）。

大卫·李嘉图（David Ricardo，1772—1823）完善和发展了亚当·斯密的绝对优势理论，创立了比较优势（Comparative Advantage）理论。

一、基于生产技术绝对差别的绝对优势论

（一）绝对优势与价格

国际贸易的直接原因是国家间的价格差异。商品、劳务及生产要素总是从资源丰富、价格低廉的地方流向资源稀缺、价格高昂的地方。商人把丝绸从中国运销到欧洲，是因为中国的丝绸价格低于欧洲市场的丝绸价格。

绝对优势也称为绝对利益，它是指某一地区或国家在某种产品的生产成本绝对低于其他国家或地区。一个国家的绝对优势来自于两个方面：一是自然优势；二是获得性优势。自然优势是一个国家先天具有的在气候、土壤、矿产资源等非人力范围的自然状态方面的优势。比如，亚洲地区的气候和土壤条件适合于种植水稻，这一地区在水稻种植方面拥有绝对优势；相反，在沙特阿拉伯的沙漠上开辟稻田的难度却很大。当然，沙特阿拉伯也生产出了自己的大米，但其成本远远高于泰国、缅甸和美国等水稻主产国。获得性优势是指通过长期的生产经验积累和培训而获得的在技术和技巧方面的优势。比如，在历史的早期，英国精致华

贵的丝绸织品就驰名世界。在今天，英国还大量出口各种体现传统技巧的工艺产品，如蜡染、刺绣、编织品和用具。

产品的价格高低往往取决于生产成本的高低，而生产成本又与生产条件的好坏密切相关。生产条件是指某种产品的生产所必须依赖的自然条件和社会条件。如果一个国家在某种产品的生产上有绝对优势，它意味着这个国家拥有从事这种产品生产的良好条件，其生产成本和产品价格绝对低于其他国家。

（二）绝对利益基础上的国际分工和贸易

由于资源在地球表面的不均匀分布，各个国家拥有不同的绝对优势，它们在不同产品的生产方面存在着绝对成本的差异，因而，它们可以用自己具有优势、生产成本低的产品去交换自己不具生产优势的产品，从而提高国内的消费水平。可见，国际贸易格局的形成基础是产品的生产成本。

贸易和分工是两个密切联系的经济行为。国际分工是国际贸易的前提，贸易的发展又反过来促进国际分工的扩大和深化。国际分工的依据是与一个国家的自然优势或获得性优势有关的生产成本（或称绝对利益），每个国家应该集中生产并出口具有绝对优势的产品，进口其不具有绝对优势的产品，其结果比自己什么都生产更有利。

那么，如何来确定生产技术上的绝对优势呢？直接的方法是衡量产品的产出—投入比率。在劳动是唯一投入的情况下，生产技术的优劣可用劳动生产率即单位劳动产量来衡量。一国如果在某种产品上具有比别国高的劳动生产率，该国在这一产品上就具有绝对优势。相反，劳动生产率低的产品，就不具有绝对优势，或具有绝对劣势。另外，生产技术上的绝对优势也可以间接地由生产成本来衡量。

为了说明理论，我们假定有两个国家——本国和外国；生产两种产品——大米和小麦；劳动是唯一的生产要素，两国有相同的劳动力资源——100 人，即“两国两种产品模型”。由于生产技术不同，同样的劳动人数可能的产出是不同的。如果所有的劳动力都用来生产大米和（或）生产小麦，两国每年的生产可能性假设如表 2-1。

表 2-1　两国两种产品的贸易模型

项　目		大米（t）	小麦（t）
本　国		100	50
外　国		80	100
劳动生产率（t/人）	本国	1	0.5
	外国	0.8	1
生产成本（人/t）	本国	1	2
	外国	1.25	1

从劳动生产率的角度看，本国每人每年可以生产 1t 大米，而外国每人每年只能生产 0.8t，本国具有生产大米的绝对优势。外国每人每年可以生产 1t 小麦，而本国每人每年只能生产 0.5t 小麦，外国具有生产小麦的绝对优势。

从生产成本的角度看，每吨大米在本国只使用 1 个劳动力，在外国则使用 1.25 个劳动力。相反，每吨小麦在外国只有 1 个劳动力，在本国则要 2 个劳动力。通过成本比较，可以得出与劳动生产率相同的结论。根据绝对优势理论，本国具有生产大米的绝对优势，应该专门生产大米；外国具有生产小麦的绝对优势，应该专门生产小麦。然后，本国出口大米，进口小麦；外国出口小麦，进口大米，实现互利的国际贸易。

二、基于生产技术相对差别的比较优势论

(一) 比较优势理论——两种产品贸易模型

在斯密绝对优势理论的基础上，李嘉图提出了比较优势理论。比较优势理论认为，国际贸易的基础并不限于生产技术上的绝对差别，只要各国之间存在着生产技术上的相对差别，就会出现生产成本和产品价格的相对差异，从而形成各国的比较优势，使国际分工和国际贸易成为可能。每个国家生产并出口自己具有比较优势的产品，进口自己生产处于比较劣势的产品而获得比较利益。

李嘉图的这一学说亦被称为比较利益理论。

比较优势理论可通过“两个国家—两种产品”模型（即 2×2 模型）来证明。即使一个国家与另一国家相比，没有任何绝对优势，它们之间也有可能发生分工和贸易。在这种情况下，比较两个国家的生产成本，可以发现它们的相对成本优势或相对成本劣势。因而，如果每个国家专业化于其成本优势较大或成本劣势较小的产品生产，可以使资源配置的效率提高，各国的消费水平也将相应提高。

产品的比较优势来自于生产技术的相对差别，可以用产品的相对劳动生产率来衡量。相对劳动生产率是不同产品劳动生产率的比率。用公式表示为：

产品 A 的相对劳动生产率＝产品 A 的人均产量/其他产品的人均产量

如果一个国家某种产品的相对劳动生产率高于其他国家同样产品的相对劳动生产率，该国在这一产品上就具有比较优势，否则，则具有比较劣势。

比较优势也可用相对成本来衡量。相对成本表示一个产品的单位投入与其他产品单位投入的比率。用公式表示为：

产品 A 的相对成本＝产品 A 的单位成本/其他产品的单位成本

如果一国生产某种产品的相对成本低于别国生产同样产品的相对成本，该国就具有生产该产品的比较优势。

根据表 2-1，可以计算出两国在大米和小麦产品上的相对劳动生产率和相对生产成本（表 2-2）。本国大米的相对劳动生产率是 2，外国大米的相对劳动生产率是 0.8，本国大米的相对劳动生产率高于外国，本国具有生产大米的比较优势。在小麦的相对劳动生产率方面则正好相反：本国为 0.5，外国为 1.25，外国具有生产小麦的比较优势。

表 2-2　两国两种产品贸易模型

项　目		大米（t）	小麦（t）
本　国		100	50
外　国		80	100
相对劳动生产率（t/人）	本国	2	0.5
	外国	0.8	1.25
机会成本（人/t）	本国	0.5	2
	外国	1.25	0.8

本国大米的相对成本低（本国 0.5＜外国 1.25），具有比较优势；外国小麦的相对生产成本低（外国 0.8＜本国 2），具有小麦的比较优势。

还可以机会成本的高低来衡量一国的比较优势。一国在一种产品的机会成本低，就具有比较优势。例如，本国一个劳动者要想生产 1t 大米，就不得不少生产 0.5t 小麦，1t 大米的机会成本是 0.5t 小麦；而在外国，1t 大米的机会成本是 1.25t 小麦。因此，本国在大米生产上具有比较优势。

比较优势理论认为，贸易的基础是生产技术相对差别以及产生的相对成本的不同。一国之所以能够出口获利，只需在该产品的生产上具有比较优势而不一定要有绝对优势。一国可能会在所有的产品上都不具有绝对优势，但一定会在某些产品上拥有比较优势。因此，各国都有条件参与国际分工和国际贸易，并从中获益。

为了说明比较优势理论比绝对优势理论更有普遍意义，对表 2-1 作一变动：假设外国劳动力用来生产大米的话，每年的生产能力不是 80t，而是 150t；本国的生产能力不变。这样两国的生产可能性及相对劳动生产率和相对生产成本的变动如表 2-3。

表 2-3　两国两种产品贸易模型

项　目		大　米	小　麦
本　国		100	50
外　国		150	100
劳动生产率（t/人）	本国	1	0.5
	外国	1.5	1
生产成本（人/t）	本国	1	2
	外国	0.67	1
相对劳动生产率（t/人）	本国	2	0.5
	外国	1.5	0.67
机会成本（人/t）	本国	0.5	2
	外国	0.67	1.5

由于两国劳动力资源都是 100 人，外国大米的劳动生产率（每人 1.5t）高于本国大米的劳动生产率（每人 1t）。外国不但拥有生产小麦的绝对优势，也拥有生产大米的绝对优势。根据绝对优势理论，外国应该同时生产大米和小麦两种产品并向本国出口，本国应该什么也不生产只是进口。但是，这种情况下，本国没有出口，不可能完成产品的交换，因为贸易本身是双向的。一个国家不可能只有出口而不进口，也不会只进口不出口。如果只有在绝对优势的条件下才能出口获利的话，本国什么东西都不能出口，本国和外国就不会发生贸易。

但是，根据比较优势理论，贸易仍能在两国间发生。本国虽然在所有两种产品上都不拥有绝对优势，但在大米生产上拥有比较优势。本国生产 1t 大米的相对劳动生产率是 2，外国是 1.5，本国高于外国；外国生产 1t 小麦的相对劳动生产率是 0.67，本国是 0.5，外国高于本国。因而，本国具有生产大米的比较优势，外国具有生产小麦的比较优势。如从机会成本来看，本国生产 1t 大米的机会成本是 0.5t 小麦，外国是 0.67t 小麦，本国大米的机会成本低于外国，具有比较优势；外国生产 1t 小麦的机会成本是 1.5t 大米，本国是 2t 大米，外国具有生产小麦的比较优势。因此，本国可以专业化地生产大米并出口，同时进口小麦，外国则专业化地生产小麦并出口，同时进口大米，从而形成国际贸易。比较优势理论不仅在理论上论证了贸易的基础，在实践上也部分解释了发达国家与发展中国家贸易的原因。

(二) 多种产品模型中的比较优势

为了使李嘉图模型更加切合实际，可以将其扩展为包括多种产品的模型，比较优势仍然可以发挥作用。

1. 模型的基本假设

(1) 参与贸易的国家仍然只有两个：本国和外国。

(2) 生产了 N 种不同的产品，并可分别对其从 1 到 N 进行编号。

(3) 仍然只投入单一生产要素：劳动。每一个国家的技术水平可以用生产每单位产品所需要的劳动投入量来表示。

(4) 假设生产 1 单位产品 i 的劳动投入，本国为 a_{Li}，外国为 A_{Li}，(其中 i 是这种产品的编号)。将生产每一种产品的本国和外国的单位产品劳动投入之比计算出来，并按照比值重新编号。比值越小，产品编号就越小。我们将产品按照下面的不等式重新编排：

$$a_{L1}/A_{L1}<a_{L2}/A_{L2}<\cdots<a_{L_N}/A_{L_N}$$

2. 相对工资和专业化分工　这一贸易模式取决于本国和外国的工资比率，只要知道这一比值，就能确定哪个国家生产哪种产品。

令 W 为本国的小时工资率，W_f 为外国的小时工资率，则两国的工资率之比就是 W/W_f。这样，世界生产布局变得非常简单：商品总是在生产成本最低的地方进行生产。生产某些产品的成本，比如产品 i，其成本等于 i 的单位产品劳动投入乘以工资率。在本国生产产品 i 的成本就是 $a_{Li}W$；在外国生产产品 i 的成本是 $A_{Li}W_f$，如果 $a_{Li}W<A_{Li}W_f$，或改写为 $A_{Li}/a_{Li}>W/W_f$，那么在本国生产产品 i 的成本就比较低。另一方面，如果 $A_{Li}/a_{Li}<W/W_f$，或者改写为 $a_{Li}W>A_{Li}W_f$，那么在外国生产产品 i 的成本就比较低。

这样，就可以重申产品分布规则：任何符合 $A_{Li}/a_{Li}>W/W_f$ 条件的产品将在本国生产，而任何符合 $A_{Li}/a_{Li}<W/W_f$ 条件的产品将在外国生产。

我们已经将产品根据 A_{Li}/a_{Li} 的大小进行排序。专业分工的法则就是根据两国的工资率将排序的产品从中分成两类。上边的一类就是由本国生产的产品，下边的一类就是由外国生产的产品。

表 2-4 给出一个本国和外国消费和生产的产品：苹果、香蕉、鱼子酱、枣和烤饼。

表 2-4　本国和外国的单位产品劳动投入

产　品	本国单位产品劳动投入 (a_{Li})	外国单位产品劳动投入 (A_{Li})	本国劳动生产率的相对优势 (A_{Li}/a_{Li})
苹　果	1	10	10
香　蕉	5	40	8
鱼子酱	3	12	4
枣	6	12	2
烤　饼	12	9	0.75

在表 2-4 中，第二、第三列的意思很明确，第四列是每一种产品外国对本国的单位产品劳动投入之比，即本国每一种产品劳动生产率的相对优势。从上到下，本国最有比较优势的是苹果，最没有比较优势的是烤饼。哪个国家生产哪种产品取决于两国的工资率之比。对本国来说，相对劳动生产率又高于相对工资率的产品具有成本优势，外国则在其余产品上具

有比较优势。例如，如果本国的工资率是外国的 5 倍（本国工资率与外国工资率的比率为 5∶1），本国会生产苹果和香蕉，外国则生产其他的三种产品；如果本国的工资率只有外国的 3 倍，本国会生产苹果、香蕉和鱼子酱，其他两种产品由外国来生产。

3. 多种产品模型中相对工资率的确定　在多种产品模型中，谁生产什么必须在相对工资率已知的情况下才能确定。要确定在多种产品经济中的相对工资率，必须根据对产品的相对需求来推知隐含的对劳动的需求。劳动的相对需求不是消费者的直接需求，而是根据对各国劳动力所生产的产品的需求推算出来的派生需求。

当本国对外国的工资率之比上升时，对本国劳动的派生需求就会减少，原因有两个：第一，本国劳动相对外国劳动的价格升高，本国产品相对于外国产品的价格也升高，世界市场对这些产品的需求就会减少；第二，本国的工资上升后，本国生产的产品种类会减少，外国生产的产品种类增多，这进一步减少了对本国劳动的需求。

我们可以用上述例子说明这两种效应。假设最初本国工资是外国工资的 3.5 倍。在这个工资水平上，本国将生产苹果、香蕉和鱼子酱，外国将生产枣和烤饼。如果本国的相对工资水平从 3.5 开始上升，只要不超过 4，专业分工的布局不会改变。但是本国生产的产品相对价格提高，对这些产品的相对需求就减少，对本国劳动的需求也随之减少。假设继续上升，从 3.9 上升到 4.01，这个小小的变化会改变整个专业分工的布局。现在外国生产鱼子酱的成本要比本国低，所以鱼子酱生产从本国转移到外国。这对本国劳动的需求意味着什么呢？显然，相对工资率从略小于 4 上升到略大于 4 意味着对本国劳动的需求会有一个突然的下跌，这是因为本国停止了鱼子酱的生产，而外国要因此创建一个新的产业。如果相对工资率继续上升，对本国劳动的需求会逐渐下降，当相对工资为 8 时，又会出现一个突然的下跌。这时，香蕉生产将转移到国外。

我们可以用图 2-1 来说明相对工资的确定。曲线 *RD* 表示世界市场上对本国劳动的相

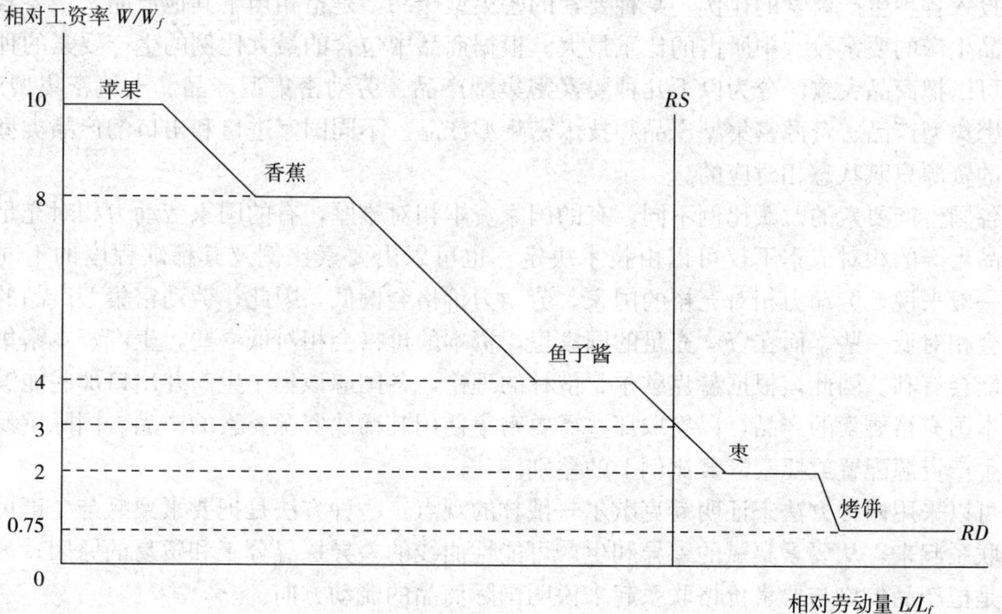

图 2-1　相对工资的确定

注：在多种产品的李嘉图模型中，相对工资由派生的劳动力相对需求曲线 *RD* 和相对供给曲线 *RS* 的交点确定。

对需求，曲线 RS 表示世界市场上本国劳动的相对供给。

劳动的相对供给就是本国和外国可供给的劳动之比。假定劳动的供给不随工资变化而变化，相对工资对相对劳动供给没有影响，那么 RS 曲线就是一条垂直于横轴的直线。

第二节　生产要素比例的差异——资源禀赋论

在李嘉图比较优势理论创立 100 多年后的 1919 年，瑞典著名经济学家赫克歇尔（Heckscher，1879—1952）提出了如何解释李嘉图比较优势学说中两国成本比较差异的问题。他认为，在"两个国家—两种产品"模型中，如果两个国家的生产要素禀赋和生产技术完全一样，那么国际分工和国际贸易就不可能给任何国家带来好处；比较成本差异的原因是各国资源禀赋状态不同以及在不同产品的生产过程中使用各种生产要素的比例不同。赫克歇尔的这些论点被其学生伯蒂尔·俄林（B. Ohlin，1899—1979）所接受并加以发展。俄林认为，"国际贸易的首要条件是，有些商品能够在某些地区比其他地区更便宜地生产出来。一个地区出口的商品包含着相对大的、比其他地区更便宜的生产要素，而进口的是其他地区能够便宜生产的产品。总之，进口的是使用高昂生产要素比例大的商品；出口的是使用低廉生产要素比例大的商品。"这些论点便是赫克歇尔—俄林命题（或称 H-O 模型）的基本思想。

一、要素密集度

赫克歇尔和俄林均以不同商品的要素密集度差异和各国要素禀赋的差异为依据，对比较成本差异（或比较利益）产生的原因进行了解释。所谓要素密集度，是指生产某一特定商品所需投入各种生产要素的比例。某种要素的密集型产品，是指相当于其他产品，该要素在这种产品生产的要素投入中所占的比重最大。根据商品中包含的最大比例的生产要素的种类不同，可以把商品大致区分为以下几种要素密集型产品：劳动密集型产品、土地密集型产品、资本密集型产品、资源密集型产品和技术密集型产品。不同国家进口和出口的产品类型，是与它的资源禀赋状态相对应的。

各国生产要素的贮藏比例不同，有的国家资本相对雄厚，有的国家劳动力相对充足。因此产品生产的相对成本不仅可以由技术决定，也可以由要素比例及其稀缺程度的不同而决定。一般来说，劳动力相对充裕的国家，劳动力价格会偏低，因此，劳动密集型产品的生产成本会相对低一些。而在资本充足的国家里，资本的价格会相对低一些，生产资本密集型产品可能会有利。因此，根据赫克歇尔、俄林的理论，各国应该集中生产并出口那些能够充分利用本国充裕要素的产品，以换取那些需要密集使用其稀缺资源要素的产品。国际贸易的基础是生产资源配置或要素贮藏比例上的差别。

可以采用两种方法来证明赫克歇尔—俄林的观点：一种方法是把要素禀赋与生产可能性曲线联系起来，从要素禀赋的差异和生产可能性曲线的差异探寻分工和贸易的原因；另一种方法是把产品价格与要素价格联系起来说明国际商品的流动方向。

二、两要素贸易模型

（一）模型的假设

赫克歇尔—俄林的资源禀赋理论（或要素比例学说）可以通过以下的两要素贸易模型得到进一步说明。

模型的基本假设：

（1）两个国家：假定为本国和外国。

（2）两种生产要素：土地和劳动。假定本国是土地充裕的国家，外国是劳动充裕的国家。

（3）两种产品：粮食和棉布。无论生产粮食或是生产棉布，都要使用劳动和土地，但使用的比例不同。假定粮食是土地密集型产品，生产需要较多的土地和较少的劳动。棉布为劳动密集型产品，生产需要大量的劳动和少量的土地。

（4）土地和劳动可以在国内各部门自由流动，但不在国家间流动。

（5）为了集中分析要素比例差别的作用，假定各国的生产技术相同。

（6）定义以下表达式：

A_{tc}＝生产每米棉布所需要投入的土地；

A_{lc}＝生产每米棉布所需要投入的劳动；

A_{tf}＝生产每千克粮食所需要投入的土地；

A_{lf}＝生产每千克粮食所需要投入的劳动；

l＝一国的劳动总供给；

t＝一国的土地总供给。

在两要素贸易模型中，每一个部门生产者面临的不是李嘉图模型中那种固定的投入要求，而是像图 2－2 中那种要素组合的权衡选择。

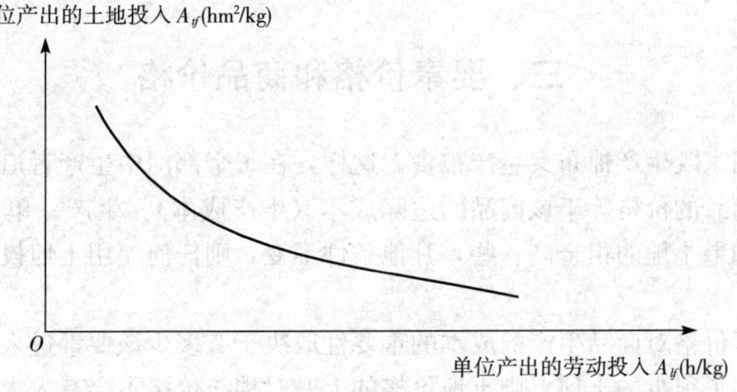

图 2－2　粮食生产的投入组合可能性曲线

注：一个农民可以用较少的土地和较多的劳动来生产 1kg 粮食，也可以用较多的土地和较少的劳动来生产同样数量的粮食。

事实上，生产者会做出何种投入选择？这取决于土地和劳动的相对成本。如果土地的租金高而劳动的工资低，则农民会选择相对少的土地和相对多的劳动来生产；如果租金低而工资高，则会选择节省劳动而是用大量的土地。若用 W 来表示每小时劳动的工资率，r 表示单位土地的成本，于是对投入组合的选择将取决于这两种要素价格的比率（W/r）。图 2-3 中的曲线 FF 揭示了要素价格在粮食生产和棉布生产中所用土地与劳动的比率之间的关系。

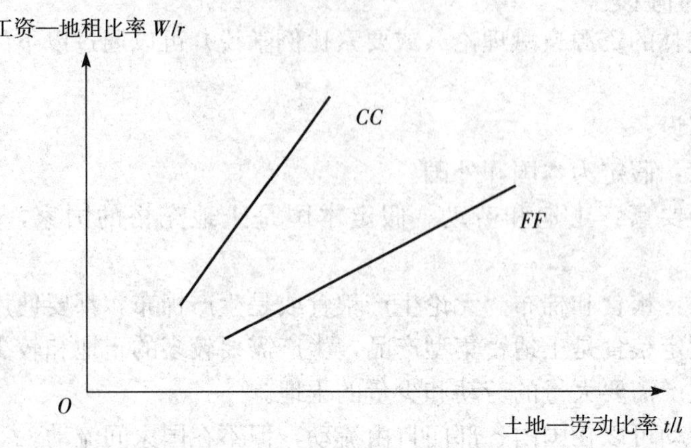

图 2-3　要素价格和投入选择

注：在每个部门，生产中所使用的土地与劳动的比率取决于劳动与土地的相对价格，即 W/r。图中 FF 曲线表示粮食生产的土地—劳动比率的选择，CC 曲线则表示在棉布生产中的土地—劳动比率。对任何一个给定的工资—租金比，粮食生产会使用较高的土地—劳动比率。在这种情况下，我们称粮食生产为土地密集型，棉布生产为劳动密集型。

W/r 与棉布生产的土地—劳动比率之间存在着对应关系。图 2-3 中的 CC 曲线表示了这样的关系。图 2-3 中的 CC 曲线在 FF 曲线的左边表明，给定任意要素价格，粮食生产比棉布生产的土地—劳动比率高。在这种情况下，粮食生产就是土地密集型的，相应的，棉布生产是劳动密集型的。一种产品是劳动密集型还是土地密集型，取决于在生产中劳动投入量对土地投入量的比例，而不是劳动投入量或土地投入量相对于产出的比例。因此，一种产品不可能同时是劳动密集型产品或土地密集型产品。

三、要素价格和商品价格

假定一个国家既生产棉布又生产粮食。这样，在每个部门中生产者追求利润最大化的努力将保证每一商品的价格等于该商品的边际成本（生产成本）。生产一单位商品的成本取决于要素价格：如果土地的租金高一些，其他条件不变，则任何使用土地投入的商品的价格也得相对高一些。

但特定要素价格对商品生产的成本的重要性取决于有多少该要素进入到该商品生产。如果棉布生产使用了很少的土地，则土地价格的上升对棉布价格不会有太大的影响；反之，如果粮食生产使用了大量的土地，则土地价格的上升对粮食价格影响很大。因此，可以得出结论：在工资—租金比率 W/r 和棉布价格—粮食价格比率 P_C/P_F 之间存在着一一对应关系，这种关系由图 2-4 中上升曲线 SS 表示。

如果把图 2-3 和图 2-4 放置到一起，形成图 2-5。左边是旋转坐标后的图 2-4（曲线 SS），右边是图 2-3。通过把两个图形放到一起，可以看到：商品价格和每种商品生产中所

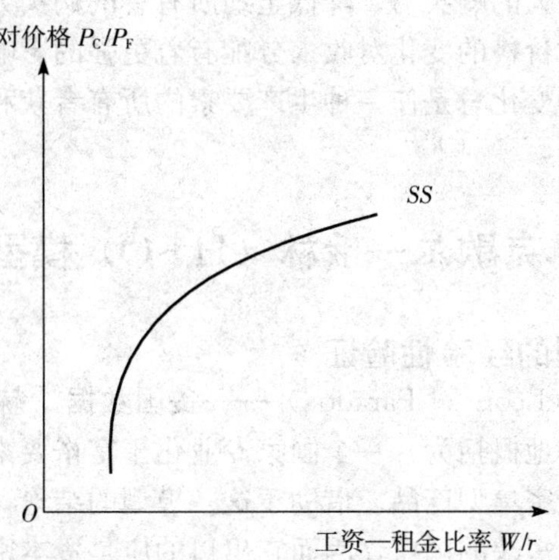

图 2-4　要素价格和商品价格

注：由于棉布生产是劳动密集型的，粮食生产是土地密集型的，要素相对价格（W/r）与商品相对价格（P_C/P_F）存在着一一对应的关系。劳动的相对成本越高，劳动密集型产品的相对价格就越高。图中的 SS 曲线显示了这种关系。

投入的土地与劳动比率之间存在着联系。假设棉布的相对价格是（P_C/P_F）$_1$（图 2-5 的左半边）。如果这两种产品都生产，则工资与土地租金的比率就必须等于（W/r）$_1$，该比率就意味着，在棉布生产和粮食生产中所投入的土地与劳动的比率就必须等于（T_C/L_C）$_1$和（T_F/L_F）$_1$。如果棉布的相对价格上升到（P_C/P_F）$_2$的水平，则工资与土地租金比率也将上升到（W/r）$_2$。由于土地变得相对便宜一些，所以棉布生产和粮食生产中投入的土地与劳动的比率也会上升到（T_C/L_C）$_2$和（T_F/L_F）$_2$。

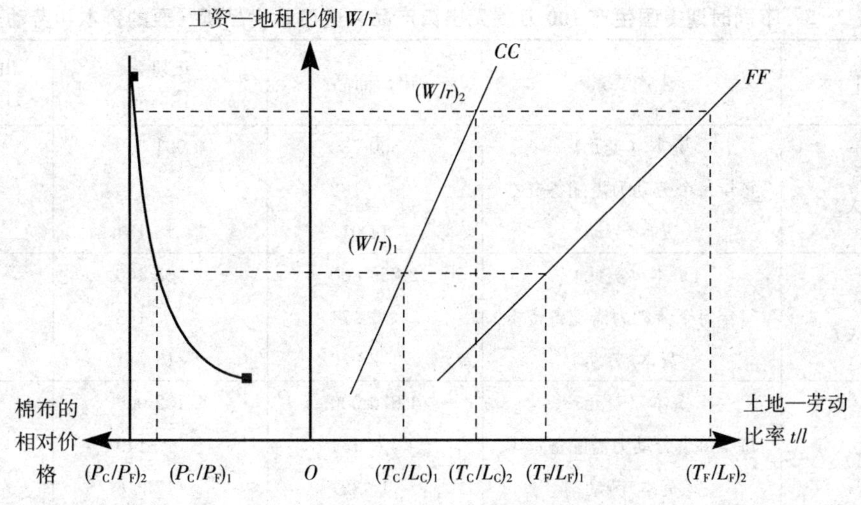

图 2-5　从商品价格到要素投入的选择

从图 2-5 中可得出一个重要的结论。左半边图已告诉表明，棉布价格相对于粮食价格的增长会导致工人收入相对于土地所有者收入的增长。也可以更明确地表述为，这种在相对价格上的变化将通过提高用两种商品衡量的实际工资，同时降低用两种商品计算的实际租金，明确无疑地提高工人的购买力，降低土地所有者的购买力。

在该模型中，相对价格的变化对收入分配有着更强的影响。商品价格的变化不仅会改变收入的分配，而且这种变化总是使一种生产要素的所有者获利，同时使另一种生产要素的所有者的福利恶化。

四、赫克歇尔—俄林（H-O）模型的实证分析

（一）H-O模型的经验性验证

1. 列昂惕夫之谜（Leontief Paradox）**——美国数据** 赫克歇尔—俄林模型中关于分工和贸易的格局可以简单地概括为：一个国家专业化于富裕要素密集型产品的生产，并出口这种产品以交换稀缺要素密集型产品。借助于这一模型的结论，人们可以直观地感觉到，美国是一个资本丰富而劳力短缺的国家，因而它出口的应是资本密集型产品，进口的是劳动密集型产品。这些现象似乎都是不言自明的。

第一次用实证分析方法对赫克歇尔—俄林理论进行验证的是美国著名经济学家瓦西里·列昂惕夫。列昂惕夫基于对赫—俄模型的直观认识，认为美国出口的应是资本密集型产品，进口的应是劳动密集型产品。为证实这一点，列昂惕夫用投入—产出方法对美国的实际情况进行检验。他使用包括200个行业的投入—产出表，分别对美国1947年和1951年每生产100万美元的出口产品和与进口相竞争的产品（即进口替代产品）所使用资本和劳动的比率进行了计算。其计算结果（参见表2-5）明显地与赫克歇尔—俄林的理论预测相悖。这一经验验证结果说明，美国出口的是劳动密集型产品，而进口的是资本密集型产品。按H-O模型推导，根据美国的要素禀赋，它的进出口结构应恰好相反。这一与人们直观感受相反的验证结论被称为列昂惕夫之谜（Leontief Paradox），也称“列昂惕夫反论”。

表2-5 不同时期美国生产100万美元出口产品和进口替代品所需要的资本和劳动力

时　间	生产要素	出口商品	进口替代商品	出口商品/进口替代商品
1947年（列昂惕夫）	资本（美元）	2 550 780	3 091 339	0.771
	每年每个劳动力需配备资本	182	170	
	资本/劳动	14 015	18 184	
1951年（列昂惕夫）	资本（美元）	2 256 800	2 303 400	0.946
	每年每个劳动力需配备资本	174	168	
	资本/劳动	12 970	13 711	
1962年（鲍德温）	资本（美元）	1 876 000	2 132 000	0.799
	每年每个劳动力需配备资本	131	119	
	资本/劳动	14 321	17 916	

资料来源：Robert Baldwin. 1971：Determinations of the Commodity Structure of the U. S. Trade. American Economic Review，61：126-145.

表2-5展示了列昂惕夫对美国1947年和1951年及鲍德温对1962年的投入—产出和贸易结构的验证结果。1947年，美国生产100万美元的出口商品所需投入资本和劳动力两种生产要素的比例为14 015∶1（即每年每个劳动力需要配备14 015美元的资本），而生产100

万美元的进口替代商品所需资本与劳动力的比是 18 184：1。因为进口替代商品和进口商品的资本密集度相同，可以根据上面计算的两种要素的使用比例判断，美国出口产品的资本密集程度比进口产品的资本密集度要低。1947 年，美国出口行业的资本密集度仅为进口产品资本密集度的 77.1%，1951 年为 94.6%。1962 年鲍德温的计算结果也只有 79.9%。相对而言，美国出口的是劳动力密集型产品（或者说是劳动力密集度较高的商品），进口的是资本密集型产品（或者说是资本密集度较高的产品）。

列昂惕夫之谜的发现导致了许多经济学家的进一步验证和对该谜的解释。1968 年，惠特尼对 1899 年美国投入—产出和贸易结构进行了研究，其结果表明，美国出口行业的资本密集度是进口替代行业的 111.8%，即在当时，美国出口的是资本密集型产品，进口的是劳动力密集型产品。这一结论与 H-O 模型的推论结果相一致。还有其他一些经济学家验证了另外一些国家的贸易结构，这些结论，使列昂惕夫之谜变得更加错综复杂。

2. 全球数据 近几年，经济学家们尝试用大量其他国家的数据来验证赫克歇尔—俄林模型。对苏联 20 世纪 50 和 60 年代贸易结构验证的结果表明，苏联出口的是资本密集型产品，进口的是劳动密集型产品。这一结论与 H-O 模型的推论相一致，“谜”并不存在。因为前苏联的大部分贸易是与东欧国家进行的，相比之下，前苏联的资本更加丰富。对日本 20 世纪 50 年代贸易情况的验证结果说明日本出口的是资本密集型产品，进口的是劳动力密集型产品。

对于人口过剩的日本来说，“谜”是存在的。

加拿大的大部分贸易是与美国进行的，但是加拿大出口的是资本密集型产品，而进口的是劳动密集型产品。更使人们大惑不解的是，印度在 20 世纪 50 年代向美国出口的是资本密集型产品，而进口的是劳动密集型产品。但是，印度与其他国家的贸易结构并不存在这样的“谜”（它出口劳动力密集型产品）。

海芮·P. 伯文、爱德华·E. 利莫和里奥·斯维考斯克斯所进行的一项重要研究（表 2-6），根据一个有 27 个国家和 12 种生产要素的样本，作者计算出每一个国家的各种生产要素占这种要素世界总供给的比例，然后将这一比例与各国收入占世界总收入的比例进行比较。如果要素比例理论是正确的，一个国家总是出口要素比例大于收入比例的生产要素，进口要素比例小于收入比例的生产要素。事实上，有 2/3 的生产要素在不到 70%的情况下是以要素比例理论所论断的事实进行贸易的。这项在世界范围里进行的研究结果证实了里昂惕夫悖论：贸易并不是按赫克歇尔—俄林理论所预见的方式进行的。

表 2-6　检验赫克歇尔—俄林模型

生产要素	论断准确率*
资　本	0.52
劳　动	0.67
技术工人	0.78
管理人员	0.22
一般职员	0.59
售货员	0.67
服务人员	0.67

（续）

生产要素	论断准确率*
农　民	0.63
产业工人	0.70
耕　地	0.70
牧　场	0.52
森　林	0.70

* 论断准确率指净出口产品包含的要素符合理论预测的国家占全部国家的比例。具体解释参见［美］保罗·克鲁格曼，矛瑞斯·奥伯斯法尔德．1998．国际经济学．北京：中国人民大学出版社，77-80.

资料来源：Harry P. Bowen，Edward E. Leamer and Leo Sveikauskas. 1987. Multicountry，Multifactor Tests of the Factor Abundance Theory. American Economic Review，77：791-809.

3. 南北贸易的考察　尽管国际贸易的整个模式似乎并不能很好地由赫克歇尔—俄林模型解释，但从南北制造业贸易来看比较符合这一理论。让我们看一下表 2-7 所示的美国和韩国贸易中的一些要素。

表 2-7　1992 年美国和韩国的贸易（亿美元）

商品种类	美国向韩国出口	美国从韩国进口
化学、塑料、医药产品	13.4	1.05
动力设备	7.05	0.93
专业与科技仪器	5.12	0.96
公路以外的交通工具	15.31	0.78
服装与鞋类	0.11	42.03

资料来源：Statistical Abstract of United States，1994. 转引自保罗·克鲁格曼等．1998．国际经济学．北京：中国人民大学出版社，80.

很明显，美国出口到韩国的商品与美国从韩国进口的商品非常不同。美国向韩国出口产品趋于复杂先进的技术密集产品，如科学仪器，而韩国仍出口简单大众的产品，如鞋类。人们可以因此认为赫克歇尔—俄林模型对贸易模型的论断在应用于南北贸易时比应用于整个国际贸易时更为有效。这一点在大多数研究中也确实被证实了。然而，这些研究结果与前面的观察并不矛盾，即总的来说，赫克歇尔—俄林模型似乎并不能很好地解释一切，因为南北制造业贸易仅占整个世界贸易的大约 10%。

（二）列昂惕夫之谜存在的原因

为什么对现实世界贸易格局的验证结果会与逻辑上无懈可击的赫克歇尔—俄林原理的推论发生矛盾呢？人们从不同的角度对列昂惕夫之谜存在的原因进行了探索，形成了各种解释国际贸易的新理论。这些新理论，摒弃了 H-O 模型中的某些假设，使模型得以完善，更接近于现实世界的真实情况。

1. 劳动力不同质论及引出的其他理论　H-O 模型中假设劳动力是同质的。但列昂惕夫认为各个国家的劳动力是不同质的，而这一点正是列昂惕夫之谜的成因。他解释说，由于各个国家劳动力的技术水平和熟练程度不同、劳动生产效率有差异，劳动力在不同国家是不同质的。事实上，美国一个劳动力的效率差不多是其他国家的 3 倍，衡量美国劳动力的丰缺程度，应该在美国劳动力实际人数的基础上乘以3。这样，美国就并非是劳动力稀缺、资本丰裕的国家，它的要素禀赋状态正好相反。因此，按照H-O模型推论，美国就应该出口劳动力密集型产品，进口资本密集型产品。从这一角度来看，列昂惕夫的验证结果并不与H-O定理相悖（表2-8）。

表2-8　部分国家进出口产品生产使用熟练和非熟练劳动力比重（%）

国　家	出口产品		进口产品	
	熟练劳动力	非熟练劳动力	熟练劳动力	非熟练劳动力
美　国	54.6	45.4	42.6	57.4
瑞　典	54.0	46.0	47.9	52.1
德　国	52.2	47.8	44.8	55.2
意大利	41.1	58.9	52.3	47.7
印　度	27.9	72.1	53.3	46.7

对列昂惕夫之谜的解释，还引出了其他经济学家因释谜而提出的理论，如人力技能理论（基辛）和人力资本理论（肯林）。人力技能理论基于劳动力不同质这一事实，根据劳动力具有的技能不同，把劳动力分为熟练和非熟练两个大类。对1962年不同国家进出口情况的分析结果表明，美国出口产品使用熟练劳动力占54.6%，高于其他国家；使用非熟练劳动力占45.4%，低于其他国家。它表明，美国拥有相对丰富的熟练劳动力，出口的是技能密集程度较高的产品，而进口的是技能密集度较低的产品。人力资本理论认为人力技能实质是一种资本，它是通过投资教育和培训而形成的。肯林根据这一观点把熟练劳动力加以资本化。其处理方法是把熟练劳动力的收入高于非熟练劳动力的部分资本化，并与有形资本相加。经这种方式处理，列昂惕夫之谜便为之消失了。

2. 自然资源禀赋的差异　H-O模型中考虑到了两种主要的生产要素，即资本和劳动。但是，一个国家拥有的自然资源条件将影响进出口贸易结构。美国进口的大部分产品是初级产品（占60%～70%），其中，木材和矿产品占主要地位，这些产品的生产除使用大量自然资源外，还使用了大量的非人力资本。后来，列昂惕夫考虑到自然资源对贸易模式的影响，剔除美国进口的19种资源密集型产品，其计算结果与赫克歇尔—俄林定理的推论相一致。因此，可以这样来解释美国的进出口贸易结构：美国拥有充裕的耕地和一定存量的森林和矿产资源，它出口大量的农产品，而这些农产品都是劳动力密集程度较高的产品；同时，它进口大量的木材和矿产品，而这些产品是资本密集型产品。

资源条件对贸易模式的影响也可以解释其他国家某些与H-O模型相悖的令人困惑的现象。加拿大是一个自然资源极为丰富的国家，在20世纪50年代加拿大与美国的双边贸易中，加拿大向美国输出的产品主要是资本密集度较高的矿产品。日本是一个人多地少的国家，它必须依赖从国外进口粮食来维持国内食物的供给，在20世纪50年代，粮食是日本进口的主要产品之一，而大米是以密集劳动力的方式生产出来，虽然日本的劳动力资源极其丰富，但在日本的进出口贸易结构中，进口的却是劳动密集度较高的产品。印度在20世纪50年代同美国的双边贸易中，进口与要素禀赋的状况极不相符。其主要原因是印度当时的粮食短缺，它借助于和平计划从美国进口大量粮食；而印度向美国出口的产品主要是资本—劳动比率较高（即资本密集型）的其他初级产品。

3. 贸易壁垒的作用 H-O模型推论的成立必须以自由贸易和完全市场竞争为前提。但是，由于各国普遍地采用保护贸易措施，使建立在要素禀赋基础上的分工和贸易不能实现，甚至扭曲了各国比较优势。列昂惕夫之谜产生根源之一就是限制进口和出口的各种政府政策侧重于保护非熟练和半熟练劳动力的利益。为阻止国际贸易导致劳工报酬的降低，政府的贸易政策趋向于保护国内非熟练劳动力密集度高的行业。其具体表现是，美国进口劳动密集度较高的商品，所受到的限制要多于进口劳动力密集度较低的商品。鲍德温的研究结果表明，如果美国完全实行自由贸易，其进口商品的资本密集度要比实际进口商品的资本密集度（用资本—劳动比率表示）低5%左右。因此，贸易壁垒的存在是产生列昂惕夫之谜的一个重要因素。

4. 生产要素密集度逆转 赫克歇尔—俄林定理的一个重要假设是技术水平固定不变，即生产某种产品所需投入各种要素的比例是固定的，它不因国家的自然条件和经济发展水平的不同而变化。这意味着，一种产品如果在一个国家是资本密集型产品或者劳动密集型产品，那么它在其他国家也同样是这种要素密集型产品。我们可以很容易地发现与之相矛盾的事实。比如，中国和印度靠大量的劳动力投入生产农产品，而美国的石油农业却依靠大量的拖拉机、收割机来生产农产品。同样的农产品，在中国和印度是劳动密集型产品，但在美国和其他发达国家却可能是资本密集型产品。我们把同一种产品在两个国家存在着不同要素密集度的现象称为要素密集度逆转（Factor Intensity Reversal）。在两个国家要素禀赋有差异（即要素价格比例有差异）的前提下，如果生产某种产品的两种生产要素容易进行相互替代，那么，在两个国家之间就会出现要素密集度的逆转。在上例中，投入农产品生产的资本和劳动力两种生产要素可以相互替代。按照传统的观念衡量，农产品是劳动力密集型产品，但是，现代技术的发展可以在农业生产中使用更多的资本来代替过去的劳动力投入。在中国和印度，劳动力丰富而资本短缺，按照在中国和印度的劳动与资本的价格比率，农产品应该是劳动密集型产品，因为在这一资本—劳动力价格比率条件下，劳动力比资本便宜，使用较多的劳动力去代替资本的投入是合算的。但是，美国的资本丰富而劳动力短缺，因此，在美国资本—劳动力价格比率的条件下，生产者更愿意使用相对便宜的资本来代替价格昂贵的劳动力的投入，因此，美国的农产品是资本密集型产品。

从以上的分析可以看出，要素密集度逆转的出现必须具备下列条件：①要素之间有可替代性。②不同国家的要素价格比率不同。

要素密集度逆转并不是经常发生的经济现象。但是，它却有助于说明贸易格局的某些令人迷惑之处。它表明，即使技术水平不发生变化，资源禀赋条件完全相反的两个国家，可能在同一种产品的生产方面具有比较优势。比如，美国和泰国都出口粮食，但是，美国富有的是资本而缺乏的是劳动力，泰国却正好相反。按照H-O模型基于产品要素密集度固定不变假设的推论，这一实际的贸易模式，似乎是不可能发生的。

第三节 规模经济、不完全竞争理论

20世纪60年代以来，国际贸易出现了许多新的倾向，主要有两方面：

1. 发达工业国家之间的贸易量大大增加 在20世纪50年代，西方工业国之间的贸易在世界贸易总额中只有40%左右，大部分贸易发生在发达国家与发展中国家之间。到了

20 世纪 60 年代以后，这种格局逐渐改变，发达国家之间的贸易成为国际贸易的主要部分。

2. 要素密集度相近的同类产品之间的国际贸易量大大增加　许多国家不仅出口工业产品，也大量进口相似的工业产品，工业国家传统的“进口初级产品—出口工业产品”的模式逐渐改变，出现了许多同一行业既出口又进口的双向贸易或行业内贸易。

国际贸易中的新倾向立即引起了对传统贸易理论，尤其是对赫克歇尔—俄林理论的挑战。这种新的贸易倾向显然是不能用要素禀赋来解释的。因为，发达国家的资源禀赋是相似的，都属于资本相对充裕的国家，而同类工业产品的生产技术更具有相似的要素密集型。国际贸易为什么会在相似的要素密集型产品和相似的要素充裕国家间进行呢？当代经济学家默瑞·坎姆（Merry C. Kemp）和保罗·克鲁格曼（Paul P. Krugman）从规模经济的角度来解释这一国际贸易的新动向。规模经济学说成为当代国际贸易理论的一个重要组成部分。

一、规模经济与国际贸易

在完全竞争的要素市场中，当所有投入按某种既定的百分比增加导致产出以更大的百分比增加，从而平均成本下降时，就出现了规模经济或规模报酬递增。

规模经济分为外部规模经济和内部规模经济两种。外部规模经济是指单位产品成本随着整个行业（而非单个厂商）规模的扩大而降低规模；内部规模经济则是指单位产品成本随着单个厂商自身（而不是其所在的行业）规模的扩大而降低。

外部规模经济和内部规模经济对市场结构具有不同的影响。一个只存在外部规模经济的行业（即大厂商没有优势）一般有许多相对较小的厂商构成，且处于完全竞争的状态；相反，存在内部规模经济的行业中，大厂商比小厂商更具有优势，就形成不完全竞争的市场结构。

外部和内部两种规模经济是国际贸易的重要原因。但是，由于它们对市场结构有不同的含义，我们很难在同一个贸易模型中包含着两种不同形态的规模经济。

规模经济理论可以较好地解释发达国家之间工业品的双向贸易。

这里假设日本和美国都是资本充裕的国家，都生产资本密集型的工业品——汽车。由于两国的生产技术和资源禀赋相同，生产汽车的成本曲线也一样。

在两国发生贸易之前，各国各自生产一部分卡车和一部分轿车：日本生产 1 000 万辆卡车和1 000万辆轿车，生产汽车的成本曲线如图 2-6 所示；美国也生产 1 000 万辆卡车和 1 000万辆轿车，其成本曲线见图 2-6。由图可知，由于各自市场狭小，产品的成本比较高，价格也比较高。

如果两国允许国际贸易，市场就不再局限于本国，产品生产就可以增加，从而产生规模经济，导致产品成本下降。假设日本抢先扩大卡车生产到 2 000 万辆，此时成本由 OA 降到 OA'，因而可降低价格向美国出口，并有可能占领美国市场，进而美国卡车价格下降。由于汽车的种类很多，在这种情况下，美国没有必要继续生产卡车去与日本竞争，美国可以将资源转移到轿车上，扩大轿车生产到 2 000 万辆，此时成本由 OB 降到 OB'，因而可降低价格向日本出口，同时导致日本国内轿车价格的下降。这种分工和贸易的结果使两国生产成本都

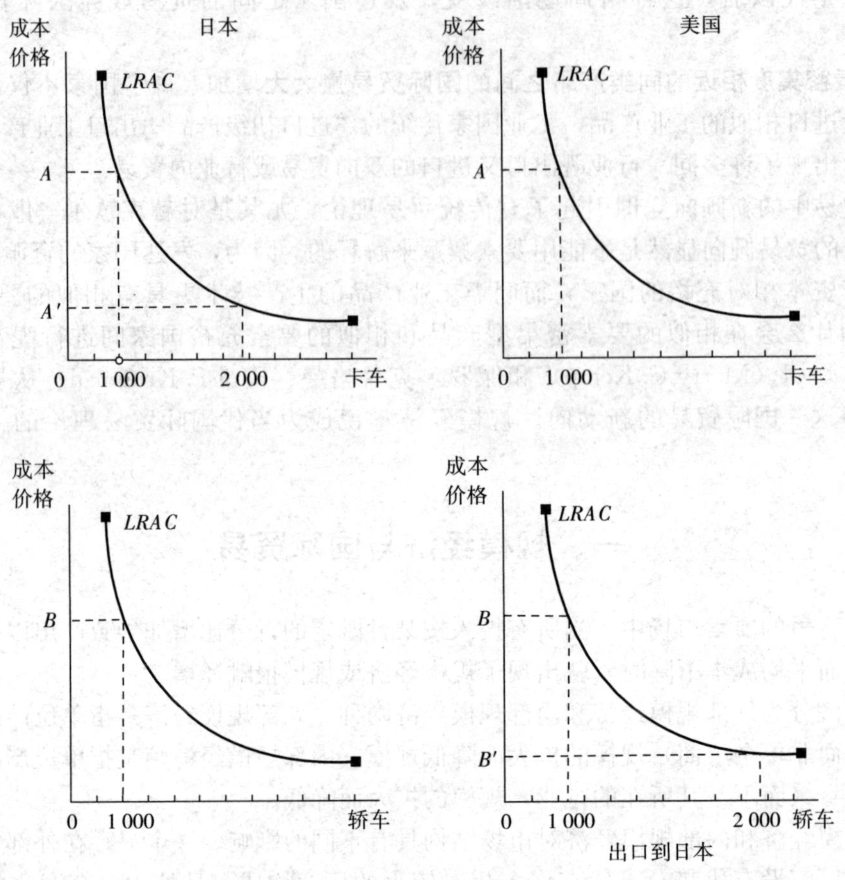

图 2-6 规模经济与国际贸易

较低，资源利用都更加有效，而各国的消费量还有可能增加。

上述分析表明，只要存在规模经济，即使两个国家的技术水平和资源条件完全相同，也照样可以发生专业化分工和贸易。一国一旦以猎取规模经济为目标开始在一个行业进行大规模生产，哪怕启动之初的规模十分弱小，但这种优势将随着生产扩展而不断增大。

需要指出的是，这种基于规模经济的专业化分工和贸易，其贸易格局的确定具有相当的随意性，历史和偶然的因素在引导一国专业化生产方向和区位配置上往往起着决定性作用。为什么西雅图制造飞机，底特律生产汽车，硅谷生产计算机？这不是仅仅凭借一城一池地区特性能说清缘由的。相反，关键在于规模经济规律客观上要求飞机之类的产品必须在某个地方集中生产，而西雅图等地恰好是滚轮盘偶然停止的地方。规模经济理论毫不隐讳历史因素在确定贸易格局和实际生产区位中的作用。一旦某国优先进入某一新兴产业，收益递增将使产业在那里生根开花。这是因为，捷足先登者会取得某种“先入者优势”，如较早掌握专门技术知识，集中生产使产业规模扩展又会带来外部规模经济的馈赠。所有这些，促使最初的优势不断地自我积累和强化，从而铸成持久性的优势。这必定会阻止外国厂商进入，因为后来者进入该行业的初始生产成本将高于前者，甚至很高。

二、不完全竞争与国际贸易

传统国际贸易理论的另一个重要假设是完全竞争的市场结构。这一假设与国际市场的现实相去甚远。可以说完全竞争在国际贸易中从未存在过。而不完全竞争是现实的真实反映，它主要有以下几种：第一种是垄断，即只有一个卖者；第二种是寡头垄断，即只有少数卖者，他们出售相同或类似商品；第三种是垄断竞争，即有很多竞争者，每一卖者出售的商品都不同于别的卖者，但产品的替代弹性较高，可以相互替代；第四种卡特尔和国际商品协议，即由一种组织对不同国家的生产者或政府做出限制性的安排，以限产保价。

在上述四种不完全竞争中，由于第一种不完全竞争像完全竞争一样不切实际，而第四种不完全竞争是从第二种不完全竞争中推导出来的。因此，解释产业内贸易的不完全竞争理论主要是指寡头理论和垄断竞争理论。在寡头垄断理论中，人们常用库诺模式来解释国际贸易。在垄断竞争理论中，人们常用张伯伦的垄断竞争模式。

（一）库诺垄断模式与国际贸易

用库诺垄断模式揭示国际贸易有两条途径：一条途径是卖方集中对贸易的影响及贸易对卖者集中的影响；另一条途径是市场分割与贸易两者的相互影响。

首先分析第一条途径。在卖方集中的情形下，若一个国家为生产一种产品而进行竞争的公司数目少于另一个国家，即卖者集中在后一个国家，其他条件相同，那么，在没有贸易的情况下，第一个国家该产品的价格相对较高；而如果进行贸易，该国就会进口该商品。另一方面，贸易对卖方集中也有影响，因为贸易的存在，甚至双方进行贸易的可能性，都会加剧卖者之间的竞争。这种竞争的加剧，正是贸易利益的来源。

其次考虑第二种途径。在市场分割的情况下，不同市场对同一产品的需求弹性是不同的。这样，厂商在考虑了运输成本或其他贸易障碍以后，若可以对不同市场的顾客索取不同的价格，则贸易就可以发生。

上述情况可做如下说明：如果 A 国对产品 I 的需求富有弹性，在 B 国乙企业输出产品 I 的价格比 A 国甲企业的垄断价格低，即来自 B 国的产品 I 的运输费用比贸易前 A 国甲企业垄断利润小，就会发生 B 国乙企业向 A 国输出产品 I 行为，B 国乙企业就要在 A 国市场上占有份额（这往往是 B 国的战略行为）。这个份额的大小，取决于 B 国乙企业的边际成本、运输费用以及 A 国甲企业的边际成本。同样，如果在 B 国市场上，上述条件成立，A 国甲企业也要在 B 国市场上占有份额，这样，就发生了产业内贸易。

（二）关于张伯伦垄断竞争模式的解释

张伯伦垄断竞争模式在解释战后国际贸易时，强调产品差异化和规模经济的重要性。在现实交换活动中，大多数生产者或卖者在生产或出售其产品时，或通过产品本身的客观因素，或通过人为的主观因素（如广告宣传），想方设法将自己的产品同其竞争对手的产品区别开来，即造成产品的差异化。产品差异可分为垂直差异和水平差异。垂直差异是指在同一类别中的产品具有一样的根本特性，产品的根本特性具有程度上的差别。如所有汽车都属于具有一样根本特性的同类产品，但有的是动力大、时速快、耗油多的高档车；有的则是动力小、时速慢、耗油省的经济车。水平差别是指具有完全相同的根本特性的同类产品，具有一系列不同规格、商标、牌号和款式的差别。如同为高档车，但存在着外形和颜色的差别。产品的差异化和多样化程度的高低从一个侧面反映了一个国家的精神生活和物质生活的享受水平，如果一个国家或地区的市场上产品花样繁多，品种齐全，这就既能满足消费者的垂直差别需求（消费者对同类产品中不同档次的选择上），也能满足消费者的水平差别需求（消费者对同类、同一档次产品的不同规格、外形、色彩的选择上）。这表明这个国家人民的生活水平和福利水平较高，反之则较低。一般说来，消费者的垂直差别需求要受到收入水平的制约，而另一方面，规模经济又对产品的差异化具有制约：若一个厂商生产一个产品的全部系列品种，由于对每一个品种的需求有限，厂商也就不能利用规模经济的优势来降低单位生产成本。这样，由于规模经济的制约，厂商只能生产出系列有限的同类产品，而不能满足消费者的全部选择。

在通常情况下，由于一国之内收入分配不可能绝对地平均（这会影响消费者的垂直差别需求），再加上消费者偏好的多样性（这影响消费者水平差别需求）。为了既考虑规模经济所带来的利益，又兼顾产品的差异化，厂商在进行差异产品的生产时，总是尽量使其产品的差异化更多地反映本国的经济发展水平、文化和生活方式的特征。

在分析了产品差异同消费者需求和规模经济的相互关系后，这一理论认为，发达国家间日益增多的产业内贸易现象是由于各国生产者为了利用规模经济的优势来降低单位生产成本，仅生产少数几种反映国内大多数人偏好的差异产品以迎合国内大多数人的消费偏好，并出口部分产品满足国外少数人的偏好，而国内少数人的其他偏好则通过进口差异产品去满足。

需要指出的是，规模经济理论在解释国际贸易的格局时具有不确定性，而不完全竞争理论在解释贸易利益的获得上也具有不确定性。这是因为，在不完全竞争的情况下，一方面，国际贸易通过增加消费者的选择机会而使他们的福利增加，并通过出口某一产品品种，扩大了该品种的生产规模，降低了单位产品成本，获得了规模经济，而且由于受到国外竞争厂商的威胁，国际贸易有助于消除一部分垄断所造成的扭曲；另一方面，若贸易引起的竞争加剧使得厂商变得更少更大，这将不仅不会减少垄断所带来的扭曲，反而会由于竞争的进一步不完全而导致福利和效率的损失。

三、互倾销贸易模型

对倾销的分析暗示出价格歧视确实能促进国际贸易。假定国内和国外分别有一个垄断厂商，并且生产相同的产品，为了简化分析，进一步假定两个厂商有相同的边际成本，而且两个市场间的运输成本也一样。这样，若它们制定相同的价格就不会有贸易。没有贸易，它们的垄断地位当然也不会受到挑战。

但是，若引进倾销的可能性，贸易就会产生。由于知道在国内扩大销售会导致售价下跌，所以这两个厂商会限制国内市场的销售量。但是，若某个厂商能在对方市场销售出一点，即使售价低于国内价格也仍能增加其利润，因为降价的负面影响转嫁给了对手，而不是自己承受。因此，各厂商都有进入对方市场的动力，并以高于边际成本但低于国内价格的售价销售其产品。

但若两个厂商都这么做，那么，即使假定产品在两个市场的初始价格一样，并且得支付运输费用，最终的结果也会有贸易出现。若再奇特一点的话，就会出现同种产品的双轨贸易。例如当 B 国的一个水泥厂往 A 国运送水泥的同时，A 国的某水泥厂可能也正往 B 国运送水泥。这种由于倾销导致的同种产品的双向贸易情形，被称为相互倾销。这种情形看上去有些奇特，而且完全一致的产品同时双向出口在国际贸易中可能是很罕见的。但是，相互倾销的影响可能会使不完全一样的产品的贸易量上升。

社会需要这种奇特的和表面上没有意义的贸易形式吗？答案是模糊的：当运费高昂时，这种等同或近似的产品的来回运输显然是一种浪费。但是，我们要注意到相互倾销的出现消除了起初的纯粹垄断并导致某种程度的竞争。竞争加剧所带来的利益有可能会抵消运输途中的资源浪费。因此，这种独特贸易形式对社会福利的影响是不确定的。

四、外部经济贸易模型

同厂商内部的规模经济一样，外部经济在国际贸易中也发挥着重大作用。但是，二者的影响却是截然不同的。具体来说，外部经济可能导致一国被“锁定”在某种不愿意的专业化生产模式之中，甚至可能导致该国因国际贸易而蒙受损失。

1. 外部经济与贸易模式　当存在外部经济且其他条件相同时，大规模从事某一行业产品生产的国家往往具有较低的生产成本。这一情况有助于形成一个循环：因为能够廉价生产某种产品的国家一般会大量生产该种产品。无论这些国家原来的资源如何，强烈的外部经济会巩固现有的贸易模式：不管出于什么原因，那些原先大量生产某些产品的国家倾向于维持自己的大生产者地位，即使有些别的国家存在更廉价地生产这些产品的可能性，它们仍会这样做。我们用图 2 - 7 来阐释这一观点。图中两国分别为“瑞士”和“泰国”，假定生产 1 只手表的成本为其年产量的函数，瑞士单只手表的生产成本用 AC_{swiss} 表示，泰国的用 AC_{thai} 表示。D 代表世界手表需求，并假定泰国和瑞士均能满足这一需求。

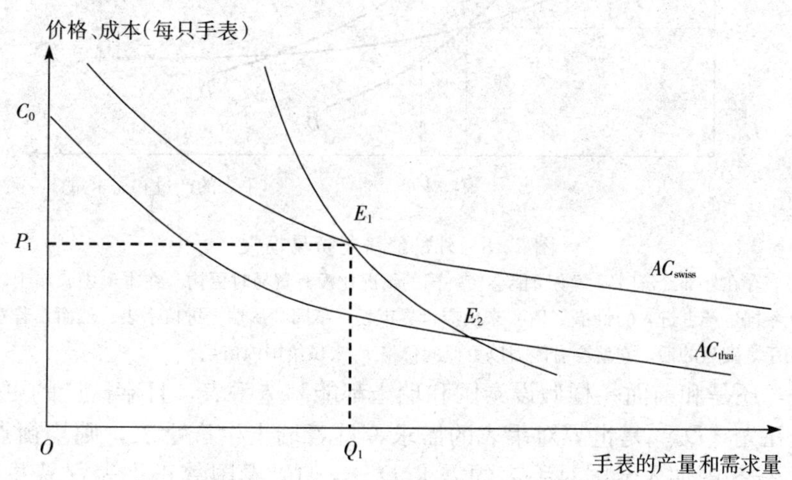

图 2 - 7　外部经济与生产专业化

假定手表生产中的规模经济对于单个厂商来说完全是外部的，并且由于厂商内部不存在规模经济，所以两国的手表工业均由许多完全竞争的小厂商构成，竞争的结果是手表价格跌至平均成本。由于泰国的工资比瑞士低，可以假设泰国的成本曲线位于瑞士的成本曲线之下。这就意味着，在任何给定的生产条件之下，泰国总能生产出比瑞士便宜的手表。人们或许希望泰国能供应世界手表市场，但不幸的是这并非事实；假设瑞士由于历史原因，首先建立了自己的手表工业，那么世界手表市场的均衡点就会是如图 2-7 所示的点 E_1，其中年产量为 Q_1 单位，价格为 P_1。现在，来讨论泰国介入生产的可能性。如果泰国能够占领世界市场，均衡点就会移向点 E_2，但是，若泰国未曾生产过手表（即 $Q=0$），那么有意于从事手表生产的泰国厂商就面临生产成本 C_0，如图 2-7 中所示，C_0 高于瑞士手表的价格（P_1）。因此，虽然泰国潜在地能够比瑞士生产更廉价的手表。但是，瑞士手表工业的先期建立使他能够维持其优势地位。

从这个例子中可以看到，在历史因素决定一国的生产模式中外部经济发挥了多么大的作用，而且它使一些已经形成的专业化生产模式得以持续下去，即使这些国家已不再拥有比较优势。

2. 外部经济下的贸易及社会福利 基于外部经济的贸易对于国家福利的影响比基于比较优势或内部规模经济的贸易对福利的影响要模糊得多。一方面，世界经济或许能从某些行业为实现外部经济而进行的集中生产中获益。另一方面，谁也无法保证哪个国家应该生产带有外部规模经济的产品，以外部经济为基础的贸易有可能会使一国的福利水平比没有贸易时下降。图 2-8 就是这样一个例子。

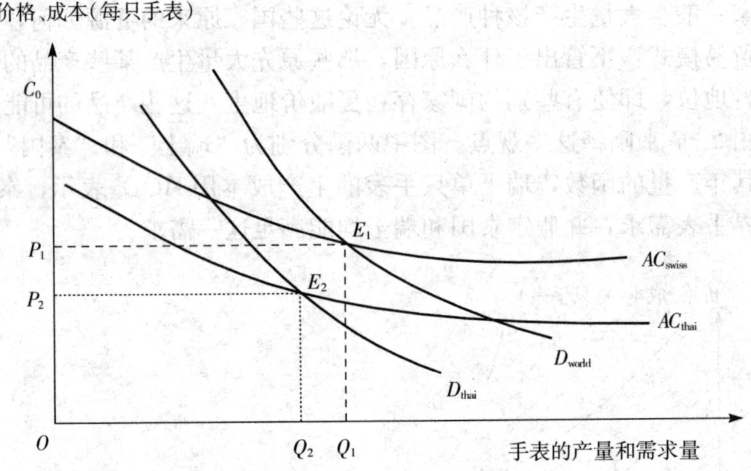

图 2-8 外部经济与贸易损失

注：当存在外部经济时，贸易可能会使一国的情况比没有贸易时更糟。在本例中，瑞士以较低的足以阻止泰国生产者进入的价格（P_1）来供应世界市场，泰国则从瑞士进口手表。然而，若泰国打算切断一切手表贸易的话，它就会有能力以更低的价格 P_2 来供给国内市场。

在本例中，还是和前面一样假设泰国和瑞士都能制造手表，且泰国产的更便宜，但瑞士手表工业建立在先。D_{world} 是世界对手表的需求，且若瑞士生产手表，则均衡点在点 E_1。但是，现在在图 2-8 中加入泰国对手表的需求 D_{thai}。如果泰国禁止手表贸易并被迫自给自足的话，那么泰国市场的均衡点就是点 E_2，因为泰国平均成本低于瑞士，所以点 E_2 对应的泰国产手表价格 P_2 要低于点 E_1 所对应的瑞士产手表价格 P_1。

在这种情况下，泰国如果没有贸易而被迫自己生产手表的话，其价格反而比现在进口手表的价格更低。很显然，这种贸易使该国社会福利恶化。因此，泰国有积极性去保护它潜在的手表工业不受外来竞争的打击。但是，在论证这种保护的合理性之前，我们应注意到实践中要辨认出如图 2-8 所示的情形是很困难的。

同时也应指出，虽然外部经济有时会导致不利的专业化生产和贸易模式，但它依旧通过产业集中给世界经济带来好处。如果硅谷离多伦多比旧金山更近，那么加拿大会从中得利；如果金融中心（伦敦的金融区和纽约的华尔街统治了世界的金融市场）能搬到法兰克福，德国则会获益不少。但无论如何，世界毕竟从整体上变得更有效率和更加富裕，因为国际贸易允许各国在不同的行业从事专业化生产，从而使各国不仅从比较优势中也从外部经济中受益。

3. 动态收益递增　一些最主要的外部经济可能源于知识的积累。当某个厂商通过经验积累而提高其产品质量或生产技术时，其他厂商就有可能对该技术加以模仿并从中受益。随着某一行业整体知识的不断积累，这种知识外溢就有助于其中的各个厂商的生产成本下降。要注意到，源于知识积累的外部经济与通常所说的外部经济有一定差异。在具备外部经济的行业中，成本依赖于当前产量。但在此种情况下，生产成本则取决于经验。这种经验一般用该行业迄今为止的累积产量来衡量。譬如说，生产1t钢的成本可能取决于该国钢铁工业从开工以来的累积产量，产量越高，每吨钢的生产成本就越低。一般用学习曲线来概括这种关系。如图2-9所示，学习曲线描述累积产量与成本的关系。由于通过生产获取的经验对成本的影响，学习曲线向下倾斜，随着时间流逝，累积产量不断增加，成本也因而下降。这种成本随着累积产量而非当前劳动生产力下降的情形就是所谓的动态收益递增。

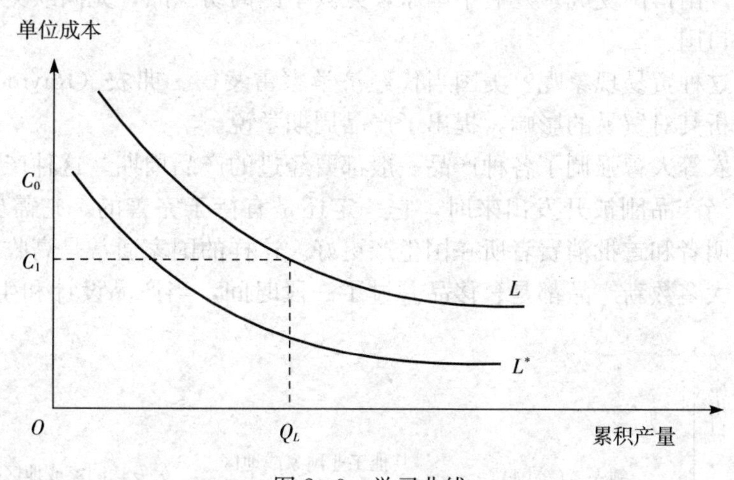

图2-9　学习曲线

注：学习曲线说明一国工业的累积产出越大，则其单位成本也就越低。一个在行业具有广泛经验的国家（L）比没有或只有一点经验的国家具有更低的单位成本，即使后者的学习曲线（L^*）由于较低的工资等原因而更低。

和普通的外部经济一样，动态外部经济也能通过在某一行初始优势或先期进入而保持下来。在图2-9中，L是先期进入某一行业的国家的学习曲线，L^*则是另一个具有低投入成本——譬如工资水平低——但却缺乏生产经验的国家的学习曲线。只要前者进入该行业足够早，那么即使后者具有潜在的低成本，它也无法进入该市场。例如，假定前者的累积产量为Q_L单位，对应成本C_1，而后者从未生产过该产品，那么，后者的初始成本C_0，就会比前者现有工业的当前单位成本C_1要高。

动态收益递增，像某一时点的外部经济一样，潜在地支持保护主义。假如一国只要有更多的生产经验就可以生产出成本足够低的商品来出口，而目前苦于缺乏经验，生产出来的产品缺乏竞争力，这样的一个国家完全可能为了增进社会长期福利，而通过补贴来鼓励该产品的生产或排除外来竞争以保护该行业直到它能在国际市场站稳脚跟。这种认为通过暂时性的保护能使落后产业获取生产经验的观点就是著名的幼稚工业论。幼稚工业论在有关贸易政策在经济发展中的作用的争论中扮演了重要角色。不过现在必须记住一点：图 2-9 中所描述的情形如同实践中的非动态收益递增一样难以辨认。

第四节 生产技术变化——产品周期理论

以上的贸易理论，从李嘉图的比较优势、赫克歇尔—俄林的要素禀赋，到克鲁格曼的垄断竞争和规模经济，从各种不同的角度阐述了贸易的基础，说明了贸易的原因。但这些理论都只是从静态的角度来分析的。如果从贸易发展的历史看，还有一种贸易现象没有得到很好说明。

综观历史，不难发现，有许多产品先由一些发达国家生产和出口，其他国家则需要进口。过了一段时间以后，原来进口的国家开始生产并出口这些产品，而最初出口的发达国家反而需要进口。例如汽车，最早美国是主要生产和出口国，现在则大量进口日本汽车。最近几年，韩国和马来西亚又成为重要的汽车出口国了。纺织品也是如此，最早是欧美向其他国家大宗输出的产品，20 世纪初，洋布占领中国市场，挤垮了土布。几十年后情况则相反，纺织品的主要生产出口国变成了发展中国家，尤其中国的纺织品，充满欧美市场，而欧美成了纺织品的纯进口国。

怎样来解释这种贸易现象呢？美国当代经济学家雷蒙德·弗农（Raymond Vernon）从产品技术变化分析其对贸易的影响，提出了产品周期学说。

雷蒙德·弗农等人曾强调了各种产品一般都要经过的产品周期。这种产品周期与人类的生命周期类似。当产品刚被开发出来时，它一定还是有待于完善的。它需要先进的技术投入，往往在其发明者和首批消费者所在国生产更好。这样的国家通常是高收入国家，因为在经济学家看来，大多数新产品都是奢侈品。过了一段时间，当产品设计和生产技术定型后，

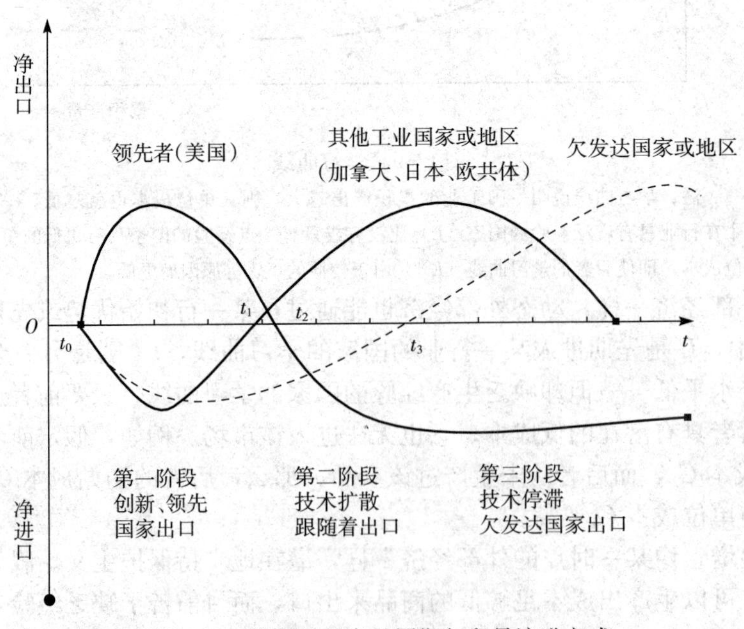

图 2-10 新商品的产品周期与贸易演进方式

新技术在减少成本方面的作用就不大了。而一旦产品开始变得更加标准化、普及化和成熟时，就没有理由一定要在技术比较优的国家进行生产了。生产该种产品的行业开始迁移到其他国家，即可以很容易地使用已经标准化了的技术的国家。最终，这种技术可能会在很大程度上被包含在可购买的设备之中，以至于很少再需要技术和人员向有充足廉价劳动力的发展中国家转移，见图 2－10。

图 2－10 描绘了人们可以预期的一种新产品寿命周期的贸易模式。图中横坐标表示时间，在发展的早期阶段，比如说创新和生产开始是在美国进行（发明可能在其他地方已经发生但这里考虑的是首次的商业性生产）。在 t_0点，很快美国开始向其他工业国出口一些新产品。然而过一段时间之后，这些国家发展了它们自己生产该种新商品的能力，这也许是在美国生产者在海外设立的子公司的帮助之下进行的。使这种技术向美国之外的生产转移成为可能，即美国初始技术优势受到侵蚀。对很多其生产技术变得相当标准化和易于掌握的新制造产业来说，这一假设是合乎情理的。在图 2－10 中的 t_1点，其他工业国模仿能力的增强使这些国家变为这种产品的净出口国。随着这一类产品技术的日益成熟和标准化，美国将失去其比较利益，并变为该商品的净进口国（在 t_2点）。不过，也可以合理地预期，在这一逐渐成熟的产品行业，世界上其他国家也可以及时地在技术知识方面赶上加拿大、欧洲和日本。在 t_3时就贸易而言，产品周期进入其最后阶段，此时产品自世界各地（例如从欠发达国家）出口至美国和其他高收入国家。使成熟产品在欠发达国家制造的缘由是如下这一事实，即欠发达国家工资水平方面的优势成本早晚将要抵消日益缩小着的技术差距，进而使其在产品出口方面具有比较利益。

产品周期理论在国际贸易的得与失方面的预见力如何？该理论在这方面是含糊的。这可能是由于较之衡量技术生命周期如何影响福利，弗农更加感兴趣的是预见比较利益的变动。与根本不存在贸易相比，随产品周期而进行的贸易将为所有方面都带来收益。它不大会带来须有一个已存在贸易的扩张。但是为衡量一种新产品贸易的福利效应，必须将它与根本不存在这一产品的贸易相比较。随着产品周期而进行的新产品贸易，自然不会恶化任何国家的贸易条件（原先本没有出口价格，故无从使其更低）。

产品周期假说的确与很多行业的经验相符合，包括旧行业与新行业。第一次世界大战之前兴起的一些行业，如工厂纺织、制鞋、橡胶产品和纸张等行业也已转移到第三世界，并将在可以预见的未来在那里集中。袖珍式计算器首先在美国于 1972 年由得克萨斯仪器公司、1973 年由休利特—帕卡德公司研制出来。但不久当一种产品开始定型时，夏普和其他日本民用电子公司开始居于统治地位。到 1988 年，唯一在美国生产的主要袖珍计算器产品是一种价格相对较高的产品，是由休利特—帕卡德公司在俄勒冈州科瓦利斯的一家工厂生产的。有关研究还发现，同样产品标准化后的产地转移还发生在石油化工、办公设备和半导体行业。

然而，并不存在一条支配所有产品使它们都必然地不可逆转地通过产品生命周期的规律。上述假说只是说明，当某产品的研究与发展对比较利益不再有重要意义时。该产品的生产将转移到在其他投入（如非熟练劳动力）具有优势的国家。因而，第三世界在某天将可能成为出口汽车的地区。但当汽车产业出现新的突破性高技术浪潮时（不同于人类的生命周期，汽车行业可以在技术上又变得更加年轻），这一汽车生产的转移将由于第三世界遇到更大的成本劣势而停止。

复习思考题

1. 什么是绝对优势和相对优势？怎样判断比较优势。
2. 古典贸易理论的基本假设有哪些？
3. H－O模型中，国际贸易是如何影响收入分配的？
4. 列昂惕夫之谜（Leontief Paradox）在国际贸易理论发展中的作用。
5. 简述国际贸易新理论提出的基本背景。
6. 新古典贸易理论和国际贸易新理论，谁能更好地解释现今中国的农产品贸易格局？
7. 生产技术的变化（产品周期理论）适合解释农产品贸易模式的变化吗？

第三章

国际贸易基本理论：需求

国际贸易源于进口国和出口国家之间同一商品的价格存在差异。由于商品买卖的数量和相对价格是由需求和供给共同决定的。因此如果只了解供给而忽视需求就像半把剪刀或孤掌难鸣一样，很难说明全貌。在国际贸易中，需求和供给也像在本国国内市场上那样是相互影响的。

为了描述国际贸易的利益和影响，必须了解国际价格确定在哪一点上。在李嘉图（Ricardo）不变成本的比较利益模型中，价格必须位于贸易前中国每吨大米换 0.5t 小麦和外国每吨大米换 1.25t 小麦之间的某处。这很重要。如果世界价格最终等于贸易前的中国价格，贸易对中国就是无关紧要的事了，而世界其他国家将获得全部贸易利益。如果世界其他国家的价格不受贸易的影响，中国能够按照与贸易前所确定的价格有所不同的价格进行贸易，那么中国能获得全部贸易利益。贸易利益如何分配，这个重要问题显然取决于新的价格，为此，还必须从需求角度讨论讨论这个问题。

第一节　供求结构与无差异曲线

一、供求决定的贸易

任何市场需求取决于最终产品使用者的偏好和收入（如果论述的是一种中间产品的需求，那就还要加上最终产品的供给者所面临的成本条件）。这些偏好和收入决定了需求量如何对价格的变动作出反应。

一旦掌握了将需求量与价格联系起来的需求曲线，就能把需求曲线和成本条件得出的供给曲线结合起来，以显示国际贸易对生产、消费和价格的影响。供求曲线的结果是用于分析贸易政策选择的主要几何图形工具。

下面首先分析供求结构可能提供的答案。然后，再考察怎样从偏好和收入的基本信息得出有关的需求曲线。

表 3-1　中国出口、世界其他国家进口的贸易效应

贸易的结果	价格	供给数量	需求数量
中国	上升	上升	下降
世界其他国家	下跌	下跌	上升

图 3-1 概括了贸易对中国和世界其他国家的生产、消费和价格的影响。各国的供给曲线或边际成本曲线是从生产可能性曲线导出的，而生产可能性曲线又是根据生产技术和生产要素供给条件得出的。

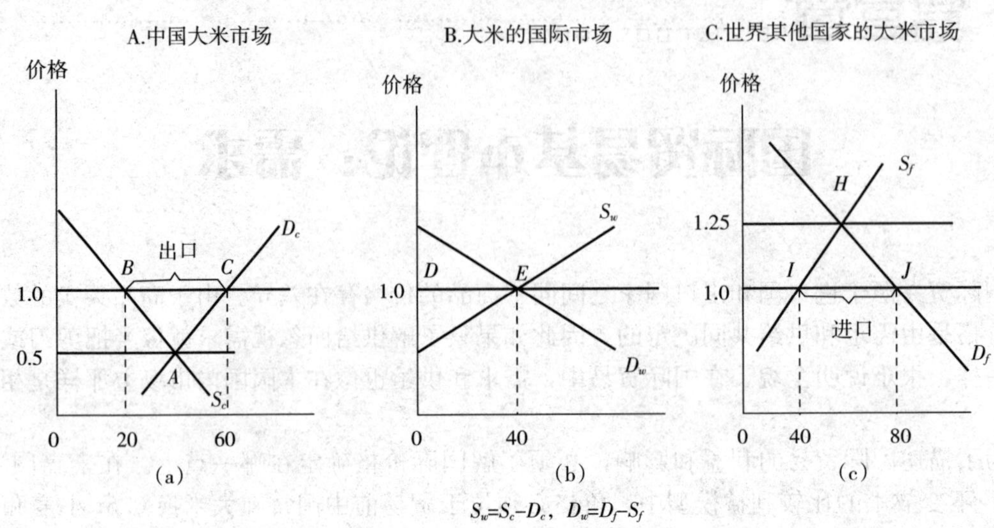

图 3-1　贸易对生产、消费和价格影响的供求曲线分析

如果不允许贸易，中国和世界其他国家的大米市场就会以不同的价格出清。在中国，如在 A 点，每吨大米等于 0.5t 小麦（每吨小麦换 2t 大米），就像前一章中的例子那样。由于同中国没有任何贸易，世界其他国家会发现，如在 H 点，按每吨大米等于 1.25t 小麦（每吨小麦换 0.8t 大米）这一较高的价格进行交易，其需求与供给是相匹配的。

开放贸易使中国和世界其他国家的人们不必使本国的需求适应于本国的供给。这给中国大米生产者和外国大米生产者提供了一个新的机会。外国大米消费者很快会发现，他们能够从中国买到便宜的大米，在中国，每吨大米的售价只是 0.5t 小麦。而中国大米生产者则会发现，他们无需把每吨大米的价格定在 0.5t 小麦这样的低价上，他们能以较高的价格向外国出售。这两个集团将渐渐走到一起来，并开始按每吨大米交换 0.5t 小麦至 1.25t 小麦之间的某个价格进行交易，以中国的大米换取外国的小麦。

在大米市场中，对贸易的期望是由于在国家需求与供给之间存在着（水平方向）差额。3-1（a）表示中国大米的需求与供给之间的差异，在 3-1（b）中用中国对出口大米的供给（S_w曲线）表示。3-1（c）表示外国对大米的供给与需求之间的差额，这在 3-1（b）中表现为外国大米的进口需求（D_w曲线）。在两国之间供需之间的相互作用，决定了大米的价格以及生产、贸易和消费的数量。

既然这里的分析包括供给曲线，也包括需求曲线，因而就能确定导致世界贸易的最终价格是什么价格。只有一个比价可以使世界需求与世界供给获得平衡。为了求得这一价格，可以比较一下图 3-1（a）和（b）。只在一个价格上，1t 大米交换 1t 小麦，中国供给超过需求的部分与外国需求超过供给的部分正好相等。按这一价格，中国大米的过度供给（Excess Supply）BC，就等于外国大米的过度需求（excess demand）IJ。按稍高的价格，比方说 1t 大米换 1.2t 小麦，中国的供给超过需求则高于 400t/年，而世界其他国家的过度需求则低于 400t/年。这一不平衡会迫使价格降回到 1t 大米换 1t 小麦的均衡值上。同样，低于 1t 大米换取的小麦数量少于 1t 的价格也不能持久，因为世界（中国加外国）供给会低于世界需求。

世界供求平衡也可以从图 3-1（b）表示大米的国际贸易中看到。图中的两条曲线表明，存在着一条从一国的供求曲线得出的贸易曲线。表示中国向其他国家出口大米的供给曲线是一条过度供给的曲线，它表示按每一价格水平，中国对大米的供给量减去中国对大米的需求量得出的数量。同样，世界其他国家进口大米的这条需求曲线是一条过度需求的曲线，它描绘出世界其他国家大米的供求量的差额。贸易的供求曲线相交于正点，从而得出与其他两张图完全相同的国际流量（$DE=CB=IJ$）和完全相同的国际价格。在下文中，当需要集中研究国际交换时，可以使用图 3-1（b），当着重说明贸易和贸易限制对国内生产者和消费者集团的影响时，可以使用图 3-1（a）、图 3-1（c）。无论是哪一组曲线都有如下的优点：它们不仅对掌握供求基本理论的任何人来说都是熟悉的，而且是可以根据经验数据加以计量的。

二、需求曲线的背后：无差异曲线

在应用上面介绍的需求曲线时，了解一下需求曲线背后的行为和福利意义是有好处的。

对于从基本行为推导出根据经验观察到的需求曲线的主要特点，有极少数几条假设是绝对必要的。消费者面临收入限制，这一简单事实就可以说明：为什么需求曲线通常是向下倾斜的，为什么从总体来讲商品往往是互相替代的，以及为什么需求与收入会均衡增长？因此，需求曲线的存在是很容易理解的。对需求曲线的福利含义则一直存在着较多的争议。

为了得到需求曲线，经济学家通常从这样一个概念入手，每个个人从消费商品和服务中（包括经验）获得效用。图 3-2 显示了把个人效用与两种商品的数量（还是小麦和大米）即个人消费联系起来的常用方法。经济学家们并没有越出该图用某个第三维来绘出效用水平曲线，而是绘出一些无差异曲线的等高线。无差异曲线显示了所有效用水平为一常数的消费点。例如，无差异曲线 L_0 表示，个人在 A、B、C 之间选择得到的满足是无差别的，每一点都具有同样的效用。在 L_0 曲线之下及其左侧上的任何消费点，在这对个人看来都比 A、B 和 C 点糟糕，在 L_0 曲线之上以及其右侧的各点则福利改善。例如 D 点，位于境况较好的无差异曲线 L_1 上，具有比 A、B 和 C 更高的效用水平。位于 L_0 上的正点，境况更好。用这样

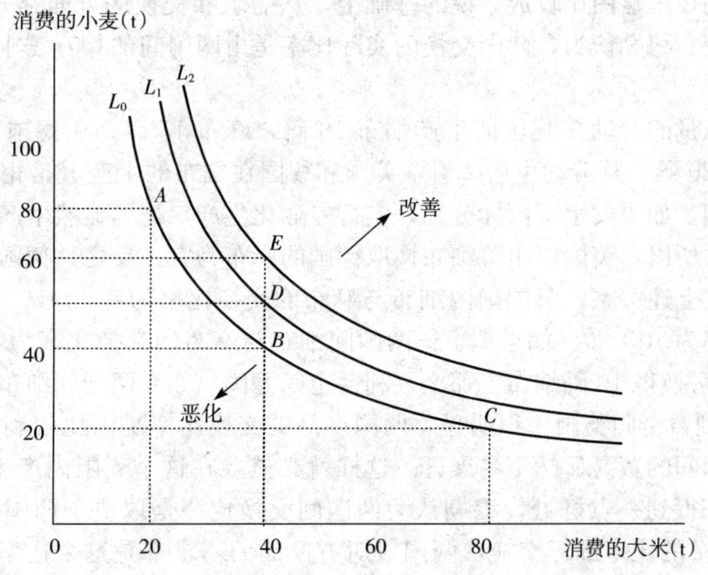

图 3-2　将个人效用水平与两种商品的消费相联系的无差异曲线

一簇曲线，人们可以分析个人会怎样对收入和价格的任何变动作出反应。

在探讨贸易问题时，需要判断一下哪种情况对一些大集团（而不是个人）来说，是较好的。如何使用无差异曲线来分析使所有消费者或一个国家或整个世界境况更好的因素呢？那样的一些大集团也可用无差异曲线分析吗？答案是肯定的。使用一些社会无差异曲线，旨在表明一个整体集团的效用和福利如何依赖于该集团对小麦和大米的消费。下面，考察几组像图 3－2 中那样的无差异曲线，就好像它们是对千万人来说的社会无差异曲线。

经济学中较高深的理论提出了关于社会无差异曲线的一些难题。我们能说这个社会由于总的少了 40t 小麦或多了 40t 大米，其境况是否好些呢？社会中某些成员可能会受损，而其他成员则会获益。谁能断言某人满足的增加会大于别人满足的减少呢？即使这些变化是均匀散布的。仍存在一个问题：某些人对大米而不是对小麦有特殊的偏好，而其他人的偏好是否正好相反？在这种情况下，不可能断言小麦偏好者的获益超过大米偏好者的损失。满足水平或福利水平是不可能在人与人之间进行比较的。

这些例子说明，的确存在着一些实际困难。因此，使用社会无差异曲线时要小心谨慎，而且，如同我们将要看到的，还要提醒一下，它根据的是价值判断，即使不用社会无差异曲线，根据这些价值判断也能得到同样的政策结论。然而，社会无差异曲线是一种简洁的图解工具。社会无差异曲线提供了一种可以推得需求曲线的方法，从而能够确定有贸易和无贸易时所涉及的价格和数量。

第二节　相互需求论和相似偏好论

一、相互需求理论

相互需求理论又称国际需求方程，是从需求和交换比率方面论述国际分工和国际贸易的理论。1848 年英国经济学家约翰·穆勒在其《政治经济学原理及其对社会哲学的若干应用》一书中提出。穆勒在李嘉图比较成本说的基础上，从需求和交换的方面补充了比较成本说，提出了相互需求论。穆勒认为，两国交换的实际比率是由两国间的相互需求（reciprocal demand）决定的。

假设用一定数量的劳动在英国能生产细布 10 码，麻布 15 码；在德国能生产的细布是 10 码，麻布则为 20 码。从劳动生产率看，英国和德国在细布的生产上是相同的；而麻布的生产德国高于英国。如果发生了国际分工，实行专业化生产，德国显然生产麻布有利，英国则生产细布有利。所以，英国以出口细布换取德国的麻布为宜。反之，德国则宜出口麻布换取英国的细布。按上述关系，英国国内细布与麻布的交换比率为 10∶15。在德国国内细布与麻布的交换比率为 10∶20。如果英、德两国间细布与麻布的交换比率为 10∶15，德国要出口 15 码麻布即可换得 10 码细布，那么，利益全归德国。如果两国间细布与麻布的交换比率为 10∶20，则利益全归英国。很明显，两国产品的交换比率是由比较利益所决定的。在上述情况下，两国间的贸易显然不易展开。这样就必然要在这个界限内产生另一交换比率，使两国通过贸易都得到一点好处。穆勒认为两国间交换比率是取决于两国间相互需求的情况。例如按 10∶17 的比率进行交换，两国对对方产品的需求都是这个比率的 1 000 倍，那么，德国以 17 000 码麻布与英国 10 000 码细布进行交换，此时两国相互需求程度相等，贸易趋于平衡。但如果英国对麻布的需求不是1 000倍，而是变成800倍呢？如果这时德国仍保持上述需求不变，对比之下，德国对英国的需求大于英国对德国麻布的需求。这时，英国就会提高细布价格，两国间的交换比率就会向有利于英国方面变动。因此比较利益和需求的变动，两国间贸易也会不断变动。穆勒的相互需求论，只能应用于经济规模相当、双方的需求对市场价格有显著影响的两个国家。如果两个国家经济规模相差悬殊，小国的需求强度远远小于大国的相对需求强度，这时大国的国内交换比例实际上也就是国际贸易条件。

二、偏好相似理论

瑞典经济学家林德（S. B. Linder）于1961年发表了《论贸易和转变》一书。在该书他提出了偏好相似理论。这一理论是第二次世界大战后解释工业国之间贸易的著名理论。与资源禀赋理论、比较优势理论等不同，这一理论从需求方面解释贸易产生的原因。

（一）偏好相似理论的产生

H-O理论认为，一个地区的出口商品含有大量相对的、比其他地区便宜的生产要素，而进口的是其他地区能够更便宜地生产的商品。据此可以推断出，生产要素禀赋的差别性越大，发生贸易的机会就会越多，贸易量也愈大。要素禀赋越相似的国家相互间的贸易量越小。因此，大量的国际贸易应该是工业发达国家与发展中国家之间，以制成品交换初级产品的贸易。而事实上工业发达国家的出口量占世界总出口量的3/4。其中75%又是在这些工业国家之间销售的。工业发达国家和非工业国家之间的贸易量只占世界贸易总量的1/4。

理论与实际的这种巨大反差，促使林德另辟蹊径研究这种贸易格局的成因。他认为，H-O理论只适用于分析自然资源密集产品（Natural Resource-intensive Product）贸易的成因，但不能用来分析制成品之间的贸易，能用来分析制成品之间贸易的原因只能是他的偏好相似理论。

（二）偏好相似理论的基本观点

林德的基本观点是：产品的出口结构、流向及贸易量的大小决定于本国的需求偏好；而一国的代表性的需求偏好又决定于该国的平均收入水平。

1. 国内需求决定产品的出口　林德认为，工业生产扩大初期是以满足国内需要为目的的，一旦国内市场大到可使工业得到规模经济和有竞争性的单位成本时，即具备了在国际市场上的竞争能力，这种工业品（制成品）才可能出口，那么为什么工业生产扩大初期一定以满足国内需要为目的呢？对此，林德从以下三个方面进行了说明：

（1）企业家对国内市场的熟悉要远远超过对国外市场的熟悉，在工业生产初期，他们更看重的是国内市场的获利机会，他们不可能去生产一种在国内无市场需求的新产品。而只有当这种产品在国内站稳了市场，且规模也发展到足够大的时候，企业家才会想到扩大市场范围，出口自己的产品在国外获利。尽管对某些国家来说，后来的出口额可能在总产量中占很大比重，但出口终究是市场扩大的结果而不是它的开端。

（2）新产品、新技术的发明，其动力首先来自于本国的需求，是本国的具体环境及特殊问题需要解决，才推动人们去从事技术革新和发明创造。身在一国，是不容易发现另一国存在什么问题需要解决，问题若发现不了，则更谈不上从事解决这个问题的技术革新和发明创造。因此，创造发明所形成新产品首先是适应本国需要的产品，只有在一定条件下，这种产品才适应出口的需要。

（3）只有国内需要的产品，才具有最大相对优势。一种新产品要使它最终适合市场需要，在生产者和消费者之间必须反复地交流信息。如果消费者和市场在国外，取得信息的成本将是高昂的。所以，只有国内需要的产品才会是具有竞争力的相对优势的产品。

2. 两国需求偏好相似的程度决定产品流向和贸易量　在论证了有可能出口的工业品一定是本国需求的消费品和投资品后，林德又指出，两个国家需求偏好越相似（对工业品的需求），则它们之间此类工业品的贸易可能性越大。一旦产生贸易，则需求偏好相似的两国的贸易量要大于需求偏好有较大差别的两国间的贸易量。如果两个国家需求结构完全一样，一个国家所有可能进口的货物也是另一个国家可能进口的货物。

3. 一国的平均收入水平决定该国的需求偏好　需求偏好决定了产品流向和贸易量，那么又是什么决定了需求偏好呢？

林德认为，平均收入水平是影响需求偏好的最主要因素。平均收入水平的相似可以用做需求偏好的指标。平均收入水平对需求偏好的影响反应在两个方面：一是对消费品需求的影响；二是对投资品需求的影响。

收入对消费需求的影响首先表现为这样三点：一是收入水平的提高可以影响需求量的变化，即可用收入的一部分购买更多的同一产品；二是收入水平的提高可以影响需求的质的变化，即用更精致的产品替代原来使用的产品从而满足基本需求；三是收入水平的提高可能会出现新的需求。

收入对消费需求的影响还表现在，收入的状况会影响到需求的变化倾向。当贫穷国家与富裕国家进行贸易时，贫穷国家的分配越是不平均，则两国的需求倾向越是一致，因为贫穷国家中的高收入者和富裕国家中的较低收入者可能需要同一种产品。因此，不平均的收入分配会扩大两国之间进出口货物的范围。

收入对投资品需求的影响有着自己的特点。林德认为，人均收入水平在很大程度上决定了对新投资品需求的质量构成。一般地说，资本丰富的国家也是人均收入比较高的国家，它比资本稀缺的国家需要更先进的资本设备；人均收入水平比较低的国家选择质量较低的投资品，为的是使它能够得到的资本设备分布得更均匀一点。但是，这种情况也不能一概而论，有时资本稀缺的国家也需要高质量的投资品，而资本丰富的国家也需要一些技术并不先进的资本品，为的是充当备用设备之用。

基于上述分析，林德认为两国人均收入水平相同，其需求偏好就相似，两国间的贸易范围可能是最大的；人均收入水平有较大差异，需求偏好就会相异，两国贸易就存在潜在障碍；若两国中一国具有某种产品的比较优势，而相对的另一国不存在对这种产品的需求，则两国无从发生贸易。

第三节　知识密集型贸易和行业内贸易

一、知识密集型贸易的上升

国际贸易同人们的生活水平一样，反映着人类知识的进步。国家间交换的商品和服务，同人们的职业生活一样，包含着越来越多的生产性人类知识。图 3-3 通过回顾近 34 年来世界商品出口中各种类型产品的份额，间接地表明了这一趋势①。自1963—1987年，世界贸易发生了向工程产品——汽车、飞机、科学仪器、电子产品，以及其他机器和设备的转移。这类产品份额从27%增至39%，反映了知识密集型部门的上升。这类部门是经济中使用知识最多以及创造和提供知识的科学家和技师云集的部门。四个产品类别中另一种贸易份额同样上升的知识密集产品：其他制成品（例如纺织品、服装和制成食品），从1963年的28%略微上升至1987年的33%。世界贸易向制成品，尤其是向工程产品的转移趋势是持续的，只有在1973—1980年的石油危机时除外，那时贸易额中的更大份额被用于支付更高的石油账单。

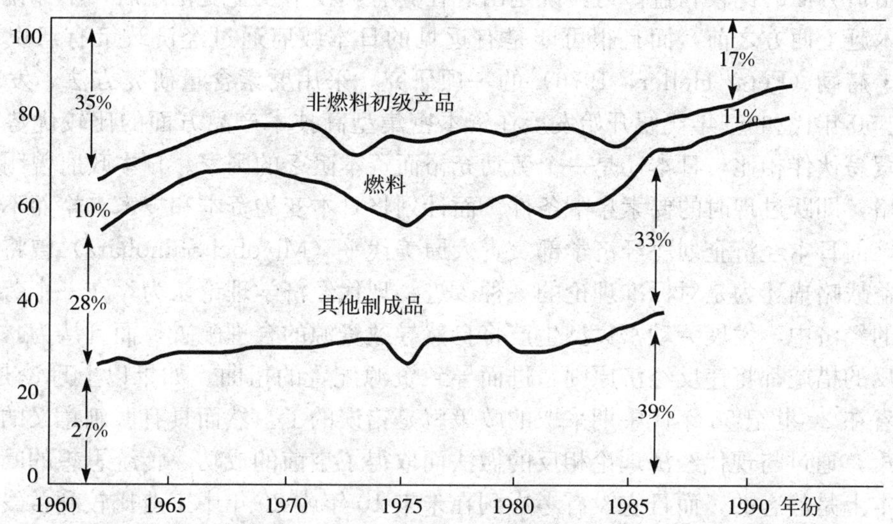

图3-3　1963—1987年工程产品及其他制成品在世界贸易中份额的上升

资料来源：关贸总协定，《国际贸易》年刊。

如何解释贸易向知识密集型产品的转移？以及谁从中获益？谁从中受损？为回答这些问题，必须更多地注意知识是如何被转移至商品中的这一特殊问题。创造和应用知识的过程包括教育、科学、研究与发展，以及知识转化为产权和垄断（如通过专利）。这一过程不必多于不加调控的市场，也不可能完全由标准市场竞争模型加以解释。下面必须研究知识的外在性，其公共产品的性质，以及知识的垄断问题。

二、工业化国家的趋同

与可可、木材或石油等自然资源产品的比较利益相比，现代知识密集型产品的比较利益更具变动性，也更不可靠。一些国家可以比其他国家更快地获取新知识，并成为它们原先进口的商品的出口者。在过去的1/4世纪中最突出的这类竞争事件，便是日本在知识密集（以资本密集）型产品贸易中取代美国而成为出口的领先者。贸易理论必须能够预见这种贸易领先地位何时将发生变化，何时不会发生变化。

---

① 所有国家的出口总额可以被称作是世界贸易，因为它应与所有国家的进口总额相一致。实际上，官方统计漏掉了很多出口，这意味着世界作为一个整体是一个商品的净进口者。这里及图3-3中的商品只限于有形商品，不包括服务。

从赫克歇尔—俄林理论中可以很容易地找出解释知识型行业领先地位转变的部分理由。美国在知识密集型产品出口中比较利益的丧失，似乎是美国较之其他国家单位劳动力人类技能发展较慢的结果。1963—1984年间，在主要工业国中，美国研究与发展方面的科学家及技术工人数量增长速度最慢，有迹象表明这一趋势仍在继续①。不管其原因如何，这一趋势符合赫克歇尔—俄林理论：对于一个人类技能禀赋落后的国家，该理论预见它将在技术密集（也即知识密集）型产品方面丧失比较利益。

然而，另一部分解释却不完全与标准理论一致。日本在知识密集型产品出口，尤其是高技术产品出口方面的比较利益，与其说是出现在其有关技术发生变化之后，不如说是出现在其人类技术赶上西方之前，而且很可能是有远见的日本政府通过经济政策有意识培育的结果。彼得·赫勒（Peter Heller，1976）的一项研究，采用要素含量研究方法，发现日本早在20世纪50年代和60年代便开始发展在资本密集型高技术产品方面的比较优势。那时同它的主要贸易伙伴相比，日本还是一个劳动充裕而资本匮乏的国家。日本政府曾明确支持这样一种战略，即跃过现时的要素禀赋条件，而计划将日本变为资本和技术丰裕而不是劳动丰裕的国家。前日本经济企划厅经济学部负责人原美代平（Miyohei Shinohara）曾将日本的动态比较利益战略描述为是对标准理论的一种改进：现代经济学理论认为，在一个劳动丰裕而资本缺乏的经济中，发展劳动密集型生产将自然导致资源的合理配置，而且认为，任何与这一定理相反的措施都将违反经济原则，进而导致资源配置的扭曲。如果以上理论是正确的，日本通产省在20世纪50年代中期采取的政策就是错误的了。然而具有讽刺意义的是，日本的产业政策，通过与现代经济理论相反的做法而取得了空前的成功。传统思想的问题无疑是在于它基本上是静态的，而且它没有考虑到在未来10年或20年中工业比较利益发生动态变化的可能性。为取代这一传统理论，需要发展一种适应时代的动态发展可能性的新的政策理论。首尾一贯的政策战略可能会创造出在高技术和资本密集型产品方面的全新的比较利益。但如何做到这一点？是否所有国家都能做到这一点？回答这些问题再一次要求我们考虑各现代工业部门的特殊属性是什么。

三、行业内贸易的增长

工业国平均人力资源的趋同本身，将使我们预期工业国之间的贸易会越来越少。如果各国在相对技术方面变得更加类似，赫克歇尔—俄林理论将预言国际贸易会越来越缺乏基础。然而我们看到的事实正好与此相反，贸易在工业国之间发展得最快。自1963—1987年，工

---

① 观察入学和教学考试分数的趋势，有助于了解人类技能的来源和可能的发展趋势。接受教育方面的度量指标，如入学率或青年人受教育年数的中位数等，并不表明美国落后于其他国家。在这些指标方面，自20世纪50年代以来，美国同其他工业国，包括日本，发展得一样快。

不祥之兆反映在既定入学年限中知识质量指标的考试分数趋势中。在1967—1980年间，美国12年级学生的学习成绩下降幅度相当于1.25个年级当量，尽管在这之后的80年代教育质量又有所恢复。学习成绩的下降发生在强迫性考试中（例如艾奥瓦考试），而不只是在如学院委员会考试这类考试中。在后一种考试中，参加考试人数比例的提高会降低平均分数。这对于之后成年人生产率的影响可能在很大程度上决定了美国生产率增长速度的减慢（Bishop，1988）。到80年代中期的标准数学考试中，美国12年级学生成绩低于工业国标准，而且大大低于日本学生的成绩（Morici，1988年，第39页，转引自比赛委员会）。在3年级和12年级学生成绩之间似乎有所差别，这可能与美国的学年较短有关。以上结果以及其他有利的线索说明，不能再称美国在教育和与经济相关的知识方面居于领先地位了。

业国之间的贸易占世界贸易总量的比重由45%上升至55%。

更加令人不解的是，各种工业部门内部的贸易发展得最快。这使经济学家的注意力转向了“行业内贸易”（Intra-industry Trade）现象，经济学家们在20世纪70年代创造了这一名词，用以描述各行业内部的双向贸易（例如，用本田汽车交换大众汽车，用法国酒交换意大利酒，用加拿大滑雪板交换瑞士滑雪板，或用波音飞机交换空中客车，用中国的大米交换美国的小麦等）。为更加细致地描述这一现象，通常以不同行业间贸易作为对立面来度量某一国家（或地区）的行业内贸易。

不同行业间贸易在总贸易中的份额

$$=\frac{\text{一国各类商品贸易不平衡总量}}{\text{一国贸易总流量}}$$

$$=\frac{\sum|X'_s-M'_s|}{\sum(X'_s+M'_s)}$$

行业内贸易（IIT）份额＝100%减去行业间贸易份额

$$=1-\frac{\sum|X'_s-M'_s|}{\sum(X'_s+M'_s)}$$

式中：各项总和按各国官方贸易统计中行业进出口数据算出。IIT份额数值取值范围由零到100%。如果所有贸易都是在行业间进行的，如用小麦换取布，则各行业的出口（X）和进口（M）中必有一者为零。在这种极端的场合，等式中的比值为1，而IIT份额则应当为零。如果所有贸易都是在行业内部进行的，各行业的贸易将是平衡的（X总是等于M）。在另一种极端的场合，等式中比值为零而IIT份额为1（100%）。

专家们在对IIT的度量中发现了现代贸易特征的线索。表3-2揭示了行业内贸易是高收入工业化国家的主要特征。在欧洲、北美和日本，行业内贸易占总贸易额的60%以上，而在没有快速实现工业化的低收入及中等收入国家，这一数值仅为21%～26%。1987年的这一调查结果表明，随着收入的提高和工业化的普及，行业内贸易将在全球范围内增长。经济学家们还发现，如果其他条件相同的话，在贸易壁垒和运输成本比较低时，以及在诸如欧洲共同市场这样的自由贸易集团内，行业内贸易会更加盛行。每一种这样的联系都表明，行业内贸易将逐渐变得更加居于主导地位，因为贸易壁垒和运输成本一直处于不断下降中，尤其是在自由贸易集团内。

表3-2　1987年62个国家行业内贸易（IIT）在总贸易量中的份额

国家分组	人均国民生产总额（美元）	行业内贸易占总贸易量的百分比
15个低收入国家	261	21.4
18个中等收入国家	1 273	25.7
6个新兴工业化国家和地区	1 466	36.6
23个高收入国家	7 722	60.3
所有62个国家	2 909	55.7

资料来源：IIT见O. 哈沃列利辛（Hevrylyshyn）和E. 奇范（Givan）（1983年，第118页），人均国民生产总值见世界银行《1987年世界发展报告》。低收入国家为人均国民生产总值在100美元以下的国家，高收入国家为人均国民生产总值在2 400美元以上的国家。6个新工业化国家和地区为巴西、墨西哥、中国香港特别行政区、新加坡、韩国和中国台湾省。

经济学家发现，各现代行业内部双向贸易所交换的产品略有不同，但它们所包含的各种生产要素组合却是相同的——非熟练劳动与熟练劳动、资本。为何会出现具有相同要素密集度商品之间的交换？我们需要有一种不同的分析方法，这一点得到下述对行业内贸易研究的发现进一步的支持：行业内贸易在具有规模经济的行业以及少数大公司支配的行业中更为盛行。这种与规模经济和少数大公司支配的行业相联系的事实提醒人们：所要研究的是不完全竞争问题（例如垄断、垄断竞争或寡头垄断），而不是原子状竞争即自由竞争问题。

四、需求方面：问题的一部分

知识密集型贸易及行业内贸易的上升，可以部分地由以下两条规律所解释：收入的增长使需求转向奢侈品，而知识密集型商品以及产品的花色品种都是奢侈品。

尽管发生过 1974—1975 年和 1979—1980 年两次石油冲击这样的萧条以及 1982 年的短期萧条，第二次世界大战后的平均收入还是保持了持续的增长。例如从 1965—1968 年，人均国民生产总值年平均增长速度在发展中国家达到 2.8%，在工业化市场经济国家达到 2.3%。如果继续以这一速度增长，平均收入在作为整体的第三世界将每 25 年翻一番，在工业化国家每 30 年翻一番。经济学家很早就知道收入的增长使需求从某类商品转向另一类商品。为考察收入增长对需求的影响，他们对需求的收入弹性作了如下度量：

$$\eta = \text{对某种商品需求的收入弹性}$$
$$= \frac{\text{对该商品需求变化的百分比}}{\text{引起上述变化的收入变化的百分比}}$$

$\eta > 1$ 的商品被称为奢侈品。当收入上升（例如上升 10%）时，对奢侈品需求的上升大于 10%。越富有的消费者，其支出用于奢侈品的份额就越大（若其他条件相等）。$\eta < 1$ 的商品被称为常用品。收入提高 10%使这类商品需求的增加小于 10%。越富有的消费者，其用于常用品的支出份额越小（若其他条件相等）。食品是常用品。像粮食这样的常用品，其收入弹性尤其低。对住房的需求则位于临界点，其 η 接近于 1，因此用于住房支出的份额变化很小。

知识密集型商品，如图 3-3 中的工程产品，是奢侈品。世界性收入增长促使需求转向奢侈品的历史已至少有一个世纪之久，而且这一趋势无疑还在继续。对世界贸易转向知识密集型产品的一种较容易的解释，就是这类产品在整个消费品中的份额注定要增加。因此，除非在生产增长的道路上会有一种空前强烈的反贸易倾向，否则，仍可以预期有更多的知识密集型产品贸易。

另一种奢侈品是产品的花色品种。消费者的收入越高，几乎可以相互替代的商品和服务的品种就越繁杂。高收入使人们对品种变换本身也赋予价值。因此，富有的人们变换着他们对葡萄酒、啤酒、汽车、音乐、服装、旅行经历等的选择。其最直接的结果便是双向贸易或行业内贸易。即使国家间有着相同的要素禀赋和收入水平，它们共同的收入水平越高，双方就更多地相互购买类似的产品，进而使各国都能有更多样化的消费。因此，行业内贸易的增长，如同知识密集型贸易的增长一样，可以部分地基于对奢侈品需求的增长。

复习思考题

1. 什么是贸易大国？什么是贸易小国？利用相互需求论，说明大国和小国在国际贸易中利益的分配。

2. 什么是行业内贸易？行业内贸易指数如何测算？

3. 行业内贸易主要从哪些角度进行解释？

第四章

国际贸易模型及其对经济的影响

前两章从供给和需求的角度介绍了贸易的基本理论，我们已掌握了国际贸易的基础。那么国际贸易应该如何来进行呢，一国究竟应该出口什么商品又进口什么商品，或者说国际贸易的模式应该是怎样的？按照某种模式进行贸易，对进出口国，特别是不同的利益集团（生产者、消费者或其他利益相关者）有什么影响呢？本章首先从供给与需求结合的角度介绍开放经济的标准贸易模型；其次介绍国际贸易对本国商品价格、生产及消费的影响；再次介绍国际贸易收益的衡量；最后介绍国际贸易对本国生产要素收益的影响。

第一节　开放经济的标准贸易模型

一、生产可能性边界和相对供给

在标准模型中，假设每个国家生产两种产品——粮食（F）和棉布（C），而且每一个国家的生产可能性边界是一条光滑的曲线，如图 4-1 中曲线 TT'所示。

生产可能性边界上的点代表社会实际产出的产品组合，它由棉布对粮食的相对价格 P_C/P_F所确定。微观经济学中有一个重要的结论：如果一个市场没有受到垄断或其他市场失灵形式的破坏，那么这个市场的生产效率就非常高。也就是说在产品价格给定时，这样的市场可以达到产值($P_CQ_C+P_FQ_F$)的最大化。

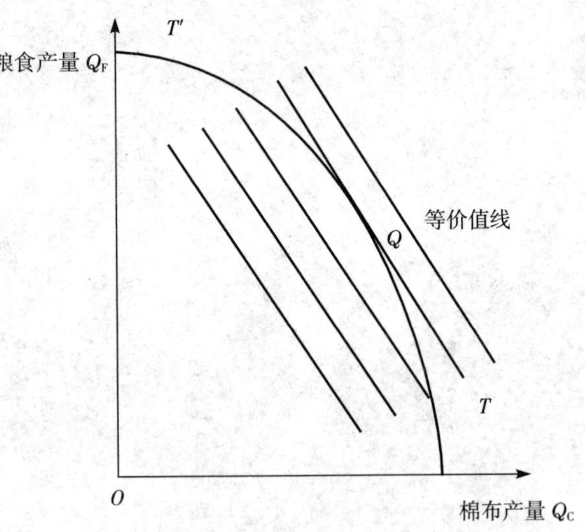

图 4-1　产品相对价格确定社会产出

注：曲线 TT'为一国的生产可能性边界。Q 点是生产点，Q 点位于生产可能性边界所能接触到的最高的一条等价值线上，即等价值钱与 TT'相切的一点为 Q 点。

可以在图 4-1 上用一系列等价值线来表示市场的产出价值，同一条等价值线的产出价值相等且不变。每一条等价值线都是由等式 $P_CQ_C+P_FQ_F=V$ 或$Q_F=V/P_F-(P_C/P_F)Q_C$所确定的。在这里，V 是产出价值，V 越大，等价值线的位置离原点越远。因此离原点越远的等价值线对应的产出价值越高。等价值线的斜率等于负的棉布对粮食的相对价格。社会将尽可能追求产出价值的最大化——在 Q 点进行生产。Q 点是曲线 TT'和一条等价值线的切点。

假定 P_C/P_F上升，等价值线会变陡。在图 4-2 中，P_C/P_F变化前生产可能性边界能接触到的最高等价值线是直线 VV_1。P_C/P_F 发生变动后，能接触到的最高等价值线是直线 VV_2。社会生产点从 Q_1 转移到 Q_2。于是，正如所期望的那样，棉布相对价格的 Q 点位于生产可能性边界所能接触到的最高的一条等价值上升会导致棉布生产的增加和粮食产出的减少。因此，棉布的相对供给会随棉布相对价格的上升而增加。

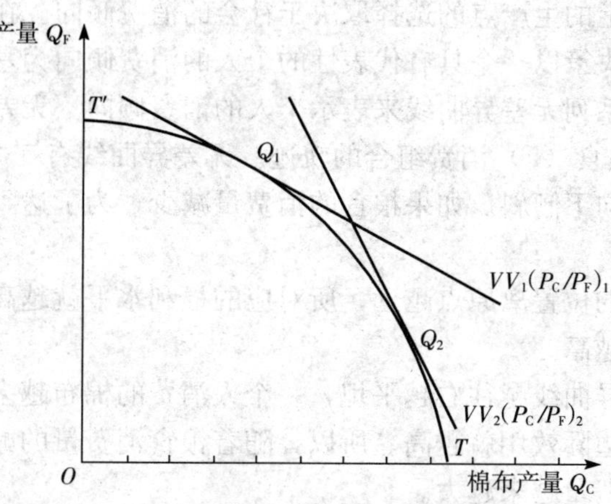

图 4-2　棉布相对价格的上升如何影响相对供给

注：当棉布的相对价格从（P_C/P_F）$_1$上升到（P_C/P_F）$_2$（图中 VV_1 移动到 VV_2）时，等价值线变陡。结果，社会将生产更多的棉布和更少的粮食，均衡产出点从 Q_1 移动到 Q_2。

二、相对价格和相对需求

图 4-3 表明了标准模型中生产、消费和贸易之间的联系。社会消费的价值等于社会生

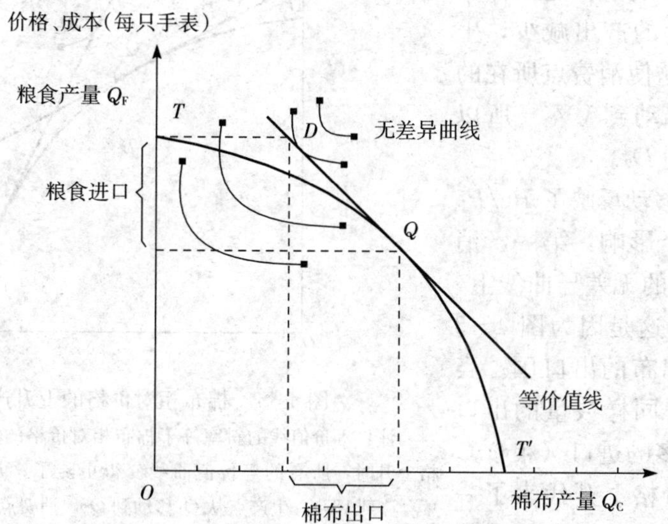

图 4-3　标准模型中的生产、消费和贸易

注：点 Q 是生产点，是生产可能性边界和它所能接触到的最高的一条等价值钱的切点。点 D 是消费点，是等价值线和它所能接触到的最高的一条无差异曲线的切点。图中该国生产的棉布比消费的棉布多，因而出口棉布；相应的，消费的粮食比生产的粮食多，因而进口粮食。

产的价值：

$$P_C D_C + P_F D_F = P_C Q_C + P_F Q_F = V$$

式中：D_C和D_F分别为棉布和粮食的消费，这一等式表示生产点和消费点一定在同一条等价值线上。

同一条等价值线上的生产点的选择取决于社会的消费倾向。在标准模型中，为了简化分析，假设社会的消费决策以一个具有代表性的个人的消费倾向为基础。

这里，可以用一系列无差异曲线来表示个人的消费倾向。无差异曲线是在同一消费效用水平上棉布（C）和粮食（F）消费组合的轨迹。无差异曲线有三个特点。

（1）无差异曲线向下倾斜。如果粮食的消费量减少，为了达到相同的效用，就必须增加棉布的消费量。

（2）无差异曲线的位置离原点越远，所对应的福利水平就越高。对个人来说，消费的产品量越多，福利水平越高。

（3）每一条无差异曲线越往右越平坦，一个人消费的棉布越多，消费粮食越少，单位粮食对单位棉布的相对边际效用就越高。所以，随着粮食消费量的减少，用以补偿粮食而减少的效用所需的棉布消费量越来越大。

图 4-3 中有一组具有这三个特征的无差异曲线。社会将在等价值线上选择具有这三个特征的点。社会将根据社会福利最大化的原则在等价值线上决定消费点。这一点就是等价值线和它能接触到的最高的一条无差异曲线的切点，即点 D。请注意，在这一点，该国将出口棉布（生产的棉布数量超过了所消费的棉布数量）和进口粮食。本图所代表的国家是棉布的出口者和粮食的进口者。

现在，再来考虑棉布相对价格（P_C/P_F）上升会产生什么影响，图 4-4 说明了这种影响。首先，棉布的产出增加，粮食的产出减少，生产从Q_1移到Q_2。这使消费点所在的等价值线从VV_1移动到VV_2。所以消费点从D_1移动到D_2。

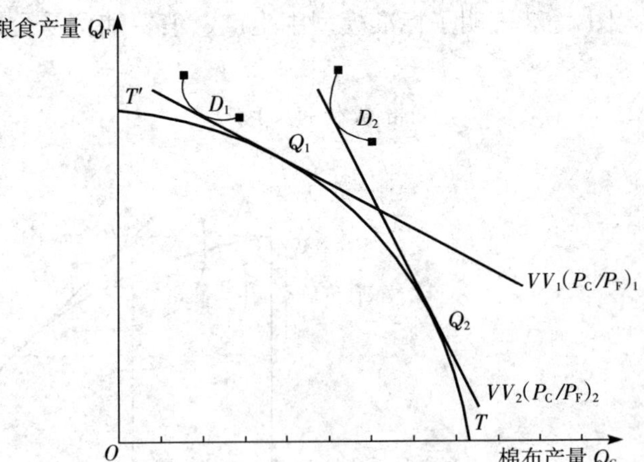

图 4-4　棉布相对价格的上升产生的影响

注：等价值线的斜率等于棉布相对价格的负数，因此，当相对价格上升时，所有的等价值曲线变得更陡了。尤其是，最大价值线从VV_1移到VV_2，生产点从Q_1移动到Q_2，消费点从D_1移动到D_2。

从D_1到D_2的移动反映了Pc/P_F上升所产生的两个影响：第一，消费移动到一条更高的无差异曲线上，社会福利改善了。这是因为图 4-3 所代表的是一个棉布的出口国。当棉布价格上升时，同样数量的出口（棉布）能换取更多的进口（粮食）。因此出口产品的价格上升代表了一种优势。第二，相对价格的变动使消费点随无差异曲线向靠近粮食背离棉布的方向移动。

这两个效应，福利的增加是收入效应；在给定的福利水平下消费点的移动称为替代效应。收入效应使两种产品的消费量都增加，而替代效应的作用是引起社会减少对棉布的消费，增加粮食的消费。从理论上说，收入效应的影响可能非常大，以至于当 P_C/P_F 上升时两种产品的消费都增加。但是在一种情况下，棉布对粮食的相对消费量会下降。也就是说，棉布的相对需求会减少（如图 4-3 所示）。

三、贸易条件改变对福利的影响

当 P_C/P_F 上升时，原本出口棉布的国家福利增加。在图 4-4 中表现为消费点从 D_1 移动到 D_2。相反，如果 P_C/P_F 下降，这个国家的福利就会恶化，比如说，消费点可能从 D_2 移回到 D_1。

如果一国原本出口的产品是粮食而不是棉布，P_C/P_F 变动所产生的影响与上面正好相反。P_C/P_F 上升意味着 P_F/P_C 下降，国家的福利随之恶化。同理，P_C/P_F 下降则会改善该国的福利。

贸易条件是指一国出口产品的价格除以进口产品的价格。使用贸易条件来概括以上各种情况，可得出一个一般结论：一个国家的福利随着贸易条件的改善而上升，随着贸易条件的恶化而下降。

四、相对价格的确定

假定世界由两个国家组成，本国（出口棉布）和外国（出口粮食）。本国贸易条件由 P_C/P_F 来衡量，外国的贸易条件由 P_F/P_C 来衡量。Q_C 和 Q_F 是本国生产的棉布和粮食的数量，Q_C^* 和 Q_F^* 是外国生产的棉布和粮食的数量。

为了确定 P_C/P_F，必须确定棉布的世界相对供给曲线和相对需求曲线的交点。如图 4-5 所示，世界相对供给曲线 RS 是一条向上倾斜的曲线。这是因为 P_C/P_F 的上升使各国都增加棉布的生产，减少粮食的生产。世界相对需求曲线 RD 是一条向下倾斜的曲线，这是因为 P_C/P_F 的上升使各国的消费点向靠近粮食背离棉布的方向移动。两条曲线的交点 E 确定了均衡的世界相对价格 (P_C/P_F)。

在掌握了标准贸易模型中的相对供给、相对需求、贸易条件和社会福利是如何决定的知识以后，下面我运用这一模型来分析几个重要的国际经济学问题。

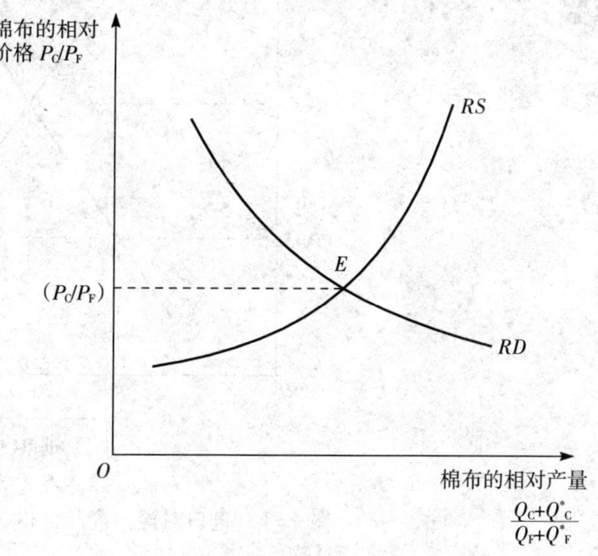

图 4-5　世界相对供给和世界相对需求

注：Q_C 为本国的棉布产量；Q_C^* 为外国的棉布产量；Q_F 为本国的粮食产量；Q_F^* 为外国的粮食产量，下同。棉布的相对价格（P_C/P_F）越高，棉布对粮食的世界相对供给量（RS）就越大，棉布对粮食的世界相对需求量（RD）就越小。相对价格的均衡点 E 由世界相对供给和世界相对需求曲线相交而得。

第二节　对国内商品价格、生产及消费的影响

一、进口产业商品价格、生产及消费的变化

不同的产业或行业在国际贸易中的地位不同，受国际贸易的影响也不同。我们先来看自由贸易对进口产业的影响。所谓进口产业，指的是没有比较优势，在国际市场上不具有竞争能力的产业。在这类产业产品中，既有国内生产的，也有从国外进口的，国产和进口产品在同一市场上竞争。因此，进口产业实际上是一国内与进口商品竞争的产业（为了讨论方便，我们简称进口产业）。假设中国的钢铁工业和美国的大米种植业都是进口产业。图 4－6 显示的是中国的钢铁市场。SS'是中国本国钢铁的供给曲线。DD'是中国消费者对钢铁的需求曲线。在没有贸易的情况下，中国的钢铁价格由国内的供给和需求决定，在供求均衡点上，钢铁的价格假定为 P_0，等于 2 000 元。在这一市场价格下，钢铁的供给量（S_0）与需求量（D_0）相等，都是 100 万 t。由于假定中国不具有生产钢铁的比较优势，在没有贸易的情况下，中国的钢铁价格高于别国或高于国际市场价格。进一步假定国际市场上同样的钢铁每吨只要 1 000 元，而中国的钢铁每吨则要 2 000 元。在自由贸易的情况下，中国一定会有人以国际市场价格进口钢铁。

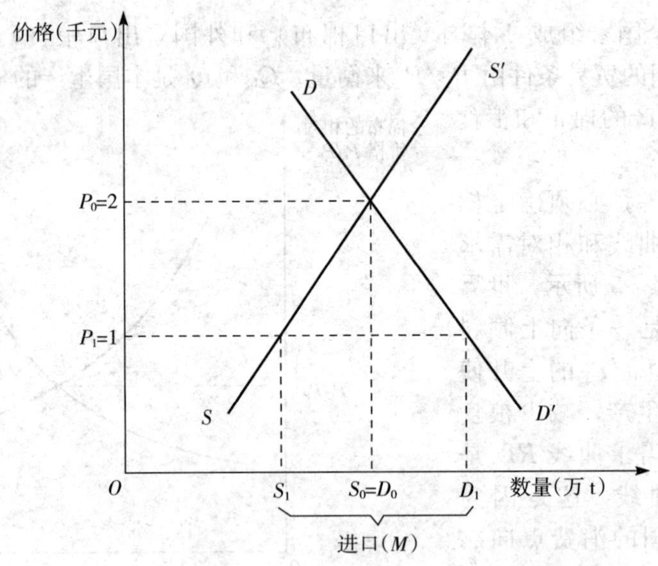

图 4－6　进口对国内商品价格、生产及消费的影响

当然，进口商不会在中国市场上按 1 000 元出售，他一定想按中国市场上的价格 2 000 元出售以赚取利润。但问题是，在每吨 2 000 元的价格上，需求量并没有增加，人们仍然只购买 100 万 t，而供给量却增加了：除了国内厂商生产的 100 万 t 以外，现在加上一部分进口钢铁。供大于求，出现了剩余。为了促销，进口商以低于 2 000 元的价格出售（只要高于 1 000 元，他仍然有利可图）。迫于竞争，国内钢铁生产厂商也不得不降价出售。结果是，中国整个钢铁市场的价格下降，直至新的市场均衡点，即国内生产的钢铁（S_1）加上进口

的钢铁（M）等在新的价格下国内对钢铁的总需求（D_1）。

中国钢铁的价格究竟降到什么程度为止？这取决于中国钢铁进口量对国际钢铁市场的影响。如果中国是钢铁进口大国（即中国的进口的数量大到足以能够影响国际钢铁市场的价格），中国钢铁的价格会降到1 000元以上、2 000元以下。因为新的国际钢铁市场的价格已经由于中国的大量进口而上涨到1 000元以上。但如果中国只是一个进口小国，国际钢铁市场价格根本不受中国进口的影响，那么，自由进口会使中国钢铁的价格最终跌到与国际市场一样的每吨1 000元。但是，不管是大国还是小国，自由进口的结果都使原来高于国际市场的国内商品价格下降到与国际市场相同。不过大国降低的程度低于小国，因为大国所面临的新的国际市场价格由于本国的进口而比原来的国际市场价格提高了。为了简化我们的分析，在这里假设运输费用为零。

进口产业产品价格的下降，必然影响到该产业国内生产和消费。一般来说，由于产品价格下降，对产品的总消费会增加（在图4-6中，从D_0增加到D_1），而国内的生产会下降（从S_0到S_1）。消费与国内生产之间的缺口（M）则为进口所填补。

二、出口产业商品价格、生产及消费的变化

自由贸易对出口产业的影响正好与进口产业相反。假定中国有生产大米的比较优势。在没有贸易的情况下，中国大米的销售价格低于国际市场，在图4-7中，这一价格假定为500元/t。而国际大米市场价格高于500元（假设为1 000元）。在允许自由贸易的情况下，中国的大米生产者马上发现将大米卖到国外可以比国内赚更多的钱，于是，大批大米会出口。大米出口的结果使得原来供求均衡的国内大米市场出现短缺，从而造成国内大米价格上涨。这种出口农产品价格上涨的趋势会一直延续下去直到跟国际市场价格一致。当国内大米市场价格跟国际市场一致时，对大米生产者来说，在国内销售和出口到国外就没有什么大区别了，一部分大米就会留在国内满足国内市场的需要。大米就不再继续外流，国内市场短缺的现象也会消失，价格也就稳定下来，新的国内大米价格比没有贸易时要高。

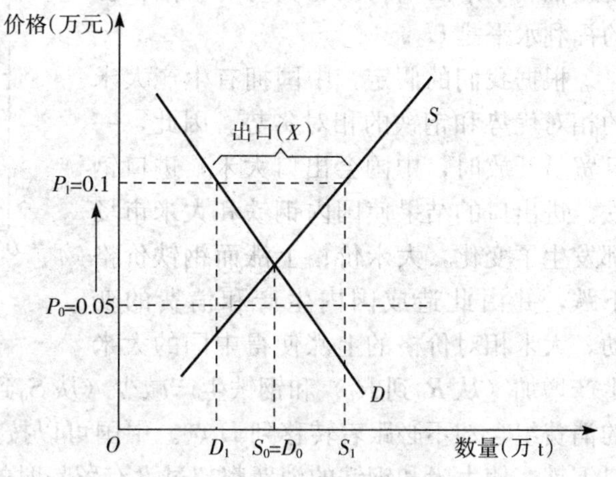

图4-7　出口对本国商品价格、生产及消费的影响

中国大米价格上涨的幅度也取决于中国在国际大米市场上的地位。如果中国是大米生产和出口的大国，其国内大米价格的涨幅会小一点，因为国际大米价格会由于中国的大量出口而下降，新的国际价格会低于原来的1 000元，比如说800元。这样，国内市场价格从500元上升到800元，涨了300元。但如果中国是大米出口的小国，无论中国出口多少，对国际大米市场来说无足轻重，那么，国际市场价格仍是1 000元，中国国际市场价格也会最终涨到1 000元，上涨500元。

由于大米价格的上升，中国大米生产会增加（从 S_0 增加到 S_1），但国内对大米的需求也会因为价格的上涨而下降（从 D_0 到 D_1），生产量与国内消费量之间的差额为出口量（X）。

第三节　国际贸易收益的衡量

一、国际贸易的总收益

谁都知道贸易一定是因为有利可图才进行的，可是这个利究竟有多大？怎样来衡量？衡量国际贸易收益，我们既可以从整体上作抽象说明，也可以从个别商品上作具体计算。从整体上，仍用生产可能性曲线和社会无差异曲线来说明一国的贸易总收益。

图 4－8 显示的是中国贸易前后的情况。在没有贸易的情况下，中国的生产和消费都在 A 点。在有限的生产资源限制下，A 点是最佳的选择，因为在 A 点上的消费组合使整个社会的满足达到最大化。如果用社会无差异曲线来表示社会满足程度或福利水平的话，没有贸易时中国社会的福利水平是 U_0。

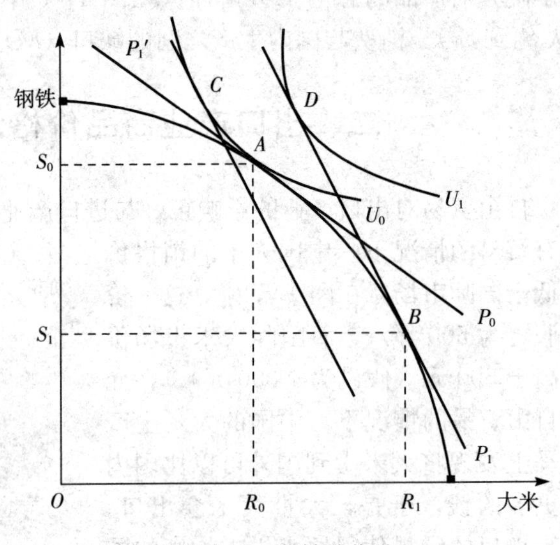

图 4－8　贸易总收益

根据我们的假定，中国拥有生产大米的相对优势和钢铁的相对劣势。因此，一旦贸易开放时，中国会出口大米，进口钢铁。进出口的结果使国内钢铁和大米市场都发生了变化，大米价格上涨而钢铁价格下跌，并由此造成国内生产和消费的变动。大米相对价格的上涨使得中国的大米生产增加（从 R_0 到 R_1）和钢铁生产减少（从 S_0 到 S_1）。生产点由 A 点转移到 B 点，而中国的消费组合却不必跟着转移到 B 点。中国可以按照国际市场的价格高价出口大米和低价进口钢铁，使大米和钢铁的消费都超过没有贸易时的水平而达到 D 点。

在 D 点上，两种产品都比原来消费得多。如果用社会无差异曲线离原点远近来表示社会效用程度高低的话，D 点所达到的社会福利水平（U_1）显然高于 A 点的 U_0。整个社会的贸易利益可以用社会福利的增加来衡量：贸易使中国可以消费超出其生产能力的产品，使社会满足程度和福利水平得到提高。

在以上贸易利益的分析中，有两点必须说明一下。

（1）从 A 点到 D 点表示的是最终的消费变化和全部的贸易利益。如果进一步分析的话，这一新的消费选择受价格的替代效应和收入效应的共同影响。价格的替代效应指的是大米价格上涨和钢铁价格下跌所引起的消费变化：大米的消费减少，钢铁的消费增加。价格替代效应使消费从 A 点到 C 点，但这只是改变了消费组合并没有真正提高社会福利水平。收入效应指的是由于生产更多的大米并高价出口使收入增加所引起的消费变化。收入的提高使得中国不但可以消费更多的钢铁，也有可能消费更多的大米，尽管大米的价格上升了。消费从 C 点到 D 点则反映了收入效应。收入效应使社会的满足程度和社会水平提高。贸易利益主要由收入效应带来的。

（2）中国的最终消费选择不一定非要在两种商品都比贸易前更多的 D 点。新的价格线（P_1）上的任何一点都是可行的。最终的消费组合取决于该国的需求偏好，贸易利益的衡量是由社会福利水平来衡量而不一定非要两种产品都比以前消费更多。换句话说，如果中国偏爱钢铁，即使其最终的大米消费比贸易前减少，中国的社会福利水平仍会提高，贸易仍然给中国带来利益。

二、个别商品贸易利益分析

贸易利益也可通过个别商品市场消费生产的变化来衡量。让我们先来看出口大米所产生的贸易利益。

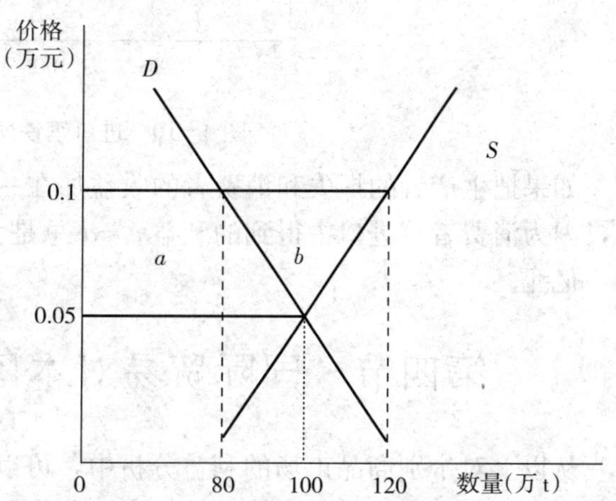

图 4-9　出口大米所产生的利益变动

图 4-9 表现的是中国大米市场贸易前后的情况。贸易前的国内市场价格是 500 元，生产与消费量相等，都是 100 万 t。贸易后的价格上升为 1 000 元，国内生产增至 120 万 t，但消费量则降为 80 万 t。作为大米的消费者，出口并没有获得好处，不仅消费量减少，还要付高价。因此，在大米贸易中，消费者只有损失而没有获利。我们知道，需求曲线代表的是消费者在购买一定数量商品时，愿意并有能力支付的价格，而消费者最终支付的是由市场决定的价格。如果市场价格低于消费者愿意支付的价格，消费者则省了钱得到了满足。这个愿意支付和实际支付的差价，就是消费者剩余。从市场供求曲线来说，市场价格之上需求曲线之下的区域则代表消费者剩余。在图 4-9 中，由于大米价格的提高，消费者剩余减少了 a 部分，根据假定的数字计算，a 部分的价值为 4.5 亿元，也就是说，自由贸易使中国大米的消费者损失了 4.5 亿元。

但是对中国大米的生产者来说，出口则带来了很大利益：既增加了产量，又卖了高价。由于生产者愿接受的价格（由供给曲线表示）与实际卖出价格（市场价格）的差别就是生产者剩余，中国大米出口使生产者剩余增加了 $a+b$ 部分。这部分的价值为 5.5 亿元。

从以上的分析中，可以看出，出口使本国消费者受害而生产者得益。如果我们把消费者和生产者都考虑进去的话，中国出口大米是否仍然获利呢？结果是肯定的。因为生产者所获的利益 $a+b$ 总是大于消费者的损失 a，出口大米的纯利益是 b，或者说是 1 亿元。

现在我们再来看进口市场。

图 4-10 是中国的钢铁市场。贸易前，中国钢铁的生产和消费均为 100 万 t，市场价格为 2 000 元。开放市场的结果是进口增加，价格从 2 000 元跌到 1 000 元，国内生产减

少至 80 万 t。从生产者的角度来讲，自由贸易并非一件好事，在廉价进口的冲击下，生产者剩余减少了 c 部分，用货币计算的话，相当于 9 亿元的损失。可是另一方面，正是由于廉价外国产品的进口，使得消费者可以付更少的钱而享受更多的产品：价格下跌使消费量由 100 万 t 增加到 120 万 t。消费者剩余增加了 $c+d$ 部分，计 11 亿元，多于生产者的损失。

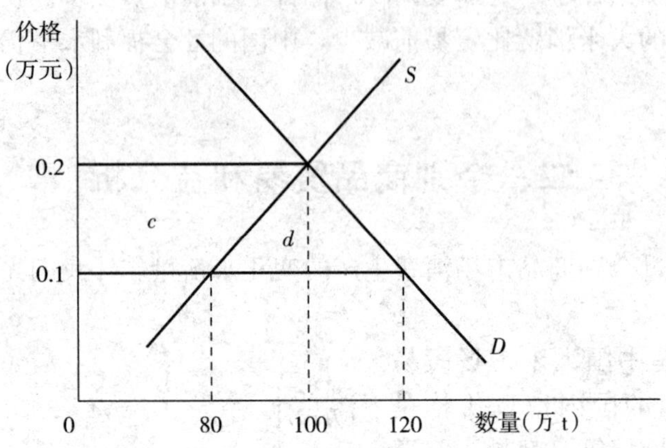

图 4-10　进口钢铁所产生的利益变动

如果把生产者的损失和消费者的收益加在一起，不难发现，即使进口，中国也能从中获利，因为消费者从进口中得到的利益 $c+d$ 总是大于生产者的损失 c，进口的纯收益是 d，价值 2 亿元。

第四节　国际贸易对本国生产要素收益的影响

从以上对个别商品市场的利益分析中，可以看到，出口使生产者赢利，进口使生产者受损。这里的生产者，是一个笼统的概念，包括了参与生产的所有要素：劳动力、资本、土地等。所谓生产者受益或受损，是否该产品生产中的所有要素都受益或都受损呢？这一节将进一步分析国际贸易对本国生产者中各种生产要素收益的影响。

假定大米是劳动力密集型产品，钢铁是资本密集型产品，而中国是劳动力充裕资本稀缺的国家。现在再进一步假设劳动力的收益由工资代表，资本的收益由利润代表，工资和利润的形成分别由下列公式表示：

工资＝产品价格×劳动力的边际生产率

利润＝产品价格×资本的边际生产率

要素的边际生产率是指每增加一个单位的生产要素所增加的产量，即要素的边际产量。要素边际生产率跟要素的投入量有关。一般来说，当一种要素不变时，另一种要素的边际生产率会随着其投入量的不断增加而下降，即边际要素生产率递减规律发挥作用。

从以上工资、利润的公式可以看到，要素收益等于其边际产量的市场价值。因此，国际贸易对生产要素收益（工资、利润）的影响，既通过产品价格的变化，也通过要素边际生产率的变化。产品价格变化是国际贸易的直接结果，在短期内即会影响工资和利润。要素边际生产率则是生产组合变动和生产要素流动的结果，这需要在较长时间才能对工资利润产生影响。因此，这里的分析有短期和长期之分。

一、短期影响

在短期内，假设生产要素不会在各部门之间流动。尽管各行业的工资和利润会因为贸易而产生变化，工人和资本还没有足够的时间来变换工作和重新投资。在短期内，由于各行业的劳动力和资本的数量都没有改变，因此，劳动力和资本的边际生产率没有变动。工资和利润的变动主要由产品价格的变动决定。

在大米生产行业：

工资（上升）＝大米价格（上升）×劳动力的边际生产率（不变）

利润（上升）＝大米价格（上升）×资本的边际生产率（不变）

在钢铁生产行业：

工资（下降）＝钢铁价格（下降）×劳动力的边际生产率（不变）

利润（下降）＝钢铁价格（下降）×资本的边际生产率（不变）

由于中国出口大米进口钢铁而造成大米价格上升，钢铁价格下跌，中国农业（生产大米行业）的工资和利润都会增加，工业（生产钢铁行业）的工资和利润都会下降。因此，在短期内，价格上升行业（出口行业）的所有生产要素都会获益，而价格下降的行业（进口行业）的所有生产要素都会受损。

二、长期影响

在长期来看，假设生产要素可以在各行业之间流动，各行业的生产和投资会由于贸易的开发而调整。出口行业的生产会扩大，进口行业的生产会缩减。各行业所使用的生产要素量也会因此变动，生产要素会在行业间流动。一般来说，生产要素都会向赚钱多的行业流动。出口企业赢利赚钱，进口行业受冲击损失，劳动力和资本会逐渐从进口行业向出口行业转移。但问题是，中国的进口行业（钢铁）是资本密集型行业，所用的资本与劳动力的比例较高。当钢铁生产削减时，转移出来的资本较多而劳动力相对少一些，而中国的出口行业（大米）则是劳动力密集型行业，大米生产扩大时所需的劳动力则大大超过对资本的需求。结果，整个社会的劳动力会由于大米生产的扩大而变得相对不足，资本则因为钢铁生产的萎缩而变得相对过剩。劳动力的边际生产率会由于劳动力投入的相对不足而提高，资本的边际生产率则因为资本的相对过剩而下降。其结果是农业工人的工资继续上升，钢铁工业的利润继续下降。由于劳动力和资本在国内各行业间是自由流动的，各行业的工资和利润会由于自由流动而趋于一致，最后的结果是，钢铁工业工人的工资也会上升，农业资本的利润也会下降。

钢铁工人工资＝农业工人工资

＝大米价格（上升）×劳动力边际生产率（提高）

农业资本利润＝钢铁资本利润

＝钢铁价格（下降）×资本边际生产率（降低）

因此，国际贸易对生产要素的长期影响是：在出口（价格上升的）产品生产中，密集使用的生产要素的报酬提高。在进口（价格下跌的）产品生产中，密集使用的生产要素的报酬降低，而不论这些要素在哪个行业中使用。这一结论是由美国经济学家斯托尔珀（Wolfgang Stolper）和萨缪尔森（Paul A. Samuelson）论证的，因此在国际经济学中被称为“斯托尔珀—萨缪尔森定理”。

复习思考题

1. 什么是贸易条件？其影响因素有哪些？
2. 国际贸易福利分析中常用的微观经济分析工具有哪些？
3. 国际贸易对本国生产要素收益的短期影响和长期影响有何不同？

第五章

经济发展的贸易效应

随着经济的发展，一国的总供给和总需求都将发生变化。进而会影响一国对外贸易状况。当一国政府选用宏观经济政策推动经济发展时，也间接调节着本国的对外贸易。

开放经济中经济增长所产生的影响是经济学家们长期关注和争论的焦点。争论主要集中在两个问题上：第一，其他国家的经济增长对本国有利还是有害？第二，当一个国家是世界经济一体化的一员时，国内经济增长会给本国带来更多的利益还是更少的利益？

在分析其他国家经济增长如何影响本国经济时，一般会考虑正反两个方面：一方面，其他国家的经济增长可能有利于本国经济。因为其他国家的经济增长意味着为本国的出口开辟了更大的市场。另一方面，其他国家的经济增长也许意味着本国出口产品将面对更加激烈的竞争。

同样，不难发现本国的经济增长也是各有利弊：一方面，本国生产能力的加强使本国能向世界市场出口更多的产品。另一方面，经济增长带来的收益可能会以本国出口产品价格降低的形式转移到国外消费者手中而非本国所得。

本章从九个方面分析一国经济发展对国际相对供给和相对需求的影响，从生产、消费需求等方面分析一国贸易格局的变化。

第一节　经济增长的类型

一、经济增长和生产可能性边界

经济增长意味着生产可能性边界向外移动。这一增长既可能是由一国的资源增加引起的，也可能来源于国家利用资源效率的提高。

经济增长对国际贸易的影响往往来自于经济增长的偏向性。如果生产可能性边界在一个方向上扩张的幅度大于另一个方向上扩张的幅度，就会产生偏向性经济增长。图 5-1（a）说明偏向于棉布的经济增长，图 5-1（b）则说明偏向粮食的经济增长。各图中的生产可能性边界都从 $T_0T'_0$ 移到 $T_1T'_1$。

经济增长发生偏向可能有以下两个原因：

（1）李嘉图模型表明，某个生产部门的技术进步会使生产可能性向这个部门扩张的幅度大于向其他部门扩张的幅度。

（2）要素禀赋模型表明，一个国家某种生产要素的供给增加，例如由于储蓄和投资引起的资本存量的增加，会使生产可能性边界发生偏向性扩张。

这种扩张偏向于以这种要素为特定要素的部门或者在生产中密集使用该要素的部门。

因此产生国际贸易的原因也正是引起偏向性的经济增长的原因。

图 5-1（a）和图 5-1（b）所描述的经济增长有很强的偏向性。在这两种情况中，一国

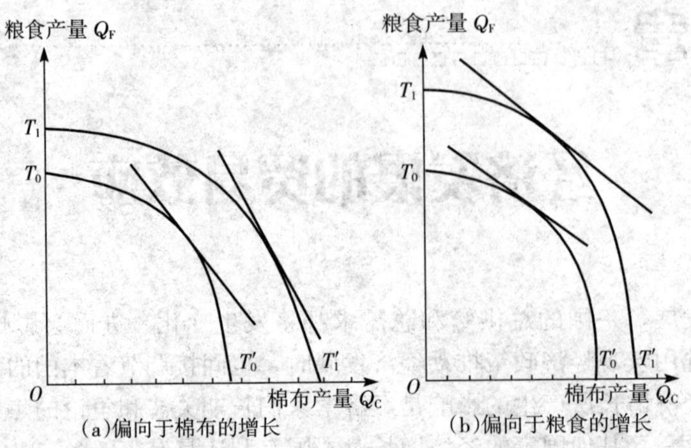

图 5-1　偏向型增长

注：如果生产可能性边界在一个产品方向上扩张的幅度大于另一个产品方向上扩张的幅度，这样的经济增长就称为偏向型经济增长。本图两种情况下生产可能性边界都向外扩张，$T_0T'_0$ 移动到 $T_1T'_1$ 在图（a）中，生产可能性边界的扩张偏向于棉布；图（b）中，生产可能性边界的扩张偏向于粮食。

生产两种产品的能力都增强了。但在图 5-1（a）中，在棉布相对价格不变的情况下粮食产出实际上是下降的；而在图 5-1（b）中，则是棉布的产出实际上下降了。虽然通常的经济增长偏向没有图中所表现的那样强，但是对于任何给定的棉布相对价格，即使只是轻微地偏向棉布的经济增长也会导致棉布对粮食的相对产出增加。对偏向于粮食的经济增长来说，情况正好相反。

二、相对供给和贸易条件

假设本国出现了偏向于棉布（出口产业）的经济增长，而且偏向的幅度很大。在棉布的

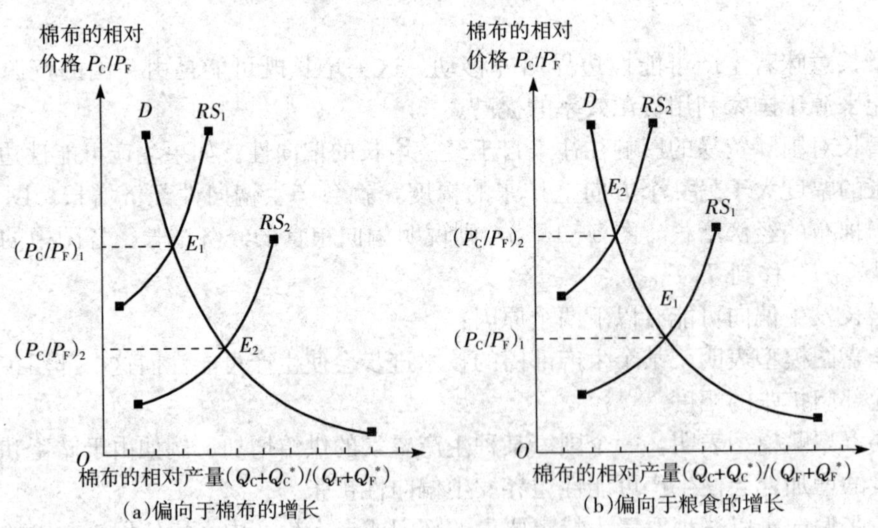

图 5-2　经济增长与相对供给

注：偏向于棉布的经济增长使棉布的相对供给曲线贴向右移动（图 a）；偏向于粮食的经济增长使棉布的相对供给曲线向左移动（图 b）。

相对价格给定时，棉布的产出增加，粮食（进口产业）的产出减少。从整体上来说，在任何相对价格水平上，棉布对于粮食的世界相对产出增加了。世界相对供给曲线也就从 RS_1 向右移动到 RS_2［如图 5-2（a）所示］。这一移动使棉布的相对价格从（P_C/P_F）$_1$ 下降到（P_C/P_F）$_2$，意味着本国贸易条件恶化，外国贸易条件改善。

应当注意的是，这里的“偏向”指的是经济增长对某个生产部门的偏向，而不是指哪个国家的经济增长了，哪个国家没有增长。如果外国发生了偏向于棉布的经济增长，对棉布的世界相对供给曲线的影响以及由此引起的对贸易条件的影响会是一样的。另一方面，无论是本国还是外国发生了偏向于粮食的增长［图 5-2（b）］，都会使 RS 曲线向左移动（从 RS_1 到 RS_2），并因此使棉布的价格从（P_C/P_F）$_1$ 提高到（P_C/P_F）$_2$，本国贸易条件随之改善，外国贸易条件恶化。

三、国际贸易条件下经济增长的五种类型

假定所讨论的国家只有两个部门：出口生产部门 X（如本国的棉布）和进口竞争品部门 Y（如本国的粮食），那么，根据经济增长中两个部门生产增长的不同情况，可以把经济增长分为五种类型。

1. 中性增长　如果在经济增长过程中，出口部门与进口竞争部门的生产增长率相同，则出口供给的增加率同进口需求的减少率相等，这种情况称为中性增长，这时的经济增长不改变原有的贸易模式。如果分别用 ΔX 和 ΔY 代表出口和进口的变化量，则中性增长可定义为：

$$\Delta X/X=\Delta Y/Y$$

2. 逆贸易倾向型增长　如果经济增长过程中，两个部门的生产都增大了，但进口竞争部门的增长率快于出口部门，则进口减少的幅度将大于出口的增长，即 $0<\Delta X/X<\Delta Y/Y$。这将导致贸易规模的收缩，称为逆贸易倾向型增长。

3. 超逆贸易倾向型增长　如果在经济增长过程中，只有进口竞争部门的生产增长率提高了，出口部门的增长率为负，即 $\Delta X/X<0$、$\Delta Y/Y>0$，则出口将下降、进口也减少，使贸易规模严重萎缩。这种情况称为超逆贸易倾向型增长，将导致国民经济向自给自足方向发展。

4. 顺贸易倾向型增长　如果两个部门的生产同时增长，出口部门的产出增长率快于进口竞争部门，即 $\Delta X/X>\Delta Y/Y>0$，则出口的增长将大于进口的减少，使贸易规模扩大。这种情况称为顺贸易倾向型经济增长。

5. 超顺贸易倾向型增长　如果只有出口部门的生产增长了，进口竞争部门的生产增长率为负，即 $\Delta X/X>0$ 而 $\Delta Y/Y<0$，则出口与进口将同时增加。这种情况称超顺贸易倾向型经济增长。

可以用图形来说明上述经济增长类型。如图 5-3 所示，假定生产成本递增，该国生产可能性曲线将凹向原点；交易条

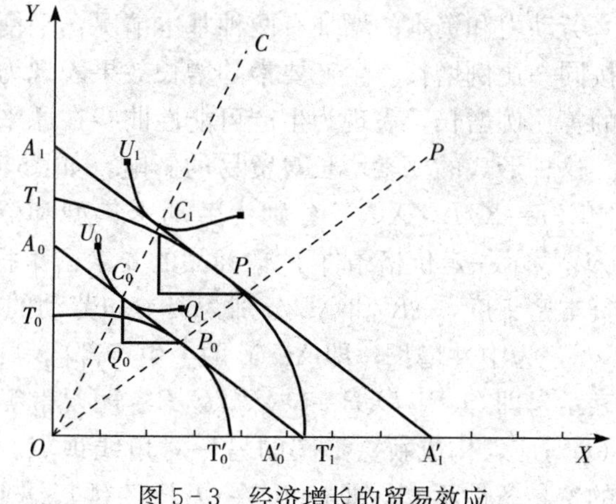

图 5-3　经济增长的贸易效应

件给定，由 $A_0A'_0$ 的斜率表示，它与基期的生产可能性曲线 $T_0T'_0$ 切于 P_0 点，与该国社会无差异曲线 U_0 切于 C_0 点，故经济增长前的生产点和消费点分别为 P_0 和 C_0，贸易三角形为 $\Delta Q_0C_0P_0$。经济增长后，生产可能性曲线向外扩展至 $T_1T'_1$。其形状未必如图 5-3 中所画，而是取决于两个部门的生产增长率的异同。这时的贸易条件不变，即 $A_1A'_1//A_0A'_0$。$A_1A'_1$ 与生产可能性曲线 $T_1T'_1$ 和社会无差异曲线 U_1 分别切于 P_1、C_1 点，这时的贸易状况反映在贸易三角形 $\Delta Q_1C_1P_1$ 上。

经济增长对贸易的影响属于何种类型，取决于贸易条件曲线 $A_1A'_1$ 与扩展后生产可能性曲线 $T_1T'_1$ 切点 P_1 的位置。如图 5-4 所示，如果 P_1 位于 OP_0 的延长线上，表明出口品和进口竞争品的生产以同一比率增加，为中性经济增长；如果经济增长后，生产均衡点 P_1 移至 P_0 点的左方，即为超逆贸易倾向型经济增长。因为在这一位置，进口竞争品 Y 的生产大幅度增长，而出口商品 X 的生产，则减少到 OP_0 以下。如果增长后生产点在 P_0 右上方、OP_0 线上方区域，则为逆贸易倾向型经济增长；如果生产均衡点移至 P_0 点右上方、OP_0 延长线的下方，为顺贸易倾向型经济增长；移至 P_0 点右下方，为超顺贸易倾向型经济增长。

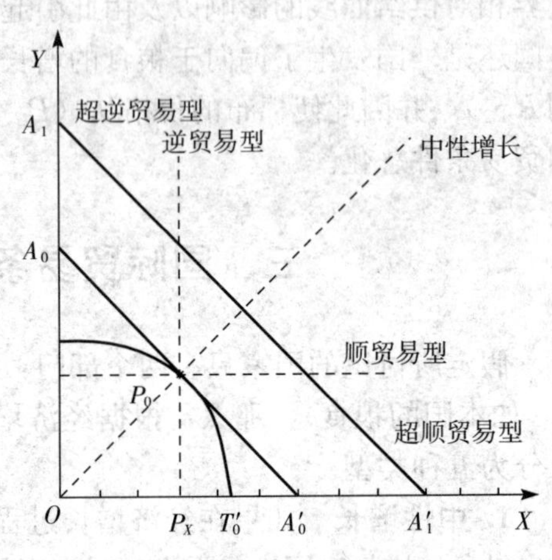

图 5-4 经济增长的贸易类型

第二节 生产要素增长的贸易效应

一、生产要素的平稳增长

在一国经济发展过程中，会发生生产要素数量和构成比例的变化。一般来说，随着人口的增长和资本的积累，劳动力和资本这两个生产要素是不断增加的。土地、自然资源的情况比较复杂。一方面，它们会在生产过程中被逐步消耗；另一方面，它们也会由于投资改良和新资源的出现而扩大。为了分析上的方便，这里假定只有两种生产要素：劳动力和资本。

劳动力和资本的增加有两种基本情况：平衡增长和不平衡增长。平衡增长即劳动力和资本按同一比例增长。生产要素的增长效果表现为该国生产可能性曲线的向外扩展；而生产要素的等比例增长，表现为生产可能性曲线在原来形状下等比例的放大。

这种形式的要素增长对贸易的影响，如图 5-5 所示。假定要素增长前的资本—劳动禀赋比率 $\rho=K/L$，X、Y 分别为劳动密集型和资本密集型产品，该国出口商品为 X，$\rho_X=K_x/L_x$ 表示一定价格条件下 X 商品的要素密集程度（即资本密集度），$\rho_Y=K_Y/L_Y$ 为 Y 商品的资本密集度，ΔK 和 ΔL 分别为资本和劳动的增量。那么，如果 $\Delta K/\Delta L=\rho$，则 $\Delta X/X=\Delta Y/Y$，为中性增长，即 X、Y 两个生产部门等比例扩大。如果用图 5-5 的埃奇沃思盒形图来表示，即 $O_XP'/O_XP=O'_YP'/O_YP$。两要素等比例增长后，O'_Y 必在 O_XO_Y 的延长线上，并与 O_X 对应，构成新盒形图的另一对角线顶点。这时，$\Delta K/\Delta L=AA'/BB'=O_XA/O_XB$。此时的贸易条件不变，即 O_XP' 在 O_XP 的延长线上，$O'_YP'//O_YP$。同时，商品的流向即该国

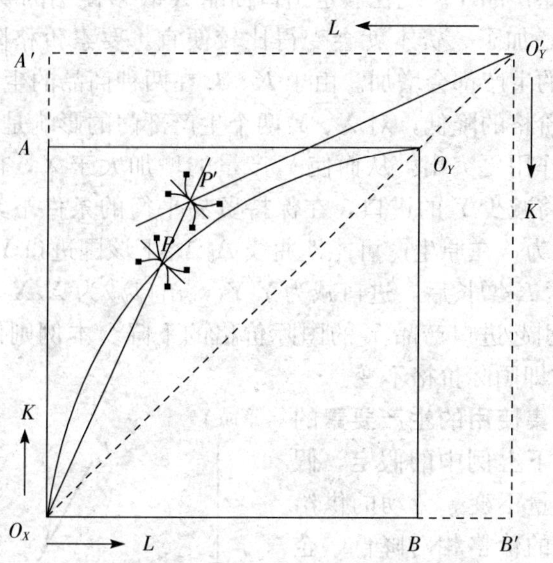

图 5-5　生产要素平衡增长的贸易效应

贸易形式、比较优势不变，但贸易量扩大，由 O_XPO_Y 曲线扩展为 $O_XP'O'_Y$（图 5-5 中未绘出），新的生产均衡从 P 移至 P'，向右上方移动，表明投入生产要素增加，产量扩大，贸易量相应增加。

二、生产要素的不平衡增长

生产要素的不平衡增长，指劳动和资本不是等比例增加的情况。这时，除贸易量以外，要素增长还将对贸易条件、贸易形式产生影响。这种影响通过产品供给和需求两个渠道起作用。在需求方面，如果资本的增加大于劳动力的增加，通常会引起人均收入的增长，根据恩格尔效应，需求结构将发生变化，相应改变对可出口商品和进口竞争品的需求以及二者的贸易量等。在供给方面，生产要素增加对贸易的影响，取决于其中相对增加的某一要素，是较多用于生产可出口品，还是较多用于进口竞争品。

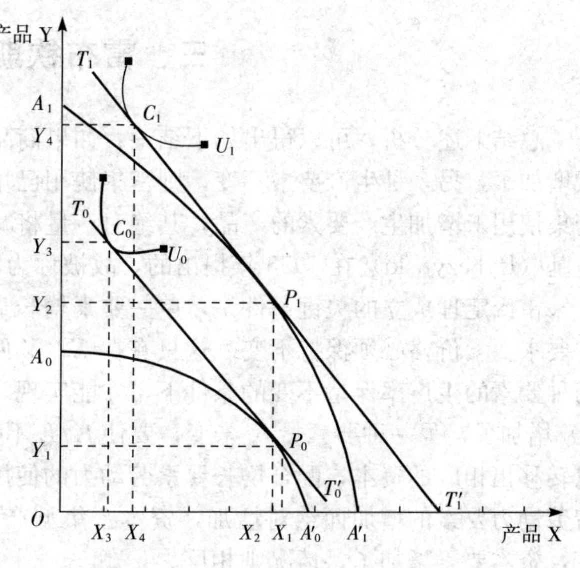

图 5-6　生产要素的不平衡增长

1. 进口竞争品生产密集使用的生产要素的相对增长　假定某国为劳动资源丰富的国家，X、Y 分别为劳动密集型产品和资本密集型产品，如图 5-6 所示，该国生产要素增长前的生产可能性曲线为 $A_0A'_0$，出口劳动密集型

产品 X，进口资本密集型产品 Y。现在假定出口商品 X 较多使用的要素（劳动）毫无增长，另一生产要素资本的量增加了，资本就会变得比较便宜。要素价格降低会推动企业扩大生产，故 X、Y 两种产品的生产都会增加。由于 K、L 在两种商品的生产中，在一定程度上可以相互替代，所以资本价格的降低，对 X、Y 两个生产部门的影响是不一样的。它对于扩大资本密集型部门生产的作用更突出，从而使 Y 产量的增加大于 X，使进口竞争品的产量显著增大，相应的，该国将减少 Y 的进口，在保持贸易平衡的条件下，X 的出口也将等比例减少。在图 5－6 中表现为，在原生产可能性曲线 $A_0A'_0$ 下该国进口 Y 的量为 Y_1Y_3，出口 X 的量为 X_3X_1。生产要素 K 增长后，进口减为 Y_2Y_4，出口减为 X_4X_2。如果该国为大国，其进口需求的下降，还将引起进口产品 Y 的国际价格的下降。本例则假定该国为小国，国际价格线 $T_1T'_1//T_0T'_0$，即国际价格不变。

2. 出口商品生产密集使用的生产要素的相对增长　如果改变一下上例中的假定，假定该国资本要素的供应量不变。劳动的供给单方面增长，则劳动力的价格相对降低，企业将使用更多的劳动，扩大可出口劳动密集型产品 X 的生产，使 X 的产量相对于 Y 增大。如图 5－7 所示，这将引起 X 的出口扩大，直到使 X 的边际成本回升到国际价格水平 $T_1T'_1$（$T_1T'_1//T_0T'_0$，故国际价格不变）。这时，出口由 X_3X_1 增至 X_4X_2，Y 的进口也相应地由 Y_1Y_3，增至 Y_2Y_4。如果该国为大国，则这一要素增长状况，还将改变国际价格（贸易条件），使该国出口商品 Y 的国际价格降低。

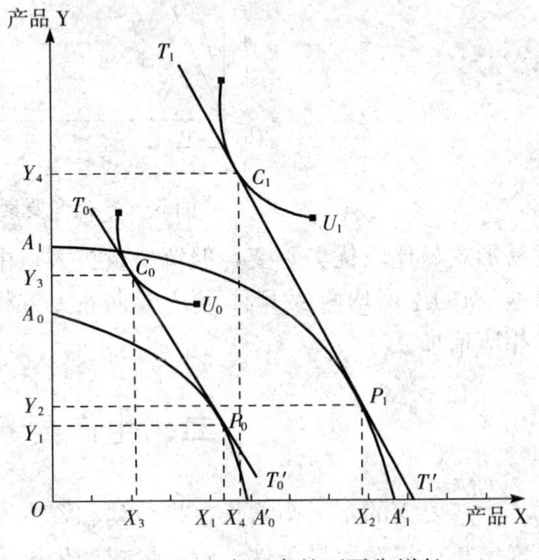

图 5－7　生产要素的不平衡增长

三、雷布钦斯基定理

总结上述分析，可以得出如下结论：如果商品和生产要素的相对价格不变，一种生产要素增加了，另一种生产要素不变，则密集使用已增长生产要素的产品，其绝对产量将增加；密集使用未增加生产要素的产品，其绝对产量将减少。这一结论和命题，是波兰学者雷布钦斯基（Rybczynski）在 1955 年提出的，故被称为雷布钦斯基定理。

雷氏定理成立的关键条件是，单一要素增长后，商品的相对价格（dX/dY）保持不变，它要求要素价格必须保持不变。这只有在 X、Y 两种商品生产的要素比率（K/L）和 K、L 两种要素的生产率保持不变的条件下，才能实现。因此，如果某种生产要素（假定为劳动力 L）增加了，另一种要素量 K 未变，要使 K/L 不变，就只能减少资本密集型产品 Y 的生产，以转移出相应的资本，配合增长要素劳动力的使用。结果自然是劳动密集型产品的产量，随着劳动力要素的增加而绝对增加，资本密集型产品的产量则绝对减少，如果劳动力要素不变，资本要素增加了，情况则相反。

可以用数学方式证明雷氏定理的成立。假定 X、Y 分别为劳动密集和资本密集型产品，

劳动供给增加了 dL，根据巴圭提公式，L 变动后对 Y 产量的影响力为：

$$dY/dL=(K_X \cdot Y)/(L_Y \cdot K_X - L_X \cdot K_Y) \quad (5-1)$$

或

$$dY/dL=(1+K_X/K_Y)/(L_Y/K_Y-L_X/K_X) \quad (5-2)$$

式中：L_X、L_Y与K_X、K_Y，分别代表X、Y产业就业的劳动量与资本量，$L_X+L_Y=L_0$，$K_X+K_Y=K_0$；L_0、K_0分别为该国维持充分就业时的要素禀赋。

因为Y是资本密集型商品，故有

$$L_Y/K_Y<L_X/K_X，或 L_Y \cdot K_X<L_X \cdot K_Y \quad (5-3)$$

将式（5-3）代入式（5-1）和式（5-2）可知

$$dY/dL<0 \quad (5-4)$$

同理可求出 L 变动后对 X 产量的影响为：

$$dX/dL=(1+L_X/K_X)/(L_X/K_X-L_Y/K_Y)>0 \quad (5-5)$$

式（5-4）和式（5-5）证明了雷氏命题成立。

雷氏定理可用埃奇沃思盒形图进行直观的描述。如图5-8，设初期生产均衡点为Q，X产品的资本密集度以O_XK_X线的斜率表示，Y的资本密集度以O_YK_Y斜率表示。如劳动要素量由O_XO增至O_XO'，而产品价格及要素价格不变，即最初的产品最佳要素密集度不变，则新的生产点一定在契约曲线上，且该曲线必通过O_XK_X及$O'_YK'_Y$的交点Q'。比较Q'与Q点可知，在劳动要素量增大的情况下，资本密集型产业Y的产量减少、劳动密集型产业X扩大。

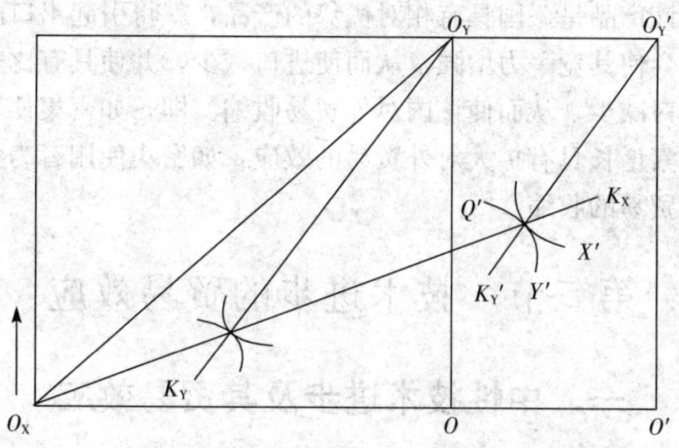

图5-8　雷氏定理

以上讨论的是单一要素增长的情况。如果两种生产要素同时增长，它对该国对外贸易的影响则比较复杂。假定X为劳动密集型产品，Y为资本密集型产品，该国出口X、进口Y，原有的资本—劳动比率为ρ，即K/L，X、Y商品生产的资本—劳动投入比率分别为ρ_X、ρ_Y，则两种要素同时增长的贸易效应如图5-9所示，有以下几种情况：①如果两生产要素等比例增长，即$\Delta K/\Delta L=\rho$，则$dX/X=dY/Y$，为中性增长，出口的增加与进口减少相同。中性要素增长时，反映要素增长的O_Y的顶点位置上移，其轨迹是沿O_XO_Y的延长线移动。②如果劳动要素的增长快于资本要素的增长，则产量的增加路线向右偏转，为顺贸易或超顺贸易倾向型增长。它们之间的界限为$\Delta K/\Delta L=\rho_X$射线。如果$\rho_X<\Delta K/\Delta L<\rho$，则$dX/X>$

dY/Y 为偏向出口的要素增长，即顺贸易倾向型增长。③如果 $\Delta K/\Delta L<\rho_X$，则 $dX>0$，$dY<0$，要素增长的效果将更加偏向于出口生产，成为超顺贸易倾向型增长。④如果资本要素的增加快于劳动要素的增加，将成为逆贸易或超逆贸易倾向型增长。二者之间的界限为 $\Delta K/\Delta L=\rho_Y$。当 $\rho<\Delta K/\Delta L<\rho_Y$ 时，$dX/X<dY/Y$，要素增长效果偏向于扩大进口竞争品的生产，成为逆贸易倾向型增长。⑤如果 $\Delta K/\Delta L\geqslant\rho_Y$，则 $dX<0$，$dY>0$，成为更加偏向进口竞争品生产的要素增长，即超逆贸易倾向型增长。

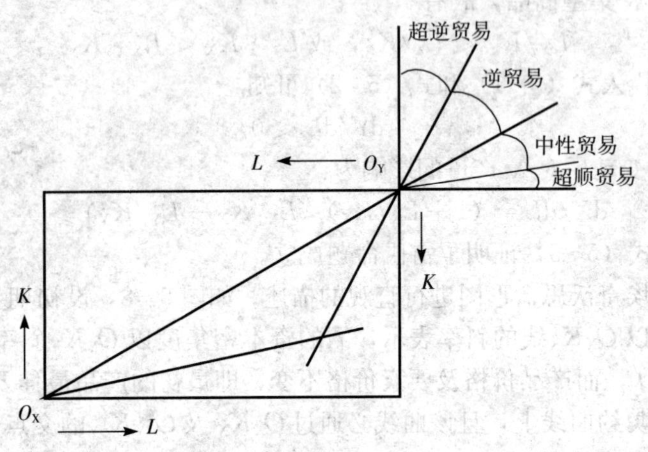

图 5-9　生产要素同时增加的贸易效应

以上要素增加的贸易效应，概括地说就是，如果劳动供给增加了，必使劳动密集型产品的绝对量增大，如果该产品是一国具有相对优势的产品，就将引起出口的扩大；如果它是该国比较劣势产品，就会使其竞争力增强，从而使进口减少，并使具有比较优势的资本密集型产品的产量下降、出口减少，从而使该国对外贸易收缩。即，如密集使用增加要素的，是该国优势产品，则该要素增长具有扩大对外贸易的效应，如密集使用者为劣势产品，则这一要素增长，将导致对外贸易的收缩。

第三节　技术进步的贸易效应

一、中性技术进步及其贸易效应

技术进步是现代经济发展的主要推动力量。许多工业国的经济增长，较多依赖于技术进步即内涵的扩大再生产，而较少依赖于资本积累和增加劳动投入这种外延的扩大再生产。技术进步的目的是改善产品质量，或者降低生产中的要素投入。因而，技术进步不仅能对一国的经济发展，而且也能对一国的对外贸易产生影响。不过，由于技术进步的类型不同，它对贸易效应也不一样。据技术进步对资本和劳动两种要素的相对节约程度，英国经济学家希克斯根把技术进步分为中性技术进步、劳动节约型技术进步、资本节约型技术进步三种类型。

中性技术进步指引起劳动和资本这两种生产要素的生产率以相同的比例提高的技术进步。从而，在生产要素的相对价格不变的基础上，生产同样数量产品所需的资本和劳动，将等比例地降低。这时，产品中包含的资本劳动比率即产品的要素密集度的类型和程度不发生变化，如图5-10所示。

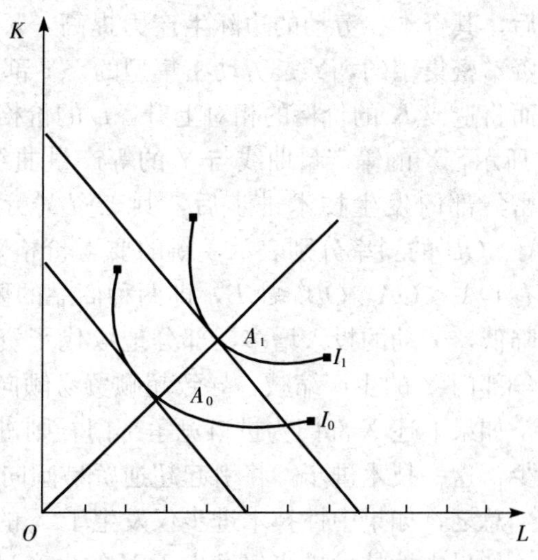

图5-10 中性技术进步

在图5-10中，横轴和纵轴分别为劳动和资本的投入量，I_0和I_1是等产量曲线，即一定量L、K进行组合，可获得相同产量的要素组合的点的轨迹。中性技术进步导致等产量曲线由I_1移至I_0，即向原点平移，I_0与I_1所代表的产量是相同的，移动只是表明，I_0所需投入的要素量减少了（生产成本降低）。同时，I_1向I_0的平移是沿着OO_1进行的，新的均衡点A_0在OO_1线上，过A_0点的要素投入组合，即产品的要素密集度不变。

1. 两部门发生同等程度的中性技术进步 在两种产品和两种生产要素的情况下，中性技术进步有多种组合形态。其中最简单的形态是，生产X、Y两种产品的部门，发生同等程度的中性技术进步。它使资本和劳动的生产率同比率提高，即两种要素投入得到等比率的节约。从而，X、Y两个部门的要素供给以同等程度增加，该生产可能性曲线将等比例放大、向外推延。也就是说，这种技术进步的贸易效应，类似于前述的生产要素中性增长的情况。

2. 单一部门发生中性技术进步的贸易效应 下面用图形来分析这种情况。假定某国在K、L为齐次线性生产函数条件下，生产X、Y两种商品，且X、Y的相对价格不变，并把商品的计量单位，定在恰使交换比率为1∶1的水平上，如图5-11，做出X、Y的等产量曲线，曲线切线的斜率，表示要素价格比率；在国内实行完全竞争的情况下，两部门中要素价格比率相同，故X、Y的等产量曲线必须有一公共切线FG，切点分别是A、B。这时，OA与OB的斜率，表示X、Y各自的资本—劳动投入比例。从斜率看，$OA>OB$，意味着X是资本密集型产品，Y是劳动密集型产品。如该国为资本丰裕国家，则X为出口部门，Y为进口竞争部门。

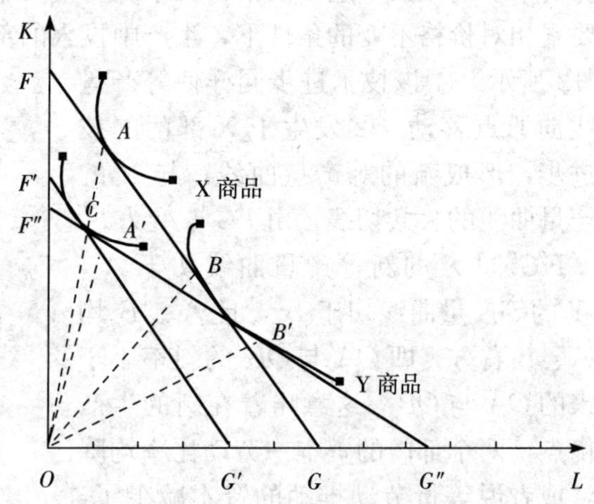

图5-11 中性技术进步的贸易效应

现假定X（出口）部门出现了技术进步，生产成本将有所减少，故X的等产量曲线向下移动。在要素价格比率不变（中性技术进步）的情况下，将有平行于FG的$F'G'$，与X的新等产量曲线切于C点。C点位于OA线上，即采用新技术后的生产，将以和从前相同的资本—劳动比率进行。但实际上，技术进步与生产要素增加的效应不同。这时，要维持原来的商品价格比率，必须改变要素价格比率。要素价格比率的变化过程是：X部门出现技术进步后，其资本、劳动的边际生产力提高，K、L 将由 Y 部门移出，流向 X 部门；但 X 部门是资本密集型的，Y 是劳动密集型的，Y 部门资本的释放相对不足，劳动的释放相对过多，从而将造成 K 的价格的相对上升，L 的价格相对降低，形成新的要素价格比率。即如图 5-11 所示，X 的等产量曲线与 Y 的等产量曲线的公共切线，由 FG 变为 $F''G''$。它说明，资本密集部门发生技术进步后，其工资（劳动力价格）将相对降低。在新切点 A'、B'下，OA'、OB'的斜率分别表示，新的要素价格下，X、Y 两种商品的各自要素投入比率。且斜率有 $OA'<OA$、$OB'<OB$，即两种商品的要素比率（K/L）降低。这是因为，由于工资相对降低，劳动的投入增多，部分地取代了资本投入。这时，出口部门 X 的生产扩大，进口竞争部门 Y 的生产缩减，导致超顺贸易倾向型的经济增长。

如果上述 X 部门为进口竞争部门，则进口竞争产品 X 的产量扩大、出口产品 Y 的产量减少，这一技术进步，将引起超逆贸易倾向型，即偏向进口竞争部门的经济增长。

总之，如果中性技术进步仅发生于 X 的生产过程，则生产可能性曲线将沿 X 轴向外扩展；如果中性技术进步仅发生于 Y 的生产过程，则生产可能性曲线将沿 Y 轴向外扩展。这种生产效应与 X、Y 的要素比率无关。至于其贸易效应，取决于技术进步发生在哪个部门：如技术进步发生于出口部门，则引起超顺贸易倾向型增长；如技术进步发生于进口竞争部门，则引起超逆贸易倾向型增长。

二、资本节约型技术进步及其贸易效应

资本节约型技术进步是指，技术进步使资本生产率的提高大于劳动生产率的提高。在生产要素相对价格不变的条件下，生产中投入的部分资本要素，将被劳动力取代。其结果如图 5-12 所示。①该技术进步同样使等产量曲线向原点移动。②发生于 X 部门的技术进步，形成新的等产量曲线，与 Y 的等产量曲线的公共切线，由 FG 改变为 $F''G''$。$F''G''$同 X 的新等产量曲线切于 A'，同 Y 的等产量曲线切于 B'，且 A'、B'均在 A、B 右方，即 OA'与 OB'的斜率小于原来的 OA 与 OB。这意味着在新的生产均衡点，两个部门的资本—劳动比率均降低，或者说等量劳动推动的资本减少了。再者，如果像前述假定一样，X 是出口部门，并如图 5-12 所示为资本密集型部门，发生于 X 部门的资本节约型技术进步，将使 X 的产量增大，使进口竞争部门 Y 的产量减少，从而形成超顺贸易倾向型经济增长。但在进口竞争部门是劳动密集型的、而技术进步为资本节约型时，其贸易效应不确定。

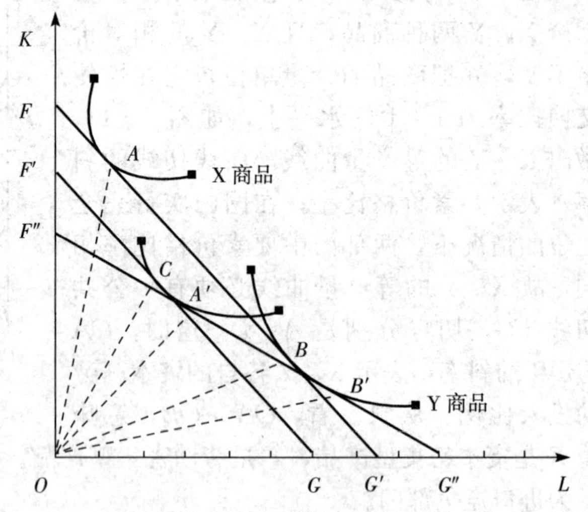

图 5-12　资本节约型技术进步

三、劳动节约型技术进步及其贸易效应

劳动节约型技术进步，是指该技术进步使劳动生产率的提高大于资本生产率的提高。在生产要素的相对价格不变的条件下，生产中的一部分资本将被劳动取代，使 K/L 比率变小，即单位劳动推动的资本量减少。如图 5-13，当资本密集型出口部门 X 的技术进步为劳动节约型时：①X 的等产量曲线将下移，新的等产量曲线同代表最初要素价格比率的 $F'G'$ 的切点的位置，移至 OA 的左侧。②新的生产均衡分别由原来的 A、B 点，移至 A'、B'，OA' 的斜率大于 OA，意味着 X 部门资本—劳动比率提高，即资本密集度上升，而 Y 的劳动密集度进一步提高。③要素价格比率由 FG 移至 $F''G''$。④劳动节约型技术进步并不总是提高 K/L 比率。图中 A' 的位置，有时也会移至 OA 的右侧，使 K/L 比率降低。⑤进口竞争部门的 K/L 比率通常是降低。

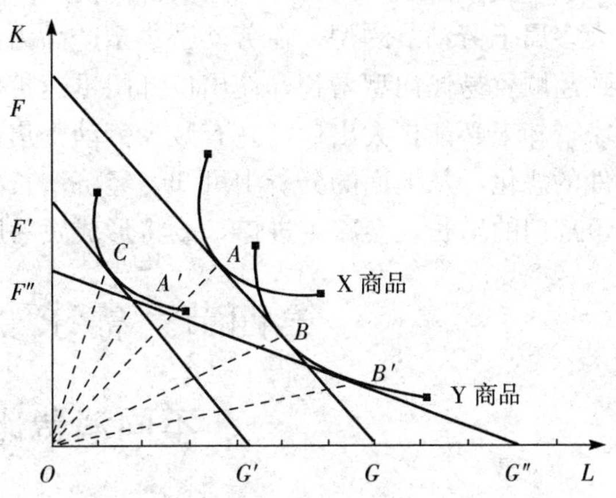

图 5-13　劳动节约型技术进步

总之，某一部门发生的技术进步，如果能节约生产中使用较多的那种生产要素，该部门就会有比中性技术进步更大的扩大，而另一部门则会缩小；如果这种技术进步发生在出口部门，即成为超顺贸易倾向型增长，如果发生在进口竞争部门，即成为超逆贸易倾向型增长；但当劳动密集型部门发生的是节约资本型技术进步，或资本密集型部门发生的是劳动节约型技术进步时，即当技术进步能节约生产中使用较少的那种生产要素时，其结果不确定，各种情况如表 5-1 所列。

表 5-1　技术进步的贸易效应

	发生部门	贸易效应
中性技术进步	资本密集型出口部门	贸易扩大
	资本密集型进口部门	贸易收缩
	劳动密集型出口部门	贸易扩大
	劳动密集型进口部门	贸易收缩
资本节约型技术进步	资本密集型出口部门	贸易扩大
	资本密集型进口部门	贸易收缩
	劳动密集型出口部门	不确定
	劳动密集型进口部门	不确定
劳动节约型技术进步	资本密集型出口部门	不确定
	资本密集型进口部门	不确定
	劳动密集型出口部门	贸易扩大
	劳动密集型进口部门	贸易收缩

上述关于技术进步贸易效应分析，对我们考察现实问题一定的启示：①技术进步对各国的实际效果究竟是怎样的。一般从技术进步的速度看，大体顺序为：资本密集型的重工业部门>劳动密集型的轻工业部门>第一产业。在发达国家，重工业部门是出口部门，因此，技术进步具有扩大对外贸易的效应。而同一技术进步类型，对以第一产业和轻工业为出口部门的发展中国家来说，则将导致逆贸易倾向，形成贸易效应与经济增长的矛盾。②当代技术进步大多属于劳动节约型。在劳动密集型产品为出口部门的发展中国家，这种技术进步很容易导致超顺贸易倾向型增长，使出口部门迅速扩大，而在以资本密集型产品为出口部门的发达国家，却未必能扩大出口，并有减少劳动密集型产品进口的倾向。这将导致发展中国家贸易条件的恶化。从上面的分析中可知，经济增长的效果取决于其增长方式。如果是偏向于进口竞争部门的增长，会减少进口，故将形成贸易顺差倾向。

第四节　需求变化的贸易效应

一、不同消费比率的贸易效应

消费是收入的函数。经济增长会改变国民收入总量和收入分配，进而影响消费需求。因而，经济增长的消费效应，将对一国的对外贸易产生影响。下面考察一下需求变化影响对外贸易的几种情况。

为此，首先假定所讨论国家的生产成本固定不变，实行完全专业化，贸易条件不变。这样假定是因为，生产成本固定才能形成完全专业化，而假定实行完全专业化，是为了排除经济增长中的生产变动的贸易效应；假定贸易条件不变即假定该国为小国，这样可以排除价格变动下的消费替代效应，把分析集中于收入变动引起的消费效应。

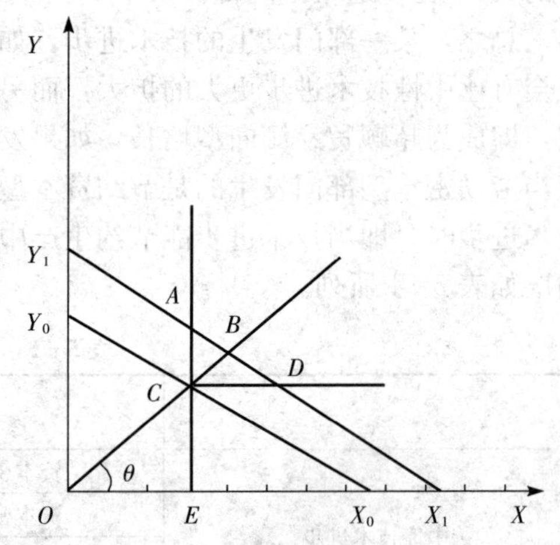

图 5-14　需求变化的贸易效应

在图 5-14 中，经济增长前，该国生产点为 X_0，消费点为 C，贸易条件曲线为 X_0Y_0，贸易三角形为 ECX_0，进口 EC 的 Y，出口 EX_0 的 X，即该国消费 OE 的 X、EC 的 Y，Y、X 的消费比率为 $\tan\theta = EC/OE$。经济增长后，生产点移至 X_1，贸易条件线为 X_1Y_1，与 K_0Y_0 相同。这时，可根据消费点的位置，了解 Y、X 的消费比率的变动，并可据该比率确定（替代）进口或出口在国民收入中的比率，从而判断消费的贸易效应。

因为

$$Y = C_X + C_Y \cdot P_Y/P_X$$

式中：Y 为国民收入；C_X、C_Y 分别代表出口商品 X、进口商品 Y 的消费。

假定 $P_Y/P_X = 1$，则 $Y = C_X + C_Y$。对该式两边取对数，为 $\ln Y = 1\text{n}(C_X + C_Y)$ 两边对 Y 微分，为：

$$\frac{1}{Y}\cdot\frac{dY}{dY}=\frac{1}{C_X+C_Y}\left(\frac{dC_X}{dY}+\frac{dC_Y}{C_Y}\right)$$

简化后为：

$$\frac{1}{Y}\cdot dY=\frac{1}{C_X+C_Y}\left(\frac{dC_X\cdot C_X}{C_X}+\frac{dC_Y\cdot C_Y}{C_Y}\right)$$

$$=\frac{C_X}{C_X+C_Y}\cdot\frac{dC_X}{C_X}+\frac{C_Y}{C_X+C_Y}\cdot\frac{dC_Y}{C_Y}$$

如分别令：

$$dY/Y=Y',\ dC_X/C_X=C'_X,\ dC_Y/C_Y=C'_Y,\ \frac{C_X}{C_X+C_Y}=\alpha,\ \frac{C_Y}{C_X+C_Y}=\beta$$

则上式可写为：

$$Y'=\alpha C'_X+\beta C'_Y$$

它表示，收入（即经济）增长率等于X、Y两种产品消费增长率的加权平均数。

如果$C'_X=C'_Y$，则C_Y/C_X不变，$Y'=C'_X=C'_Y$。因为假定为完全专业化，故该国C_Y全部依赖进口，所以，当$Y'=C'_Y$时，进口与国民收入Y的比率也固定不变。如果$C'_Y>C'_X$，则C_Y/C_X比值上升，$Y'<C'_Y$，C_Y/Y即进口与收入的比率也上升；如果$C'_Y<C'_X$，则C_Y/C_X比值下降，$Y'>C'_Y$，C_Y/Y或进口与收入之比下降。因此，可用C_Y/C_X来替代进口与收入的比率，作为衡量消费效应的标准。参照图5-14，有如下的概括：①如果经济增长后消费点由C移至B，消费比率（$\tan\theta$值）不变，即C_Y/C_X不变，则经济增长下的消费增长，不会引起贸易量的变化，为中性经济增长。②如果消费点移至AB线上，则$\tan\theta$值增大，即C_Y/C_X和进口与收入Y的比率上升，表示贸易量扩大，进口或出口在国民收入中的比重上升（在对外贸易均衡条件下有：进口/收入=出口/收入）。这时为顺贸易倾向型经济增长。③消费点移至Y_1A线上，则$\tan\theta$值大幅度增加，进口与出口数量、C_Y/C_X及进口与收入比率均大幅度提高，形成超顺贸易型经济增长。这时，该国对出口产品的消费减少，表明X为低级产品，由于国内对其消费下降，故X的出口随之增大，以换取更多的进口产品Y。④消费点移至BD线上，这时，$\tan\theta$值、C_Y/C_X、进口与国民收入的比率均降低，表示贸易量减少，形成逆贸易倾向型增长。⑤消费点移至DX_1线上。这时，$\tan\theta$值、进口量、出口量、C_Y/C_X、进口与国民收入比率均大幅下降，为超逆贸易倾向型经济增长。在经济增长过程中，该国反而减少了对进口品Y的消费，表明Y为低级产品。相应的，该国增加了对X的消费，使出口下降。通过比较可以看出，经济增长过程中，需求的贸易效应恰与生产增长的贸易效应相反。

二、进口倾向变化的贸易效应

除了消费比率变化使经济增长表现出不同的贸易效应外，与消费有关的边际进口倾向、平均进口倾向、进口需求的收入弹性差异，也会导致经济增长具有不同的贸易效应。

若假定一国实行完全专业化，专门生产出口产品X，对另一产品Y的消费完全依赖进口，并以M表示进口，则$M=C_Y$，$\Delta M=\Delta C_Y$，而该国的边际进口倾向即为：$MPI=\Delta M/\Delta Y=\Delta C_Y/\Delta Y$。只要不是低级产品（即对Y的消费不是随收入水平的提高而下降的），就有$MPI>0$。平均进口倾向API定义为$M/Y=C_Y/Y$。MPI与API的一般关系是：①如MPI

$>API$，则为 API 上升；②若 $MPI=API$，则 API 不变；③若 $MPI<API$，则 API 下降。通过比较 MPI 与 API，可以确定进口占国民收入比率（即 API）的变化，从而了解经济增长中消费变化的贸易效应。

进口需求的收入弹性为：

$$\varepsilon=(\Delta M/M)/(\Delta Y/Y)=\frac{\Delta M}{\Delta Y}\cdot\frac{Y}{M}=\frac{\Delta C_Y}{\Delta Y}\cdot\frac{Y}{C_Y}$$

如果 $\varepsilon>1$，则 $\Delta M/M>\Delta Y/Y$，进口占国民收入的比率将提高。如果 $\varepsilon=1$，则进口比率不变。如果 $\varepsilon<1$，则进口比率降低。所以，可以根据 ε 值，来判断经济增长的贸易效应。

上述分析方法可归纳为表 5-2。

表 5-2　经济增长中消费变化对国际贸易的影响

贸易倾向	MPI 与 API 的比较	进口需求的收入弹性	进口占国民收入比率（M/Y）的变化
超顺贸易型	$MPI>1$	$\varepsilon>1$	上升
顺贸易型	$MPI>API$	$\varepsilon>1$	上升
中性	$MPI=API$	$\varepsilon=1$	不变
逆贸易型	$MPI<API$	$0<\varepsilon<1$	下降
超逆贸易型	$MPI<0$	$\varepsilon<1$	下降

第五节　经济发展的综合贸易效应

经济发展会从生产与消费两个方面影响对外贸易，而它们的作用方向又是相反的。例如，当进口竞争产品的生产和消费都增加时，则前者导致贸易（进口）的减少，后者导致贸易（进口）的增大，其贸易效应分别为逆贸易倾向型和顺贸易倾向型。如进口竞争产品的生产、消费均减少，则分别导致贸易（进口）增大的顺贸易倾向和贸易（进口）减少的逆贸易倾向。所以，经济发展总体的贸易效应，取决于生产效应和消费效应的作用方向与程度，是二者共同作用的结果。要判别它，必须分析两种效应同时作用的综合贸易效应，或净贸易效应。

经济发展的综合贸易效应，因生产效应和消费效应的不同组合而异，大体上可分为三类情况：①生产、消费效应的作用方向相同，都是促使贸易量增加或减少。显然，这时经济发展的净效应将沿同一方向作用。②生产、消费效应的作用方向相反，一个使贸易量增大，一个使贸易量减少，这时的净效应是不确定的，最终将取决于生产与消费效应中力量较强一方作用方向。③生产、消费效应中，一方为中性，另一方为偏向型的（使贸易量增加或减少）。这时，净效应将与偏向型效应的一方保持同一作用方向。

以上三类情况中包含着生产效应与消费效应的多种组合。它们使经济发展的贸易效应呈现五种形态，如图 5-15 所示。一国经济发展前，生产点位于 B，消费点位于 A，贸易三角形为 GAB。相应的出口量 GB、进口量 GA，该贸易三角斜边 AB 的长度是既定的。所以，可以用 AB 来代表这时该国的贸易量。当贸易三角形增大时，斜边必然延长，从而能够反映贸易量的增长。经济发展之后，如果 X、Y 两个部门均发生中性增长，生产和消费点便会沿着射线 OT 和 OR 移动。在贸易条件不变的情况下，新的均衡点将分别确定于 D（生产）点

和 C（消费）点。这时的贸易三角形为 ΔHCD，其顶点 H 与原贸易三角形 GAB 的顶点 G，在同一射线 OS 上，而 ΔHCD 的斜边 CD，代表着经济发展后的贸易量。这时，因 CD 代表的是生产、消费效应均为中性的贸易量，故经济发展后如贸易量为 CD，即为中性经济增长。其他情况的类型，将取决于各自情况下，其贸易量同中性增长贸易量（CD）的比较结果：①如果 $AB<$ 增长后贸易量 $<CD$，为逆贸易倾向型经济发展。②经济发展后贸易量 $<AB$，为超逆贸易倾向型经济发展。③ $CD<$ 经济发展后贸易量 $<CE$ 或 DF，为顺贸易倾向型增长。④经济发展后贸易量 $>CE$ 或 DF，为顺贸易或超顺贸易倾向型增长。

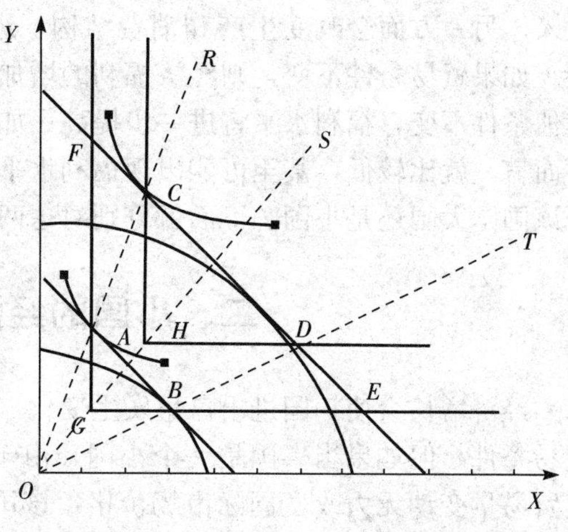

图 5-15　经济发展的净效应

经济发展贸易效应的五种类型中，包含各种生产效应与消费效应的组合，具体情况可概括为表 5-3。

表 5-3　经济发展的综合贸易效应

生产效应	消费效应				
	中性	顺贸易	超顺贸易	逆贸易	超逆贸易
中性	中性	顺贸易	顺或超顺贸易	逆或超逆贸易	超逆贸易
顺贸易	顺贸易	顺贸易	顺或超顺贸易	非超顺贸易	非超顺贸易
超顺贸易	顺或超顺贸易	顺或超顺贸易	超顺贸易	非超逆贸易	不确定
逆贸易	逆或超逆贸易	非超顺贸易	非超逆贸易	逆或超逆贸易	超逆贸易
超逆贸易	超逆贸易	非超顺贸易	不确定	超逆贸易	超逆贸易

第六节　经济增长的贸易条件效应

一、经济增长中的贸易条件问题

一般来说，经济增长将使产量增加、贸易扩大。同时，人们十分关注经济增长对提高社会福利水平的作用。不过，经济增长是否必然带动经济福利的增加，还要取决于一系列因素。在两国开放经济模型下，这些因素包括：是否两国同时出现经济增长，增长的类型（发生于哪个部门），增长的原因（要素增长或技术进步），增长的消费效应，该国是大国还是小国。之所以考虑这些因素，是因为要分析它们对一国贸易条件的影响。也就是说，一国经济增长是否推动经济福利的提高，归结到一点上，要看它对贸易条件产生何种影响，贸易条件是否因此而改变；如果发生变化，是改善了，还是恶化了；变化的幅度又有多大。

在封闭经济下，经济增长会提高国民收入水平。而且，在其他条件不变的情况下，经济福利的增加，等于国民产出增加的自然增长率。在开放经济下，经济增长一方面会提高国民收入，另一方面会改变生产和消费结构，进、出口量可能随之发生变化，从而影响贸易条件。如果贸易条件不变，则经济福利的增加仍应等于自然经济增长率；如果贸易条件改善，其他条件不变，福利水平将进一步提高；如果贸易条件恶化，福利水平的提高相对于经济增长而言，就比较低，甚至可能出现福利水平的下降。至于贸易条件是否发生变化，主要取决于该国是大国还是小国。下面就分别对这两种情况进行讨论。

二、小国的经济增长与贸易条件

经济增长会使一国进出口量发生变化，从而该国的提供曲线将发生移动，它有可能改变贸易条件。但如果当事国是一个小国，由于其贸易量变动无力改变国际市场价格，该国的贸易条件将不发生变化。这意味着经济增长将使福利水平相应提高，经济增长只改变了贸易量（参见图 5-16）。如小国经济增长前的提供曲线为 F_0，中性增长时提供曲线为 F_2，则经济增长后，如果提供曲线移至 F_4，表示为超顺贸易倾向型增长；如果提供曲线移至 F_3，为顺贸易倾向型增长；如移至 F_1，为逆贸易型倾向增长，贸易量大于增长前的 F_0，但小于中性增长 F_2；移至 F_5 为超逆贸易倾向型增长，贸易量比增长前还小。贸易条件在上述情况下始终为 OT。

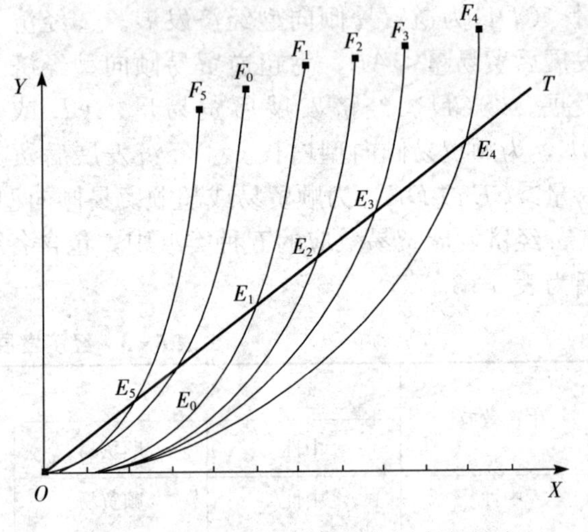

图 5-16　小国经济增长的贸易条件效应

三、大国经济增长的贸易条件效应

大国发生经济增长后，如果其进出口数量改变，会对国际市场产生影响，使贸易条件发生变化，并影响该国的经济福利。具体影响可概括为：①如果该大国发生经济增长，而贸易对方国家没有发生经济增长，则该大国若为超逆贸易倾向型增长，可使贸易条件改善，实现的经济增长率大于自然增长率；若为其他类型经济增长，则会使该国贸易条件恶化，使实现的增长率小于自然增长率。②如其他情况不变，大国出口部门的增长率越大、出口供给弹性越小、对进口产品需求的收入弹性越大或边际进口倾向越大或价格弹性越小，或者大国的进口竞争部门的增长率越小、进口替代供给弹性越小、对出口产品需求的收入

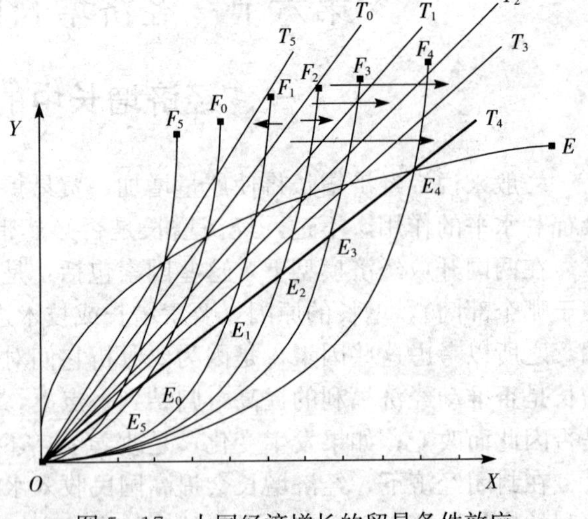

图 5-17　大国经济增长的贸易条件效应

弹性越小或边际内销倾向越小或价格弹性越小，则经济增长后，进口与出口的数量增加越多，贸易条件就越恶化，实现的经济增长率也越低；反之，则贸易条件的恶化程度越小，甚至可能改善，实现的经济增长率也越高。

用提供曲线说明上述结论，则如图 5-17 所示。图中 OE 代表未发生经济增长国家的提供曲线，OF_0 表示该大国经济增长前的提供曲线。这时的贸易条件为 OT_0。若大国经济出现增长，则提供曲线将改变：中性增长时的提供曲线为 OF_2；OF_0 和 OF_2 为基准，根据经济增长的贸易效应可知，超顺贸易倾向型增长的提供曲线为 OF_4；顺贸易倾向型增长的提供曲线为 OF_3；逆贸易倾向型增长的提供曲线为 OF_1；超逆贸易倾向型经济增长的提供曲线为 OF_5。它们所决定的贸易条件线依次为 OT_2、OT_4、OT_3、OT_1、OT_5。也就是说，大国经济增长只为超逆贸易倾向型，才使贸易条件改善（$OT_0 \rightarrow OT_5$）。其他类型的增长，都会使贸易条件恶化，增长越是使提供曲线外移，贸易条件的恶化越严重。

四、福利恶化型增长

经济增长对一国社会福利的影响并非总是积极的，有时也能引起该国福利水平的下降，出现所谓的福利恶化型增长（immiserizing growth）。它既可能出现于技术进步的场合，也可能产生于生产要素增长的条件下。

1. 技术进步下的福利恶化型增长　哈里·约翰逊 20 世纪 60 年代中期提出了技术进步下的福利恶化命题，认为发生于进口竞争部门的技术进步，将导致该国的贫困化，如同进口竞争部门密集使用的生产要素增加时一样。如图 5-18，技术进步前的生产可能性曲线为 AB，生产点位于 P，消费点位于 C。设进口竞争部门 Y 出现技术进步，生产可能性曲线将由 AB 变为 $A'B$。若该为小国，则价格不变，故新的生产点 P' 必在 P 点左上方。问题是 P' 位于 CP 的哪一侧。不能排除它如图位于 CP 左侧的可能性。而这时，新的消费点 C'，必在低于 C 的无差异曲线上。这是因为，技术进步使人均潜在产出增大，并使资源转向出现技术进步的部门。如果该产品部门是受到关税等保护的进口竞争部门，其产出的社会价值必将低于资源移出的出口部门，要素由高效率部门向低效率部门转移所增加的成本，可能大于潜在产出增加的收益。不过，如果该国采用最佳关税，则这种情况不会发生。

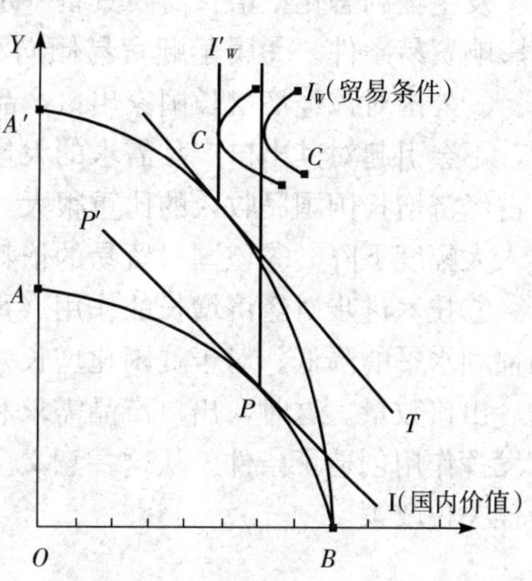

图 5-18　技术进步下的福利恶化型增长

2. 生产要素增长下的福利恶化型增长　这是指要素积累或增长导致的生产扩大，有可能恶化该开放经济国家的贸易条件，这时更可能形成福利恶化型增长。如图 5-19 所示，如果该国的要素积累是倾向于出口部门的，生产可能性曲线的外移，就会增加出口产品的供给，扩大对进口产品的需求，成为顺贸易倾向型增长。如该国是一大国，这一贸易量的变化，势必导致出口价格下降和进口价格上升，使该国贸易条件恶化。由此造成的损失，有可能大于产出增加的福利效应，使该国经济增长过程中出现福利恶化现象。如图 5-19 中假设某发展中国家，其劳动资源的增加，使本国生产可能性曲线由 AB 扩展至 $A'B'$，劳动密集型的优势产品 X 的生产和出口过快增长，在生产由 P_0 增至 P_1 点的同时，社会福利（消费）水平，却从 C_0 降至 C_1。虽然一般发展中国家不具有改变贸易条件（国际价格）的大国地位，但作为发展中国家整体，这种贫困化增长则是可能的。它说明，发展中国家单纯追求扩大劳动密集产品出口，未必是有利于经济发展的。19 世纪时，穆勒已看到贫困化增长的可能性，因此主张有条件地限制出口。此后，埃奇沃思在两国实行完全专业化、所生产产品全部出口而不供国内消费、一国发生经济增长而另一国无增长、未增长国家进口需求弹性小于 1 的假设下，证明了一国经济增长后，出口收入必然减少，从而降低国民收入和福利水平。埃氏模型经巴圭提的完善后，得到广泛传播。

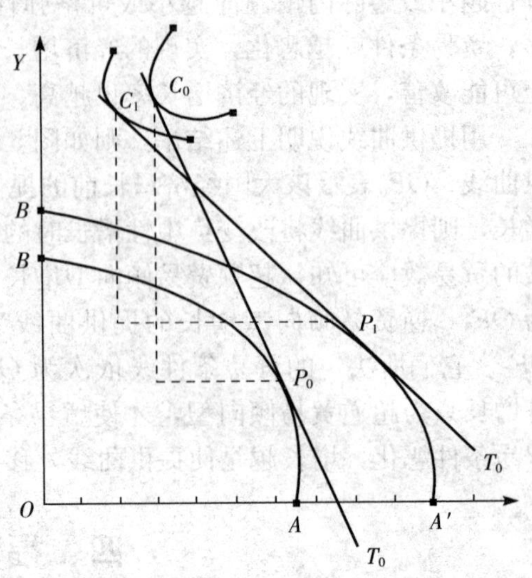

图 5-19　要素积累下的福利恶化

发生福利恶化型增长需要具备一定的条件。这些条件包括：①发生经济增长的是大国，能影响贸易条件。②属于顺贸易倾向型增长，因此导致进、出口数量的增加和贸易条件恶化。③外国对该经济增长国家出口产品的需求缺乏弹性，故该增长国出口增加导致价格下跌后，不会引起对其出口产品需求的大量增加，最后势必导致出口产品价格的明显下降。④出口占经济增长国国民收入的比重很大，所以当贸易条件恶化时，将使以进口产品表示的国民收入大幅度下降。⑤该国对贸易的依赖很深，即使在福利水平降低的情况下，也无法压缩出口。⑥技术进步对经济增长的作用（贡献）较小。否则，即使贸易条件恶化，也不会导致该国福利水平的降低。对于贫困化增长，当事国可以采取适度的关税政策（最佳关税），抑制进、出口数量。这时，出口产品需求和进口竞争产品供给极端缺乏弹性的状态，恰为最佳关税发挥作用创造了条件。从这一意义上也可以说，贫困化增长的条件之一是该增长国未采取最佳关税政策。

第七节　两国经济同时增长的贸易效应

一、两国生产增长的贸易效应

以上分析均假设，只有一国发生经济增长，现在假设贸易当事国双方同时出现经济增长，来考察其对贸易条件的影响。这时，两国的生产可能性曲线和提供曲线都将发生移动，如图 5-20。假设 A、B 两国均为大国，经济增长前的提供曲线分别为 OA、OB，当两国出现经济增长时，贸易均衡点 E_1 的位置将发生移动，在该点 A 国的贸易条件 T_A，为该点 Y 值与 X 值的比率，B 国的贸易条件 T_B 则为 $1/T_A$。图 5-20 中 E_1 点国际价格（贸易条件）$T=1$。

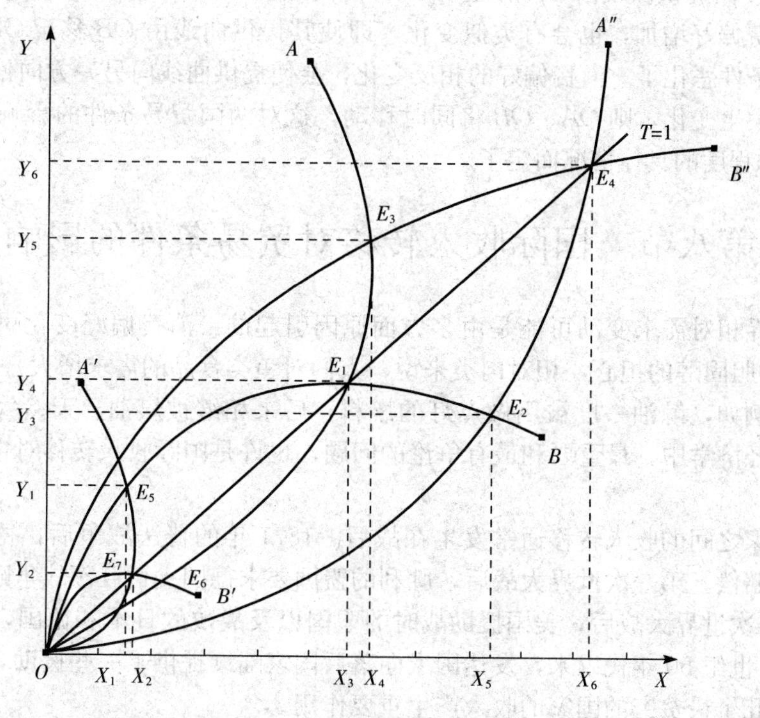

图 5-20　两国经济增长的贸易效应

现如 A 国劳动要素增长，使提供曲线由 OA 移至 OA''，贸易条件取决于 E_2点，A 国要以 OX_5的出口产品换取 B 国 OY_5的进口产品，贸易条件将恶化，而 B 国贸易条件得到改善。即 A 国贸易条件 $P_X/P_Y=OY_5/OX_5<1$，B 国贸易条件为 $P_Y/P_X>1$。现在如只有 B 国出现经济增长，提供曲线由 OB 移至 OB''，新的贸易均衡点位于 E_3。这可能是由于 B 国资本要素增长了，它将使 B 国贸易条件恶化。

如果两国经济同时增长，提供曲线分别移至上述的 OA''、OB''，贸易均衡点将位于 E_4，贸易量扩大了，但贸易条件却不发生变化。如果两国经济同时增长，使提供曲线分别移至 OA'和 OB'，贸易条件也不改变①。但若 OA 移至 OA'而 OB 移至 OB'下方（未画出），则 A 国贸易条件将恶化，反之，如 OB 移至 OB'上方、与 OA'交于 E_7点之上，则贸易条件将变得对 A 国有利。所以，当一国经济增长时，如对方国经济也出现增长，则很难判断该国经济增长后贸易条件是得到改善还是恶化。也就是说，当两国两种商品生产中出现中性要素增长或中性技术进步时，两国提供曲线均向外移，并贴近该国出口商品坐标轴，这时两国贸易量将扩大，但贸易条件状况不确定。

二、两国消费偏好改变的贸易效应

贸易双方国家的消费偏好也是可变的。这种改变将影响本国的提供曲线和社会无差异曲线。仍以图 5-20 为例，如 A 国对 Y 的需求增大，它将以更多的出口商品 X 去交换进口商

① A 国仅资本要素增长、B 国仅劳动要素增长时，AB 将移向 AB'，OB 将移向 OB'。

品 Y，这将使 A 国提供曲线由 OA 移至 OA''，使贸易量增大，使 A 国贸易条件恶化。如果 B 国对 X 的消费偏好增加，也会有类似变化，即使其提供曲线由 OB 移至 OB''，本国贸易量增大而贸易条件恶化了。消费偏好的相反变化，会使提供曲线向另一方向偏转。如果两国消费偏好同时发生变化，则 OA、OB 将同时移动，这对两国贸易条件的影响，则要视 OA、OB 移动方向和程度的具体情况而定了。

第八节　国际收入转移对贸易条件的影响

产品的世界相对需求变动可能是由多方面原因引起的：消费偏好变化可能会改变需求（例如，随着对胆固醇的担心，相对肉类来说，人们对鱼类食品的需求增大）；技术进步也可能改变需求（例如，鲸油一度被用做点灯的燃料，后来相继被煤油、天然气和电所代替）。然而，在国际经济学中，最重要和最有争论的问题，也许是国际收入转移对世界相对需求的影响。

过去，国家之间的收入转移通常发生在战后。1871 年的普法战争后，德国要求战败的法国支付战争赔偿。第一次世界大战后，胜利的盟国要求德国支付巨额战争赔偿（大部分始终未付）。第二次世界大战后，美国援助战时的盟国以及战败的日本和德国，来帮助他们重建家园。自 20 世纪 50 年代以来，发达国家向落后国家陆续提供了一些援助，尽管这些援助的总额只能对几个最贫穷的国家的收入产生重要作用。

一、收入转移问题

国际收入转移如何影响贸易条件的问题是由两个伟大的经济学家——贝蒂尔·俄林（要素比例贸易理论的创始人之一）和约翰·梅纳德·凯恩斯的一场著名的论战引起的。论战的问题是第一次世界大战后德国应支付的赔偿费用，争论的焦点是这些赔偿对德国经济来说意味着多大的负担。

凯恩斯认为，盟国要求的带有报复性的赔偿条件（“珈太基和约”）太苛刻，巨大的战争赔偿总额低估了其对德国的负担。他指出，为了赔偿其他国家，德国必须多出口少进口。这样，德国就不得不压低其出口产品对进口产品的相对价格，造成德国的贸易条件恶化，从而在直接的战争赔偿重担上又加上额外的负担。

俄林对凯恩斯德国贸易条件会恶化的假定提出疑问。他反驳说，当德国为了重建经济而提高税收时，对外国产品的需求会自然下降。同时，这些战争赔偿分到各国，各国可能会以此来减免税收或增加政府支出，其中一部分用来增加对德出口产品的需求。因此，德国能够在贸易条件不恶化的情况下减少进口增加出口。当然，实际的结果与论战的焦点似乎无关：德国最终只支付了少量的赔偿。然而收入转移对贸易条件的影响却成为国际经济学各研究领域广泛探讨的问题。

二、收入转移对贸易条件的影响

如果本国将收入的一部分转移到外国，本国的收入减少，因此必须随之减少支出。相应的，外国将增加支出。如果各国支出占世界支出总额的比例发生变动，世界相对需求也会随之变动，从而影响到各国的贸易条件。

收入转移的唯一影响是可能引起 RD 曲线的移动。只要资本、设备等物质资源不发生任何变化，而收入转移是唯一的变动因素，那么在相对价格给定时，各国棉布和粮食的产出不变。即 RS 曲线是不动的。因此收入转移问题是纯需求方面的问题。

如果世界收入进行重新分配，RD 曲线不一定会发生变动（俄林的观点）。如果外国的额外收入在棉布和粮食之间的分配比例和本国支出减少在棉布和粮食之间的分配比例相同，粮食和棉布的世界总支出就没有发生变化。RD 曲线不发生移动，也没有贸易条件效应。

如果两个国家增加或减少的支出在两种产品间的分配比例不同，就会改变贸易条件。改变的方向取决于各国的支出方式。假定本国棉布支出的边际变动率大于外国，即本国对棉布的边际支出倾向比外国高（相应的，本国对粮食的边际支出倾向比外国低），那么在相对价格给定时，从本国到外国的收入转移使棉布的相对需求减少，粮食的相对需求增加，RD 曲线向左移动，从 RD_1 移动到 RD_2（如图 5－21 所示），世界均衡从点 E_1 移动到点 E_2。

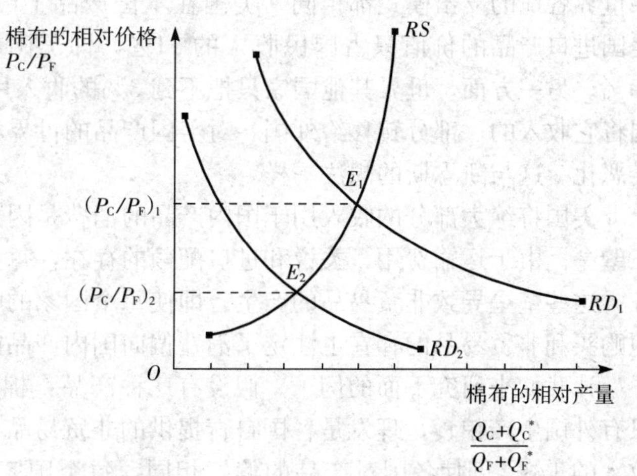

图 5－21　贸易条件变动产生的影响

注：如果本国对棉布的边际支出倾向比外国高，从本国向外国的收入转移使 RD 曲线从 RD_1 转移到 RD_2，棉布的均衡相对价格降低。

这一变动使棉布的相对价格从 $(P_C/P_F)_1$ 下降到 $(P_C/P_F)_2$。本国的贸易条件恶化（本国出口棉布），外国的贸易条件改善。凯恩斯因此认为：国际收入转移产生的间接影响加强了它对两国收入的直接影响。

当然，另一种情况也是可能的。如果本国对棉布的边际支出倾向比外国低，收入从本国转移到外国使 RD 曲线向右移动。本国的贸易条件改善，同时外国的贸易条件恶化。这个影响抵消了收入转移对本国收入的负效应和对外国收入的正效应。

综上所述，如果收入转出国对出口产品的边际支出倾向比转入国高，那么收入转移使转出国的贸易条件恶化。当然，如果转出国对出口产品的边际支出倾向比转入国低，那么转出国的贸易条件就会改善。

上面的分析隐含着一个可能发生的矛盾。收入转移，例如对外援助，有可能大幅度地改善援助国的贸易条件以致反而提高了援助国的福利而使受援国的福利恶化。在这种情况下，援助要比受援好。近来的理论研究表明，这个矛盾和福利恶化型增长一样，在严格设定的模型中是可能发生的，但是发生的条件比福利恶化型增长更为极端。因此，这种情况几乎只在纯理论分析中发生。

以上分析表明，战争赔偿和对外援助对贸易条件的影响可能是正面的，也可能是负面的。因此，从一般原理的角度来看，俄林的观点是正确的。但是仍然有许多人赞同凯恩斯的观点，认为收入转移的贸易条件效应加强了它对转出国和转入国收入的直接影响。

三、有关收入转移的贸易条件效应的推断

如果转出国对其出口产品的边际支出倾向大于转入国，那么收入转移会恶化转出国的贸易条件。如果边际支出倾向的不同仅仅是对产品偏好的不同，那么这个推断就不存在，因为一个国家出口哪种产品主要取决于技术条件或资源条件而与偏好无关。然而，如果仔细观察现实生活中的支出模式，我们发现每个国家看上去都比较偏好自己生产的产品。例如，世界市场中只有25%的产品是美国生产的，即美国产品的总销售额是世界总销售额的25%。如果世界各地的支出模式都相同，美国在本国产品上的支出应该是它收入的25%。实际上，美国进口产品的价值只占国民收入的11%，即美国在本国产品上的支出占其国民收入的89%。另一方面，世界其他国家只把不到3%的收入用于消费美国产品。这就意味着如果美国将它收入的一部分转移给外国，对美国产品的世界相对需求就会减少，美国的贸易条件就会恶化。这与凯恩斯的想法一样。

美国将绝大部分的收入用于国内产品的消费是因为贸易壁垒的存在，包括自然壁垒和人工壁垒。由于运输费用、关税和进口配额的存在，每个国家的居民宁愿购买本国的产品和服务。这些壁垒导致非贸易品的产生。即使每个国家的收入在各种产品间的分配比例相同，就地购买和非贸易品的存在也注定了消费偏向国内产品的情况。

让我们来研究下面的例子。假设有三种产品：棉布、粮食和理发。只有本国生产棉布，只有外国生产粮食，理发是各国自行提供的非贸易品。每个国家在这三种产品的支出分别为收入的1/3。即使各国对产品的偏好相同，每个国家对国产商品的支出也都占到了收入的2/3。

非贸易品的存在造成似乎各国都偏好国产商品的现象。但要分析收入转移对贸易条件的影响，需要知道出口产品的供给和需求发生了什么变化。这里的关键是非贸易品要和出口产品争夺资源。收入从美国转移到其他国家会使美国国内对非贸易品的需求下降从而减少非贸易品的生产，多出来的资源就可以用于生产出口产品。结果是美国出口产品的供给增加。同时，世界其他国家对非贸易品的需求增加，将资源从出口产品生产中抽走，因此这些国家出口产品的供给减少。结果，从美国到世界其他国家的收入转移使美国出口产品相对于外国出口产品的价格下降，即美国的贸易条件恶化。

需求变动也会导致资源在非贸易品和进口竞争产品部门之间的流动。现实中，大部分国际经济学家相信贸易壁垒的影响正好证实了收入转移使转出国的贸易条件恶化的假设。因此，凯恩斯在实践上是正确的。

第九节　关税和出口补贴的贸易条件效应

一、国际相对供给曲线与相对需求曲线的同时移动

通常，一个国家征收进口关税和实施出口补贴的目的，不是为了改善贸易条件。政府插手贸易一般是为了收入再分配，为了推动被认为对本国经济至关重要的产业的发展，或者为了国际收支平衡等原因。但是，不管关税和出口补贴的原因是什么，它确实对贸易条件产生

了影响。我们可以用标准贸易模型来说明这个问题。

关税和出口补贴的显著特点是它们造成了产品在国内和在世界市场上的价格差异。进口关税的直接作用是使进口产品在国内市场的价格高于在国外或国际市场的价格。出口补贴则起到了鼓励生产者出口的作用。对生产者来说，销售到国外比在国内市场上销售更有利可图，除非国内市场上的价格也高起来。因此，出口补贴使出口产品在国内的价格上涨。

关税和补贴引起的价格变动使相对供给和相对需求都发生了变化，并造成实行这些贸易政策的国家和世界其他国家的贸易条件都发生变化。

二、相对需求和相对供给的影响

关税和补贴将商品的国际市场价格（外部价格）和国内市场价格（内部价格）分隔开来。贸易条件的目的是衡量国家之间交换产品的比例。例如，本国出口 1 单位的棉布可以从外国进口多少单位的粮食？因此贸易条件对应的是外部价格，而不是内部价格。所以，当研究关税或出口补贴对相对供给和相对需求的影响时，必须把相对供求作为外部价格的函数。

如果本国对进口粮食征收相当于产品价值 20%的关税，本国生产者和消费者面对的粮食对棉布的相对价格就要比世界市场上粮食的相对价格高 20%。同样，本国居民面对的棉布的相对价格要低于外部市场的价格。

那么在棉布的世界相对价格给定时，本国生产者面对的是一个比世界市场价格低的棉布相对价格，他们就会少生产棉布多生产粮食。同时，本国消费者会将消费点向着靠近棉布背离粮食的方向移动。从整体上看，棉布的世界相对供给会下降（图 5 - 22 中从 RS_1 到 RS_2），棉布的世界相对需求会上升（从 RD_1 到 RD_2）。显然，棉布的世界相对价格会从 $(P_C/P_F)_1$

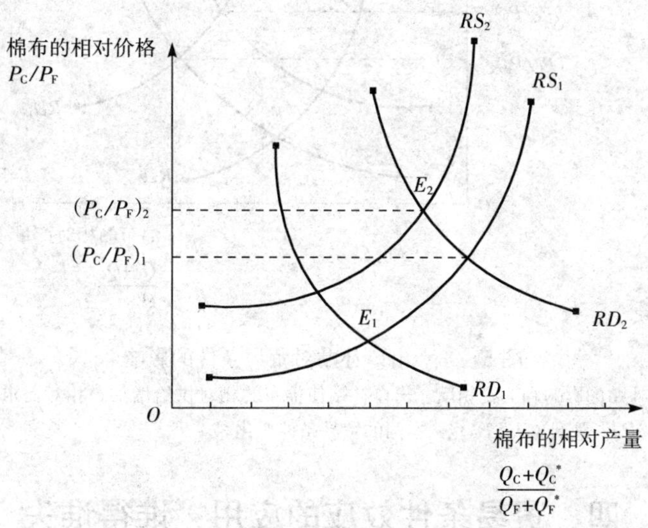

图 5 - 22 关税对贸易条件的影响

注：本国的进口关税会减少棉布的相对供给（从 RS_1 到 RS_2），增加棉布的相对需求（从 RD_1 到 RD_2）。因此棉布的相对价格会上升。

上升到 $(P_C/P_F)_2$，本国的贸易条件改善，而外国的贸易条件恶化。

关税对贸易条件的影响程度取决于制定关税的国家相对于世界其他各国的大小。如果制定关税的国家只是一个小国，那么它对世界相对供给和相对需求的影响就不大，从而不会对相对价格有什么影响。

一个非常大的国家，比如美国，它征收 20%的关税，美国的贸易条件可能仅提高 15%。也就是说，在世界市场上美国进口产品对美国出口产品的相对价格将下降 15%，而在美国国内，进口产品的相对价格只会上升 5%。但像卢森堡、巴拉圭这样的小国，征收 20%的关税，对它们贸易条件的影响恐怕会微小得难以测量。

三、出口补贴的影响

进口关税和出口补贴经常被当成同一类贸易政策，因为看上去它们都是支持国内厂商的，但是它们对贸易条件的影响却不一样。假设本国向所有出口棉布的生产者提供相当于产品价值 20%的补贴，在世界价格给定时，这项补贴会使本国国内棉布对粮食的相对价格上升 20%。棉布相对价格的上升会使本国的生产者生产更多的棉布，同时减少粮食生产。而本国的消费者会增加粮食消费而减少棉布消费。如图 5-23 所示，出口补贴会使棉布的世界相对供给增加（从 RS_1 到 RS_2），棉布的世界相对需求减少（从 RD_1 到 RD_2）。世界均衡点从点 E_1 移到点 E_2。本国的出口补贴使本国的贸易条件恶化，外国的贸易条件改善。

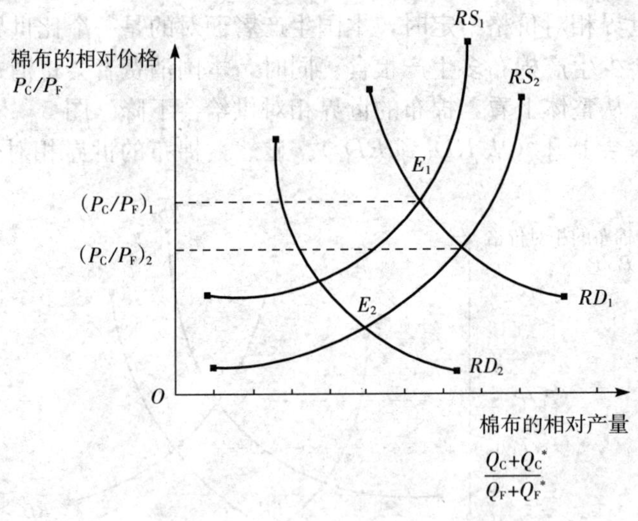

图 5-23 出口补贴对贸易条件的影响

注：出口补贴的影响和关税相反。出口补贴使棉布的相对供给增加，相对需求减少，棉布相对价格从 $(P_C/P_F)_1$ 跌到 $(P_C/P_F)_2$，本国的贸易条件恶化。

四、贸易条件效应的应用：谁得谁失

关税和出口补贴中谁得谁失的问题要从两个方面来进行讨论：第一，收入在国家之间的分配；第二，收入在各国内部的分配。

1. 收入在国家之间的分配 本国征收关税会使本国的贸易条件改善，外国的贸易条件恶化。因此关税使世界其他国家受损。

关税对本国福利的影响没有那么一目了然。贸易条件的改善对本国有利，但是关税也造成本国生产和消费结构扭曲从而带来一定的成本。只要关税不是太高，贸易条件改善带来的收益，就会超过扭曲带来的成本。我们将在后面章节讨论如何确定使净收益最大化的最优关税率（由于小国的关税不能对它们的贸易条件造成什么影响，所以小国的最优关税率接近于零）。

出口补贴的影响非常明显：本国的贸易条件恶化，外国的贸易条件改善，外国的福利水平明显提高。同时，本国不仅因为贸易条件的恶化而且因为这一政策的其他扭曲作用而遭受损失。

上面的分析似乎使出口补贴看上去没有什么意义。实际上，很难知道出口补贴在什么情况下对国家有利。出口补贴作为一种政策工具通常是由贸易政策的特性而不是由经济逻辑所确定的。

那么，是否外国的关税总是对本国不利，而外国的出口补贴总是对本国有利呢？不一定。前面的模型只包含了两个国家，一个国家出口的产品由另一个国家进口，反之亦然。但是现实中存在着许多国家。在这种情况下，如果一个国家对其出口产品进行补贴来和美国的出口产品进行竞争，这项补贴显然会恶化美国的贸易条件。欧洲的农业补贴就是一个很好的例子。另一情况是，如果一个国家对某种美国也进口的产品征收关税，使得这种产品的价格降低，美国也会从中受益。因此，需要限定我们在两个国家模型中得出的结论：对美国进口的出口产品进行补贴对美国有利，对针对美国出口的产品征收关税对美国不利。

外国对向美国出口的商品进行补贴对美国有利的观点还没有被普遍接受。当外国政府被指责对其在美国销售的产品进行补贴时，普遍的政治反应为这是一种不公平竞争。因此，当商务部等部研究表明欧洲政府对出口到美国的钢铁进行了补贴时，美国政府要求他们提高钢铁价格。而标准模型告诉我们，当外国政府对出口到美国的产品进行补贴时，从国家的角度出发，美国的正确反应应该是写一封感谢信。

当然，这是不可能的。因为外国补贴对美国国内的收入分配产生了影响。如果欧洲对出口到美国的钢铁进行补贴，大多数美国居民从中受益，但是钢铁工人、钢铁公司股份的拥有者和一般的产业工人却并不那么高兴。

2. 收入在国家内部的分配 外国关税和补贴改变了产品的相对价格。由于要素的不可流动性和不同产业要素使用的密集程度的不同，这一变动对收入分配有很大的影响。

首先我们看到，关税和补贴对相对价格的影响和对收入分配的影响方向是很明显的。关税对提高进口产品的国内相对价格有直接影响，出口补贴则对提高出口产品国内相对价格有直接影响。但是，从前面的分析中，我们还看到，关税和出口补贴还间接影响一国的贸易条件。贸易条件效应又意味着可能产生与一般理论相矛盾的情形——关税可能会大幅度地改善一个国家的贸易条件，使该国出口产品在世界市场上的相对价格大幅度提高，以至于征收关税后进口产品的国内相对价格反而下降了。同样，出口补贴可能使一国的贸易条件大幅度恶化，以至于造成该国出口产品的国内相对价格下跌。如果这些相互矛盾的情况发生，贸易政策对收入分配的影响可能与预期正好相反。

芝加哥大学的经济学家洛德·梅茨勒提出并证明了关税和出口补贴对一个国家的国内价

格有相反影响的可能性，被称为梅茨勒悖论（Metzler Paradox）[①]。这个悖论和福利恶化型增长以及收入转移使转入国福利恶化的情况一样，在理论上都是可能的，但只有在极端条件下才会发生。因此，现实生活中不太可能发生梅茨勒悖论。

如果我们不考虑梅茨勒悖论的可能性，那么关税对本国的进口产品竞争部门有利，对出口部门不利。出口补贴的影响正好与之相反。在贸易政策的制定中，一国内部收入分配的变动通常比由贸易条件变化所引起的国与国之间收入分配的变动更为明显和重要。

复习思考题

1. 经济发生偏斜增长的原因？

2. 国际贸易中不同类型的经济增长与发展经济学中贸易发展战略有何差异？

3. 经济增长影响贸易的途径有哪些？

4. 进口替代型增长发生在大国和小国两种不同的情形下的生产效应、贸易效应和消费效应有什么不同？

5. 出口扩张型增长发生在大国和小国两种不同的情形下的生产效应、贸易效应和消费效应有什么不同？

6. 福利恶化型增长发生的基本条件有哪些？其有何现实指导意义？

---

① 梅茨勒悖论（Metzler Paradox）是斯托尔珀——萨缪尔森定理的例外情况。

第六章

农业贸易政策分析引论

在前面几章，我们分析了国际贸易产生的基本原因和影响贸易模式的基本经济因素，从理论角度分析了完全竞争条件下的农产品自由贸易将使参与国和世界总体达到利益最大。而近代农产品国际贸易实践表明，经济学家所描述的自由贸易模式从来就没有真正存在过。相反，随着经济不断发展，各国政府对经济的干预程度越来越大，特别是农产品贸易成为各国政府干预最多的领域。

无论政府对农业干预的形式如何多样，归根结底都表现为对它进行某种形式的保护。在发达国家，政府保护农业的政策表现为出口补贴、进口关税或配额、生产控制和价格支持或收入支持；在发展中国家，政府保护农业的政策则表现为进口补贴、关税或配额等措施。由于各国采用关税和非关税措施对农业和农业贸易进行干预，从而人为地扭曲了国际农产品贸易的基本模式，改变了农产品国际分工的格局，导致了与自由贸易利益相悖的经济福利损失。本章将讨论各国对农业进行保护的理论根据。

第一节　农产品保护贸易的理论根据

既然政府的农业干预政策和农业保护贸易措施扭曲了各国和世界整体经济资源的配置，使农业自由贸易的利益不能最大限度地实现，为什么各国的农业政策实践仍然“一意孤行”、农业保护贸易在世界范围内仍然存在呢？长期以来，支持农业保护贸易的人们列举了一系列理由，试图说明这些政策的合理性。

一、幼稚产业理论

所谓“幼稚产业”（Infant Industry），一般是指一国刚开始发展或正在建立的尚缺乏竞争力的新兴产业。保护幼稚产业的主要论点是，经济落后国家的许多工业部门刚刚起步，处在新生或幼稚阶段，就像刚出生的婴儿一样，而发达国家的同类产业已经十分成熟。落后国家要发展这些产业，在发展初期必须给予保护。许多国家都采用进口关税和配额等措施保护农业或农业中的某些产品。例如，某国 A 从前并不生产棉花，国内棉花需求主要靠从另一国 B 进口。如果 A 国自己生产棉花的话，其成本要大大高出 B 国的棉花价格。但是，如果 A 国生产棉花的成本劣势只是一个短期问题，A 国可以某种形式建立起棉花生产体系，经过一段时间的发展，A 国的棉花生产成本将不会高于 B 国。诚然，要建立一个完善的国内棉花生产体系，需要有效的灌溉系统、科研推广网络、培训生产者的技能并获得必要的专门设备，这就需要投资和时间。A 国要想做到这些，就必须对进口棉花征收一定的关税，以便使 A 国自己的生产者能与之竞争。加入关税后，A 国的棉花（或棉制品）消费者实际上对本国生产者进行补贴，期望这一代价在某一天会换来本国棉花业的发展。这就是所谓的保护幼稚产业。

如果某幼稚产业通过政治影响力获得保护性关税，则一般来说它也有能力保持这种保护措施。这种情况可能使幼稚产业长期处于“幼稚”阶段，消费者和政府将被迫保护落后产业，从而对长期经济发展产生极其消极的影响。

二、国家安全考虑

在自由贸易条件下，国际分工专业化将使某些产业自动减少其规模或完全消亡。例如，按照国际分工专业化的要求，日本的水稻生产规模将减少至目前的1/3左右。其结果，日本大米需求的70%以上必须依赖进口。大米是日本的主食品，自给程度下降对日本具有重要的战略影响。如果出现国际形势动荡或出现大的战争，农产品贸易可能会减少或完全停止。举例来说，如果日本的大米进口主要依赖某国家C，这样，C国在战争中与日本关系的变化将使日本处于极其危险的境地。基于这种认识，许多国家都采取一系列保护措施，不惜代价地生产而不是进口主要的必需品——如粮食、能源和军火，即使这些产业的国内生产效率低于其贸易伙伴。尽管保护低效率的国内产业会降低本国的福利，但是，如果与战败或国际敌对行动卡断必需品供应所引起的民族生存相比较，花代价保持国内必需品生产的做法则是明智的。

许多国家包括发展中国家都进口大量农产品，尤其是食品。如果农产品自由贸易得以实现的话，国际食品生产的高度专业化将使许多发展中国家的粮食进口大幅度增长。但许多国家都保持一定程度的粮食自给自足，部分原因也是为了国家安全的考虑。过去半个多世纪以来因战争和贸易争端引起的粮食短缺进一步支持了这一理由。

三、对付其他国家不公平的贸易政策

许多国家为了防止出口国以各种方式倾销而采取限制进口的措施。某些出口国为处理农产品过剩或者为了开辟新的市场，往往以低于国内价格的水平，如采用出口补贴、多重定价或税收优惠等方式促进本国农产品出口，或对国外进口商提供特殊优惠信贷或价格折扣的方式，以低于国内生产者成本的价格出口农产品。这些措施虽然广受进口国消费者集团的欢迎，但进口国同类产品的生产者和商业机构将给政府施加压力，采取反倾销关税、进口配额和其他特别限制措施，限制廉价外国商品的进入，以保护国内的同类产业。

四、平衡国际收支

如果一个国家向贸易伙伴出口的收入长期小于其进口支出，则会出现国际收支逆差问题。如果其逆差长期未能改善的话，该国货币和经济实力将受影响。结果，该国货币对其贸易伙伴的货币汇率将承受下降的压力。

为防止本国货币持续贬值，政府经常采用限制进口的措施以改善国际收支状况。如果向贸易伙伴的出口收入不变的话，减少进口最终将使国际收支趋于平衡。但在实践中，减少进口通常也会使本国出口收入下降。原因很简单：一是外国进口商会因出口收入下降而减少从该国进口，或转向其他卖主；二是外国政府可能会增加贸易障碍以报复限制进口的措施。

五、改善国际贸易条件

一个进口大国可以通过提高进口关税使某一产品的国际价格下降，这样做可以改善该国的国际贸易条件。同样，一个出口大国可以通过增加出口税使某产品的国际价格上涨。道理很简单，大国可以对国际价格施加垄断（进口或出口）影响，从而达到改善本国国际贸易条件的目的。这一措施并不是直接出于保护国内产业的目的，但这一措施可以间接地保护国内产业。经济学上称这种措施为“最佳关税”政策。

举例来说，由于泰国的大米出口量占世界贸易量的1/3以上，且在品质上具有较强的竞争力，在国际市场上处于价格领导者的地位，所以泰国政府可以适当地增加大米的出口关税，从而使国际大米价格上涨。虽然这一措施可能导致泰国的大米出口量少量下降，但结果会直接改善泰国的国际贸易条件，并间接地保护国内水稻生产者（假设泰国政府允许国内大米价格随国际市场浮动的话）。

六、增加政府财政收入

历史上，关税曾经是许多国家政府收入的主要来源。英国政府以前对其殖民地征收茶叶进口关税，并不是为了保护国内的茶叶生产，而是为了增加英帝国的政府收入。今天，许多发展中国家都广泛采用进口关税或出口税增加政府收入。因为关税比所得税或利润税更易征收并且不会引起消费者的直接反感。

许多非洲国家广泛采用对热带农产品和原材料直接征收出口税，作为政府收入的主要来源。而大多数发达国家征收农产品进口关税则主要是为了保护国内的相关产业。

七、避免痛苦的经济调整

随着世界经济的变化，一个国家的经济结构所具有的相对优势和绝对优势将发生变化，并逐渐形成新的优势产业结构。从前那些具有较大优势的国内产业势必面临外国进口商品的激烈竞争，迫使它们做出经济调整。如果政府允许外国进口商品无限制地进入本国市场，国内相同产业的价格和销量将会不断下降，生产者的收入将减少。因此，这些产业的生产者将寻求政府的保护，以避免痛苦的经济调整。农业和一些基础产业尤其如此，因为这些部门的资源流动能力较差，调整的代价非常大。同样，出口国有时也干预国际贸易，以保护国内消费者在国际价格上涨和外国需求增加时面临的调整。这时，政府一般采用出口税或出口配额等措施保护国内消费者。但这类措施会压低国内产品价格，不利于国内生产者改进技术，增加产出。

八、实施国内经济政策

贸易政策是国内经济政策的延伸。如果一国政府试图使某商品的国内市场价格高于国际市场价格，则需要辅之以进口管制措施才能奏效。同样，如果政府试图使某商品的国内价格低于相应的国际价格，也需要使用出口管制措施。例如，过去，我国部分农产品（尤其是粮食）的国内价格一般都低于相应的国际市场价格，这一政策的实施是辅之以出口管制措施（如出口关税、出口配额或国家垄断出口）才得以实现的。如果没有贸易管制政策，贸易商们将发现把那些国内价格较低的农产品销向国际市场会获取价格利益。同样，我国过去许多同类家电产品的价格均高于国际市场价格，这一政策的实施是靠严格的家电进口管制政策（如关税、配额等）才得以实现的。

农业保护贸易的对象可以是生产者，也可能是消费者，理由也不尽相同。政府政策干预的理由可分为政治和经济两个方面。在政治原因方面，农产品尤其是食品在任何国家都是绝对必需的。任何国家都不能承受长期食品短缺的政治影响。因此，无论是发展中国家或者发达国家，政府都会以各种方式干预农业，以满足本国公民最低限度的食品需求。

政府干预农业的经济原因比较复杂，但基本一致的考虑都涉及三方面的问题：稳定问题、收入问题和外贸问题。总的说来，大多数农产品的不稳定性都超过了有效的资源配置和消费者可能承受的程度。由于大多数农产品的供需弹性非常小，农产品国际市场极其不稳定，气候、病虫害等自然因素对农业的特殊影响，使农产品的价格、农业生产者的收入和农产品的产出都出现剧烈波动。因此，为稳定农产品价格、保证农业生产者的收入和农产品产量持续稳定的增长，许多国家政府都对农业进行某种形式的政策干预。

此外，世界上几乎没有任何国家实现了完全的农产品尤其是食品的自给自足。它们都或多或少地需要用进出口来调节国内供需缺口。净进口国的政策制定者们通常认为花大量稀缺外汇进口粮食既没有必要，也是浪费，同时会影响国家安全。因此，政府会采用保护贸易措施促进可以替代进口的农产品的增长。同样，农产品出口国为刺激农业经济，千方百计地促进农业生产和农产品出口。因此，当今世界各国农业政策干预几乎无一例外地与农产品国际贸易联系起来，使国内农业政策与贸易政策互相交织，互相影响。

第二节　影响农产品国际贸易的政策类型

当今世界各国经济的相互依赖不断加强。因此，影响农产品国际贸易的农业政策不仅包括直接的贸易政策（或称国境政策），同时也包括所有那些干预农业的国内政策；不仅包括关税政策，也包括非关税措施。由于农产品国际市场的不断拓展和各国农业经济相互依赖程度的增加，以及多边国际协议对国境政策的严格限制，许多国家的政府更多地依赖国内农业政策去达到影响农产品国际市场的目的。

根据目前世界各国农业干预政策的实践，可将影响农产品国际贸易的农业政策分为五大类：国境措施与价格支持政策；与生产相联系的生产者直接收入支持政策；投入物补贴政策；国内市场营销补贴政策以及长期结构政策。当然，某特定国家的政策实践中并不一定包括这五大类的全部内容。

一、国境措施与价格支持政策

国境措施与价格支持政策是指那些与农产品进出口贸易直接相关的政策，或者可称为狭义的贸易政策。它主要包括农产品贸易的定价政策和数量贸易障碍、农产品质量限制措施和进出口贸易的价格稳定措施。

世界农产品贸易中常用的定价政策主要包括以下 10 个方面：①关税；②进口补贴或出口补贴；③差价税或称可变进口关税（Variable Levies）；④国家垄断国际贸易和市场营销；⑤出口信贷担保；⑥市场营销贷款；⑦多级定价制（Tiers Pricing）；⑧多重汇率制或称复汇率制；⑨食品援助与优惠销售；⑩其他进出口刺激措施。由于关税总是会引起一定的贸易争端，随着农产品国际贸易自由化谈判的进行，许多国家不断增加其他非关税定价措施干预农产品国际价格的形成。农产品数量贸易障碍主要包括三方面的内容：①进出口配额；②自愿进出口配额（Voluntary Import / Export Quotas）；③进出口许可证制。这些农产品数量障碍几乎被所有国家采用，基本目的是限制某种农产品的进出口数量，对国际价格也产生间接的影响。

农产品质量限制措施是通过以下规定实施的：①质量标准；②标签条例；③安全与卫生条例。这些措施与世界贸易组织框架中的卫生与植物卫生措施有关。随着经济全球化的发展，国际农产品市场的竞争日益激烈，许多国家为保护国内生产者和消费者，或为了歧视某特定国家的某种产品，采用极其苛刻的农产品质量标准，以限制部分农产品进入国内市场。尽管国际农产品贸易中的质量限制措施最初是为了保护公众的卫生健康，防止病虫害在世界范围内的传播，但在实践中，质量限制措施已被广泛地用于歧视性贸易，成为贸易保护政策的挡箭牌。

价格稳定计划被许多发达国家用来保护本国农业生产者和贸易商，其基本做法是根据具体情况，计算各种主要农产品的进出口价格的平均水平。如果国际农产品市场的剧烈波动使实际的进出口价格低于或高于规定的平均水平，政府将采取相应的干预措施，使出口商所得价格不低于平均水平，或使进口商的价格不高于平均水平。这一措施实际上是通过政府的政策干预，改善了本国农产品进出口的竞争力，从而达到影响农产品国际贸易量和国际价格水平的目的。

二、对生产者收入的直接支持政策

这类政策主要包括三方面的内容：①直接收入补贴和差额补贴政策；②作物保险和灾害补贴；③所得税特惠政策（Income Tax Concessions）。这些政策主要是发达国家如美国和欧盟采用的农场收入支持政策。它们看起来似乎与农产品贸易没有直接关系，但实际上却通过影响国内经济资源的配置和农产品成本，直接提高了这些国家的农产品在国际市场上的竞争力。同时，因为这些政策对农产品国际贸易的影响具有迂回和隐蔽的性质，再加上它们属于国内政策，所以，往往规避农产品国际贸易协议和规则的限制，而且常常碍于“国家主权”和“内政”而免受其他国家的“干涉”。

三、投入要素补贴政策

几乎所有的国家政府对农业的干预都一定程度地采用投入要素补贴政策，以达到保护和支持国内农业部门的目的。投入要素补贴政策主要包括两大类：一类是对工业性投入要素实行价格补贴。这些投入包括燃料、化肥、种子、其他农用化学品、水利灌溉以及畜牧业生产中的饲料。补贴的方式可以是多种多样的。政府可以补贴这些投入要素的生产厂商或经营商，从而使投入要素价格低于市场均衡价格。另一类投入主要涉及土地、劳动力和资金。政府可以对农业用地实行特惠税政策，或对农用资金实行补贴性低利息，或者补贴农产品储藏成本，或对农业用工的工资进行补贴。

对农用投入要素给予补贴的基本目的是增加农业产出，降低生产成本。在技术条件和需求不变的条件下，投入要素补贴使农产品供给曲线向右移动，成本下降。这样，本国生产者的比较利益将增加，从而加强了本国农产品在国际市场上的竞争优势。它对贸易的影响相当于同量的出口补贴，但对贸易的长期作用比出口补贴要大得多。

四、国内市场营销补贴和长期结构政策

农产品国内市场营销补贴是为了降低农产品从产地到消费地（包括出口口岸）的经营成本。这类补贴主要包括四个方面的内容：①农产品运输补贴；②政府提供优惠的农产品购销信贷；③市场营销促进计划，如政府提供免费的市场信息、建立市场基础设施等；④提供商品检验服务。这些措施都能完善农产品市场机制，建立规范的农产品市场，提高市场营销的效率。它不仅直接有利于进出口贸易，而且也能间接地有利于生产的发展。

长期结构政策主要包括三方面的内容：①政府支持的农业研究与推广计划，或者为了促进贸易性商品的生产，或者直接为了贸易的进行对农产品国际市场进行研究和信息收集等；②政府公立的农产品生产、销售和贸易的咨询服务系统；③旨在提高农业综合经济竞争力的农村发展计划。长期结构政策对贸易的影响是间接的，短期作用也不明显，但它能在较长时期内影响农业的结构变革，从而影响将来的农产品贸易模式。

第三节 农业贸易政策——局部均衡分析

上一节，我们简单地介绍了影响农产品国际贸易的主要政策。在接下来的几章中，我们将选择其中一些最常见、最基本的贸易政策进行分析，说明它们如何影响农产品的产量、价格、各方参与者的收入以及国际贸易模式的变化。我们所用的分析工具将主要建立在局部静态均衡理论的基础上，在假设其他因素不变的条件下，分析某特定的贸易政策对单个农产品或某类农产品的影响。因此，在对贸易政策进行分析之前，有必要介绍分析方法的基本框架。

一、准备知识

（一）过剩供给和过剩需求（Excess Supply/Demand）

如果我们用图 6-1（a）表示国家 A 某种农产品的总供给曲线 S 和总需求曲线 D。在没有国际贸易的条件下，该农产品在 A 国的均衡价格为 P_1，供需量相等为 Q_1。在没有任何贸易障碍的情况下，A 国可根据国际市场的变化从事该产品的贸易。现在假设该产品国际市场价格为 P_2。在没有任何政策干预的情况下，贸易后的国内价格应等于国际价格。由于 P_2

小于 P_1，国内供给将下降，需求将增加，供需缺口 BC 将通过进口满足。同样，如果国际价格为 P_3，则国内需求将减少，供给将增加，供需剩余 GH 将通过出口解决。在图 6-1（b）中，我们用 ED-ES 曲线表示该产品的国际市场供需条件，用 Q_x 表示出口，它的量从原点向右增加；用 Q_m 表示进口，它的量从原点向左增加。ES 曲线称之为“过剩供给”曲线，ED 称作“过剩需求”曲线。它们是图 6-1（a）中 D 和 S 曲线沿水平方向之差计算而得的，前者表示该国的出口供给，后者表示该国的进口需求。在图 6-1 中，$JK=GH$，$ED=BC$。事实上，如果国际价格刚好等于 P_1，则没有贸易发生。道理很简单，如果国际价格与贸易前的国内均衡价格相等，则贸易并不能带来任何好处，因此在图 6-1（b）中表示为 ED-ES 曲线与纵轴相交，即贸易量等于零。

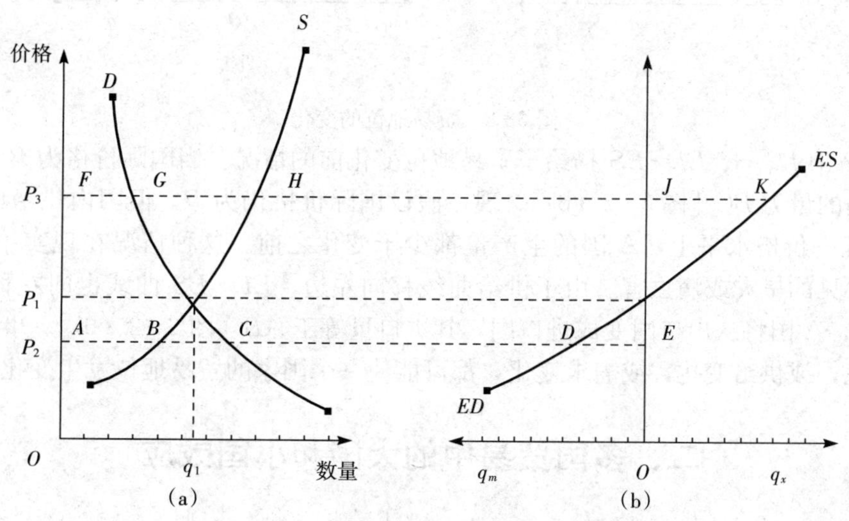

图 6-1 过剩供给与过剩需求曲线

一般来说，ED-ES 曲线比相应的国内供给曲线 S 和国内需求曲线 D 要平坦些，因此，价格反应也要敏感些。如果国际价格上涨（如从 P_2 到 P_1）全部反应到国内市场的话，将引起进口需求的减少（沿 ED 曲线部分）或者出口供给的增加（沿 ES 曲线部分）。贸易量的变化是因为国内供给的增加和国内需求的减少。这样，生产和消费变化两者的共同作用，使贸易量产生更大幅度的增减。这也就是说，ED-ES 函数的价格弹性的绝对值要大于国内供给曲线 S 或需求曲线 D 的弹性。事实上，我们有：$|e_E| = |e_S| g \left|\frac{q_S}{q_T}\right| + |e_D| g \left|\frac{q_D}{q_T}\right|$。其中 $|e_E|$、$|e_S|$、$|e_D|$ 分别为 ED-ES、S、D 曲线的价格弹性。q_S 表示国内供给量，q_D 为国内需求量，q_T 为贸易量，大于零则表示出口，小于零则表示进口。也就是说，ED-ES 的价格弹性是国内供需弹性绝对值的加权平均数。权重分别为国内供给和国内需求与贸易量的比率。ED 段的实际弹性将小于零，ES 段的实际弹性将大于零。因为 $|q_D/q_T|$ 将等于或大于 1，所以，可以肯定 e_E 将大于 e_D；同理，可以肯定 e_E 将大于 e_S（都以绝对值表示）。

（二）贸易地位的变化

如果国内供求关系不发生变化，则图 6-1 表明随着该农产品价格变化，A 国将从进口国变为出口国，或者相反。同样，它也可以用来说明即使国际价格不发生任何变化的情况下，A 国的贸易地位也可能变化。

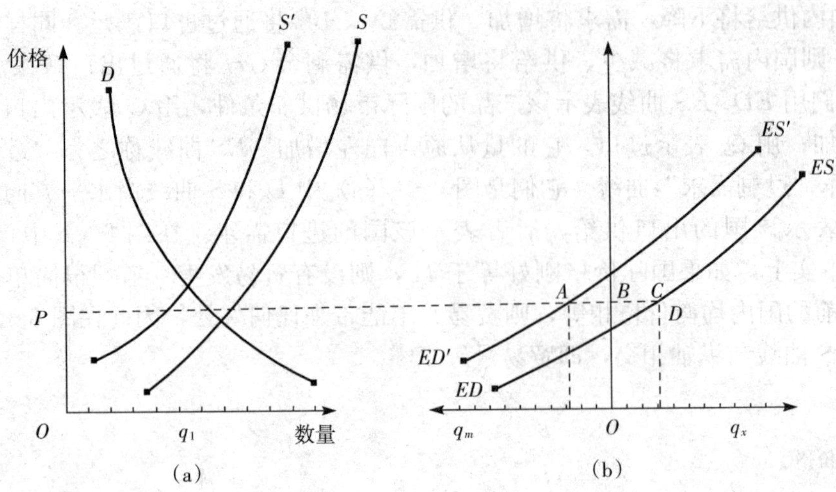

图 6-2　贸易地位的变化

图 6-2 中 D、S、ED-ES 描绘了贸易地位变化前的情况。当国际价格为 P 时，A 国出口该农产品的量为 BC［图 6-2（b）］。现在假设国际价格仍为 P，但国内供给曲线从 S 移向 S'：在任一价格水平上，A 国的生产量都少于变化之前。这种情况在现实中常常发生，例如一场罕见的旱灾或病虫害。由于供给曲线移向左边，ED-ES 曲线也向左移变成 ED'-ES'。这样，A 国将从出口国变成进口国，其进口量等于 AB［图 6-2（b）］。事实上，无论是价格变化，或供给变化，或需求变化，都可能使一个国家的贸易地位发生变化。

二、多国贸易中的大国和小国效应

根据贸易理论，我们知道，在 A、B 两个国家贸易的情况下，贸易后的均衡价格水平一定位于贸易前两国价格水平之间，即 $P_A < P < P_B$。在以下的分析中，我们一般认为一个进口国所面临的过剩供给是世界其余国家过剩供给的总和，用 ES（R）表示。同样，一个出口国所面临的过剩需求则是世界其余国家过剩需求的总和，用 ED（R）表示。

在研究一个国家与世界其余国家进行农产品贸易时，有必要区分该国的进出口量就该产品的贸易总量而言属于“大国”或“小国”的问题。如果一个国家进出口量的变化足以改变该产品的国际价格的话，就称这个国家为贸易大国。相反，一个国家的贸易量非常小，以至于贸易量的任何变化都不会使国际价格显著改变，就称这个国家为贸易小国。注意，这里所说的贸易大国或小国，并不是指该国本身的大小，或经济实力的强弱，而是就特定商品的进出口量占该商品世界贸易总量的比重以及对国际价格的影响力而言。

一个出口大国将面临来自世界其余国家的负斜率的 ED 曲线，该国出口量的变化将影响该产品的国际价格；而出口小国将面临一条平坦的 ED 曲线，该曲线通过国际价格呈水平向左延伸。因此，出口小国出口量的变化不会影响该产品的国际价格。

类似地，一个进口大国将面临来自世界其余国家的正斜率的 ES 曲线；因此，进口量的任何变化都会影响国际价格。相反，进口小国将面临一条平坦的 ES 曲线，它通过国际价格呈水平向右延伸，进口量的变化不会影响国际价格。

考虑贸易大国的情形更具有一般意义。我们可以设想，某贸易国面临的过剩供给和过剩需求曲线将因该国贸易规模由大变小而变得愈益平坦（更具价格弹性）。这种区别也可用图6-3表示，图中A国面临的世界其余国家的过剩供需曲线从可能的出口（OQ_X方向）到可能的进口（OQ_M方向）。当A国处于ED_{A_1}和ED_{A_2}时，它属于进口小国；在ES_{A_1}和ES_{A_2}区间，A国属于出口小国。这时，A国进出口量的变化对国际价格没有显著影响（图中ES或ED曲线处于水平位置部分）。同理，当A国处于ED_{A_3}，ED_{A_4}和ES_{A_3}和ES_{A_4}区间时，则表明A国为进口大国或出口大国，贸易量的任何变化都会影响国际价格，这是因为该区间的ES（R）和ED（R）为正数或负数斜率。例如，A国进口量从ED_{A_3}增加到ED_{A_4}，则国际价格将上涨；相反，如A国的出口量由ES_{A_3}增加到ES_{A_4}，则该商品的国际价格将下降。

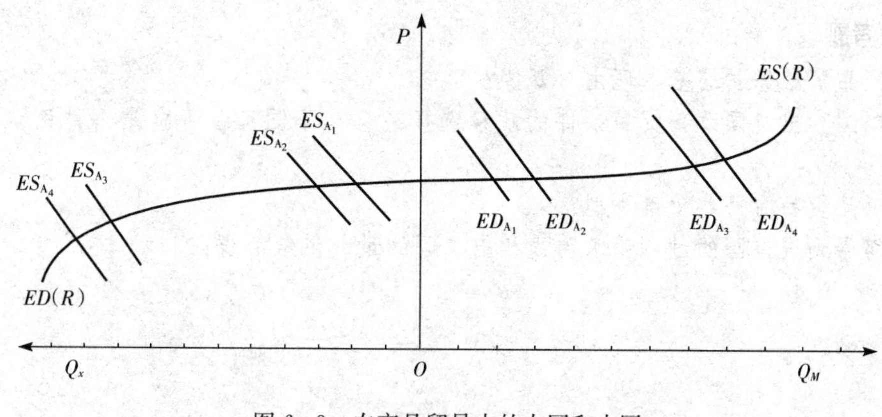

图6-3　农产品贸易中的大国和小国

三、农产品国际贸易与商品之间的替代关系

一般来说，当我们分析国际贸易与国内市场价格时，都假定同种商品的国内生产和进口具有同质性，因此，它们属于完全的替代品。同样，我们也可以用局部均衡分析法描述国产商品与进口商品具有不完全替代性的情况。比如说，进口小麦与国产小麦总的说来是相似的，但进口小麦可能含较高的蛋白质，或具有较高的出粉率。这种"微小"的差异使国产小麦和进口小麦处于相互竞争的地位。我们用图6-4来说明这种情形。假设该国国产小麦的供需函数用S和D_Z表示。在没有贸易时，国内市场上国产小麦的均衡点位于A。现在假设由于进行贸易使国内市场上出现了进口小麦，其质量与国产小麦稍有差异，两者不是完全的替代品。均衡点A相当于进口小麦保持不变时国产小麦的价格和产量。如果进口小麦量下降，则国内市场上国产小麦Z的价格将上涨到B。由于进口小麦与国产小麦属替代品，因此，国产小麦的需求曲线

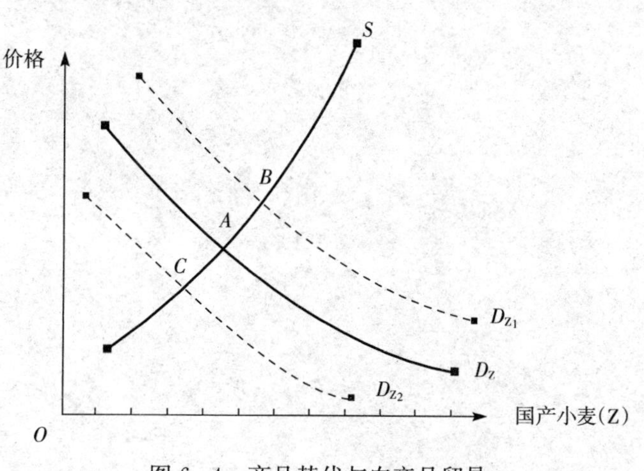

图6-4　商品替代与农产品贸易

将向右移动，如图 6-4 中 D_{Z_1}。这是因为进口小麦价格上涨，部分（低收入）消费者将减少进口小麦制品的消费，转向国产小麦。国产小麦需求量的增加将使价格和销量从 A 增加到 B。

类似地，如果进口小麦的数量增加，则进口小麦价格将相对下降，原先消费国产小麦的部分消费者将转向进口小麦，致使国产小麦需求量下降。国产小麦需求曲线移向 D_{Z2}，其国内销售量和价格下降到 C 点。因此，进口商品价格的变化通过国内商品的替代联系，使同类国产品的供需量和价格发生相同方向的变化。同样的道理也适用于出口商品与国内市场同种商品之间的关系。

复习思考题

1. 农产品贸易保护的基本理由有哪些?

2. 进口国和出口国改善贸易条件的政策选择有什么不同? 改善贸易条件论适用于贸易小国吗?

3. 农产品贸易有哪些政策类型?

4. 如何得到进口国的过剩需求曲线和出口国的过剩供给曲线?

第七章

进口国的农业贸易政策（I）：关税和配额

关税和配额是保护性农业贸易政策的基本形式，也是最传统的贸易保护措施。进口国政府常常利用关税和进口配额干预农产品贸易，阻止外国竞争，保护国内生产者。此外，关税也是许多国家政府收入的主要来源之一。在贸易实践中，许多国家将关税与进口配额同时采用，以达到保护农业贸易的目的。本章的分析主要集中讨论关税与配额的保护性作用。由于关税与进口配额政策要么提高进口商品的国内价格，要么限制国内市场上进口商品的供应量，因此它的主要作用表现在保护同类产品的国内生产者。

进口关税是对进入本国的商品征收的一种口岸税。进口配额是对特定时期内可以进口的外国商品的数量限制。关税与进口配额的种类很多，征收方式也不尽相同，但基本经济原理都差不多。本章将详细讨论几种比较简单的关税与进口配额的直接作用。首先，我们将分别讨论贸易大国和贸易小国的固定率关税和从价关税政策，然后将分析进口配额的经济作用。由于关税与进口配额所产生的影响比较相似，我们将分析关税与进口配额政策引起的经济福利变化。此外，我们还将讨论最大收入的关税率。最后，将简要地说明一个贸易大国的“最佳关税”。

第一节　对关税的基本经济分析

一、贸易小国的固定率关税

固定率关税（Fixed-rate Tariff）又称从量关税（Specific Tariff），指的是某特定商品每单位进口量的关税率是固定不变的，它不考虑进口量的多少和该商品的国际国内价格的高低。举例来说，进入我国口岸的1kg羊毛征收5元人民币的关税，这一关税率并不随羊毛价格的高低而变化，也不因进口量的多少而有所不同。

首先，让我们考察某贸易小国（A）进口某种农产品 Q。根据前一章的分析，A国的贸易行为不能影响产品 Q 的国际价格。在图7-1中，图7-1（a）反映 Q 产品在A国的国内市场条件，图7-1（b）则代表A国面临的国际市场状况。贸易小国的特征是用图中一条水平的 ES（R）曲线来表示的，它表明A国所面临的世界其余国家对产品 Q 的过剩供给。在图7-1（b）中，我们从原点向右沿水平方向测量A国对 Q 商品的进口量。

如果该国不实行关税或其他贸易扭曲政策的话，则该商品的国内价格和国际价格都等于 P_1，国内生产者向市场提供的数量为 AB，进口量为 BC［图7-1（a）］，这样，国内总消费量为 AC。在图7-1（b）中进口总量用 DF 表示，价格为 P_1，即 ED 和 ES（R）相交点的水平。

现在假设A国政府对所有的进口商品 Q 征收固定比率的关税。每单位进口商品的税率

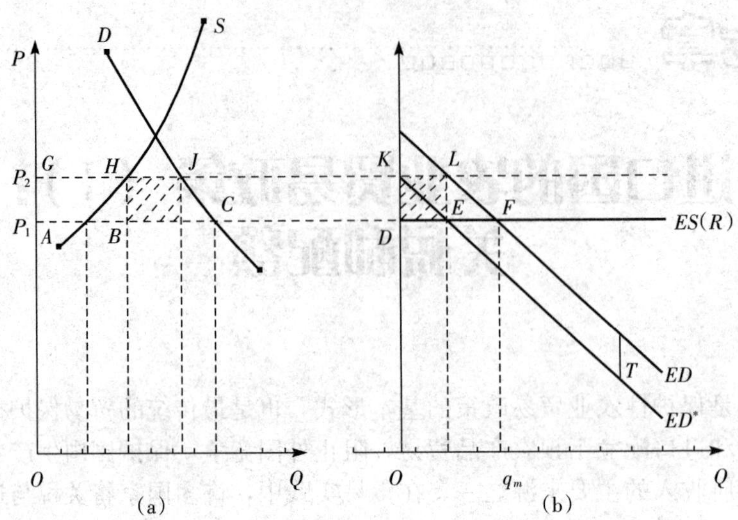

图 7-1　固定率关税的影响：贸易小国的情形

为 T，则 ED 移向左边，即 ED^*，它是 A 国征收固定税率 T 的关税以后对 Q 商品的过剩需求曲线，它是考虑了关税以后在各个国际价格水平上进口需求的数量集。ED^* 和 ES（R）相交形成新的进口量，即 DE［图 7-1（b）］或 HJ［图 7-1（a）］。进口量的减少引起国内价格沿着原来的 ED 曲线增加，新的国内价格为 P_2，它是原来的世界价格 P_1 加上关税 T，即 $P_2=P_1+T$。关税使该商品的进口比以前更昂贵，A 国国内的购买者面对进口商品价格上涨，必然转向国内供应商。国内同种产品的供给量只能沿 S 曲线以更高的价格增加。这样，在国内产品和进口品的价格同时上涨的情况下，消费者只能沿 D 曲线同时减少这两种来源的产品消费，结果达到新的均衡价格 P_2。

在国内需求减少的同时，供给量也随价格上涨而增加。这样，进口量将从最初的水平下降，新的进口量为 HJ［图 7-1（a）］或 KL［图 7-1（b）］，即在新的价格条件下国内供给与国内需求的缺口。

只要该商品还有进口，关税就会为政府“创造”收入。关税收入等于新的进口量与关税率的乘积，即图 7-1 中阴影部分的面积。除关税收入以外，这一关税政策的经济影响是进口量从 DF 降到 DE，在世界价格水平上的进口总值减少，国内产出量从 AH 增加到 GH，国内消费从 AC 下降到 GJ，国内价格从 P_1 上涨到 P_2。同时，外国出口商的收入下降，A 国国内销售者的收入增加。征收关税以后，消费者花在该商品上的总支出的变化取决于国内需求曲线的价格弹性。如果需求的价格弹性小于 1（绝对值），则消费者支出增加；如果需求弹性大于 1，则关税后消费者在该商品上的总支出将减少。但有一点是肯定的：实行关税后消费者价格上涨，购买量减少。

二、贸易大国的固定率关税

贸易大国的关税政策所产生的经济影响与前面的情况不同，这是因为这时的 ES（R）具有正斜率，而前面的情况则是水平直线。因此，征收关税后，如果 A 国增加进口量，世界价格将上涨。相反，如果进口量减少，则世界价格将下降。

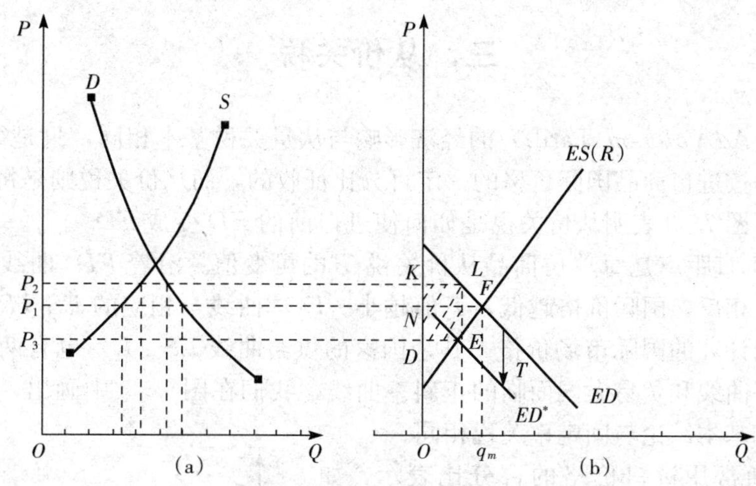

图 7-2 固定率关税的影响：贸易大国的情形

这种情形反映在图 7-2 中，贸易大国实行关税将对国内市场产生一种价格上推效应。同时，由于关税使 A 国进口量从 NF 下降到 DE，因此对世界价格产生一种下压效应。由于关税使 A 国进口量减少，外国供给商必须将以前供应 A 国的部分商品供应其他国家，结果使该商品的世界价格承受下降的压力。在图 7-2 中，征收关税后的这一经济调整沿 ES（R）曲线进行，国际市场上新的均衡从 F 下降到 E [图 7-2（b）]，新的国内价格为 P_2，新的世界价格为 P_3，两者之间的差额等于每单位商品的关税率 T。

由于国际价格下降，关税引起的国内价格的增加幅度要小于国际价格不变时的情况（参见图 7-1 贸易小国的情形）。对国内市场的其他影响与前面的分析相似，但关税收入为 $KLED$，进口量为 KL。虽然进口商必须为每单位商品支付 T 的关税，但关税实际上最终由外国供给商（他们得到的国际价格降低了）和国内消费者（国内价格上涨）共同支付。但是，国内市场和国际市场承担的关税份额不一定相等，从图 7-2（b）中可以看出，关税分担比例取决于 ED 和 ES（R）曲线的相对陡峭程度（即价格弹性）。如果两者斜率的绝对值相同，则关税在国内和国际市场间均等地分配，图中的 NF 则应平分 DK。如果 ED 比 ES（R）陡峭（绝对值），则国内价格上涨幅度比国际价格下降量要多些。相反，如 ES（R）比 ED 更陡峭，则国际价格下降幅度要大于国内价格的上涨。

举例来说，我国是一个小麦进口大国，最高年份占世界小麦出口总量的 15%左右，占国内总产量的 15%～18%左右。如果我国政府对进口小麦增加一定量的进口关税的话，国际小麦价格可能下降，我国国内的小麦（和小麦制品）的价格将上涨。增加的小麦价格加上减少的世界市场价格大致等于新的关税率。

在其他条件不变的情况下贸易大国的进口关税政策对国内生产者的保护作用要小于贸易小国的同量关税。这是因为贸易大国的关税政策所产生的价格上推效应有一部分转移到国际市场，引起国际市场价格下降。减少的进口量也少于国际价格不变时的情形（贸易小国的例子）。这样，同量关税所产生的关税总收入也大于贸易小国的情形。顺便提一下关于限制性关税（Prohibitive Tariff）的问题。如果关税率太高，以致使进口量减少到零时，这种关税就称之为“限制性关税”，在图 7-2（b）中，如果关税率大到使 ED^* 曲线与 ES 曲线同时在纵轴相交的话，这种情况就会发生。

三、从价关税

从价关税（*Ad Valorem* Tariff）的经济影响与从量关税基本相同，只是征收方式不同。从价关税通常是按进口商品国际价格的一定百分比征收的，而从价关税则是每单位进口量按固定税率征收。图 7-3 表明从价关税是如何使进口前的 *ED* 变成 ED^*。任一进口量上 *ED* 和 ED^* 之间的垂直距离是每单位商品从价关税 *T* 的可变值。沿着 ED^* 曲线，国际价格越高，*T* 值越大；相反，国际价格越低，*T* 值越小。ED^* 曲线与相应的 *ES*（*R*）曲线的交点就是从价税据以计算的国际市场价格。其余国家的供给曲线 *ES*（*R*）也有两种情形，贸易小国面临的水平曲线和贸易大国面临的正斜率曲线，我们在图 7-3 中画出，请读者自己去分析，其方法和基本结论与固定率关税相同。

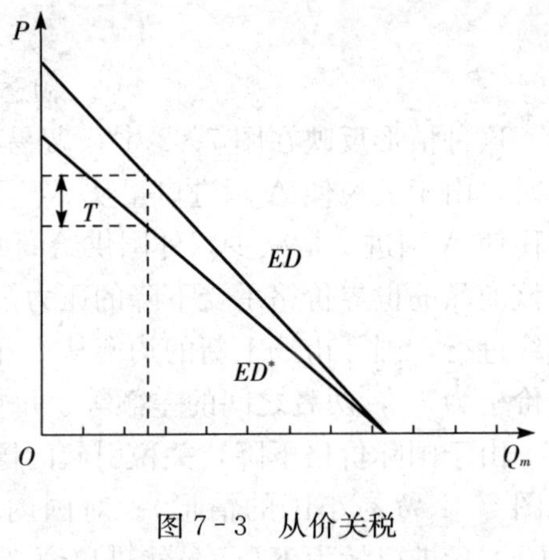

图 7-3　从价关税

从价关税通常用进口价格的百分比表示，如 10%、20%等。例如，假定大米的国际价格为每吨 1 000 元人民币，我国对大米进口的从价关税为 15%，则每吨大米的关税为 150 元人民币，这样，进口大米在国内市场上的价格上涨到 1 150 元人民币。如果国际大米价格上涨到 1 200 元人民币/t，则每吨大米的从价关税将增加 30 元，每吨大米的国内价格将上涨到 1 380 元（以上分析假设我国为大米贸易小国，因此，关税不会使国际价格发生变化。事实上，我国属于大米贸易大国，关税的变化将使国际价格发生变化）。关税在国内和国际市场间分担的比例将取决于 *ED* 和 *ES*（*R*）的弹性，弹性较小的一方所负担的关税比例要多些。

第二节　进口配额的经济影响

在国际贸易实践中，作为保护性贸易政策的关税已经越来越不受人欢迎，并且受到世界贸易组织有关协议的严格约束。第二次世界大战以来，作为国际农产品贸易障碍的关税政策已经失去了昔日的重要性。除少数情况以外，连续几个回合的多边贸易谈判和相应的重要农产品多边贸易协定（如世界贸易组织农产品协议等）已成功地削减了关税的平均水平和应用范围，各国政府转而寻求各种非关税贸易障碍取代关税政策。在众多的非关税贸易障碍中，进口配额就是最基本的政策选择。我们已经讨论了关税（无论是从量关税还是从价关税）对国际国内价格变化的直接作用，进口的数量限制措施也可以产生与关税完全相同的经济影响：限制进口、产生价格差异、保护同种商品国内生产者的利益。本节将以贸易大国的情形为例，讨论进口配额的局部均衡效应。

一、约束性配额

进口配额是政府对商品进口实行的强制性数量限制。但是，并非所有配额都能对农产品贸易产生与自由贸易结果不同的影响。如果配额超过了自由贸易条件下的进口量，则这种配额本身不具有任何经济意义。只有当配额具有约束力时，它才会对价格和贸易产生影响。一项进口配额，当其将特定时期进口量限制在小于没有配额之前的数量时，它就是具有约束力的配额。特定商品的进口配额通常用每年若干数量表示。约束性配额旨在限制国内市场上进口商品的总量。国内生产者将因此扩大产出，消费者将减少需求，从而使其差额刚好等于配额决定的进口量。

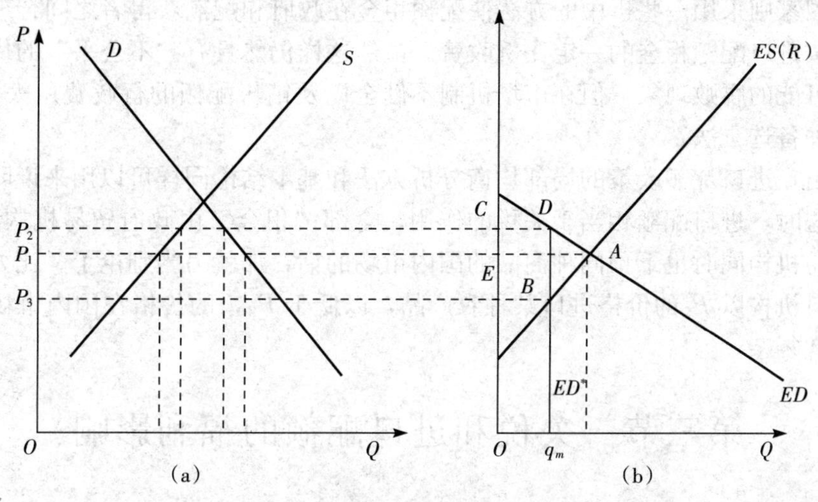

图 7-4　进口配额的经济影响

图 7-4（b）勾勒了约束性进口配额的直接影响。引入进口配额以后，进口国的 ED 曲线变为 ED^*，它表明进口配额使该国的进口需求完全无弹性。只要国际价格小于 P_2，进口量就等于 q_m。这样，国内价格由 P_1上涨到 P_2，国际价格由原来的 P_1降到 P_2，它是 ED^* 和 ES（R）相交点所决定的，由此，我们可以看出，约束性进口配额与进口关税的经济后果是相似的：因为价格上涨，国内产出增加，国内消费下降，国际价格和进口量都下降（贸易大国的情形）。同样，国内价格和国际价格变化的大小取决于过剩需求曲线和过剩供给曲线的价格弹性。

二、进口配额价格的确定

进口配额有没有价格呢？这是关税与配额之间的一个重要区别。按其作用来说，进口配额也有价格。它的经济作用与关税基本相同，也能给社会中某一团体（或总体）产生一定的收入。但与关税不同的是，关税的作用是通过市场的力量一定程度地自发产生作用，而进口配额则不同，在约束性配额的条件下，进口的权利必须以某种形式进行分配。但无论如何分配，每单位配额的“价值”应该等于每单位进口商品的国内价格 P_2减去购买每单位进口商品的国际价格 P_3，即图 7-4（b）中 DB 所表示的部分。进口配额的这种价值纯粹是以稀缺性为依据而不是其内在价值，所以在经济学上把它称之为“经济租金”（Economic Rent）。只要总配额是约束性的，这种租金也就存在，问题是谁获得这些租金的利益。在图 7-4 中，进口配额 q_m的租金总值等于 $CDBE$ 的面积，即国际国内价格差与进口总量的乘积。如果每个进口商获取进口配额的机会不均等，并且不付任何费用的话，则有幸获得配额的个人或团体将获取相应的配额租金，这样就相当于政府将国内消费者和国外生产者的部分收入通过进口配额这一措施转移到进口商手中去了。同时，这种方法不可避免地要引起那些掌握配额分配权的官员从中获取个人好处。

为防止这种不公平的获利机会，同时也为了增加政府收入，大多数国家都采取配额有偿获取制，即通过拍卖或销售的方式，分配进口配额。如果政府将每单位配额以 BD 的价格出售给贸易机构或个人，则政府获取配额租金，其结果与每单位进口商品征收 BD 的关税完全相同。有些国家则采用一些折中的方法使配额租金在政府和配额获得者之间合理分配。其中一种方法是按进口配额租金的一定比例收费。虽然这样仍然具有“不公平”的优惠性质和无法完全杜绝可能的腐败现象，但在市场机制不健全以及销售配额的行政费用太大的情况下，也不失为一种备选方法。

顺便指出，进口配额政策的局部均衡分析方法和基本结论同样可以用来说明政府垄断贸易的情形。这时，进口配额相当于关税的作用，全部“租金”由政府贸易机构所得。当然，如果政府贸易机构同时也干预同种商品的国内市场的话，那就另当别论了。比如，在图 7-4 中，政府进口机构以 P_3 的价格进口某种农产品，以低于 P_2，的价格在国内市场销售，结果可能变得非常复杂。

第三节　关税和进口配额的福利影响

在前面两节中，我们仅仅分析了农业关税与进口配额政策对农产品贸易的直接影响，其讨论主要局限于它们对贸易方面的作用。事实上，任何贸易政策都会产生一定的福利作用，影响社会中某些人的经济福利。研究贸易政策的经济福利影响可以从两方面入手：一是确认贸易政策的受益者和损失者，一是评价各集团经济福利的变化。后者需要了解有关生产者剩余和消费者剩余的概念。本书的经济福利分析将涉及以上两个方面：首先确定贸易政策的得失者，然后分析他们经济利益的变化。

一、农业关税和进口配额政策的受益者与损失者

进口关税与配额政策将使某些人受益，而使另一些人遭受损失。从图 7-1 和图 7-3 中很容易找出相应的受益者和损失者。假设我们考察的是进口关税或配额对小麦市场参与者的影响。首先，小麦进口关税或配额将有利于国内的小麦生产者，他们受进口关税或配额的保护而享受较高的国内价格。进一步的分析表明，那些为小麦生产者提供投入物（如化肥、农药、种子）的个人或企业也将受益，因为国内小麦生产规模的扩大将增加投入物的需求。同样，国内小麦价格上涨的影响将扩散到相关（替代）产品的市场（如玉米、大米等），这些产品的国内市场价格将因小麦价格上涨也相应地上涨。

相反，小麦（及其制品）的国内消费者及其相关产品的国内消费者将遭受损失，不管他们消费国产小麦或进口小麦都是如此。由于小麦价格上涨，他们必须减少购买量。由于进口关税或配额使小麦进口量下降，所以，经营进口小麦的个人或机构将失去部分市场份额。小麦的进口税将使政府的财政收入增加，但政府收入的增加量将小于关税总量，这是因为实施关税需要支出部分行政管理费用。至于小麦进口的约束性配额所产生的收入，则取决于配额

的分配方式。如果配额是以无偿的形式进行分配的，则配额获得者将得到全部配额租金；如果进口配额的分配采取的是拍卖、销售或部分有偿的方式，配额的租金将由政府和配额持有者获得。

尽管贸易政策对国外供需者的影响不是本章所要考虑的问题，但我们可以有把握地说，关税与配额条件下的外国小麦供给商将遭受损失。如果该小麦进口国属于贸易小国，则外国小麦供给商只是失去该国的部分小麦市场；如果该进口国属于贸易大国，则他们必须承受贸易量和国际价格下降的双重影响。但国外的消费者可能因此受益，因为他们本国小麦市场的价格也会因此呈下降的趋势。

虽然我们能够确认关税和进口配额的受益者和损失者，但我们无法用以上分析方法确定他们得失的相对规模以及利益的具体分配情况。这就需要利用生产者剩余和消费者剩余的概念。

二、农业关税与进口配额的福利分析

生产者剩余和消费者剩余是现代经济学中福利分析的基本概念。生产者剩余是用供给曲线左方和市场价格上方所组成的面积来测量的，而消费者剩余则是用需求曲线左方与市场价格的上方所组成的面积来表示的。它们分别表示在特定价格水平上一定供需量的生产者（和消费者）的经济总利益。而消费者剩余和生产者剩余的变化则是价格变化前后所形成的差额。举例来说。在图7-5中，价格由P_1上升到P_2，则生产者剩余的增加由面积a来表示，消费者剩余减少的量则由面积$a+b+c+d$的总和来表示。根据以上基本概念，我们可以分析关税和进口配额引起的市场参与者福利变化的规模及其分配。在图7-5中，假设自由贸易时小麦的市场价格为P_1，且国内价格等于国际价格。这时，国内产出量为OA，进口量为AD，国内总需求量等于OD。如果政府实行进口关税或配额政策以干预小麦贸易，则国内价格上涨到P_2，国内产出量增加到OB，进口量减少到BC，国内消费量下降到OC。

这种贸易政策引起消费者剩余相对于自由贸易时减少了$a+b+c+d$所表示的数量，这就是关税（或配额）引起的消费者利益的总损失。那么，谁受益了呢？消费者损失的部分利益由生产者获得，它表现为生产者剩余的增加，其数量由面积a表示。这部分利益由生产小麦的固定资产的所有者所获得（这里特别指出“固定资产”所有者意在强调生产经营的所有者，而不是泛指一般生产者，因为佃农也可称为生产者）。另一部分，即面积c所表示的数量或者以关税收入的形式进入政府财政，或者以经济租金的形式进入进口配额持有者的腰包。

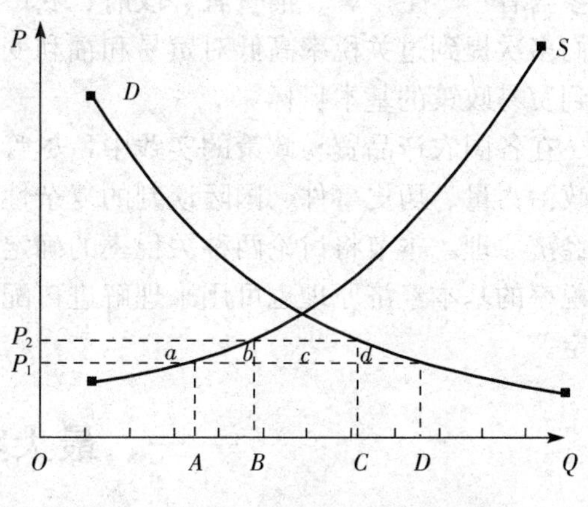

图7-5　关税和配额的福利影响

消费者损失的另一部分利益由可变投入的供给者获得，这就是面积b表示的数量。由于国内小麦生产量由OA增加到OB，所需的追加投入必然减少其他产业所用的同类投入要素，

因此面积 b 反映了因扩大小麦生产所减少的其他部门的边际产值，也就是为了增产 AB 量的小麦所导致的机会损失。在经济学上，我们称面积 b 为关税（或进口配额）引起的小麦生产部门的“效率损失”，这是因为在 b 水平上扩大小麦生产规模必然与其他产业竞争有限的经济资源；其他部门必然减少生产。同时，如果没有关税政策的话，国内增加的小麦产量 AB 可以用更低的价格（P_1）通过进口获得。

关税（或进口配额）除了引起生产方面的效率损失以外，还引起消费方面的额外经济损失（Deadweight Loss），这反映在图 7-5 中 d 表示的面积。我们称 d 为“额外”损失，是因为任何人也没有得到消费者失去的这一部分利益。生产方面的效率损失加上消费的额外经济损失，就构成政府关税（或进口配额）政策的代价，也就是国内经济效率损失的总量。任一特定关税（或进口配额）引起的效率总损失的大小，既取决于关税（或配额）诱导的周内价格变化的大小，同时也取决于国内供需曲线弹性的大小，只要关税（配额）政策使国内价格上涨，这种经济代价就无法避免。同时，只要政府实行这种政策，社会就必然面临收入的再分配，而这种收入再分配的方式是以间接的、隐蔽的形式进行的。

再看看前面所举小麦进口关税的例子。小麦（及其制品）的国内消费者将失去部分收入，是因为关税政策驱使国内价格上涨一方面使小麦消费量下降，另一方面消费者又不得不支付更高的价格购买现有的需求量。国内消费者损失的收入中，一部分通过市场的力量重新分配给小麦生产者，使小麦生产的利润增加，一部分以关税收入的形式转移到政府的财政。与此同时，随着关税保护下小麦生产的扩张，小麦生产吸引更多的土地、劳动力和资金等生产要素，这样既牺牲其他作物生产或畜牧业生产，也因此导致社会总效益的损失。最后，一部分消费者的收入损失则形成一种“无形无踪”的额外损失。

第四节　关税税率的确定

我们已经简单地分析了关税和配额对农产品贸易的直接影响，也讨论了它们对农产品市场参与者——生产者、消费者、政府、农产品进口商的经济福利影响。在前几节的讨论中，我们多次提到过关税率高低对贸易和福利变化的作用。本节将讨论怎样确定适当的关税率去达到贸易政策的基本目标。

在各国农产品贸易政策的实践中，尽管关税和进口配额的确定受一系列因素的影响——如政治力量、历史事件、国际谈判的复杂性等，我们仍然可以从理论上了解确定关税率的基本经济原理。本节将讨论两种关税率的确定：最大收入的关税率和最佳关税政策。讨论确定关税率的基本经济原理也可用来理解进口配额的确定以及我们将在第十章中讨论的出口税的确定。

一、最大收入的关税率

假定我国决定对进口烟叶征收关税，但主要目的是增加政府的财政收入。要达到这一目的，关税率应该多高呢？为方便起见，我们用图 7-6 来回答这一问题。图 7-6a 与以前的图形相似，我们用 ED 表示我国对烟叶的过剩需求，用 ES（R）表示世界其余国家对烟叶的过剩供给。在没有政府干预的条件下，我国的烟叶进口量为 q。在图 7-6b 中，我们用横轴测量烟叶进口量，用纵轴表示关税收入（它等于每单位进口烟叶的关税率与进口量的乘积）。

在自由贸易的条件下，关税率等于零，因此，当进口量等于 q 时没有关税收入；同样，如果关税率大于图 7-6（a）中（A－B）的量，则属于“限制性关税”，进口量将等于零，这时也没有关税收入。只有当关税率大于零且小于（A－B）时，政府才能获取关税收入。随着关税率增加，进口下降，政府的关税收入先是增加，然后下降。关税收入最大时的进口量 q_m 所决定的关税率 T_m［图 7-6（b）］为最大收入的关税率水平。这时，国内价格等于 P_1，国际价格为 P_2。最大关税收入时的进口量 q_m 和关税率 T_m 的确切数值取决于 ED 和 ES（R）的位置和形状。如果两者都为直线的话，则最大关税收入时的进口量大致是自由贸易时进口量的一半，在图 7-6 中位于 Oq 的中点。其他形状的 ED 和 ES（R）曲线的最佳进口量则不同。但无论什么情况，最大关税收入时的进口量一定位于 O 到 q 之间。比如说，贸易小国的最大收入的关税率将由以下关系确定：国内价格（P_1）与最大收入时的关税率（T_m）之比等于进口国过剩需求曲线 ED 的价格弹性的绝对值｜e_D｜，即：$P_1/T_m=|e_D|$，或 $T_m-P_1/|e_D|$。

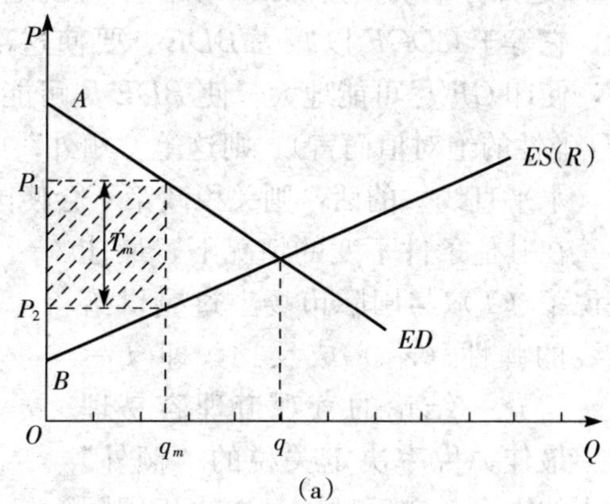

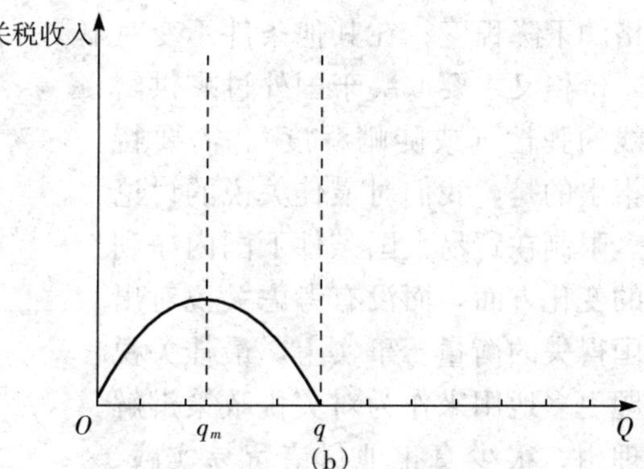

图 7-6　最大关税收入的关税率

二、最佳关税政策

在第三节分析关税的经济福利影响时，我们说关税政策将导致国内经济效率的损失。但最佳关税论者认为，如果进口国是贸易大国，就有足够的力量通过关税或进口控制，影响国际市场，使关税引起的国内效率损失减少到最低限度，并使本国通过关税所获得的利益大于相应的效率损失。这就需要确定最佳关税。

我们用图 7-7 来解释这种情形。ED 为国内过剩需求曲线，ES（R）为其余国家同种商品的过剩供给曲线。E 点是自由贸易的均衡点。如果进口国政府征收（A－F）的关税，则 ED 曲线移向 ED^*，这时，G 是新的均衡点，国内价格上涨到 A，国际价格下降到 F，进口减少，关税总收入，为 $ABGF$ 的面积。如果我们回过去看看图 7-2 和图 7-4，就不难发现，图 7-7 中阴影面积 BDE 等于国内生产效率损失和额外消费损失的总和，即图 7-5 中 B 和 D 之和。图 7-7 中面积 $ABDC$ 是以关税收入的形式转入政府财政的消费者福利损失中的一部分，它相当于图 7-5 中的 C。由于征税国属贸易大国，因此关税使国际价格下降，关税总收入中 $CDGF$ 这部分则属于“额外”的收入。我们说它是“额外”收入，是因为这部分关税收入实际上是因国际价格下降间接地来自外国供给商。如果政府用这笔收入去“补偿”*BDE* 这部分消费损失的话，从图上直观地看显然绰绰有余。这样，进口国将获得部分净利益，它等于 *CDGF* 以减去 *BDE*。要使这部分净利益最大，就必须确定一种“最佳”关税率，使印 *GF* 尽可能地大，使 *BDE* 尽可能小。一般说来，*ES*（*R*）的弹性值愈小（相对于 *ED* 弹性的绝对值而言），则这笔“额外”收入也就愈大。相反。如果 *ES*（*R*）具有完全弹性（水平直线）的话，则关税政策不会使国际价格下降，因此最佳关税也就不复存在。

在其他条件不变的情况下，最佳关税率（*T*）与国际市场上过剩供给曲线的弹性（e_{ES}）成反比，即 $T=1/e_{ES}$。这一结论的直观道理容易理解：最佳关税率决定关税的“额外”收入的大小，它反过来又取决于国际价格的下降程度；在其他条件不变时国际价格又主要取决于国外过剩供给曲线的弹性（或陡峭程度）。需要特别指出的是，我们对最佳关税的讨论完全限制在贸易大国条件下国内净利益的变化方面，而没有考虑关税对出口国得失的衡量。事实上，最佳关税问题更多地用来作为对关税政策辩解的理由，很少真正地付诸贸易实践。这是因为除了确定最佳关税率方面的困难以外，很少国家具有对国际市场的绝对控制能力，同时，出口国也可能用报复性关税政策予以还击，从而使国际贸易局势变得混乱莫测。如果每个国家都用最佳关税政策的话，谁又是贸易利益的损失者呢？

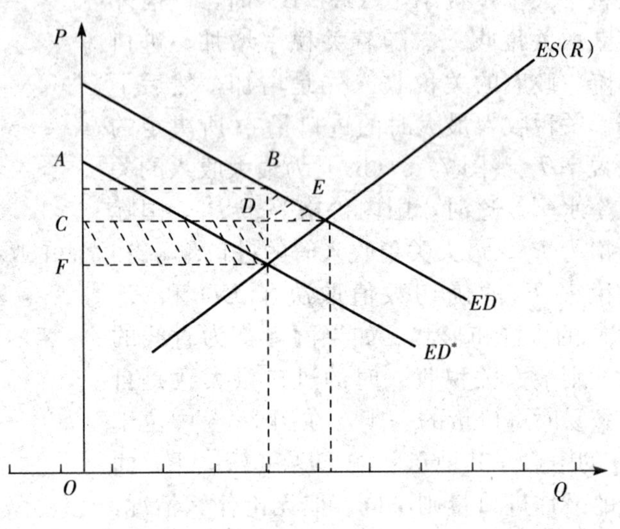

图 7-7　最佳关税的福利效应

最后，我们简单地指出，最佳关税率一般说来都小于最大收入的关税率。因此，最佳关税政策的进口量一般要大于最大收入关税政策的进口量。对以上结论我们不再详细证明。简单地说，即使最佳关税等于零（贸易小国的情况）时，仍然有最大收入的关税率存在。需要了解的是，最大收入的关税政策的着眼点在于政府的关税收入本身，而并未讨论它所引起的国内经济福利的得失；而最佳关税政策则着眼于它们两者，尤其将重点放在经济福利得失的权衡方面，这就是这两种关税政策的根本区别所在。

复习思考题

1. 简述小国征收从量固定率关税的经济效应。

2. 大国征收从量固定率关税的经济效应与小国有何不同？

3. 配额租金如何确定？

4. 最大收入关税和最佳关税有何不同，小国有最佳关税吗？大国最佳关税存在的条件是什么？

第八章

进口国的农业贸易政策（Ⅱ）：补贴及其他

在第七章，我们讨论了进口国农业贸易政策的基本形式——关税和进口配额。作为一种农业保护政策，关税与进口配额会使国内市场价格上涨，并压低国际市场价格（贸易大国的情形），增加政府的财政收入，鼓励同种农产品的国内生产，抑制消费。正如我们在第六章第二节中介绍的那样，进口国的农业贸易政策选择非常广泛，不同政策选择服务于不同的国内经济目标。本章将集中讨论进口国经常采用的另外几种农业贸易政策：进口补贴和消费补贴、直接生产补贴和可变关税政策，这些政策的作用各不相同。我们将采用与第七章相似的分析方法，探讨这些贸易政策对农产品国际贸易的影响以及它们的经济福利效应。

第一节　进口补贴和消费补贴

关税和进口配额旨在保护国内生产者，进口补贴与消费补贴政策则有利于消费者。在农业贸易政策实践中，进口补贴和消费补贴涉及的产品大致有两类：一类是低收入国家消费的主食品，如大米和小麦等谷物类产品。这一政策的目的是保证低收入阶层的基本食品需要，保持国内低廉的粮食价格。另一类是农业生产资料，如化肥、农药、良种和主要农用设备。这类补贴的基本目的在于降低农产品的直接生产成本。生产资料进口补贴也可以被看做是对农业的生产补贴。我们对进口农业生产资料补贴的分析将主要着眼于投入物市场本身，把被补贴的投入物的需求函数看做是“派生需求”（Derived Demand）。农业中投入物的派生需求取决于生产的技术性质和最终产品的价格水平，例如，农用化肥的需求取决于不断增加化肥应用所生产的玉米小麦或棉花等产品的边际产值。

我们将采用与第七章相似的方法，首先讨论进口补贴，然后分析消费补贴，最后考察它们的经济福利影响。需要指出的是，我们这里所说的消费补贴是指对生产资料投入的消费，即把生产投入物的使用看做是生产者消费的一部分。我们用“消费”一词是因为同样的方法可用于分析对最终产品的消费补贴问题。

一、进口补贴对贸易的影响

假设A国政府决定补贴小麦进口，以保证城市居民的低价食品供应。这一政策的经济动因可以是非常复杂的，但社会政治动因则显而易见：许多低收入国家的城市居民在政治上具有相当的影响力，他们往往是这些国家政治稳定的基本社会力量。这样，A国政府对进口商每单位小麦进口支付 s 的进口补贴这一政策的影响如图 8-1（a）所示。进口补贴使 A 国对小麦的过剩需求曲线移向 ED^* ［图 8-1（b）］。ED^* 和 ED 曲线的垂直距离就是每单位进口商品的补贴。由于补贴使小麦进口商以国际价格购进并以较低的国内价格销售，所以，A 国小麦的有效进口需求曲线移向右边。进口补贴最初将使国内小麦及其制品的价格下降。随着国内价格下降，小麦的国内需求量增加，同时引起国内生产减少。这样，补贴诱导的小麦进口量必须增加以便填补供需缺口。政府在小麦进口补贴方面的总费用等于每单位进口补贴 s 与新的进口量的乘积。

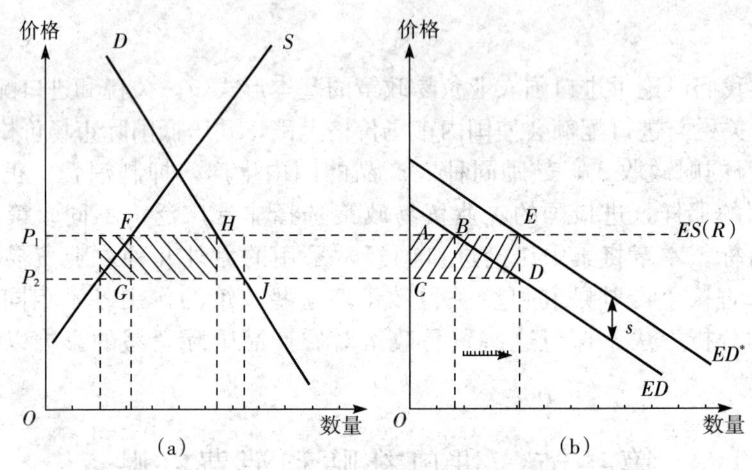

图 8-1　进口补贴的直接影响

我们来详细讨论图 8-1。小麦进口从 AB 增加到 CD ［图 8-1（b）］。由于我们这里讨论的 A 国属小麦贸易小国［图 8-1 中 ES（R）为水平曲线］，所以，国际小麦价格仍然为补贴进口前的水平，即等于 P_1，但国内价格因补贴的驱动下降到 P_2（$P_2=P_1-s$）。政府的进口补贴支出是进口量与关税率的乘积，即图 8-1（b）中阴影面积 $AEDC$。在 A 国的国内市场上，补贴诱导的价格下降使国内小麦生产沿 S 曲线由 F 点下降到 G 点，与此同时，国内小麦消费则沿着 D 曲线由 H 点增加到 J。进口补贴前的进口量为 FH，补贴实施以后进口量增至 GJ（注意：$FH=AB$，$GJ=CD$），图 8-1（a）中的阴影面积等于补贴总支出，它等于图 8-1（b）中 $AEDC$ 的面积。

如果 A 国的小麦是由政府进口机构进行的话，则政府补贴该进口机构每单位进口小麦的价格差为 s（假设该进口机构以 P_2 的价格将进口小麦销向国内市场）。政府要想成功地保护国内小麦市场，使国内价格低于国际价格，进口量必须占国内小麦市场营销量的相当比重才能实现。进口量占国内销量的比重愈小，为降低国内价格所需的进口补贴也就愈小。如果政府限制性地干预国内价格，同时进口量又很小的话，国内小麦生产者将承担国内价格下降的巨大经济负担。

值得指出的是，如果政府对进口实行补贴，同时没有相应的小麦出口控制政策的话，旨在降低国内小麦价格的进口补贴政策就会前功尽弃。这是由于国内小麦市场的价格因补贴作用低于国际市场价格，如果没有出口管制措施，就有人以低价在国内购买小麦，以更高的价格在国际市场上出售。这样，政府的进口补贴完全进入了出口商的腰包，或间接地补贴国外小麦消费者（如果出口增加会降低国际小麦价格的话）。

二、直接消费补贴

消费补贴就像进口补贴一样，都是一种降低国内价格的贸易政策。消费补贴旨在降低特定商品的所有购买者每单位商品的消费成本。尽管它不直接影响进口，但可以间接地鼓励进口。对谷物类如小麦和大米的消费补贴的目的与前面所讨论的进口补贴完全相同。但是，我们这儿讨论的是生产投入物的消费补贴。

假定我国政府为了促进粮食生产，决定对粮食生产所用的化肥进行补贴。无论化肥是进口还是国内生产的，粮食生产者使用的全部化肥都获得政府的一定量补贴。我们用图 8-2 来讨论这一问题，并假定我国是国际化肥市场上的进口大国。由于每单位化肥的消费补贴都为 s，所以国内化肥市场的有效需求由 D 移向 D^*，D 和 D^* 的垂直距离刚好等于每单位化肥补贴 s［图 8-2（a）］。也就是说，无论化肥的价格水平多高，化肥的需求都增加了。换句话说，由于补贴的作用，任一化肥需求水平上的市场需求价格都上涨了。化肥的国内市场需求的上涨使化肥的剩余需求曲线移向右边，即由 ED 移向 ED^*［图 8-2（b）］。任一价格水平上 ED 和 ED^* 的水平距离刚好等于 D 到 D^* 的水平距离，换句话说，任一价格水平上，对国际市场上化肥需求的数量变化都等于补贴政策引起的国内需求的变化，由于进口增加了 AB，国际市场上的化肥价格从 P_1 上涨到 P_2；同时，国内市场上的化肥价格从 P_1 下降到 P_3，它等于补贴后的国际价格 P_2 减去每单位化肥的补贴量 s。由于国际市场价格仍然支配着国内化肥市场的交易，所以，尽管国内化肥消费量因补贴政策净增了 AB，但对国内的化肥生产行业没有不利的影响。事实上，由于贸易大国的假设以及补贴引起的国内需求的增加，国内化肥的生产者价格从补贴前的 P_1（自由贸易的情形）上涨到 P_2。

这样，国内化肥市场上将出现两种价格，一是市场价格 P_2，也就是没有补贴或不享受补贴的化肥价格，即化肥生产者所得价格。另一个国内价格 P_3，也就是实行补贴或享受补贴的消费者（使用者）购买价格；这两种价格相当于我国从前的化肥平价和市场价。为满足国内需求，政府对化肥的补贴支出总额相当于图 8-2（a）中阴影部分的面积；它等于总进口量与国内化肥生产量之和再乘以每单位化肥的补贴。这部分政府补贴必然要由纳税人承担，它是所有纳税人向化肥使用者间接的收入转移的结果。

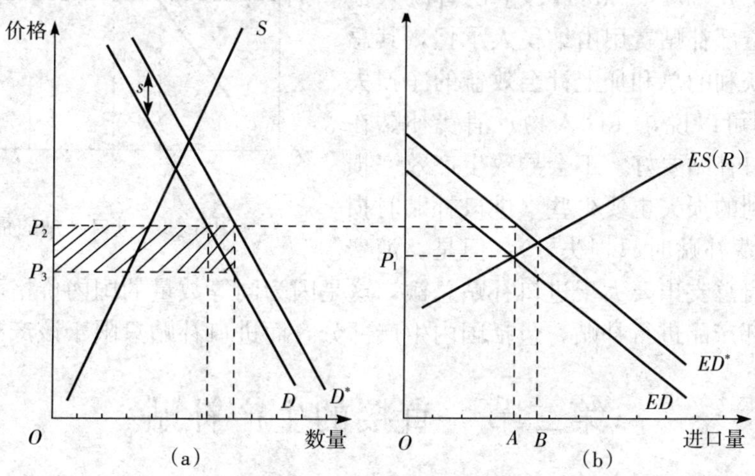

图 8-2　消费补贴的经济影响

以上分析表明国内消费补贴与进口补贴不完全相同。但是随着进口量占国内需求量的比重的增加，进口补贴的经济影响也趋同于消费补贴。我们可以从一个极端的假设来理解这一结论。如果对某项农产品实行国内消费补贴，但该产品必须完全由进口来满足（国内生产量等于零）。这时，进口补贴与消费补贴就完全是一回事了。这是因为进口补贴的剩余需求曲线（ED^*）与消费补贴据以计算的国内需求曲线（D）完全相同的缘故。

三、进口补贴和消费补贴的福利影响

我们用图 8-3 来分析进口补贴和消费补贴的福利效果。图中 S 和 D 分别为国内供给曲线和需求曲线；补贴前的价格为 P_2，补贴后每单位商品的国内市场价格为 P_1。我们首先讨论小麦进口补贴的情形。在补贴的情形下，小麦的生产者价格和消费者价格都从 P_2 下降到 P_1，国内小麦消费者获得的经济利益等于消费者剩余的增加，即 $a+b+c+d+e$ 的总和；生产者的经济利益表现为生产者剩余的减少，它由面积 $a+e$ 组成。国内纳税人承担全部补贴费用，它等于 $a+b+c+d+f$ 的面积。增加的利益和损失的利益比较，小麦进口补贴使社会利益的损失等于 $e+f$。由于补贴政策人为地使国内小麦价格下降，从而使国内小麦生产中固定生产要素的作用（生产潜力）没有完全发挥出来，这就是生产者剩余的损失，也即图 8-3 中的面积 e。面积 f 表示的利益不容易简单地说明，但我们可以这样设想，它是政府以 P_1 的价格购进并以 P_2 的价格向国内市场销售小麦所需要的部分补贴费用，但这部分费用没有反映在消费者剩余的变化之中。因为小麦需求量增加的部分本应以 P_2 的价格出售，但却因补贴的作用以 P_2 的价格销售，所以产生的消费效率损失。

现在我们来看看消费补贴的情况。消费补贴的福利效应与进口补贴稍有不同。从前面的讨论中我们知道，消费补贴使国内价格下降，消费者从中获得好处。我们仍用图 8-3 来说明这一问题。我们知道，消费补贴使国内价格下降到 P_1，但国内市场的生产者价格仍然为 P_2，消费者剩余的增加量等于 $a+b+c+d+e$；生产者既未损失也未获益，全部补贴费用由纳税人承担，其总量等于消费者获利的总和加上社会效益的净损失 f。因此，我们可以说，（投入物）消费补贴在某些方面比进口补贴要好：不会导致生产效率损失，社会总福利的损失也要少些（进口补贴时损失 $e+f$；而消费补贴时只损失 f）。但是，消费补贴所需的政府总支出要大于进口补贴总额，这是因为同等数量的国内价格下降，消费补贴政策必须对全部产品进行补贴，包括国内生产部分，而进口补贴只限于该产品的进口量。

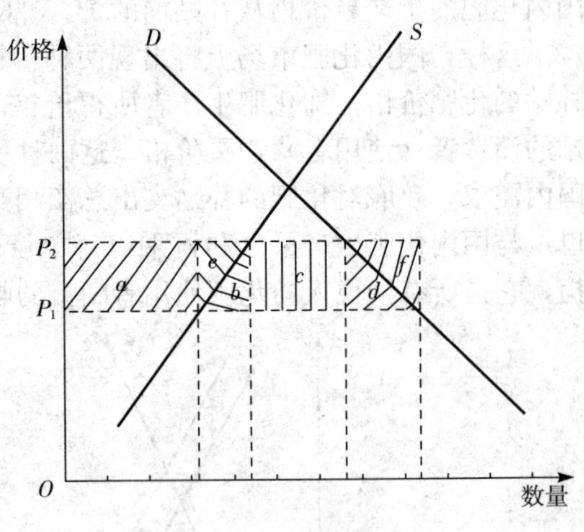

图 8-3 进口补贴的福利影响

第二节 直接的生产补贴

直接生产补贴常常用来促进国内某种商品的生产，它一般用来保护或促进一种新产品或替代进口产品的生产。这时，就其政策的保护作用来说，它相当于进口关税或进口配额。在农业政策实践领域，直接生产补贴的具体措施是多种多样的。政府财政对每单位受保护的农产品支付一定补贴就是其中的一种。前一节所讨论的投入物补贴也属生产补贴的一种（我们把它放在消费补贴中讨论，是因为基本分析方法和结果与广义的消费补贴相同。同时，我们把投入物使用看做生产过程的一种消费形式）。此外，美国和欧盟所采用的差额补贴和生产者价格保证也属于生产补贴。另外还有一些间接性生产补贴，如补贴农业教育和科研推广，补贴农业用水用电，补贴农村道路建设等。我们说这些属于间接性生产补贴，是因为我们无法准确地辨别哪种农产品从中获益，以及获益的大小。因此，本节的讨论将限于政府财政对受保护的每单位农产品支付一定量的补贴这种形式。

一、直接生产补贴的经济影响

我们用图 8-4 来说明一个小国的直接生产补贴政策所产生的经济影响。假设我们讨论的是对我国橡胶生产的补贴。橡胶生产在我国属于替代进口的产业。政府为了保护并促进橡胶业的生产，对每单位（如 1kg）橡胶支付的补贴金额等于 s（如 5 元）。这种补贴相当于对每单位橡胶生产成本补贴 s（5 元）。这样，橡胶的短期供给曲线（S）向右移到 S^* ［如图 8-4（a）］。S 和 S^* 的垂直距离等于 s。换句话说，在任一产出水平上，补贴后的橡胶生产的边际成本都比补贴前小 s。新的橡胶供给函数 S^* 表示补贴后国内生产者面临的市场供给量与供给价格的全部组合。图 8-4（b）中 ED^* 曲线是（a）图中 D 和 S^* 在各价格水平上之差，它是国外橡胶供应商面临的我国的新的过剩需求曲线。ED 和 ED^* 的水平之差等于 S 和 S^* 在水平方向上的差额。

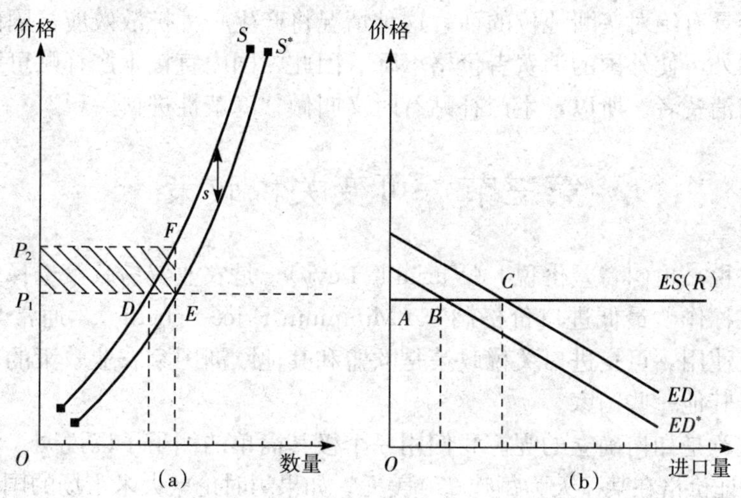

图 8-4　直接生产补贴的经济影响

从图 8-4（b）中可以看出，由于国内生产补贴的作用，我国的橡胶进口量从 AC 减少到 AB。根据前面的小国假设，国际市场上的橡胶价格并不因我国的补贴政策而发生变化，仍然为 P_1。减少的进口量刚好等于国内产量的增加量［图 8-4（a）中的 DE］，产量的增加显然是因为生产补贴的作用。要增加 DE 的产出，所需的生产补贴等于图 8-4（a）中的阴影面积，它等于每单位橡胶的补贴 EF（或 s）与补贴后国内产量的乘积。

国内橡胶生产者每单位橡胶的收入由 P_1 上升到 P_2，这实际上是提高了橡胶生产的利润。橡胶生产利润的提高将扩大橡胶产量，并吸引部分生产投入物转移到受补贴的橡胶生产部门。但是，橡胶进口量的下降对国内橡胶需求者没有直接影响，因为减少的进口量刚好等于国内产量的增加，橡胶的国内价格并没有发生变化。

二、直接生产补贴的福利效果

作为一种干预政策，直接按生产补贴无疑会引起利益的重新分配。即使我们不用深入分析也不难发现，直接生产补贴将使生产者获利，这是因为政府的补贴提高了生产者的比较利益，或者换句话说，降低了生产者的边际成本。同时，由于政府补贴必须从财政收入中支付，所以，生产补贴会加重纳税人的经济负担。在我们前面所讨论的小国假设条件下，生产补贴并不改变国际国内价格，所以消费者的利益没有发生任何变化。但作为一种保护政策与其他农业保护政策一样，生产补贴扭曲了国际贸易模式，即生产补贴促使进口量下降。此外，生产补贴政策也扭曲了国内资源的配置，导致社会总效益的损失。这个道理不难明白。因为生产补贴后使那些成本高、效率低的生产者加入橡胶生产行列，或者是生产的扩大超过了最佳资源的配置水平，从而使可变生产要素从那些更有效的但没有受政府补贴的行业中转向受补贴的橡胶产业，这就必然使社会总体效益下降。

在大国贸易的情况下（我们没有详细讨论），生产补贴将使图 8－4 中的国际价格低于 P_1 的水平。我们可以想象将有一条向右上方倾斜（正斜率）的剩余供给曲线 ES（R）通过 C 点。这样，消费需求将大于 AB（因为价格下降了），但国内产出的增加量将小于小国的情形，减少的进口量也将小于 BC。同时，价格下降还将使消费者获得好处。此外，如果该国在国际市场上具有绝对垄断地位的话，这种情况将产生一种扩散效应：国内生产补贴的部分作用延伸到国外，使外国的消费者价格下降。因此，国内直接生产补贴可能间接地补贴了国外同种商品的消费者。所以，生产补贴有时又叫做“隐蔽性进口关税”。

第三节　可变关税政策

可变进口关税，也叫“差价税”（Variable Levy），是农业贸易政策选择中最有效的保护政策之一，它又称作“最低进口价格制”（Minimum Price Scheme），通常与国内生产者价格保证计划结合使用，可变进口关税政策是欧盟和其他欧洲国家农业政策的基本形式，相似的政策也被用于其他一些国家。

可变关税究竟是如何确立的呢。我们用一个极其简单的例子予以说明。假定欧盟所确立的内部的大米保证价格在某一天为每吨 270 美元。如果当时伦敦大米市场的国际价格（进口价格）为每吨 240 美元。这样，欧盟委员会规定的大米可变进口关税将等于 30 美元，也就是国内保证价格（270 美元）减去国际价格（240 美元），即国内价与国际价之差。如果第二天的国际价格下降到 235 美元，则关税将增加到 35 美元，从而保证欧盟内部价格为每吨 270 美元。

在实际操作过程中，可变关税率的确立可能要复杂些，也不一定每天调整，可能每周、每月或每季度调整一次。但这一政策的运行机制却与前面的例子大同小异：它取决于国内保证价格水平和国际市场价格之间的实际差额。所以，这种关税是可变的。由此可见，可变关税政策总是与国内价格政策相联系，一旦国内的目标价格确立下来，就需要高效率的行政机制计算并调整进口关税率，以使可变进口关税刚好等于国内保证价格与国际价格之差。因此，这一政策需要相当的灵活性，以便使可变关税随时反映国际市场的瞬息变化。在欧盟内部，许多产品的可变关税率每天都进行调整，这种政策一旦实施，它就能有效地将进口产品的国内价格与国际价格隔离起来。同时，可变关税政策成功地将国内供需的波动通过进口量的变化转嫁到国际市场，并最终转嫁到其他国家的国内市场。因此，它对国际贸易的影响力也是其他贸易政策无法比拟的。本节将利用我们熟悉的局部均衡方法，分析可变关税政策的经济影响。由于它的福利影响与关税相同（见第七章），对此我们将扼要地进行分析。

一、可变关税的经济影响

我们用图 8－5 来解释可变进口关税的经济影响。假定图 8－5 描绘的是一个贸易小国的可变进口关税政策。在图 8－5（a）中，P_S表示国内的保证价格。在没有保护性贸易措施的条件下，国内价格保证的目标就无法实现，这是因为世界其余国家的过剩供给曲线将在 $ES(R)_1$和 $ES(R)_2$之间上下波动。如果这一结论不容易明白的话，我们可以更简单地说自由贸易条件下的国际价格将低于国内价格保证水平。

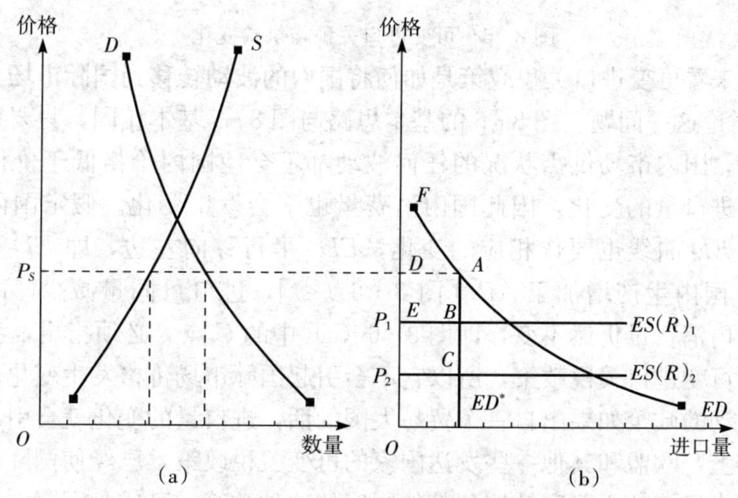

图 8－5　可变进口关税的经济影响

在图 8－5（b）中，ED 曲线是该国在自由贸易条件下的过剩需求曲线，$ES(R)_1$是征收可变关税前世界其余国家的过剩供给曲线。最初的国际价格为 P_1，当该国用可变进口关税政策以保证国内的价格保证水平 P_S时，过剩需求曲线将做出调整，变成 ED^*。为什么呢？如果国际价格高于 P_S［或图（b）中的 A 点］，则价格保证是多余的。当国际价格低于 A 点时，过剩需求曲线完全无弹性；换句话说，如果国际价格低于 A 点的话，进口量将不会有任何变化。

当国际市场价格等于 P_1时，可变进口关税率等于 AB。如果 P_S下降到 P_2的话，则可变进口关税等于 AC。只要国际价格低于 P_S，可变进口关税率就与国际价格呈相反方向变化。在国内，可变关税产生的关税收入为 $DABE$；当价格下降到 P_2时，关税收入增加到

$DACP_2$，只要国内条件（如价格保证水平等）不发生变化，进口量将稳定在 EB 的水平上。如果国际价格高于 P_S，可变进口关税政策将自动停止实施，进口量将下降。此外，从我们前面对进口补贴的分析中可以知道，如果 P_S既是最低保证价格又是最高保证价格的话。换句话说，如果 P_S既是生产者获得的最低限价，又是消费者的最高限价的话，只要 P_S价格水平上仍有过剩需求（需求缺口），就必须用进口补贴政策才能实现。

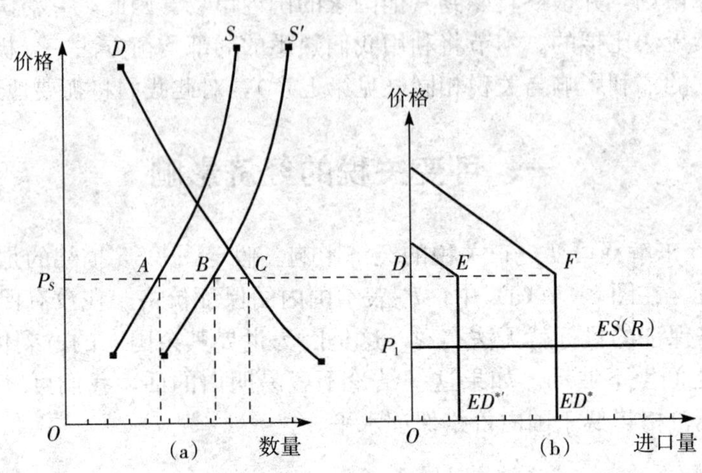

图 8-6　可变进口关税与供给变化

现在，我们来看可变进口关税政策是如何将国内的波动转移到国际市场上去的。我们借助于图 8-6 来讨论这一问题。图 8-6 的基本思路与图 8-5 基本相同，只要可变进口关税政策仍然发挥作用，国内市场供需状况的任何波动都不会使国内价格低于价格保证水平 P_S，所需的调整只是进口量的变化，因此国内消费量也不会发生变化。假定国内供给曲线从 S 变到 S'。这样，ED 曲线也要作相应的变化，ED^* 平行移向左边，即 $ED^{*\prime}$，这是因为在 P_S的价格水平上国内生产增加了 AB［图 8-6（a）］，进口量同量减少，即 EF［图 8-6（b）］。这时，国内消费量仍然不变，即图 8-6（a）中的 C 点。必须指出，我们这里讨论的是一个小国实行可变进口关税政策，所以它不会引起国际市场价格发生变化。很显然，这种转嫁国内生产波动的政策如果出自一个贸易大国的话，进口量的变化就会引起国际市场价格剧烈波动。事实上，欧盟和其他一些发达国家的可变关税政策，已经使国际农产品贸易极不稳定。它们将国内经济的不稳定转嫁到其他国家的这种政策，已成为国际农产品贸易争端和多边贸易谈判中争论的焦点。

二、对可变关税保护作用的进一步评价

利用可变进口关税政策能够有效地实现国内价格保证的目的，操作上也比较容易。由于它将国内价格与国际市场价格隔离开来，所以能够保证国内价格的稳定。然而，可变关税政策的保护作用到此为止。由于农产品的国内供给呈季节性波动和年度波动，这种价格稳定措施并不能保证农业生产者收入的稳定；相反，它往往使农业收入更不稳定。对于农产品进口大国来说，如果允许农产品价格与世界市场相联系的话，由于丰年和歉年在世界范围内地区分布的特点，国内生产者的收入波动幅度将小得多。与国内价格保证政策相联系的可变关税

可以大幅度地减少进口需求量，同时，这一政策也会促使国内供给曲线以更快的速度向右移动。从增加国内农产品的自给程度这个意义上讲，可变关税政策与国内价格保证政策能更有效地实现这一目标。但是，这又会引起出口国的责难并给它们带来不愉快的影响。此外，在国际贸易争端中，农产品进口国一般都把自己的可变关税政策看成是不能讨价还价的、天经地义的事情。人们一般认为，关税与配额对贸易产生直接影响，因此可以通过谈判达成增减的协议。而可变关税则不同，它表现为一个过程，而不是一个特定的实体，它与国内价格保证水平相联系，处于不断变化之中。因此，要与一个或多个贸易伙伴谈判可变关税问题，就等于允许外部势力影响国内定价政策，实行可变关税政策的国家一般都会以各种借口予以拒绝。正因为如此，可变关税问题曾经成为关贸总协定乌拉圭回合谈判中农业贸易自由化道路上最棘手的问题，也是许多国家（尤其是美国和欧盟）农业贸易争端的焦点。

复习思考题

1. 进口补贴是如何影响进口的?
2. 简述生产补贴的经济效应。
3. 比较进口关税、进口配额和进口替代品的生产补贴的经济与福利效应。
4. 何为可变关税？在当今国际贸易实践中普遍吗?

第九章

出口国的农业贸易政策（Ⅰ）：出口补贴和生产补贴

在前面两章，我们集中讨论了进口国方面的农业贸易政策：关税、进口控制以及与进口相联系的补贴。这些农业贸易政策的基本目的要么是保护国内生产者，要么是保护国内消费者。最终都表现为贸易量减少，或国内进口替代产品产量的增加，或者进口商品国内市场消费量下降。但我们不能认为，只有进口国才通过对农业贸易的干预，保护国内生产者或国内消费者。农产品出口国同样也通过对农业贸易的干预，扩大出口或限制出口，并最终达到保护国内生产者或国内消费者的目的。这些政策选择的形式多种多样，具体措施也不尽相同。本章将讨论扩大农产品出口的主要政策：出口补贴和生产补贴。

在分析这些政策的影响之前，先简单地讨论一下扩张性贸易政策和倾销的问题。当出口国用政府干预措施寻求扩张性贸易政策时，促进出口的措施一般会降低国际价格，这样就使这些产品的进口国（外国）国内产出量下降、进口增加；因此，它们可能会指责出口国的出口促进措施属于出口“倾销”(Dumping)。同样，如果某出口国的扩张性贸易政策抢占了其他出口国的市场份额，这些出口国也会提出倾销的指责。在经济学上，出口倾销的定义并不十分明确，因此，也很难有一个被广泛接受的度量倾销的一般标准。一般来说，人们从以下几方面去判别出口倾销是否存在：当出口国以低于国内消费者价格向某国外市场销售产品时，就认为是倾销；或者出口国以低于向其他国家销售的价格向某一特定国家出口产品时，也认为是倾销。另一种倾销形式是以低于国内生产成本的价格出口农产品。前一种方法比较直观，容易确定，但后一种方法则非常模糊，同时也是现代农产品贸易争端中最难以解决的问题之一。我们将要讨论的出口补贴和旨在促进出口的生产补贴，有时就可能被其他国家指责为倾销政策。

第一节　出口补贴政策

出口补贴是政府给予出口商每单位商品的财政补偿。出口补贴政策使出口商能够以较高的价格收购国内产品，以低于国内的购买价向国际市场出口。这样，出口补贴提高了国内产品在国际市场的竞争力，出口总量也会增加。如果政府贸易机构垄断出口的话，这些贸易机构以较高的国内价格收购农产品，并以较低价格出口，政府承担出口亏损。这种形式也是一种间接的出口补贴。出口补贴可以是从量的，也可以采取从价的形式。当每单位出口商品的出口补贴固定不变时，国内价格随国际价格变化并且高于国际价格，两者之差应等于每单位商品的出口补贴额。当国内价格固定（价格保证计划的例子）时，每单位商品的出口补贴由国际市场价格水平确定，并随国际价格而波动，两者之差也应等于出口补贴。前一种情况的出口补贴相似于第七章中的关税，后一种情况相似于第八章所讨论的可变进口关税。下面，我们分别讨论这两种情形的出口补贴。

一、从量出口补贴

当每单位出口商品的补贴金额固定不变时，这种补贴就属于从量出口补贴。从量出口补贴的方式不尽相同：它可以是政府对每单位出口商品支付特定量的现金，也可以采取减免国内货物税或营业税回扣，它甚至可以是对出口商所需信贷的补贴。总之，凡是使每单位出口商品的成本下降一定量的政策措施，都可以看做是从量出口补贴。举例说，政府对每吨大米出口支付数量为 100 元的固定补贴，而不考虑出口的总量、出口的目的地或国际价格，就是一种从量出口补贴形式。从量出口补贴又称作固定率出口补贴。上面这个例子表明，给每吨出口大米 100 元的从量出口补贴将使每吨大米的国内价格比国际市场高出 100 元（如果运输成本已经考虑在相应的价格以内的话）。

为了分析从量出口补贴的经济影响，我们借助于图 9-1 来讨论一个出口小国的补贴行为。因为我们现在讨论的是出口问题，我们将剩余供需曲线画在图 9-1（b）中的第一象限内，ED（R）现在表示世界其余国家对国际市场的需求曲线，或者说，其余国家的过剩需求曲线。利用前面几章的基本原理，出口小国面临的过剩需求曲线在图形上是水平的，这样，每单位出口商品的从量出口补贴用图 9-1（b）中 ES 和 ES^* 的垂直距离 s 表示。这是因为，政府对每单位出口商品支付固定补贴以后，出口国在国际市场上的竞争地位加强了，产品能以低于国内的价格出口。这时，国内价格和国际价格之差应刚好等于出口补贴 s，这样就产生了一个新的过剩供给函数 ES^*。ED（R）和新的过剩供给曲线 ES^* 的交点表示新的出口量。因此，补贴出口使出口总量增加了 AB。由于我们考察的是一个出口小国的农产品出口补贴政策，因此，补贴出口并不改变国际市场上的价格 P_1。但是，国内价格从补贴前的 P_1 上涨到 P_2，其差额等于出口补贴 s。国内价格上涨，是因为出口商为获取出口补贴，扩大出口销售，从而使国内同种商品的收购量增加所引起的。随着国内价格上涨，国内消费量减少，产量增加［图 9-1（a）］，这样，使出口总量得以实际增加。在本例中，为使出口增加 AB 所需要的政府补贴额等于图 9-1（b）中的阴影面积。它可以是以政府财政支出增加的形式，也可以是因减少进口机构的营业税而引起的政府收入的减少。

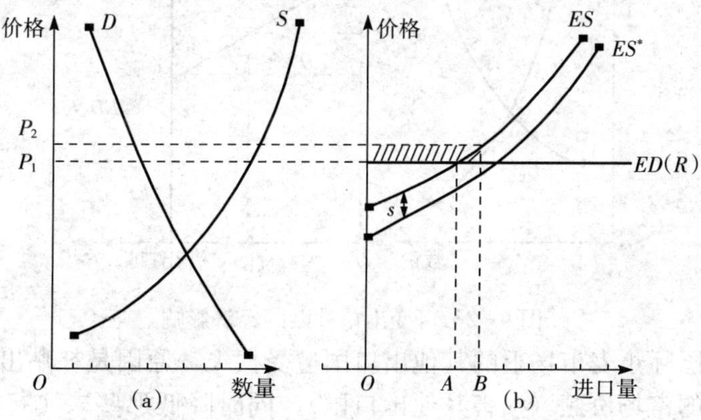

图 9-1 从量出口补贴的经济影响

需要指出的是，出口国用出口补贴使某种农产品的国内价格高于相应的国际价格，无论这种政策的目的如何，都必须辅之以进口控制以限制同种商品及其替代品的进口，否则，就有人乐于以较低的价格从国际市场进口这些商品，获取国内较高价格的利益。这样，出口补贴政策不但不能扩大出口，反而会使进口增加，政府实际上是通过出口补贴政策在支持国际市场价格。需要注意的是，我们这儿讨论的从量出口补贴的基本方法和结论，也同样适应对从价出口补贴的讨论。只要国际价格不发生变化（出口小国的情形），从量出口补贴和从价出口补贴就完全相同。

二、可变出口补贴

现在我们用图 9-2 考察可变出口补贴或叫做不定额出口补贴（Open ended Export Subsidy）的情形。可变出口补贴通常与国内价格稳定政策（如价格保证计划）相联系，出口补贴率完全由国际价格与国内保证价格的差额决定。在出口大国的情形，国际价格因出口政策而变化。因此，出口补贴水平也随之发生变化。像可变进口关税一样，可变出口补贴政策是最有效的农业保护贸易政策。它成功地将国内市场与国际市场分隔起来，保证国内农业政策实施的成功机会，因此被许多国家广泛地用于出口促进计划和国内农业稳定政策。

假设我们讨论的是小麦的出口补贴问题。实行出口补贴时，国内小麦的保证价格定为 P_S，它高于自由市场（或自由贸易）条件下最初的价格水平 P_1。在 P_S 的保证价格水平上，国内小麦生产增加，消费减少；这时，国内剩余供给曲线在 P_S 及其以下部分完全垂直。它表明，只要国内价格等于 P_S，剩余供给量恒等于 OE。要解决这部分国内小麦剩余，就只有通过出口。但国际市场价格这时下降到 P_2。因此，每单位小麦出口需要的出口补贴等于 BC，才能保证 P_S 的国内价格水平。这样，政府支付的出口补贴总额等于 $ABCD$ 的面积。从图 9-2 中可以直观地看出，如果需要补贴的出口量很大，并且增加出口使国际价格显著下降，则政府通过出口补贴促进出口（并保证国内价格）的财政代价就非常昂贵。

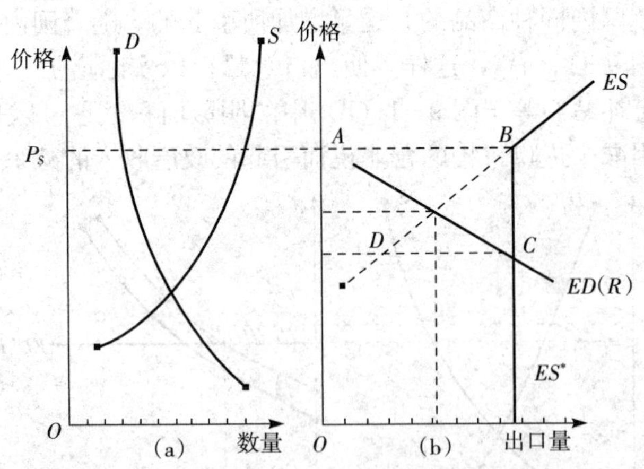

图 9-2　可变出口补贴的经济影响

这一政策将使国际小麦市场上的其他出口国遭受损失，原因是补贴出口使国际小麦价格下降，挤占了他们的市场份额（损害其他出口国），同时降低那些未实行补贴的国家的小麦生产者的获利程度（包括进口国的生产者）。出口补贴对国际市场的影响以及对其他参与国国内经济的消极效应，一般要大于进口关税的作用。这主要是因为进口关税（或其他进口限制措施）主要使进口减少，而出口补贴政策使低效率的国内生产者在补贴支持下直接与外国生产成本更低的生产者竞争，加剧了世界经济的扭曲程度。

三、出口补贴与贸易地位的变化

在第六章第三节我们曾简单地提到了一个国家贸易地位的变化问题。我们当时的结论是：供需变化或价格条件变化，都可能使一个国家的贸易地位发生变化（由进口变为出口，或者相反）。由于贸易政策可以改变供需条件，也可以影响价格条件，所以，贸易政策的适当选择就能改变一个国家的贸易地位。事实上，如果足量的可变出口补贴与足够高的国内保证价格结合应用，就可能使一个国家从某种产品的进口变成出口。即便国内供需关系和国际经济不发生变化，这种现象也可能发生。我们用图 9-3 来讨论这种可能性，图 9-3 只给出了相关的国际市场方面的信息。在水平轴上，由原点向右表示出口，由原点向左表示进口。政策实施国的剩余供需曲线用 $ED-ES$ 表示。F 点是闭关自守条件下的均衡价格（自给自足时的国内价格），在 F 点进出口均等于零。

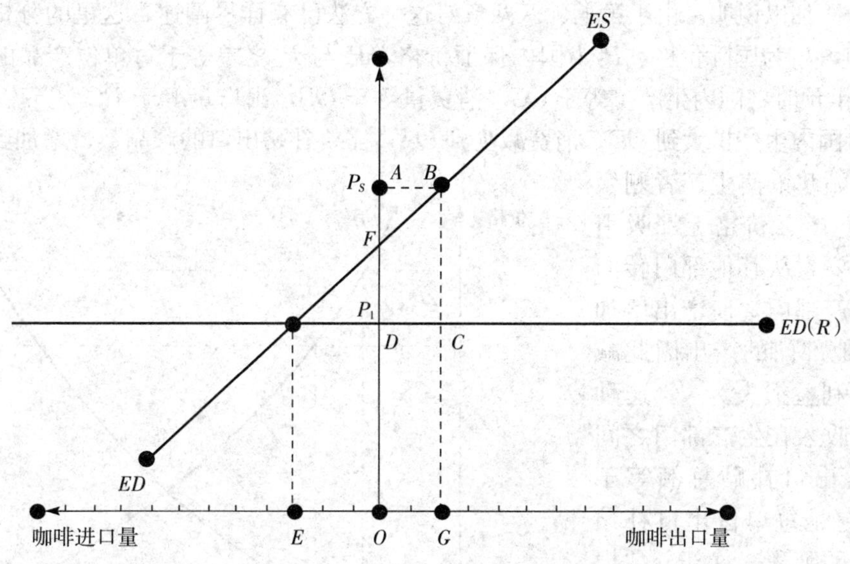

图 9-3　出口补贴与贸易地位的变化

假定我们讨论的是我国的咖啡贸易的情形，并假设我国属于咖啡贸易小国。最初的国际咖啡价格位于 P_1，它是我国对咖啡的过剩供需曲线 $ED-ES$ 与世界其余国家对咖啡的剩余供需曲线的交点。如果没有政府政策的干预，我国以 P_1的价格进口的咖啡量为 OE。在这种情况下，P_1同时也是国内咖啡的价格。现在我们进一步假定，如果为了促进国内咖啡生产，或为了限制咖啡消费，或为了减少咖啡进口所需外汇，不管其目的是什么，政府通过可变出口补贴并辅之以进国控制措施，使国内咖啡价格维持在 P_S这一高水平上。注意，自给自足时国内价格为 F，国内价格低于 F 时因产量小于国内需求，我国因此必须进口咖啡。但当国内价格高于 F 时，国内供给将大于需求，从而产生过剩供给（由 $ED-ES$ 曲线的 ES 段表示）。如果没有其他政策措施（如降低国内价格等），这些过剩供给必须通过出口加以消化。当国内保证价格等于 P_S时，过剩供给量为 OG（或 AB）。要在这一条件下出口 OG 的咖啡量，就需要政府的出口补贴，每单位咖啡的补贴额等于 BC，补贴总额为 $ABCD$ 的面积，也就是出口总量 OG 与每单位咖啡的补贴 BC 之乘积。如果我国属于咖啡进口大国的话，这种贸易政策的结果将稍有不同。由于这时的世界过剩供需曲线 ED（R）$-ES$（R）向右下方倾斜，我国对咖啡的出口补贴将使国际价格下降幅度大于小国贸易的情形。不用说，相同出口量所需要的政府补贴将远远大于图 9-3 中 $ABCD$ 的面积。同时，那些受国际价格下降影响的出口国及其咖啡生产者（如巴西、哥伦比亚等），将更加极力地反对我国的这种贸易政策。这种政策所招致的国际贸易争端，比那些本来就出口咖啡的国家实行出口补贴政策所招致的责难要大得多，这是由于这种政策使一个咖啡进口国变为出口国，并且是用政府补贴支撑的出口。在贸易经济学中，我们把这种使一国贸易地位发生变化的政策叫做“贸易地位逆转政策”(Trade Reversal Policy)。

四、出口补贴的福利影响

我们现在来看看出口补贴政策的经济福利影响，我们仍借用生产者剩余和消费者剩余的概念用图 9-4 加以说明。由于第七、八两章对这一方法已有详尽阐述，这里的分析尽量简化。在图 9-4 中，P_1为国际价格，P_2为国内保证价格，P_1与 P_2之差等于每单位产品的出口补贴。在没有政策干预时，国内生产量等于 OC，消费量等于 OB，出口量等于 BC。当政府的干预价格为 P_2时，国内生产扩大到 OD，消费减少到 OA，需要补贴出口的产品数量增加到 AD。

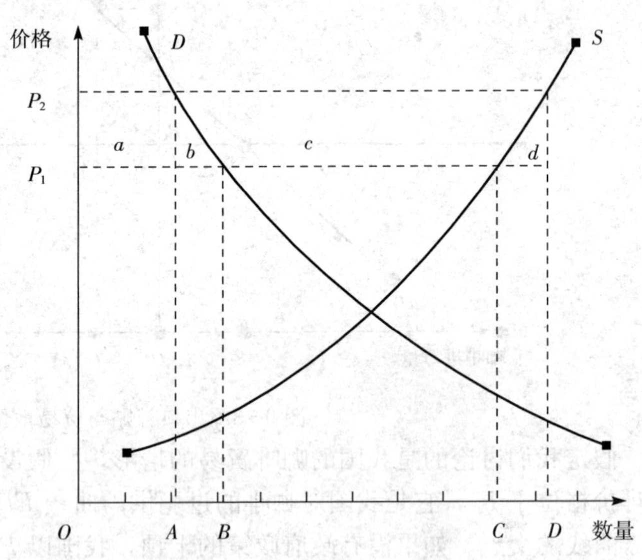

图 9-4　出口补贴的福利影响

出口补贴政策使生产者剩余增加了 $a+b+c$。价格上涨吸引了可变生产要素从其他部门转向受补贴的生产部门，使产出增加了 CD，其他部门的产出因此减少，并导致利益损失为 d。这种政策因此使收入在生产部门之间间接转移。出口补贴总额等于 $b+c+d$，它是每单位出口补贴与出口总量的乘积，这部分“损失”从政府财政中支出。同时，这一政策导致的社会总利益净损失了 b 和 d。b 是消费者剩余的额外损失，因为消费者因价格上涨而总的损失量为 $a+b$，其中 a“转移”给了生产者，它属于生产者利益增加量中消费者“贡献”的部分。d 是为了扩大生产量 CD 所增加的可变要素成本，它是政府出口补贴中的一部分。因为增加的产量 CD 只以入的价格销往国际市场（但 CD 这部分增加的产量的边际成本要等于 P_1,），这样，d 表现为生产效率损失。换句话说，由于从前用于生产其他产品的资源被补贴部门的高价格吸引去以后，被补贴部门没能有效地利用这些资源所导致的社会效益损失。

第二节　对出口农产品生产的补贴

在第八章第二节我们讨论了进口国的生产补贴政策。那时，生产补贴政策的基本目的是为了减少进口，并保护国内生产者。本节将讨论出口国的生产补贴政策，补贴的目的是为了促进国内生产，扩大出口，保护国内生产者。必须说明，生产补贴并不是严格意义上的贸易政策。但是，生产补贴通常产生重要的贸易效应；此外，它不像出口补贴那样引人注意，不容易被其他国家指责为倾销。即使有人指责，辩解的理由也比出口补贴更充分有力；因此，它被许多国家用来作为保护国内农业、扩大农产品出口的基本政策。比如，美国政府曾把差额补贴（一种不定额的生产补贴）作为国内农业政策的基本形式。出口国的生产补贴政策可以采取多种形式，如直接生产补贴、投入物补贴、生产经营税减免和利润（或税收）回扣等多种形式。我们这里只讨论两种主要的生产补贴形式：一种是固定生产补贴；另一种是可变生产补贴（差额补贴）。

一、固定生产补贴

固定生产补贴可以是对每单位产出支付一定量的价格补贴，也可以对主要生产投入的价格进行补贴，使每单位产品的成本下降到某一期望的水平。前者比较直观，易于计算补贴量，也便于实施。后者则不同，要使生产成本下降到某一期望水平，计算补贴量的过程可能会非常麻烦。但无论采取哪种方法（或两种方法的某种组合），对生产和出口的影响都是一样的。为说明这一政策的作用，我们用图 9－5 来表示上面的第一种情形：每单位产品给予一定量的补贴。同时，我们假定所讨论的国家在该产品的国际市场上属于小国。

引入生产补贴以后，国内供给曲线从 S 移向 S^*，这是因为补贴政策使国内生产成本下降（或获利增加），从而降低该产品的市场供给价格。S 与 S^* 的垂直距离应等于单位产品的补贴额。与此同时，国内供给曲线向右边移动导致该国的剩余供给曲线移向 ES^*。根据我们的贸易小国假设，其余国家的剩余需求曲线应该是完全水平的，即 ED（R）。这样，该出

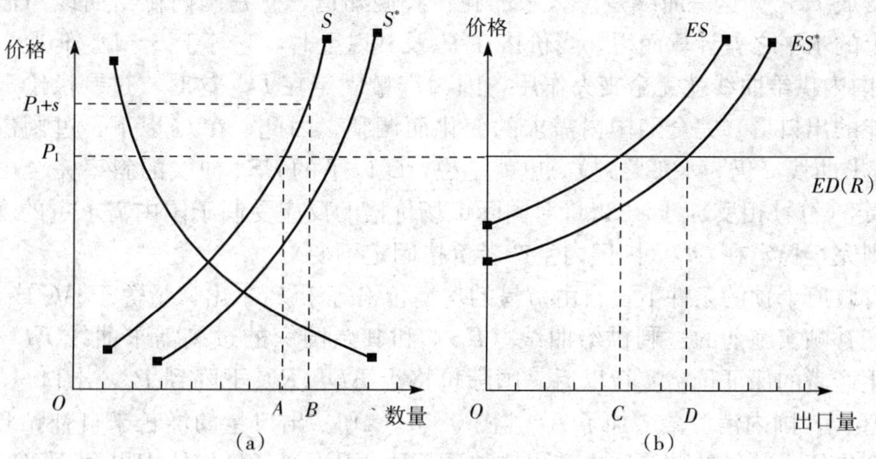

图 9－5　固定生产补贴的经济影响

口国的生产补贴政策使出口量扩大，其数量等于图 9-5（b）中的 CD。贸易小国的假设表明，生产补贴后国际价格和国内消费者价格不发生变化，并且相等。因此，出口量的增加完全是因为国内产量的增长，即图 9-5（a）中 AB 的数量。同时，生产补贴政策所增加的全部产量 AB 都完全用于出口，即 $AB=CD$，这是因为国内需求量并没有发生任何变化。

这一补贴政策需要的政府财政支出相当于图 9-5（a）中阴影部分的面积，它等于补贴政策实施后的生产总量与每单位产品的固定补贴率 s 的乘积。由于补贴使每单位产品的价值增加了（由 P_1-P_1+s），以及生产量也上升了（由 OA 增加到 OB），因此，补贴政策提高了国内生产者的收入。这一收入增长来自补贴的两种效应：扩大产出效应和提高单位产品价格的效应。由于国内消费价格并没有发生变化，所以，这种产量扩张和出口扩张性的生产补贴政策对生产者并没有产生任何不利影响。然而，就像对出口补贴分析的那样，这一政策也引起像图 9-4 中 d 那样的生产效率损失，这一生产效率损失产生的原因也与前面所讨论的完全相同。

如果我们改变贸易小国的假设，情形又会如何呢？出口大国的生产补贴政策的经济后果与前面稍有不同：①国际价格将下降；②政府的补贴支出将增加；③国内消费量将增加；④出口量将小于国内生产的增加量。我们将在下面进一步地讨论以上结论。

二、可变生产补贴（差额补贴）

像第八章一样，出口国的可变生产补贴是与出口商品的生产者价格保证政策相联系的。出口国的可变生产补贴是在国内价格保证水平已经确定的情况下，政府对生产者支付的补贴等于出口价格与保证价格的差额，所以它又叫“差额补贴”。在政府不干预国内市场消费者价格的条件下，某特定产品国内的全部产出量都享受同量的补贴，而不仅仅是用于出口的部分。这样，市场力量决定国内产量在出口和国内消费之间的分配。

我们用图 9-6 来讨论一个出口大国（如美国）对特定农产品（如小麦）的可变生产补贴。在图 9-6（a）中，国内小麦生产者的保证价格固定在 P_S，要保证向农民提供这一价格水平，政府就必须用可变生产补贴（或差额补贴）支持农民。这时，图 9-6（b）中的剩余供给曲线变成 ES^*。这一曲线是怎么来的呢？我们知道，它是国内供给曲线与需求曲线在各个价格上的水平之差计算而得。当价格在 P_S及其以上时，它等于 $S-D$。但是，当价格小于 P_S时，国内供给曲线就完全丧失作用，因为产量固定在 D。这时，过剩供给（即各价格水平上可能的出口量）完全随国内需求的变化而调整。因此，在 G 以下，过剩供给曲线由 GD 减去需求曲线（仍为水平之差）。也就是说，G 以下的 ES^* 曲线的斜率完全由国内需求曲线 D 决定（符号相反），即出口量对国际市场价格的反应受制于国内需求量的变化，而国内供给量则完全稳定在 OD（因国内生产者价格固定不变）。

在没有政府干预的条件下，自由贸易的均衡价格等于 P_1，出口量等于 AC 或 OE。这就是可变生产补贴实施前的过剩供给曲线（ES）和其余国家的过剩需求曲线 ED（R）的交点。国内生产者的保证价格实行以后，国际价格沿 ED（R）下降到 P_2，出口量增加了 EF［图 9-6（b）］；国内消费量增加了 AB［图 9-6（a）］。出口量的增长来自补贴政策的两个效应的综合作用：一是补贴使国内产出增长了 CD（因生产者价格从 P_1上涨到 P_S），一是消费需求量增加了 AB（因国内消费价格从 P_1下降到 P_2）。那么，政府财政要花费多少才能保

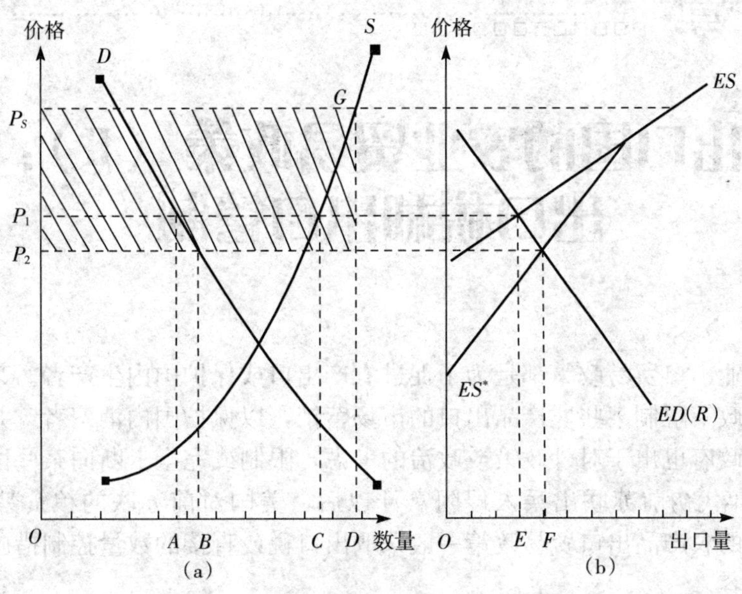

图 9-6　出口国的可变生产补贴政策

证生产补贴政策的实施呢？它等于图 9-6（a）中阴影部分的面积，也即国内全部生产量与单位产品的补贴（P_S-P_2）之乘积。与出口补贴相比，生产补贴需要更多的政府财政才能支持同量的出口增长。但是，生产补贴使国内消费者价格下降，消费者从中获得了好处。所以说，生产补贴同时也是对消费者的补贴。不过生产补贴对出口的促进作用却没有出口补贴那么有效，这是因为生产补贴所增加的国内产出，有一部分用于增加的国内消费，因此，出口量将小于同量的出口补贴。

复习思考题

1. 大国和小国情形下出口补贴对国内市场、国际市场的影响有何差异？
2. 出口补贴与出口倾销有何联系？出口倾销成立的条件是什么？
3. 试分析出口补贴的福利效应。
4. 大国出口商品的生产补贴为何容易引起进口国的反感？

第十章

出口国的农业贸易政策（Ⅱ）：出口税和出口管制

并非所有农业出口贸易政策都是为了促进农产出口或保护国内生产者。某些国家的政府也经常利用贸易政策限制某些农产品出口的市场营销，以保护国内消费者，并增加政府的财政收入。有时，政府也出于对外政策或政治的考虑，限制或完全卡断向某些国家的农产品出口。20 世纪 80 年代初前苏联出兵入侵阿富汗以后，美国对前苏联的粮食禁运就是一个例子。这时，政府的农产品出口贸易政策一般采取出口税或直接的数量控制措施。这就是本章要讨论的主要内容。

第一节　农产品出口税政策

出口税是政府对进入国际市场的某些产品征收的赋税。它是我们在第七章所讨论的进口关税的“镜像”。因此，出口税也分从量税和从价税，或者两种出口税的某种组合。像进口关税一样，它是插入国内价格和国际价格之间的一个“楔子”。在出口税条件下，国内价格低于国际价格。这就与进口关税刚好相反，进口关税使国内价格高于国际价格。

政府对某些农产品征收出口关税一般出于两个主要原因：一是某些产品的国内价格太高，为保护国内消费者或购买商，政府用出口关税使国内价格下降；一是某些农产品的出口量占国内产量的比例很大，国内消费量的比例小，或生产成本较低，政府可以通过出口税将那些产品生产者的部分利益转入政府手中，增加政府的财政收入。尤其是对那些具有绝对利益的农产品（如热带农产品特别是饮料类产品），出口税是政府收入的主要来源。此外，有些国家的税收体制极不完善，征收所得税或营业税的能力小、代价大，因此也付诸于出口税获取政府收入。下面，我们将通过对一个小国和大国的分析，讨论出口税政策的这种两重效应。

一、保护国内消费者的出口税：贸易小国的情形

现在我们讨论一个贸易小国主要为了保护国内消费者而实行的出口税政策。许多低收入国家在主要食品如大米、小麦和食用油的出口中，就经常采用这种政策。由于这些产品对国内消费者（尤其是城市消费者）至关重要，政府通过出口税政策保护国内消费者的利益。但这种政策通常都会不利于这些产品的国内生产者和国内出口商，甚至可能影响本国的外汇收入和外国购买者的利益。当然，征税国的政府将获得更多的税收。

我们用图 10-1 来讨论一个出口国对某种农产品的出口税政策。印度小麦的例子与下面分析的情况就很相似。以前印度小麦不能完全自给，“绿色革命”所产生的小麦良种技术使

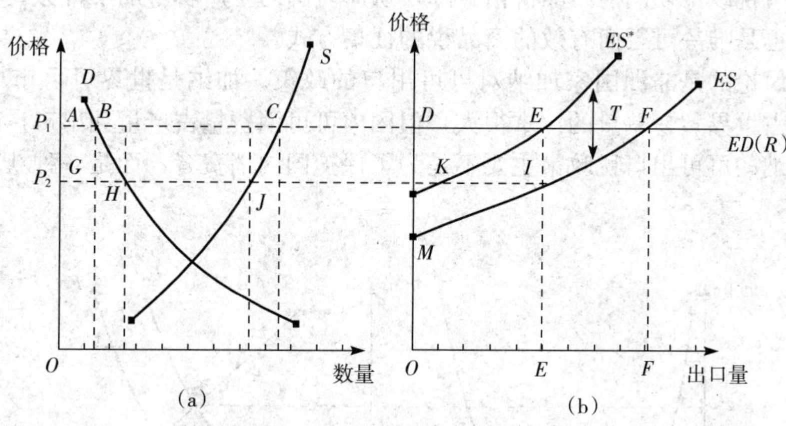

图 10-1 小国的从价出口税政策

印度在 20 世纪 80 年代中期实现了自给，丰年略有节余出口。为防止出口量增加太多，政府就征收少量出口税，以保证国内消费者的利益。由于是小麦贸易小国，它面临的国际价格并不因本国政策而发生变化。在图 10-1（b）中，我们仍将印度的过剩供给曲线画在第一象限内。如果没有政府的贸易干预政策，国内价格将等于国际价格 P_1［即等于 D，因小国假设使印度面临的其他国家的过剩需求曲线 ED（R）是水平的］。在 P_1 的价格条件下，国内消费等于 AB，国内生产量等于 AC，出口量为 BC，它等于图 10-1（b）中的 DF。现在假设印度政府对小麦出口征收从价出口税。这一政策使图 10-1（b）中的过剩供给曲线移向 ES^*，也即在任一出口水平上 ES 与 ES^* 的垂直距离都等于单位产品的出口税率 T，它是世界其余国家面临的印度的小麦过剩供给曲线。在本例中，出口税率不是固定税，而是从价税，也即随国际价格的增加而增加，随国际价格下降而减少（请参阅第七章第一节关于从价进口税的讨论）。

引入出口税以后，印度国内的小麦价格从自由贸易时的 P_1 下降到 P_2。国内小麦价格下降是因为小麦出口商必须支付出口关税，从而减少小麦出口，增加国内供给所致。P_1 和 P_2 的差额就是每单位出口小麦的从价出口税。国内价格下降使国内小麦消费者获利，他们以更低的价格沿需求曲线 D［图 10-1（a）］增加消费量，国内消费因此从以前的 AB 增加到 GH；但是，国内小麦价格下降对国内小麦生产者产生不利影响，它们对价格下降作出反应，沿 S 曲线调整国内小麦生产，使产量从以前的 AC 下降到 GJ，从而使可供出口的剩余供给量减少到 HJ，它等于图 10-1（b）中的 KL。尽管生产量和出口量都下降了，出口税收政策却使政府的税收增加，增加额等于图 10-1（a）中阴影部分的面积，或者等于图 10-1（b）中加 $DELK$ 的面积，它是单位产品的出口税率 EL 与出口税实行后的小麦出口量 KL 的乘积。

二、增加政府税收的出口税政策：贸易大国的情形

长期以来，主要依赖初级产品如原材料出口的国家都利用出口税政策获取政府税收。许多国家出于政治原因，或因为税收制度极不完善，所以征收所得税、营业税和国内货物税等税目相当困难并且效率不高。这时，出口税政策就是一种弥补以上征税缺陷的最有吸引力的

措施。尽管出口税政策使国内产品价格下降，从而对国内生产者增加了税务负担，但对某些国家来说，这也是唯一可行而有效的商品税的征集方式。

假设我们讨论的是非洲国家加纳对可可出口的政策。加纳是世界可可市场上的出口大国，其出口量占世界贸易总量的比重很大，但国内可可消费量占产量和出口量的比重都非常小。因此，加纳的可可出口税政策主要不是为了保护国内消费者，而是一种获取政府财政收入的措施。

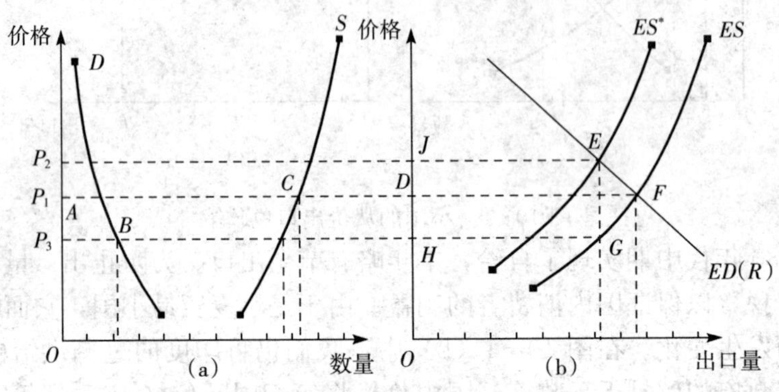

图 10-2　固定出口税与政府收入

我们用图 10-2 来分析这种情况。由于国内需求 D 相对于国内总供给 S 比较小［图 10-2 (a)］，所以，它的过剩供给曲线 ES 几乎与国内总供给相同［图 10-2 (b)］。在自由贸易条件下，国内价格与国际价格相等，即 P_1，它是 ES 和 ED（R）曲线的交点。这时，国内生产量为 AC，国内消费量等于 AB，出口量为 BC 或图 10-2 (b) 中的 DF。

如果加纳政府对每单位可可出口征收数量为 T 的固定出口税。情形又会如何呢？首先，加纳的可可过剩供给曲线将移向 ES^*，出口税实施前的过剩供给 ES 与出口税实施后的过剩供给 ES^* 之差应等于固定出口关税率 T。这样，出口税驱使国际价格由原来的 P_1 上涨到 P_3，使国内价格下降到 P_2，国内生产总量因此下降，再加上国内消费增加的共同影响，加纳的可可出口由 DF 下降到 HG。但这一出口税政策为加纳政府带来大量的税收，其总量为图 10-2 (b) 中阴影部分的面积，即 $JEGH$，它等于出口量与每一单位出口商品的出口税率 T 的乘积。一般来说，如果一个贸易大国对其出口商品征收出口税，国际价格将因该国出口量减少而上涨。国际价格上涨将有利于其他国家的竞争性生产者（如其他国家的可可生产者），但会损害这些国家消费者的利益（如果它们国内的可可价格与国际价格相联系的话，也即没有特殊政策保护消费者的可可价格）。

三、对农产品出口税的进一步分析

像第七章讨论的进口关税那样，出口税也有限制性出口税、最大收入的出口税以及最佳出口税。认识这些问题的基本思路与讨论进口关税的情形基本相同，因此，我们在这里只简单地给出结论。首先讨论限制性出口税（Prohibitive Export Tax）。限制性出口税指的是足以使出口量下降到零的出口税率。在图 10-1 中，如果出口税 T 持续增加，结果将会怎样呢？国外进口商面临的过剩供给曲线 ES^* 将随丁的增加持续向左上方移动，这样，出口量将不断下降。当出口税率达到 DM（即自由贸易时的国际价格与国内自给条件下的价格水平之差）时，出口量将等于零，政府的出口税收也将等于零（尽管实行了出口税）。如果出口税率进一步增加，该国的贸易地位将发生变化，由出口国变为进口国。如果出口税率刚好等于 DM，这时的出口税率就是限制性出口税。政府可以利用限制性出口税政策，实现该产品的自给自足，但产销价格都将低于国际价格，导致闭关自守条件下不可避免的社会总利益的损失。

现在来讨论一下最大收入出口关税政策。所谓最大收入的出口关税，是指在其他条件不变的情况下，出口税总收入最大时的出口税率。出口税率很低时，出口量较高。随着出口税率不断增加，出口量将不断下降，它相当于图 10－2 中 ES^* 曲线从 ES 渐渐到最大，接着开始下降。如果 ES 和 ED（R）都是直线的话，出口量等于征税前自由贸易量的一半时所决定的出口税率，将使出口税收达到最大。这一结论与我们在第七章中对关税的讨论是相同的，但无论过剩供需曲线的形状如何，在出口量等于零和自由贸易量之间的某一点，总有一个对应的最大收入的出口税率。在贸易小国的条件下，当国内价格与出口税率之比（P_d/T）刚好等于出口国过剩供给曲线的价格弹性（e_{ES}）时，出口税收达到最大。也就是说，最大收入的出口税率（T）等于国内价格（P_d）与过剩供给曲线的价格弹性（e_{ES}）之比，即$T=P_d/e_{ES}$。像进口大国一样，出口大国也可以选择最佳出口税，使出口税政策获得的出口税收大于生产和消费方面的效率损失（图 10－3 中的 b 和 d）。在此我们将不作详细讨论，其基本方法与第七章第四节对最佳进口关税的讨论完全相同，基本思路也一样。我们的结论是，最佳出口税率（T）与国际市场上过剩需求曲线的弹性（e_{ED}）的绝对值成反比，也即 $T=1/|e_{ED}|$，道理也与最佳进口关税的讨论相似。此外，最佳出口税率一般都小于最大收入出口税率。因此，最佳出口税政策条件下的出口量一般要大于最大收入出口税时的出口量。与第七章的道理一样，最大收入出口税着眼于出口税产生的政府税收规模，而最佳出口税则着眼于政策引起的利益得失之间的权衡。

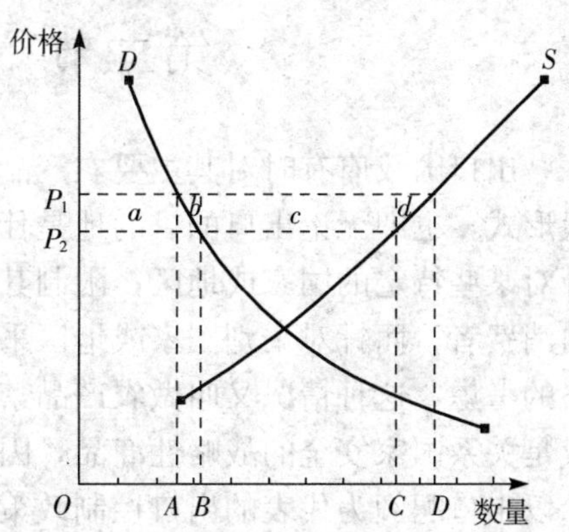

图 10－3　出口税政策的福利影响

四、出口税政策的福利影响

一般来说，受到出口税直接损害的是被征税产品的国内生产者，可能也包括这种商品的外国消费者。此外，由于出口税使国内产量和出口量下降，为这些产品提供生产投入物以及从事市场营销的企业或个人也会遭受损失。同时，当该出口产品的过剩需求曲线（即国外需求）的价格弹性非常低时，征税国的出口外汇收入将大幅度下降。如果国内供给曲线愈陡（即弹性愈小），外汇收入的损失也就愈多。事实上，许多农产品和其他初级产品的情形都是如此。出口税政策引起的所有这些损失，都可以被看做是政府保持低廉的国内消费者价格的经济代价。因此，从这一政策中获得好处的是国内消费者、征税国的政府以及国外供给商和生产者。

我们用图 10-3 来讨论出口税政策引起的国内经济的得失。出口税政策的得失表现为进口关税或配额的“镜像”形式。如果自由贸易时价格为 P_1，国内生产量等于 OD，出口总量为 AD 即等于国内供需的余额。引入出口税以后，国内价格压低到 P_2，国内消费量增加到 OB，生产量减少到 OC。这样，出口量下降到 BC。

出口税政策也引起国内经济利益的重新分配。引入出口税使生产者剩余减少了 $a+b+c+d$。生产者剩余的损失是如何在国内分配的呢？由于价格从 P_1 下降到 P_2，消费者剩余增加了 a。c 这部分所表示的利益以出口税收入的形式由政府财政获得。b 和 d 既未转移给消费者，也未转移给政府财政，从而形成社会效益的净损失。d 这部分损失是引入出口税以后，使本应以价格 P_1 出售的产量 CD 现在不能生产而引起的。举例来说，如 $CD=100$，$P_1=10$，$P_2=8$（它是每单位产品的经济成本），这样，关税引起的产量下降使生产者净损失的这部分利益为 100，即 $100\times(10-8)\times1/2$。换句话说，从前用于生产 CD 的可变投入转向其他低效益的生产部门导致的净损失。b 这部分消费者损失也没人获益，这是因为数量为 AB 的产品现在以 P_2 的价格在国内销售，而不是以更高的价格 P_1 销往国际市场而引起的。这样，b 和 d 所代表的经济利益，就是政府用出口税保护国内消费者并获取政府税收而引起的全部额外经济代价，它是出口税政策引起的生产和消费资源配置效率的净损失。

第二节　农产品出口控制政策

出口国政府有时对其主要农产品出口直接进行数量控制。限制贸易量的措施可以采取一般形式，也即无论出口的目的地是什么国家或地区，政府只控制产品的出口总量。它也可以针对某些特定的国家或地区，限制其产品向这些地区输出。一般性出口控制主要用来保护国内消费者；而针对个别国家或地区采取的农产品出口控制措施，通常是出于政治的和国际战略的考虑，这种情况又叫做农产品禁运或封锁。农产品尤其是食品和牲畜饲料被许多国家看成是关系国家安全的战略性商品，因此，许多国家都对某些农产品进行出口控制。本节将讨论以出口配额为代表的出口控制政策；农产品禁运方面的一些基本问题留待第三节讨论。

一、农产品出口控制政策的经济影响

假设我们讨论一个大米出口大国的出口控制政策。为了维持国内的低价大米政策，政府决定限制每年大米的出口量。要使这一措施有效地发挥作用，出口配额必须少于自由贸易时的出口总量。为方便起见，我们用图 10-4 来直观地讨论这一问题。假定该国的大米出口配额为 q_x［图 10-4（b）］显然，这一出口配额属于约束性配额，因为它小于自由贸易时的出口量［图 10-4（b）中的 A 点］。同样，ES^* 是出口配额实行后该国的大米过剩供给曲线，它垂直于水平轴（完全无弹性），这是因为在国际价格高于 P_2 时，大米出口量并不随价格而发生变化，出口量的变化只随国外过剩需求的变化而进行调整。ES^* 和 ED（R）的交点 D 是出口配额政策产生的新的均衡。这时，国际价格上涨到 P_3，这是因为出口配额政策使该国的大米出口量小于自由贸易量而引起的结果。另一方面，出口量减少使国内价格下降到 P_2。尽管国内总生产量因此下降，但出口量减少后使国内市场的总供给量增加，这样消费量增加了。这个道理与出口税的情形相似。无论出口配额数量的大小，只要它小于自由贸易量，就会使国内价格与国际价格分道扬镳。在本例的大国假设条件下，出口配额使国际价格上涨。这一价格差异表明，那些有幸获取大米出口配额的人或机构将获得额外利益。

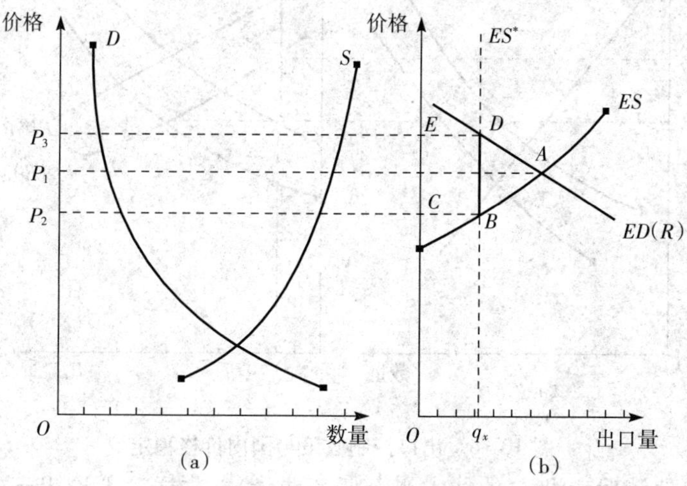

图 10－4　出口配额的经济影响

在本例中，配额持有者获得的利益等于 $EDBC$ 的面积，它是出口配额的经济“租金”。关于出口配额的分配以及谁从中获利的问题，与第七章关于进口配额的讨论完全相同，我们将不作进一步阐述。相对于自由贸易量来说，出口配额愈少，表明出口控制愈严厉，国内价格下降的幅度也就愈大，在大国假设条件下，国际价格上涨幅度也愈大（贸易小国的出口控制对国际价格没有影响）。同时，出口控制愈严厉，每单位出口配额的经济“租金”值（即出口配额的隐含价格）也就愈高。一个出口大国的出口控制政策对所有外国购买商都不利，但它有利于相同产品的其他出口国。因此，可以这样说，贸易大国的出口控制政策对进口国的消费者相当于间接的赋税，对其他出口国生产者则相当于间接的生产补贴。

二、作为短期保护措施的出口控制

事实上，许多国家的政府在面临突然的国内食品短缺或国际市场需求猛增（如天灾人祸等原因）时，经常用出口控制政策保护国内消费者的短期经济利益。在这种情况下，国际市场的农产品价格会猛涨。如果不控制出口，国内市场的供给量也将急剧下降。这时，政府的出口控制政策的短期目的是将国内农产品消费者与国际市场隔离起来，使他们免受国际市场突然波动的不利影响，达到稳定国内价格的目的。为说明这一政策的具体作用，我们用图 10－5 来分析一个假设的例子。

假定某国最初在棉花出口方面实行的是自由贸易政策。这时，均衡点是 ES_1 和 $ED\ (R)_1$ 的交点 A，国内和国际市场上的棉花价格都等于 P_1。再假定该国突然遭受严重涝灾，从而使其国内价格的供给曲线由 S_1 移向 S_2。如果这是一场世界范围的天灾，或其他棉花进口国纺织品需求突然增加，这时，国外对棉花的过剩需求曲线由 $ED\ (R)_1$ 移向 $ED\ (R)_2$。这时，即使仍然实行自由贸易，均衡点将移向 B 点，价格将急剧上涨（由 P_1 到 P_2），若出口量没有发生变化，供给下降的全部调整负担将压向该出口国的国内消费者（因供给减少，但出口

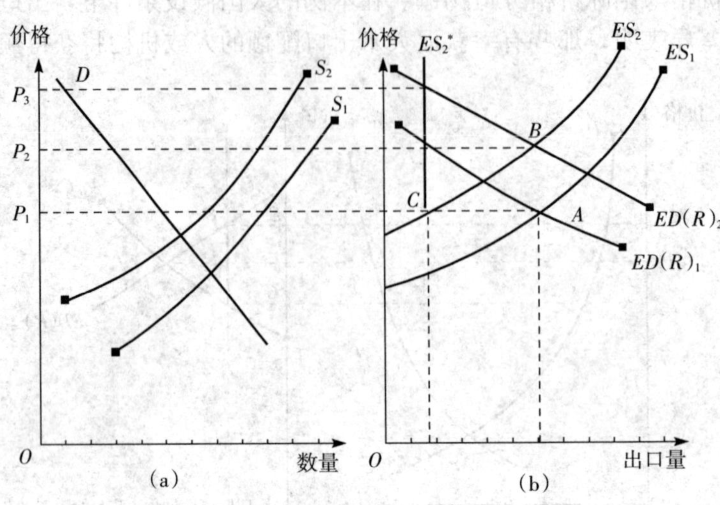

图 10-5 出口控制政策与国内价格稳定

不变，价格陡涨迫使消费者沿 D 曲线大幅降低消费量）。这样，无论出于经济考虑或政治上的压力，该国政府都可能对棉花出口进行管制，以阻止自由贸易条件下价格陡涨对国内市场的冲击。假定政府要稳定国内棉花价格，这就需要非常严厉的出口管制措施。要使国内棉花价格保持在 P_1（国际市场条件变化之前自由贸易的价格）。该国棉花的过剩供给曲线必须从 ES_2移向 ES_2^*。这样，国内价格不变，但由于出口量猛降（减少的出口量为 AC，国际市场价格上涨到 P_3，每单位出口配额的经济“租金”等于 P_3和 P_1之差）。

这里我们讨论的是贸易大国的情况。如果该国属于棉花出口小国，这一政策就不会使国际市场价格上涨到 P_3，而是保持在 P_2的水平（国际供需条件变化后的自由贸易均衡价格）。对这个假设例子的分析，有助于我们理解为什么世界粮食危机和石油危机期间，这些产品的国际价格剧烈波动。事实上，许多主要的农产品或能源出口国（贸易大国）在危机期间，往往严格控制出口，以保证国内价格的稳定。这样，国内供给方面的困境就通过贸易政策转移到国际市场，引起国际市场的剧烈波动。因此，在国际经济领域，人们戏称贸易大国不仅出口大量农产品，同时也“出口”危机。

第三节 农产品出口禁运

政府有时通过法律手段，禁止本国农产品出口到某一国家或地区。农产品禁运的原因非常复杂，但一般都因为国家之间发生政治上的争端，或出现武装冲突，或出自国际战略的需要。20 世纪 80 年代初美国对前苏联的粮食禁运，就是农产品国际贸易史上出口禁运的一个例子。出口禁运不仅用于农产品贸易，它曾经被用于几乎所有主要“战略性”商品，如石油、武器、某些现代化高技术产品等。虽然出口禁运政策主要是出自政治动因，但它却产生同样重要的经济影响。

我们用来讨论各种贸易政策的基本分析框架，无法直接用于分析特定国家的出口禁运政策。我们不打算引进新的分析方法，只就我们所掌握的基本知识，对农产品出口禁运政策的经济影响，作些结论性的概述。显然，如果其他贸易国也生产并出售某一国家所禁运的商品，国际逐利行为就会诱使这些贸易国通过转手贸易将产品迂回地运往受出口禁运限制的国家。这样，某一特定国家的出口禁运对这个国家将不会产生持久的、显著的影响。道理很简单，被封锁的国家可以利用庞大而复杂的国际市场获得所需要的商品。这方面的例子很多。20 世纪 80 年代初美国政府对苏联实行粮食禁运，苏联政府转而向阿根廷、澳大利亚和加拿大寻求粮食（尤其是小麦）进口。因此，美国的粮食禁运政策对苏联并未产生美国政策制定者所期望的惩罚性影响。同样，20 世纪 50 年代我国既面临西方资本主义的贸易封锁，又受到俄罗斯经济技术封锁的压力，但我们通过转口贸易（通过第三国或地区）获得了我们所需要的主要商品。但有一点是肯定的，一个国家对另一个国家突然实行贸易封锁可能会引起国际市场的短期混乱和波动。在新的贸易协议和世界贸易模式尚未建立起来之前，封锁政策的双方都会面临新的痛苦的调整，同时也会降低整个国际贸易的效率；禁运前的国际贸易的运输成本和交易费用相对地比较低，但出口禁运政策以后所形成的新的贸易模式的效率将受影响，交易费用将上涨。这个道理是容易明白的。贸易封锁导致的国际贸易效率损失一般都会使禁运国出口商品的价格不同程度地下降，并使其他进口国（包括被禁运国）面临较高的国际商品价格。因此，一个国家要想成功地实现对一个（或几个）国家的出口禁运，必须满足两个相当严格的条件：第一，禁运国对所禁运的商品在国际经济中必须具有垄断地位，也即占这种商品的世界生产总量和贸易总量的比重相当大，或者，禁运国必须说服该商品的其他供应国联合行动，不要扩大对被禁运国的商品出口。第二，通过第三国或国际中间人进行转手贸易的可能性不存在，或者受到有效限制。如果上述任一条件都不能满足，则禁运国就达不到对被禁运国进行贸易封锁的目的，结果，直接受害者将首推禁运国和国内生产者自己，尤其是如果被禁运国属该商品的贸易大国的话，双方的损失都将非常严重，其他进出口国将因此获得好处。可谓鹬蚌相争，渔翁得利。

如果禁运国不辅之以相应的国内政策的话，出口禁运将一定会使国内价格下降。这自然会有利于国内消费者，但生产者将受到打击。此外，禁运国的出口量将下降。如果以上严格的禁运条件成立，并且禁运政策实行以后，以前出口到被禁运国的商品不进入国际市场，被禁运国也不寻求其他贸易伙伴的出口，则国际市场价格将不会受大的影响。但禁运国国内价格将下降，这就必须辅之以其他贸易政策限制国内出口商进入国际市场的机会和规模。因此，禁运国需要同时采用出口配额政策。相反，如果被禁运国转向其他贸易伙伴进口，从而使被禁运国本国进口量不受影响，而禁运国又辅之以出口配额限制本国出口，国际市场价格将上涨。这样，禁运国的贸易封锁将失去其基本作用，并有利于其他出口国家。

复习思考题

1. 重商主义的思路是“奖出限入”，国家为什么还会征收出口税？
2. 出口税的福利效应是什么？
3. 什么是农产品出口禁运？

第十一章

其他农业贸易政策问题

在前面四章，我们讨论了影响农产品国际贸易的一些主要政策。我们将这些政策区分为出口国和进口国的贸易政策，分别分析了它们对农产品贸易量、国际国内价格、国内供需量的影响，以及这些政策的经济福利效果。但是，世界农产品贸易政策实践要比这四章的内容丰富得多。限于本书的篇幅，我们不能对第六章第二节介绍的农业贸易政策作全面的分析。本章将讨论的问题是前面四章的重要补充。首先，将简单地介绍进口国的一些行政性贸易保护政策；接着分析出口国的市场（价格）歧视政策；然后介绍以关税同盟为代表的所谓集团内贸易优惠（Trade Preference）政策。最后，我们介绍农业贸易保护水平的度量方法和指标。

第一节　进口国的行政性保护措施

关税和配额虽然能够保护国内生产者，影响农产品国际贸易，但它会招致其他出口国的指责并可能导致贸易伙伴的报复性关税与配额，限制该国商品进入他们的国家。因此，许多农产品进口国都有一套完善的行政措施，以限制外国商品对国内市场的冲击。行政性贸易措施也是非关税贸易障碍的组成部分，像进口关税与配额一样，对农产品的供需量、进口量和价格也产生一定的影响。但行政性非关税贸易障碍的影响难以用正规的分析框架去进行量化分析。

同时，它也是国际农产品贸易争端中最难以通过谈判解决的贸易障碍。农产品国际贸易的非关税行政性障碍的种类繁多，其条件大多比工业制成品方面更为复杂和苛刻。因此，它对农产品国际贸易的影响也非常大。按照它们对贸易的限制作用，我们可以把农产品国际贸易中的行政性非关税障碍区分为 11 大类。

1. 卫生健康方面的规定　农产品尤其是畜禽产品，大都包含复杂的生物化学成分。为了进口国本国消费者的卫生健康，各国政府对进入本国的农产品，都规定有详细而严格的卫生标准，必须通过海关检疫和商品检验方可放行。这些条件愈复杂苛刻，对进口量的限制也愈大。

2. 进口许可证制度　由于国际国内市场变化频繁，市场营销商就会利用市场价格差异，尽可能地进行进口套利。为限制农产品进口数量，简化进口控制的行政管理，许多国家用进口许可证制度控制进口企业的数量。因此，进口关税（或配额）与进口许可证同时使用，就能更有效地达到控制进口的目的。

3. 进口商品订货需要预付押金　这一措施无疑会增加进口企业的成本，它相当于进口关税，对贸易产生直接的影响。

4. 提前支付国内货物税　这一措施要求进口商在进口数量确定后、实际货物入境前，按计划进口数量缴纳国内货物税。显然，这一规定也会增加进口企业的资金占用成本，推动进口成本上涨，影响实际的进口量。

5. 对商品包装尺寸和包装材料的特殊规定　大多数进出口产品都需要某种形式的包装。对包装尺寸和材料的规定愈苛刻，进出口商品的价格就愈高，这相当于关税的作用。

6. 商标与市场营销方面的规定　这也会给这些商品的出口商带来额外的经济负担，加大商品的进口到岸成本。

7. 材料或行业标准　每个国家都有一套主要产品的质量标准。要满足进口国特有的苛刻的标准，就会增加外国出口商的成本，从而提高国际交易价格，最终影响商品的进口量。

8. 政府采购政策对进口商品实行歧视性规定　例如，政府规定所有政府机构不能购买进口商品，或同种商品有国产品的情况下，政府机构必须优先购买国产品。这一政策会减少对进口商品的国内需求。许多国家对政府机构的某些商品采购都有相似的规定。

9. 征收关税时对进口商品价值计算方式的变化　例如，汇率的折算这一项就大有文章可做。一般来说，这一措施都试图将进口商品的关税征收价值高估，从而达到间接地提高进口关税，限制进口量的目的。

10. 关税种类繁多，申报手续复杂化　这些措施会增加进口企业的进口交易费用，从而间接地提高进口商品的国际价格。

11. 要求提供并审查进口商品的样品　比如，某进口企业拟进口国外烟叶，这一规定要求进口实际发生之前必须送交样品供商检、海关等机构审查评价。这样就会使进口商品的手续复杂化，许多国外出口商有时也因此失去信心，并加大进口企业的成本，间接地影响商品的进口量。

以上这些行政性贸易障碍通常都会直接或间接地增加进口商品的成本，减慢进口营销的速度，增加进口企业的经营风险，最终限制农产品的进口量。自20世纪60年代初以来的几轮多边贸易谈判已大幅度地减少或消除了对许多商品贸易的关税障碍，这就使许多国家转而寻求非关税贸易保护措施。尤其是在农产品贸易领域，非关税贸易障碍对农产品国际贸易的扭曲已引起人们的广泛关注。但在具体评价它们对贸易的影响时，进出口双方各执一词。出口方一般都会尽量放大这些措施的扭曲作用，而进口国则相反，它们尽量寻求理由，说明这些措施的合理性及其对国际贸易不会产生显著影响。此外，对这些措施的解释也见仁见智，实践中又经常变化。因此，多年来各种关于削减非关税贸易障碍的谈判都进展缓慢，结果也极不理想。目前，在世界贸易组织框架下尽管有实施动植物卫生检疫措施和技术性贸易壁垒等相关协议旨在减少这类非数量贸易障碍，但实际中仍然存在许多问题。

第二节　出口国的市场歧视政策

一些主要的农产品出口国，尤其是那些主要出口粮食和食用油的国家，经常采用某种市场歧视或价格歧视政策，以期提高国内生产者的总收入。市场歧视的做法在农产品国际贸易和国内农产品市场营销方面具有悠久的历史，有时又被称作“双重价格制”或“多重价格制”。在20世纪30年代，市场歧视政策又叫做“市场摊派”（Market Prorates）。市场歧视政策即是把一种产品的购买者分成两个或多个能够彼此明确区分的集团。如果这种产品不能在这些购买者集团之间彼此进行贸易的话，就可以使该产品的价格在各集团之间不同。如果各购买者集团之间对某商品需求弹性不同的话，我们就可以利用差别价格使生产者的总收入大于（一个市场条件下）一种价格的情形。要使这种市场歧视政策成为可能，同时也必须有某种集中的垄断权威（如中央政府）有力量也能够控制商品总供给在不同市场之间的分配。

市场（价格）歧视政策可以应用于许多农产品的市场营销。鲜奶市场、新鲜水果（或蔬菜）与水果（或蔬菜）加工品市场，相似农产品不同质量的市场区分，以及同种农产品国内市场与国际市场的价格差异，这些都是市场歧视政策运用的经典范例。无论这一政策应用于何种产品，其基本原理都是一样的。本节将讨论国内市场与国际市场的价格歧视政策。在这种条件下，各国的国界就是区分市场的最好边界。出口国能借此边界成功地防止商品的回流套利行为。由于国际农产品市场在总量上一般都大于单个的国内市场，因此，我们可以期望需求的价格弹性在国内市场与国际市场之间是有差异的。此外，许多国家都有法定的农产品市场营销机构（如加拿大的小麦委员会、我国的粮油食品进出口公司）或政府垄断机构，它们有足够的权威和能力控制产品在国内、国际市场之间的分配。

现在，我们来看看出口国市场歧视政策的经济影响。首先讨论一个出口国怎样利用国内国际市场价格的差异使某种农产品的销售收入最大。对这一问题，我们将利用一个供给总量不变时如何确定国内销售量和出口量的例子予以说明。然后，简要地讨论这一政策的主要影响。需要说明的是，我们将利用代数推演的方法，而不是我们一直采用的直观几何图形分析法。这主要是考虑到这一问题的几何图形分析涉及一些新的技术问题，而限于篇幅，又不能专门予以介绍。尽管这样做会失去一些重要的直观信息，给我们的讨论带来某些困难，但这是不得已而为之。

我们用美国的棉花出口来说明市场歧视政策的作用。首先，假定某一年美国的棉花产量为 1 600 万包，它全部用于国内消费和出口，不考虑储备问题。我们知道如果用市场歧视政策使出口量不同于自由贸易的数量时，国内生产者的利益（棉花销售总收入）会大于自由贸易的情况。现在的问题是怎样将总量为 1 600 万包的棉花在国内市场和国际市场之间进行分配才是最合理的。要回答这一问题，我们需要知道国内需求函数和国际市场对美国棉花的需求函数。我们假定它们已知并列入表 11 - 1 中，其中 Q_X 代表出口量，P_X 为出口价格（国际价格），Q_d 为国内消费量，P_d 为国内价格。这里，价格以美分/磅[①]表示，数量以百万包为单位。市场歧视政策的目的是要利用不同的市场特点，使总供给量在不同市场之间合理分配，以便使棉花在两个市场上的销售总收入达到最大。这样，我们需要利用收入函数的概念。销售收入是销售量与价格的乘积，因此，每个市场的需求量乘以价格，就得到相应的收入函数。在表 11 - 1 中，我们将收入函数用两种方法表示：一种是以价格为自变量，一种是以数量为自变量。由于价格以美分/磅为单位，数量以百万包为单位，所以，收入以 5 美元为单位表示（每包棉花为 500 磅）。

① 磅为非法定计量单位，1 磅=0.453 592kg，下同。

表 11-1　棉花的国内需求和国际市场需求

函数名称	函数表达式
一、需求函数	
1. 国际市场	$Q_x=20.5-0.70P_x$
2. 国内市场	$Q_d=19.7-0.43P_d$
二、价格—收入函数	
1. 国际市场	$PR_x=20.5-0.70P_x^2$
2. 国内市场	$PR_d=19.7-0.43P_d^2$
三、数量—收入函数	
1. 国际市场	$QR_x=29.3Q_x-1.43Q_x^2$
2. 国内市场	$QR_d=45.8-2.33Q_d^2$

微观经济学基本原理告诉我们，当两个市场的边际收入相等时决定的数量分配方式将使总收入最大。也就是说，当总供给量固定不变时，分配到两个市场去的最后1单位商品所增加的收入相等时，总收入将最大（请参阅基本经济理论方面的书籍，此处不进一步讨论这一原理）。我们将边际收入函数列入表 11-2。

表 11-2　某国棉花不同市场的边际收函数

边际（价格）收入函数	
1. 国际市场	$MPR_x=20.5-0.40P_x$
2. 国内市场	$MPR_d=19.7-0.86P_d$
边际（数量）收入函数	
1. 国际市场	$MQR_x=29.3-2.86Q_x$
2. 国内市场	$MQR_d=45.8-4.66Q_d$

与收入函数一样，边际收入函数也有两种表达方式，即分别以价格和数量为自变量表示的边际收入函数。这样，我们令 $MQR_x=MQR_d$，并与 $Q_x+Q_d=16$（百万）组成联立方程组，解得：$Q_x=7.72$，$Q_d=8.28$，即美国棉花销售收入最大时国内市场和国际市场的销售量，也即出口量为 772 万包，国内消费量等于 828 万包。将 Q_d 和 Q_x 的值代入表 11-1 中的需求函数，便可得到相应的价格：$P_x=18.26$，$P_d=26.56$，即美国国内市场上每磅棉花价格为 26.56 美分，国际市场每磅棉花价格为 18.26 美分（出口价格），总收入则可根据表11-1 的收入函数计算。读者可以去验证一下，任何其他分配形式（即 Q_x 和 Q_d 的其他组合）所决定的价格（P_x，P_d），总收入是否会大于我们这里计算的结果。

让我们将这一分析的基本步骤简单地总结一下：第一，要知道总供给量和各市场的需求函数（本例中只有两个市场，因此有两个需求函数）；第二，把需求函数乘以价格，得到以价格为自变量的收入函数，或将 $P=f(Q)$ 类型的需求函数乘以数量 Q，得到以数量为自变量的收入函数；第三，求出边际收入函数，它是通过求表达式 $d(QR_x)/dQ_x$ 和 $d(QR_d)/dQ_d$ 求得；第四，令两个边际收入函数相等，并与 $Q_x+Q_d=Q_T$（其中 Q_T 为总供给量）组成联立方程，求解 Q_x 和 Q_d。最后，将 Q_x 和 Q_d 代入相应的需求函数，求出 P_x 和 P_d。这样求出的每个市场的销售量将使总收入最大，相应的价格就是市场歧视政策导致的差异性市场价格。

以上分析表明，出口国的市场歧视政策像其他出口限制政策一样，一般都会使国内价格高于国际价格，这是价格歧视政策的第一个影响。正因为如此，这一政策必须与进口控制政策同时使用，否则，出口商品将出现回流。第二个影响是，出口国的市场歧视通常也会使出口量增加。在前面的例子中，自由贸易时美国的棉花出口量约为 560 万包，市场歧视政策使出口量增加到 772 万包，这正是出口国市场歧视政策能使销售总收入增加的经济原因，即增加需求价格弹性较大的出口市场的供给量。由于出口市场需求的价格弹性比国内市场大，因此，出口增加引起的出口价格下降幅度较小。同样，由于国内市场需求的价格弹性较小，因此减少向国内市场供给的数量可以使国内价格大幅度上涨。这样，生产（销售）者就可以获取市场间较大的价格差异带来的额外利益，从而使总收入大于两市场价格相等时的情形。读者自己可以去算一下国内国际市场相等时分配的出口量和国内消费量，以及相应的销售总收入。并与市场歧视政策的结果比较一下［提示：将表 11-1 的需求函数转换成 $P=f(Q)$ 的形式，并令 $P_x=P_d$］。

这一政策的经济福利影响与其他出口控制政策相似。生产者获得了好处，但消费者承受了损失，出口总收入将增加。与出口补贴（生产者补贴）不同的是，政府不需要财政补贴去促进生产和出口，而是将消费者的收入通过市场歧视措施转移给了生产者和出口商或政府财政（如果政府垄断出口贸易的话）。必须指出的是，尽管许多农产品出口大国实行市场歧视政策，但这一政策所带来的利益分配方式并不相同。有些国家按国际市场的实际价格向生产者购买产品，这样，政策所带来的利益由国家出口部门获得。而另一些国家以综合平均价格（国际国内价格的加权平均）向生产者采购商品，这时，生产者获得全部利益。基于这两种做法之间还有多种复杂的选择，任何一种组合都意味着这一政策所带来的利益具有不同的分配方式，因此，这种政策对国内生产的促进作用也因利益分配方式的不同而有所差异。

第三节　国家之间的贸易优惠政策

到目前为止，我们所讨论的农产品贸易政策，目的都是为了保护国内某一集团（如生产者或消费者）的利益，贸易优惠政策则不同，主要目的并非出于保护某一利益群体，更可能是为了改善资源配置效率，或者扩大国际市场，或者调整贸易结构，或者出于互惠的目的，或者出于政治的考虑。贸易优惠政策主要指进口国允许某些特定国家的产品以较低关税或较少的非关税贸易障碍进入优惠政策的给予国。贸易优惠政策的具体形式多种多样。一个国家对某个或几个贸易伙伴给予特别的关税优惠，让这个（些）国家的所有商品的进口关税都低于对其他贸易伙伴的关税率，或者对某个国家的个别产品给予特别关税优惠，或者对这些商品的进口配额予以特别放宽或不设置配额，或者取消或减少某些行政性非关税贸易障碍。这些都属于贸易优惠政策的范围。

一个国家给予贸易伙伴国的优惠政策的理由非常复杂。例如，国家 A 给国家 B 以贸易优惠政策。比如，让国家 B 的水果和蔬菜以优惠条件（如低关税率等）进入 A 国是要得到国家 B 给予的粮食贸易的优惠条件，这两国之间的贸易优惠条件并不涉及第三国。比如说，假设美国政府放松对我国纺织品的进口配额限制，是想我国以相似的优惠政策进口美国小麦。另一方面，贸易优惠政策也经常应用于两国（或多国）间的全部商品贸易，这种非常广泛的贸易优惠政策是自由贸易区、关税同盟或共同市场的重要组成部分。此外，给某个国家贸易优惠政策可能是为了促进那个国家的经济发展和贸易增长而采取的经济援助政策的一部分。同时，给予或取消一个国家的优惠国待遇，往往受国际政治环境的强烈影响。也就是说，贸易优惠政策并非完全出于经济的考虑，它往往直接或间接地带有政治条件。

必须指出，尽管世界贸易组织的有关原则要求进口国对所有外国供给者予以同等待遇，禁止用关税或非关税贸易障碍对某些国家实行歧视性的贸易政策，但贸易优惠政策仍然被广泛采用。由于世界各国经济的相互依赖日益增强，各国国内政策引起的世界市场不稳定比以往任何时候都更加深刻地影响着各国的国内经济部门。这样，以国家之间宏观经济政策的一体化和生产要素的自由流动为标志的世界经济一体化，促进了区域性世界贸易一体化的形成。在当今国际贸易实践中，这种贸易一体化主要包括四种类型：自由贸易区、关税同盟、共同市场以及完全的经济同盟。

所谓自由贸易区，指的是某几个地域上接近的贸易伙伴国组成一个协定贸易区，在该贸易区内，各成员国降低或取消它们之间的关税与主要的非关税贸易障碍，但各国各自仍保持对非成员国独立的贸易政策。1960 年成立的欧洲自由贸易区就是一个例子。关税同盟则不同，各成员国之间不但降低或取消了对彼此的贸易障碍，并且同时也对非成员国采取一致的贸易政策，但各国的其他经济政策和要素市场之间没有协定的一体化政策和措施。欧盟的前身欧洲经济共同体就是共同市场的一个实例。共同市场比关税同盟更进了一步。在共同市场内，除了建立自由贸易区和形成关税同盟以外，各成员国允许彼此的生产要素（劳动力和资本）在国家之间完全（或基本上）自由流动。共同市场内各成员国在国内税收政策、财政金融政策和农业政策方面，也形成某种非正式的部分联盟。完全的经济同盟则是经济一体化的高级形式。同盟内各成员国统一了它们所有的经济政策，包括财政金融政策、税收政策以及收入分配等社会福利政策，生产要素市场和产品市场在同盟内高度一体化。原来的国家界限日益模糊，除了政治方面以外，几乎就像是一个统一的联邦。完全的经济联盟的实，例目前并不多见，最早的例子是比利时和卢森堡两个欧洲小国从 1921 年起组成经济同盟。目前，欧盟是世界上经济同盟的唯一例子，尽管在完全一体化方面仍有许多日程尚未完成。

尽管以上四种贸易一体化形式的作用各不相同，但都包括了为某些国家提供特殊的贸易优惠政策。因此，我们将讨论一般性的贸易优惠政策。假定 A 国进口食糖，B 国是众多食糖生产国之一，但 B 国的食糖生产成本太高，因此，在自由贸易条件下它无法与其他食糖出口国竞争。我们再假定为保护国内食糖生产者，开始时对所有进口食糖课以相同的关税。这样，A 国以固定的国际价格从其他出口国购买食糖，但不从 B 国进口。现在假设 A 国对 B 国予以特殊贸易优惠政策，使进入 A 国的食糖免征关税，但从其他出口国进口的食糖仍按原先的关税征收。A 国的这一贸易优惠政策对生产、价格和贸易将产生什么影响呢？要回答这一问题，我们用一个最简单的图形来予以讨论。

图 11-1 中的 S 和 D 分别表示 A 国内的食糖供给曲线和需求曲线。为了阐明主要论点，我们对图 11-1 作了一些使之简化的假设。首先，A 国属于食糖进口小国，因此，国际市场的食糖价格（ω）并不因 A 国的政策而发生变化，也就是说，A 国对 B 国的贸易优惠政策对世界其余国家的贸易条件没有任何影响。其次，我们假设 B 国的食糖供给在价格为 p 时的价格弹性为无穷大，换句话说，当价格为 p 时，B 国可以给 A 国提供“足够”的食糖出口

量。前面已经提到，A 国给 B 国贸易优惠政策之前，由于 B 国与其他食糖出口国一样，向 A 国的出口都必须交纳同样的关税，而 B 国的课税前价格高于国际价格，这样 B 国就无法向 A 国出口食糖。贸易优惠政策实施后，A 国不再征收 B 国的食糖进口关税，但其他国家仍需交纳每单位食糖为 ωh 的进口关税。这样，A 国转而向 B 国进口食糖。由于免征 ωh 的关税，A 国的国内食糖价格为 p，它低于政策实施前的征税后国内价格 h。因此，A 国的国内食糖消费量从 OD 增加到 OE，国内生产量从 OC 下降到 OB，从而使食糖进口量增加，即从政策实施前的 CD 增加到 BE。我们称这一变化叫做贸易优惠政策的“贸易创造”（Trade Creation）效应。

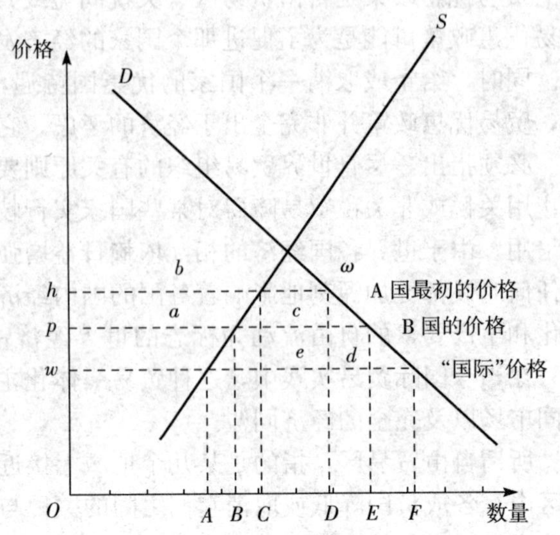

图 11-1 优惠贸易政策的一般性解析

贸易优惠政策实施以后，进口食糖的来源（出口国）有没有变化呢？我们已经知道，政策实施前 A 国的食糖进口量 CD 完全来自“其他”出口国。但对 B 国免征关税后，全部食糖进口量 BE 来自 B 国。这是因为这时 B 国的价格低于征税后的国际市场价格（即从其他出口国进口的食糖在国内市场上的价格）。这样，贸易优惠政策使数量为 CD 的进口商品，从低成本的其他外国供应者转移到由高成本的 B 国供应。我们称贸易优惠政策引起的这一变化叫做“贸易转移”（Trade Diversion）效应。

作为一种对贸易产生显著影响的政策措施，A 国的这一贸易优惠政策无疑将会产生重要的经济福利影响。在消费者方面，由于这一政策使国内食糖价格从原先的 h 下降到 p，以及国内食糖消费量的增加，从而使消费者剩余增加了 $a+b+c+d$。在生产者方面，由于价格下降和国内生产量的减少，生产者剩余减少了 a。面积 $c+e$ 是政府收入方面的损失，也就是说，免征 B 国关税并将进口转向 B 国，使政府损失的食糖进口关税收入。其中，c 这部分利益已“转入”消费者增加的福利之中。这样，就剩下图中的 b，d 和 e 需作进一步解释。我们说，b 和 d 这两部分（消费者剩余增加量中的一部分）是因为贸易开辟所增加的“额外”利益。怎么理解这一结论呢？试想贸易优惠政策之前，因关税阻碍了 A 国的食糖进口，“不适当”地保护了国内高成本生产者所带来的生产效率损失（b）。同时，国内价格上涨使消费者蒙受损失（d）。贸易优惠政策实施后进口量增加，国内价格下降。所以，这两部分利益是与“贸易开辟”相联系的利益的增加总量。关于 e 的解释稍有不同。我们说它是优惠政策的“贸易转移”带来的净损失，要理解这一问题，我们需要看看贸易转移前后出口国的成本情况。贸易转移前，A 国从世界其余国家以 ω 的价格进口的食糖量等于 CD；贸易转移发生以后，A 国进口总量中数量为 CD 的食糖来自生产成本较高的 B 国，它每单位食糖的成本高于其他国家 $p\omega$。从整个世界食糖经济的观点来看，经济效益的损失等于 p 与 ω 之差与原先的进口量 CD 的乘积，它是由贸易优惠政策的贸易转移作用所引起的净损失。这样，贸易优惠政策引起的世界利益的总损失就等于 $b+d$ 之和与 e 之差所表示的量。从图 11-1 中，

我们无法简单地对 $b+d$ 是否小于 e 下结论。在本例的假设条件下，它取决于国内供需曲线的弹性以及A国、B国与世界其余国家食糖生产成本差异的大小。直观地讲，本国供需曲线的价格弹性愈大（即曲线愈平缓），或者本国与享受优惠政策的伙伴国之间生产成本的差距愈大，即伙伴国与世界其余国家的成本差异愈小，贸易开辟获得的利益也就愈大。从图11-1中不难直观理解，这样的情况表明图中 b 和 d 这两个三角形面积较大，而 f 的面积缩小。如果本国与享受优惠政策的伙伴国之间成本差异愈小，或本国供需弹性很小，贸易转移导致的损失就愈大。同样，这表明图11-1中 e 的面积较大，b 和 d 的面积缩小。换句话说，从贸易开辟获得的利益来看，如果国内供需弹性大而对方的生产成本接近世界平均水平，A国就应向B国提供贸易优惠。总之，我们评价贸易优惠政策的影响，主要着眼于它的贸易开辟和贸易转移的作用，因为这一政策的利益总是与贸易开辟相联系，而这一政策的损失却与贸易转移直接相关。

第四节 农业贸易保护措施的度量

这一节的内容本应在第七章或第八章就予以介绍。但是，那时我们想集中讨论各种贸易政策对生产、消费、贸易和各方参与者福利的基本影响。到现在为止，我们基本上完成了这一任务。我们在第七章曾经说过，任何农业贸易政策都直接或间接地出于保护目的——保护国内生产者和消费者，或同时保护二者。那么，如何度量农业贸易政策的保护水平呢？要完善地回答这一问题，足以用一整本书的篇幅予以论述。本节首先介绍两个基本概念：名义保护率和实际保护率，然后对贸易经济学文献中关于贸易保护措施的度量方法予以简单的介绍和评述，其目的是让读者了解这一领域的基本动态。

一、名义保护率与实际保护率

名义保护率（Nominal Rate of Protection）是测量农业贸易保护措施的最简单的指标，它表示某种商品的国内价格（P_d）与国际价格（P_w）之间的关系，即 $NRP=(P_d-P_w)/P_w$。如果一个国家的贸易政策只涉及国境政策的话，名义保护率就能从产出的角度正确地反映贸易政策对国内生产者的影响程度。当贸易政策仅仅涉及关税时，名义保护率 NRP 等于某产品的关税率，即 $NRP=(P_d-P_w)/P_w=T$。比如，如果某国对小麦进口征收10%的关税，这样，国内价格将等于国际价格加关税（如果没有其他政策影响的话）。举例来说，如小麦的国际价格为每千克20美分，征收10%的关税后，国内小麦价格将等于20+（20×10%）=22美分，这样，小麦生产者的名义保护率 $NRP=(22-20)/20=2/20=10\%$。这样，国内小麦生产者受政策保护的水平为10%。

但是，小麦生产者受到的保护不仅仅受对其产品进口征收的关税或其他贸易保护措施的影响，也受到对所用生产投入关税水平的影响。例如，对小麦生产所用的投入物如化肥、农药等征收进口关税。这就需要计算包括对中间产品和投入要素在内的一整套贸易政策对小麦生产者的影响。因此，经济学家们提出了实际保护率（Effective Rate of Protection，ERP）的概念。实际保护率的定义是：一个国家的一整套贸易政策使某一产业每单位产出的增加值提高的百分率。某一产业的实际保护率与政府对某一产业征收的进口关税率可以完全不同。

我们仍以对进口小麦征收10%的关税的例子来予以说明。假设政府不仅直接征收小麦进口关税，而且对所有用于小麦的投入要素（如化肥、农药、农用塑料薄膜等）的进口征收5%的关税。同时假设每千克小麦的成本原先为14美分。如前所述，对小麦进口本身征收10%的关税使每千克小麦价格由20美分增加到22美分，假定国内小麦生产成本为每千克14美分，这样，关税后每千克小麦的增加值增加了2美分。对进口生产要素征收5%的关税，将使国内所有相关要素（无论是国内生产或者是进口）的价格都上涨5%，这样，对投入要素征收关税后的国内小麦生产成本上涨到每千克14.7美分。由于每千克小麦的价格仍为22美分（征税后），这样，每千克小麦的增加值就等于7.3美分（对要素投入和小麦产出征税前的增值为20－14＝6美分，即没有贸易政策时的增值额）。按有效保护率的定义，小麦生产的有效保护率 $ERP=(V'-V)/V=(7.3-6)/6=21.7\%$，其中，$V$ 表示没有贸易政策时每单位小麦的增值量，V' 表示贸易政策（包括对投入要素进口征收关税）以后的小麦增值。同一例子中，尽管对小麦这种“最终”产品的关税率没有发生变化（10%），但用实际保护率原理计算的结果却大于名义保护率，这是因为实际保护率考虑了对用于小麦生产的中间产品或投入要素的关税政策。因此，我们可以得出一般的结论：某一产业的收入（或增加值）既受到贸易政策对其投入的影响，也受到贸易政策对其产出的影响。当这一产业的产出受到比其投入更高的关税率保护时，实际保护率就会大于名义保护率。

下面，我们介绍一个计算实际保护率的一般公式。它是根据以上关于对某产业的投入和产出的贸易政策所产生的综合影响来测量的。实际保护率 ERP_j 由下式求出：

$$ERP_j=\frac{t_j-\sum_i a_{ij}t_i}{1-\sum_i a_{ij}}$$

式中：ERP_j 表示对产业 j 的实际保护率；t_j 表示对产业 j 的产出征收的名义关税率（如前例中的10%）；t_i 表示对产业 j 的各项投入 i 征收的名义关税（如前例中的5%）；a_{ij} 则是自由贸易条件下各项投入成本占产业 j 的产值比重，即每项投入的投入产出比率。这一公式很容易根据前面关于实际保护率的讨论予以证明推演，我们在此予以省略。举一个假设的例子来说明这一公式的应用。如果对小麦进口征收10%的关税（t_i），对化肥进口征收5%的关税（t_i），对农药及其他可变投入进口征收4%的关税。并假定各项投入成本占小麦产值的比重（a_{ij}）分别为化肥20%，其他投入40%。这样，小麦的实际保护率 ERP 为：

$$ERP=\frac{t_j-\sum_i a_{ij}t_i}{1-\sum_i a_{ij}}=\frac{0.1-0.026}{1-0.6}=0.185\text{或}18.5\%$$

这一结果表明：当产品的名义保护率大于各项投入的平均关税率时，实际保护率就大于名义保护率。

二、农业贸易保护措施度量方法述评

名义保护率是测量农业贸易保护措施的最简单最常用的方法。只要有可靠的国内价格和国际（国境）价格资料，就可以很容易计算。在贸易政策只包括关税政策时，名义保护率就等于产品的关税率。它最适合于用来分析国内价格政策和关税政策对国内消费的影响。不同产品的名义保护率表明贸易政策对国内消费扭曲的方向。同时，名义保护率也能正确地指出政策对生产刺激的扭曲程度；但是，只有当所有政策都影响产品的生产者价格时，才不至于降低这一指标的解释作用。近来，农业经济文献中又出现了一个与名义保护率相似的概念，即“价格调整缺口”（Price Adjustment Gap）以及相应的测量指标“名义援助率”（Nominal Rate of Assistance）。这一指标不仅反映关税，还包括对农业生产的直接补贴（如差额补贴）。这一方法主要是考虑一些发达国家的农业政策实践（如美国、欧盟等），它们实行的与产品产出相联系的补贴并不反映在国内市场价格的升降之中，因此，这一方法有助于更准确地计量贸易政策对农业的保护水平。

我们前面介绍的实际保护率这一指标，将保护政策的度量方法大大地完善了。它不仅考虑贸易政策对产品价格的影响，而且考虑贸易政策对投入物价格的影响，并度量投入和产出政策对产品的增值（即农业生产者的“净收入”）的综合效应。如果投入物政策在该产业中愈重要，或者如果产品增值（生产者净收入）在产品价格中的比例愈小，这一方法的优越性就愈突出。尤其当研究农产品加工业和畜禽业的保护水平时，由于其“原材料”或中间产品均系农产品，所以，用实际保护率指标就更为合适。但是，实际保护率指标要求大量投入产出之间的技术参数（如各项投入在产出成本中的比重），因此，它带来许多计算上的困难。因此，对同一产业的不同研究很容易产生极其不同的结果。这样，实际保护率方法的局限性是非常明显的。此外，那些影响农业中土地、资金和劳动力等要素利用的政策（如对农业投资的补贴），并不直接影响产品的增值，因此无法用传统的实际保护率方法去度量。基于这些考虑。经济学家们将实际保护率所用的增值概念推演到对利润水平的分析，这就是“国内资源成本”（Domestic Resource Costs）分析法，它广泛地被应用于经济发展政策中对农业系统的私人获利率与社会获利率的比较研究。“国内资源成本”（DRC）分析除了要求实际保护率所有信息以外，还要求计量要素市场的政策影响。像土地、劳动力和资金这类生产要素及其成本的计算会非常复杂，人们认为，许多国家的农业政策都包括对要素市场的广泛干预。因此，不包括对这类市场影响的农业保护政策的测量指标是不完善的。

关于贸易政策的影响作用的度量，农业经济学界近几年来在研究中包括了对宏观经济政策影响的度量。他们认为，汇率问题对发展中国家的农业影响很大，尤其是许多国家持续地使汇率定值过高或者定值过低，这扭曲了国内农业经济和贸易。虽然对汇率扭曲作用的研究并不能增加任何新的信息，以及探讨贸易政策在可贸易性商品之间的资源配置的扭曲程度，但它有助于了解政策对可贸易性商品和非贸易性商品之间的扭曲。世界银行在1988年出版的一系列研究报告中，就利用这一观点研究了18个主要发展中国家宏观经济政策（尤其是汇率政策）的间接影响。如果研究的目的是在于度量所有政策对某一部门（如农业）的总体效应时，包括汇率扭曲研究就非常重要。但汇率政策并不是针对某一部门的保护措施。所以，目前的大量研究并不将它纳入农业贸易保护的度量体系中去。

迄今为止讨论的度量农业保护水平的所有指标都是“部分”指标。这可从两方面去认识。第一，它们不考虑贸易政策在国内经济中的总体均衡效应，只着眼于单个产品或单个部门的局部均衡效应。第二，它们都以简化的“小国”假设为前提条件。从理论上讲，完善的度量方法应包括这两个方面的内容，既要考虑政策的总体均衡效应，又必须视其具体情况，引进“大国”的概念，这样才能充分地评价贸易政策的全部影响。但是，这样做无疑增加了分析的复杂性和指标度量方法的不易操作性。这种分析方法必须超越纯粹的统计分析，要求对反应弹性的全面假设基础上的完善的一般均衡模型分析。因此，目前这种方法只限于少数拥有高层次的理论和方法论研究人员的机构。

最后，介绍一下在乌拉圭回合谈判中引起各界广泛注意的一种测量方法，即国内农业政策影响的“生产者补贴等值”（Producer Subsidy Equivalence，PSE）以及相应的“消费者补贴等值”（Consumer Subsidy Equivalence，CSE）概念。它们是美国、欧盟和“凯恩斯集团”（Cairns Group）为“乌拉圭回合”谈判提出的农产品贸易谈判的一个度量指标。加拿大和北欧集团 4 国也提出了相似的但名称不同的概念（它们叫做“贸易扭曲等值”，即 Trade Distortion Equivalence，TDE）。生产者补贴等值（PSE）最早用于“经济合作与发展组织”（OECD）对成员农业政策和农业贸易的分析报告。生产者补贴等值是这样定义的：政府为稳定农业收入所必需用来支持各种实际农业政策的单位产品的生产者补贴水平。它可以被看做是国内价格政策和非价格政策相联系的政策转移的“现金值”。消费者补贴等值的定义方式与生产者补贴等值基本相同。生产者补贴等值指标与其他测量贸易保护措施的指标有什么联系呢？根据它最初采用时的定义与实际保护率指标非常相似，它也包括投入物政策，但不包括要素市场政策的影响。最初的生产者补贴等值指标不包括非农业政策的影响。例如其他部门政策（如对能源的关税政策），也不包括宏观经济政策（如汇率扭曲政策），甚至不包括对农业投入的政策（如畜牧业生产中的饲料价格）。但是，它包括了那些在产品价格中没有反映出来的补贴和税收政策。随着这一方法的广泛采用，尤其是它在多边多国贸易谈判中被政治决策者们广泛接受，这一指标正在不断完善，力图包括以上未被度量的政策。生产者补贴等值指标以小国假设为条件，并基于现行国际价格，它表示为每单位产品所享受政府补贴的货币单位（如每吨小麦的生产者补贴等值为 40 美元），或者表示为对某部门（或产业）补贴的货币总量，或者表示为占国内生产者实际收入的百分比（如美国的水稻生产者补贴等值相当于水稻生产收入的 60%）。这样，生产者补贴等值指标避免了实际保护率指标中产品增值比例较小时所引起的问题。作为一个综合测量指标，生产者补贴等值能包括范围广泛的农业政策所产生的影响。它把所有有利于生产者的政策都看做是对生产者的（正）补贴（税收则用负数表示），这样，就使这一指标更能反映政府贸易政策对农业的保护水平。

与补贴等值相关的另一个指标是“综合支持量”（AMS）。按照世界贸易组织《农产品协议》的定义，综合支持量是指“给基本农产品生产者生产某种特定农产品提供的，或者给全体农业生产者生产非特定农产品提供的年度支持措施的货币价值”。通俗地说，综合支持量是扶持农民的国内政策支出之和。在计算上，既按单项农产品计算，也按农产品总体计算；既计算总量，也计算占产值的比例。作为衡量一国国内农业支持的指标，综合支持量等于农产品的国内价格与国际价格的差额乘以符合支持标准的商品量，再加上不按产量或价格提供的国内补贴的总和。目前，综合支持总量是世界贸易组织《农产品协议》所认可的对农业保护的测量指标。

复习思考题

1. 进口国有哪些行政保护措施？
2. 国际农产品贸易中的技术性贸易壁垒有什么特点？

3. 何谓贸易创造与贸易转移？
4. 什么是名义保护率？什么是实际保护率？
5. 农业贸易保护的主要衡量指标有哪些？
6. 什么是关税结构与关税升级？

第十二章

货币汇率与农业贸易

20 世纪 70 年代以来，国际金融系统发生了惊人的变化。60 年代末的美元危机，最终迫使美国政府于 1971 年 8 月 15 日宣布美元汇率浮动，从而结束了布雷顿森林体系（Bretton Woods System）的固定汇率体制。这一变化的部分结果是大多数贸易国之间货币汇率的逐日变动日益加剧。这表明一个国家的货币相对于其他国家的货币价格变得更为灵活，并处于不断的变化之中。这种不断变化的浮动汇率对农业贸易政策的决策具有十分重要的影响。汇率变动很容易使任何农业商品政策对贸易、生产和价格的期望效应受到阻碍或完全丧失殆尽。由于汇率的调整对贸易总量和贸易总值产生深刻的影响，因此，对学习农业贸易和贸易政策的学生来说，有必要具备关于汇率变动如何影响商品市场和价格的起码知识。

各个国家之间的货币汇率是一国货币用其他国家的货币所表示的价格，或者说一国货币与其他国家货币的交换比率。在某一特定时期内，汇率代表国内商品与劳务的价格（成本）从国内经济进入国际经济舞台的交换条件。汇率调整属于宏观经济的范畴，作为一种宏观经济手段，汇率调整将影响经济中的所有部门和（几乎）所有产品以及各种职业。因此，单个商品或特定产业部门的经济利益受制于总体经济力量和政策。这样，浮动汇率体制与固定汇率制相比，传统贸易政策的决策自由将更小，风险也更大。

汇率对贸易的影响，涉及对国际金融的研究，这是一个非常复杂、变幻莫测的领域。一位著名经济学家对此有这样的描述："对国际金融的研究，很像是到另一个星球上去旅行。这是一块陌生的土地，……它聚居着各种各样奇奇怪怪的生物——套期保值者、套汇者，苏黎世妖魔，隧道中的蛇，滑动幅度，蠕动式钉住和干预浮动等。在这样一个领域里，如果不对通常的微观与宏观经济理论作重大修改，是不可能应用的。"基于本书的目的，我们在本章中对货币汇率的研究，将避开这些"奇怪的生物"。事实上，哪怕是对外汇市场和汇率决定进行简单的讨论，也需要再写一本小册子。那是国际金融课要专门研究的内容。在本章中，我们将把国际金融市场的变化及其对汇率的影响当做给定的条件。我们不讨论国际金融市场本身的运行机制以及汇率为什么发生变化，而是集中研究汇率变化对农产品国际贸易的主要影响。具体来说，我们在本章的任务是：①介绍关于汇率的一些基本概念；②探讨汇率变化对国际商品市场及其价格的局部静态影响；③简单地讨论汇率定值偏高和偏低对贸易的影响以及复汇率问题。

由于我们的分析只限于汇率对农产品市场的局部均衡影响，因此，我们不用涉及它的反馈作用对整个经济的影响。这样，我们就可以避开国际收支问题，也不用讨论汇率调整的动态机制、货币交易的远期市场以及汇率与通货膨胀等问题。尽管这些问题非常重要，但它们已超出了本书的范围。即使这样，对于汇率问题的讨论和思考也显得非常复杂。为了简化问题的讨论，我们用一个非常简化了的分析框架，即仅仅涉及三个进出口国的贸易情况的局部均衡分析。

第一节　关于汇率的一些基本概念

看看三个贸易国（如美国、俄罗斯和中国）的三种货币：美元、卢布和人民币。假设这三种货币能够在国际货币市场上进行自由的买卖，这样，每种货币都可以看做是一种“商品”，每种货币在任何时候（如某一天）都有一个具体的、以其他两种货币之一表示的价格。对美元来说，它有一个卢布价格和人民币价格。例如，美元的卢布价格（可以写成卢布/美元）是卖出 1 美元获得的卢布数量。同样，对卢布来说，也有一个美元和人民币表示的价格，而每元人民币也有相应的美元价格和卢布价格。这样，三种不同货币之间就有六种可能的货币价格的表示法，或者说有六种可能的汇率。不过，其中有三种汇率仅仅是另三种的倒数，比如说，1 美元可以换 2 卢布（即卢布/美元＝2），同样，出售 1 卢布就能得到 0.5 美元（即美元/卢布＝1/2＝0.5）。即使不考虑这三个倒数关系的汇率后，剩下的三个汇率也只反映两个完全独立的汇率。在竞争性货币市场上，当两个汇率确定以后，第三个汇率也就自然地确定了。为了说明这一问题，假定我们有一定数量的美元，我们直接地面临两个国际市场汇率，即 1 美元能交换的卢布数量（卢布/美元）和 1 美元能获得的人民币数量（人民币/美元），其他人用卢布和人民币交换的美元数量与上面两个汇率成倒数关系，即美元/卢布、美元/人民币。

假设我们已知两个市场汇率，作为美元持有者，我们面临的汇率为：

卢布/美元＝0.1　　(12.1)

人民币/美元＝0.2　　(12.2)

除了公式（12.1）和（12.2）的倒数关系以外，三国贸易中有意义的另一汇率是每单位人民币交换的卢布数量（卢布/人民币）。但是，卢布与人民币的汇率已经由上面两公式隐含地给出，即：

卢布/人民币：（卢布/美元）÷（人民币/美元）　　(12.3)

＝0.1÷0.2＝0.5

也就是说，0.5 个卢布就可以交换 1 元人民币；或者说，2 元人民币才能换一个卢布。如果超出三个贸易国，我们可以证明，四个贸易国将有三个独立的汇率，五个国家就有四个独立的汇率，依此类推。更一般的，n 个国家的贸易（假设彼此的货币能自由交换）将有 $n-1$ 个独立的市场汇率。

如果美元值下降，美元持有者获得的卢布或人民币将比以前减少。这时，我们说美元贬值或者美元汇率下降。相反，如果美元值增加，美元持有者将获得比以前更多的卢布和人民币。这时，我们称美元升值，或者说美元汇率上涨。如果美元相对于卢布贬值，相反，它意味着卢布相对于美元而升值。当你出售 1 单位美元获得的卢布减少时，也就是指你出售 1 单位的卢布获得的美元将增加。如果美元相对于卢布升值但相对于人民币贬值，市场上人民币的币值相对于卢布必然升值，否则，外汇商就可以通过对三种货币市场的套利活动获取巨额利润。例如，卖出美元，买进卢布，再卖出卢布购进人民币（以原来不变的人民币/卢布兑换率），最后再卖出人民币，买进美元。这样一倒手，同量美元最后就可换回更多美元。如果开始时美元、卢布和人民币的比值为 1∶1∶1。假设美元对卢布相对升值，即卢布/美元＝2/1＝2，同时美元对人民币相对贬值，即人民币/美元＝1/2＝0.5。如果我们一开始时只持有 1 美元，按变化前的汇率只能买 1 卢布或 1 元人民币。美元变化后，如人民币与卢布不作相应变化，我们可以用这 1 美元获取巨利：先用 1 美元买进 2 卢布，然后卖掉卢布买进人民币，这样以卢布与人民币的旧汇率，就可得到 2 元人民币；再卖掉这 2 元人民币买进美元（以新汇率），我们可以得 4 美元。只要人民币与卢布的汇率仍然不变，我们就可以无限地倒手并获取巨额利润。事实上，只要货币市场运转正常，美元相对于卢布贬值以后，货币持有者和货币购销商的行为方向就与上面的例子相同，从而导致的市场压力将推动人民币相对于卢布的市场价格发生变化。这个例子表明，国际金融市场上的货币汇率之间将发生连锁反应，但各自也可以独立地做出调整。

第二节　汇率对贸易的影响：基本分析框架

我们在前面各章的讨论中，一直隐含地假设一种货币以固定不变的汇率交换另一种货币。因此，在国际贸易中以何种货币表示商品价格的问题对我们的理论探讨并不重要。现在，我们放松这一假设，看看货币汇率的变化对国际商品市场的局部均衡有什么影响。在这一节中，我们以美元作为讨论问题的中心货币。这样做可以是出于纯粹的任意选择，或者是因为许多产品的国际价格以美元标价，也可能因为美元是一种主要货币。无论什么原因都不会影响我们对问题的讨论。总之，为分析方便，我们必须确立一种货币作为参照基准。在本章以下的讨论中，我们假定俄罗斯一直是某种农产品（如大米）的净进口国，中国一直是（大米的）净出口国。这些假设也是为了讨论问题的方便而给定的。以上假设表示在图 12 - 1 下半部的两个图形中。俄罗斯的大米过剩需求以卢布作为定价货币，并由 ED_B 表示，中国的大米过剩供给以人民币为定价货币，并由 ES_C 表示。

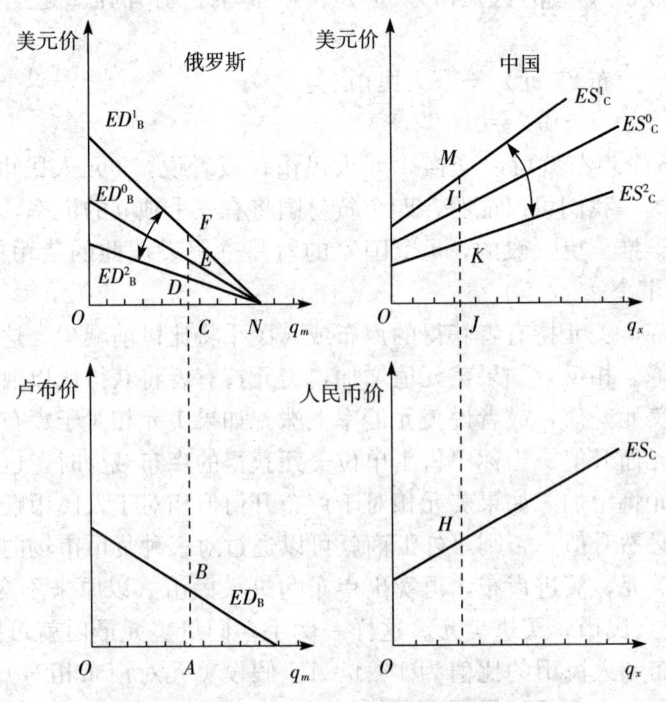

图 12 - 1　汇率变化对商品价格的影响

图 12－1 上半部分的两个图分别表示俄罗斯和中国的过剩需求和过剩供给曲线。他们均以美元为标价货币，而横轴与下半部分相同，也分别表示进出口量。在美元与卢布和美元与人民币最初的汇率条件下（假设 1 美元＝1 卢布＝1 元人民币），图中的 ED_B 与 ED_B^0 相同，ES_C 与 ES_C^0 也一样（只是 ED_B 和 ES_C 分别以本国货币表示，而 ED_B^0 和 ES_C^0 均按一定的汇率以美元表示）。在本图及以下的图示中。过剩供需曲线的上标（如 ED_B^0）表示本图原来的相应曲线按一定汇率换成以美元表示的对等形式。为了进一步说明这一问题，我们在俄罗斯和中国的图形中水平轴方向任选一点 A 和 G。对俄罗斯而言，下图中纵轴方向 AB 等于上图的 CE。对中国而言，下图中的 GH 等于上图中的 JL。这是因为我们假设最初的汇率为 1 美元＝1 卢布＝1 元人民币这一条件所致。我们用各图纵轴方向的这些线段（如 AB、CE 等），是为了说明汇率变化以后 ED 和 ES 曲线的相对位置怎样变化。

首先，假定卢布和人民币相对于美元都升值了，也就是说美元对所有货币（本例中为卢布和人民币）都贬值了。这样，每个卢布比以前兑换更多美元。所以，以卢布表示的 ED_B^0 换成以美元表示时，就使其从原来的 ED_B^0 移向 ED_B^1 在进口量等于 A 点时，以美元表示的新的过剩需求曲线将经过 F 点，而不是从前的 E 点。EF 与 CE 的比率度量卢布的升值程度。同样的道理使中国的过剩供给曲线从 ES_C^0 移向 ES_C^1，而 ZLM 与 JL 的比率度量人民币对美元的升值程度。从以上讨论可以看出，美元的汇率下降（美元贬值）使俄罗斯用美元表示的进口需求以 N 点从原心转向右边。相反，美元汇率下降使中国的出口过剩供给曲线（用美元标价）向左上方转动。美元（相对于卢布和人民币）贬值愈多，ED_B^1 和 ES_C^1 离 ED_B^0 和 ES_C^0 相应地就更远。如果卢布和人民币相对于美元贬值的话（即美元升值）；就以完全相反的形式使图 12－1 中的 ED_B^0 和 ES_C^0 分别移向 ED_B^2 和 ES_C^2。这时，美元相对于卢布和人民币的汇率上升了。美元相对于卢布和人民币的升值使以美元计价的过剩需求曲线向左下方移动，成为 ED_B^2，相应的过剩供给曲线移向左下方，成为 ES_C^2。CD 与 CE 的比率表示卢布贬值的程度，而 LK 与 JL 的比率则表示人民币贬值的比率，美元升值率愈多，ED_B^2 和 ES_C^2 移动得就愈多，卢布和人民币的贬值率也就愈大。

由于货币汇率的变化是每单位值的比例变化，负数斜率的过剩需求曲线以数量轴（横轴）的某一点为中心（如图 12－1 左上图的 N 点），绕纵轴沿顺时针方向旋转（俄罗斯货币贬值的情形）或沿逆时针方向旋转（货币升值的情形）。

正数斜率的过剩供给曲线也以数量轴的某一点为中心，图 12－1 左上图，但应该延伸到第四象限（故未画出）。绕纵轴（美元表示的价格）沿逆时针方向旋转（中国货币贬值的情形），或沿顺时针方向旋转（中国货币升值的情形）。

从美国和美元的角度来看，美元贬值使其他国家的过剩需求曲线向右上方移动，而使其他国家的过剩供给曲线向左上方移动。美元升值（或美元汇率上升）的影响则刚好相反，在该例中，它使俄罗斯的过剩需求曲线向左下方移动，使中国的过剩供给曲线移向右下方。以上讨论完全集中于探讨三种货币汇率的可能变化使过剩需求（进口国）和过剩供给的影响。这一讨论是以美元为中心展开的，即我们将其他两个国家的供需曲线用美元计价的形式表示，并将它与相应的以本国货币计量的曲线进行比较。我们的讨论表明，汇率的变化相当于改变了过剩需求（进口国）和过剩供给（出口国）。那么，汇率的变化对国际贸易与商品价格有什么影响呢?

要回答这一问题，我们需要将过剩供给曲线与过剩需求曲线结合在一起，然后让汇率发

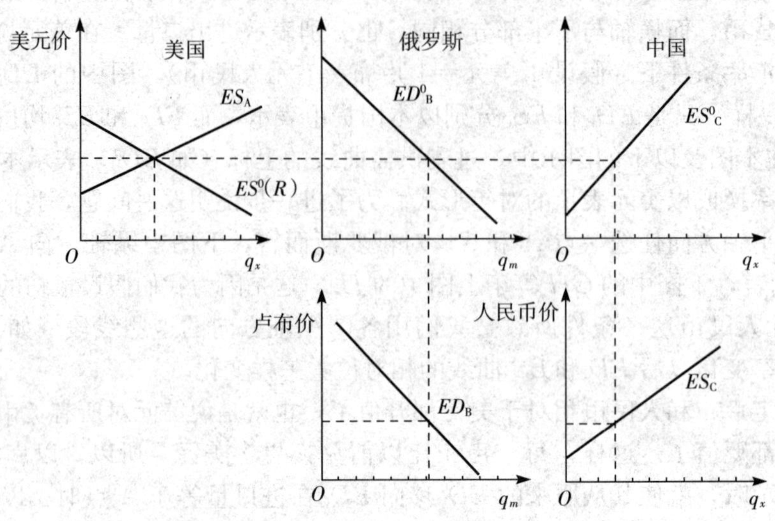

图 12-2　固定汇率条件下三国贸易均衡

生变化。为使问题的讨论比较简单，我们像前面一样，仍然把美元看做是主要的国际交换媒介。同样，我们仍然假定俄罗斯是大米净进口国，中国为大米净出口国。如果美国是大米净出口国，则俄罗斯是美国大米的“国际顾客”，中国是美国大米的竞争国。如果美国是大米净进口国，俄罗斯的进口需求也需要由中国供给，中国是唯一的供给来源（前面曾假定国际大米市场只有这三个国家参与，这一假设并不影响我们的结果对现实世界的应用，因为我们可以将本例中的俄罗斯换成“所有大米进口国”，把中国换成“其他的大米出口国”，其分析方法也是一样的）。图 12-2 是根据图 12-1 扩展的，右边上下方共四个图与图 12-1 最初的情况完全相同。美国的情况用左上方的图表示，它是大米净出口国。美国的过剩供给曲线为 ES_A，世界其他国家对大米的过剩需求曲线用 ED^0（R）表示，它们都是以美元价格表示的。ED^0（R）是根据 ED^0_B 和 ES^0_C 在各个美元价格水平上的水平轴之差。当美元、卢布和人民币之间的汇率固定时，图中虚线表示各种货币的均衡价格和各国的进口（或出口）数量（即美国的出口量，俄罗斯的进口量，以及中国的出口量）。相似的，如果具体情况需要，我们可以画一个与图 12-2 相似的图形，以美国作为大米的净进口国。这时，作为进口国将有一条过剩需求曲线，以及一条代表世界其余国家的过剩供给曲线 ES^0（R），它是中国的过剩供给 ES^0_C 和俄罗斯的过剩需求 ED^0_B 之间的水平轴方向的差额。

第三节　汇率变化的贸易效果

在我们所讨论的三国贸易中，汇率变化对贸易的影响有六种形式需要考虑。仍以美元为基准，六种形式中有三种形式是美国作为进口国的情形，有三种形式是它作为出口国的情形。每一种情形都包括三种货币中的任一种相对于其他两种货币的升值或贬值。下面我们列出这六种情形的基本特点并区分美国进出口地位的不同情形（仍以美元为中心展开讨论）。当美国是大米的净出口国时，我们要考虑：

情形 1. 美元相对于卢布和人民币同时升值或贬值　这种情形将讨论：一个出口国的币

值相对于其进口国和出口竞争国的币值同时发生变化时，该出口国将面临的变化。

情形 2. 卢布相对于美元和人民币同时贬值或升值　这种情形将讨论：当一个主要进口国的币值相对于所有出口国的币值发生变化时，出口国将面临的变化。

情形 3. 人民币相对于美元和卢布同时贬值或升值　这种情形将讨论：当一个或多个出口竞争国的币值相对于世界其余国家（包括进口国）的币值发生变化时，该出口国地位的变化。

当美国是大米净进口国时，我们要考虑：

情形 4. 美元相对于卢布和人民币同时贬值或升值　这种情形将讨论：一个进口国的币值相对于产品供给国和其他进口国的币值同时发生变化时，该进口国将面临的变化。

情形 5. 卢布相对于美元和人民币同时贬值或升值　这种情形将说明：当一个与之竞争进口的国家的币值相对于自己（进口国）和所有出口国的币值同时发生变化时，该进口国将面临的变化。

情形 6. 人民币相对于美元和卢布同时贬值或升值　这种情形将讨论：当出口国的币值相对于所有进口国同时发生变化时，该进口国地位的变化。

根据本章的目的，我们没有必要讨论以上关于汇率变化的全部六种情形。我们只对其中三种情形进行解剖，从这三种情形的分析过程中，读者可以自己去对其他三种（或更复杂的）情形作相应的分析。由于基本思路和方法相似，所以这是不难做到的。下面将要详细讨论的是情形 1、2、4 这三种情况。

一、美元汇率变化：美国为出口国（情形 1）

假定美元相对于卢布和人民币同时贬值或升值，但卢布和人民币的相对价格仍然保持不变。我们用图 12 - 3 来讨论这种情形。美元汇率的变化使以美元表示的过剩需求曲线绕纵轴沿顺时针方向旋转（美元贬值时），或沿逆时针方向旋转（美元升值时）。过剩供给曲线的变化方向刚好相反。汇率变化之前各国的贸易情况由图 12 - 3 中的虚线所示。因此，汇率上升或下降都会使价格、生产和贸易的最初模式发生变化。

我们先看看美元贬值的情形。与汇率变化前相比，美元兑换进口国（俄罗斯）的货币数量减少，兑换其他出口竞争者的货币（人民币）也会下降。在图 12 - 3 中，这一变化的影响表示为过剩供需曲线的移动：俄罗斯的过剩需求曲线从 ED_B^0 沿顺时针方向移向 ED_B^1，中国的过剩供给曲线沿逆时针方向从 ES_C^0 之移向 ES_C^1。也就是说，美元汇率下降使进口国货币相对升值，从而导致进口需求增加，而美元汇率下降使出口竞争国的货币相对升值，这意味着单位产品换汇（以美元计算）折合成国内货币量下降，从而导致其出口供给的下降。这两者共同作用的结果，使美国作为出口国面临的世界总的过剩需求增加，这在图 12 - 3 中表示为 ED^0（R）移向 ED^1（R）。如果其他条件不变的话，仅汇率变动（美元汇率下降）的结果，使美国出口量增长，如图 12 - 3 中最左边的图形所示。

由于美国面临的世界过剩需求增加了，这就使产品（大米）的美元价格上涨。尽管产品的美元价格上涨了，但是美元本身的贬值使产品的卢布价格和人民币价格却下降了，这一结论可以从图 12 - 3 的下边两个坐标图中直观了解。这一变化的结果是：俄罗斯的进口量增加（因为用卢布折算的单位大米的价格下降了，进口变得更便宜），中国的出口量下降（因为用

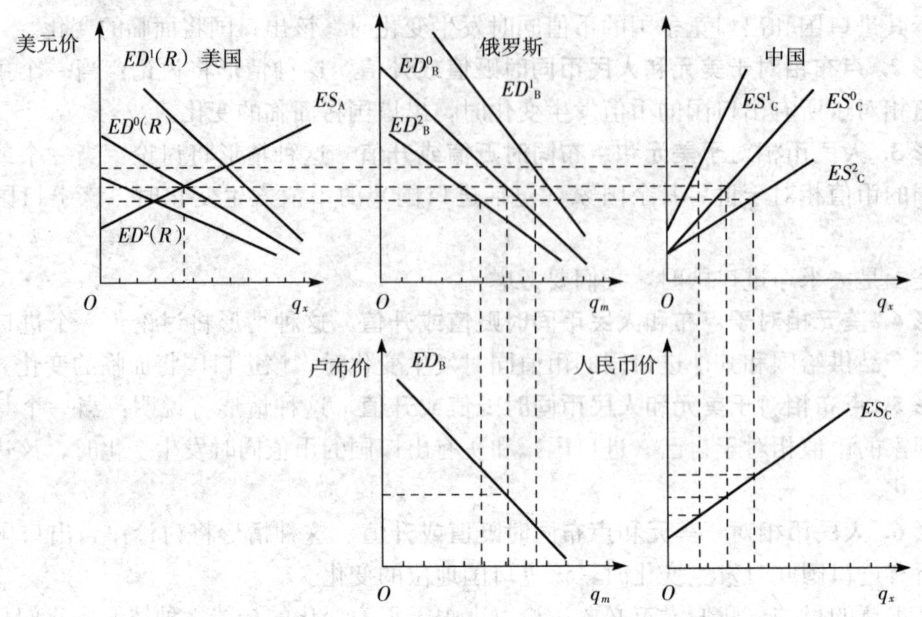

图 12-3 汇率变化的贸易效应：美国为出口国

人民币折算的大米价格下降使出口更不合算)。进口总量增加而其他出口国出口量下降，结果使美国大米的出口市场份额扩大了。因此，我们可以说，出口国的货币（美元）贬值对国际价格的作用有两个方面：一是产品的美元价格上涨，一是用其他货币表示的产品价格下降。一个主要出口国汇率的这一变动显然有利于进口国和货币贬值的出口国，而不利于与之竞争的其他出口国（如本例中的中国大米出口）。

如果其他条件都不变的话，美元升值（或美元汇率上升）的影响与贬值的情形刚好相反。图 12-3 中 ED^0_B转向 ED^2_B，ES^0_C转向 ES^2_C，反映了这一汇率变化所引起的结果。这些变化表明，俄罗斯的进口需求下降，出口竞争国（中国）的供给量增加。结果，美国面临的世界其余国家的过剩需求净额下降，即 ED^0（R）转向 ED^2（R）。在其他所有条件不变的情况下，由于出口竞争国（中国）在国际市场上竞争力加强，使美国沿 ES_A曲线减少出口。道理与前面美元贬值的情形基本相同。由于商品的美元价格下降（美元升值的直接结果），而以卢布和人民币表示的商品价格同比例上涨。这样，商品卢布价格上涨推动总出口量下降，而商品的人民币价格上涨又推动中国出口的增加。这两者的共同作用同时挤压着美国，从而使其比以前更低的美元价格条件出口较少的商品，使美国的出口市场份额减少。这样，一个主要出口国（如美国）的货币升值对价格的影响也表现在两个方面：一是商品的美元价格下降，一是以其他货币表示的产品价格同时上涨。显然，一个主要出口国的货币升值政策，将不利于本国出口产品的生产者，使出口收入下降，但它有利于与其竞争出口的贸易伙伴。

二、所有出口国的币值发生变化：美国仍为出口国（情形 2）

这种情形讨论的是两个出口国（美国和中国）的币值相对于进口国俄罗斯都发生变化，为简单起见，我们假定美元和人民币相对于卢布同时都发生变化，但美元和人民币之间的汇率仍保持不变。图 12-4 就表示这种情形的变化。与图 12-3 一样，汇率变化前的情形由虚线作相应的表示。这时，美元和人民币相对于卢布同时贬值或升值，使俄罗斯的过剩需求曲线（以美元价格表示）绕 ED_B^0向两个方向移动，这两个出口国的货币同时贬值使俄罗斯的过剩需求移向 ED_B^1，结果，美国所面临的世界其余国家的过剩需求也从 ED^0（R）移向 ED^1（R）。注意，这时中国的过剩供给曲线 ES_C^0并不发生变化，原因是美元相对于人民币的值并没有任何改变。这样一来，以美元和人民币表示的商品价格都上涨，从而使美国和中国的出口量都扩大了。与此同时，以卢布表示的商品价格下降（因卢布相对于美元和人民币同时升值），结果，俄罗斯的进口量增加了，其进口增加量刚好等于美国和中国出口量增加的总和。那么，美国和中国这两个出口国各增加了多少出口量呢？也就是说，俄罗斯增加的进口量中，美国出口和中国出口的增加各占多少份额呢？它完全取决于两国的过剩供给曲线 ES_A^0和 ES_C^0的相对价格弹性。几个出口国的货币同时贬值（相对于进口国货币），从而使每个出口国的贸易增加量要少于只有一个出口国货币贬值的情形。一般来说，过剩供给弹性愈大的出口国，其出口量的增加占出口量总增长的比例也愈大，相反则会更小。这个道理似乎不难明白。过剩供给的价格弹性愈大的出口国对汇率变化引起的价格上涨反应更为敏感，每单位的价格上涨将导致更多的出口增长，从图 12-4 中可以看出，如果 ES_C^0弹性更大些（即更倾向于水平轴），那么，中国的出口量增长也将多些。

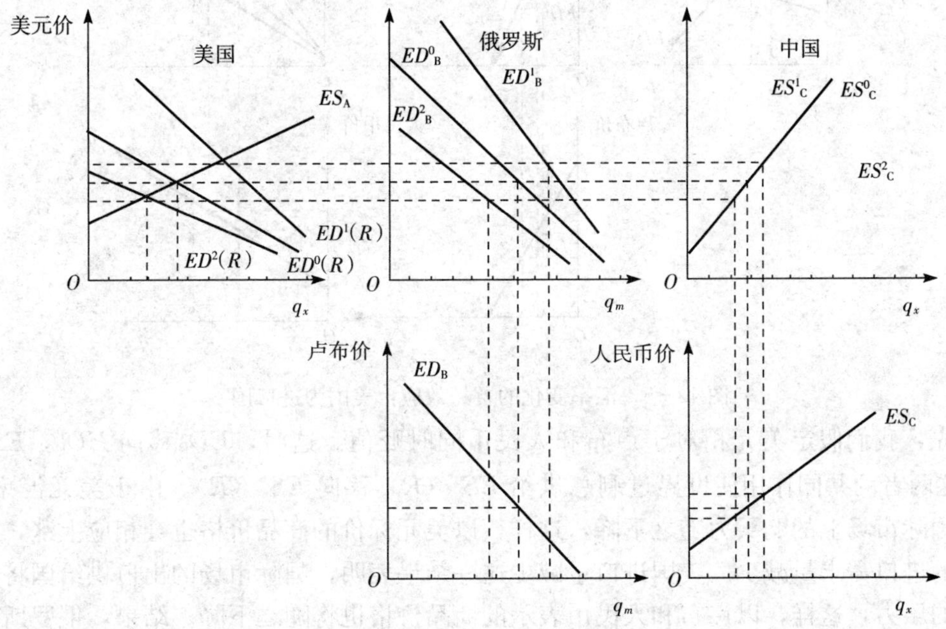

图 12-4 所有出口国汇率同时变化的贸易效应

关于美元和人民币同时升值（相对于俄罗斯卢布）的情形，其结论与贬值的情形完全相反，在图 12-4 中，这时 ED_B^0移向 ED_B^2，ED^0（R）移向 ED^2（R）。两个出口国货币同时升值对价格的影响表现在两方面：商品的美元价格和人民币价格同时下降，而商品的卢布价格则上涨。这样，商品的卢布价格上涨迫使俄罗斯调整进口量，使进口总量减少，而以出口国货币表示的商品价格下降则引起升值货币的出口国减少出口量。与前面的道理一样，两个出口国出口量减少的份额取决于它们过剩供给曲线的相对弹性。弹性较大的出口国减少的出口量要多些。

三、美元汇率变化：美国为进口国（情形 4）

从某种意义上说，这一情形与第一种情况比较相似，都是美元相对于卢布和人民币贬值，但这里美国的贸易地位与第一种情况不同：第一种情况美国为出口国，这里的情形是美国为进口国。美国贸易地位的变化并不改变俄罗斯和中国在图形上的表示方法。图 12-5 右边的两个图仍然分别代表俄罗斯和中国，它与图 12-3 的情形是一样的。但是，美国贸易地位的变化使我们对美国的过剩供需曲线的讨论与图 12-3 完全相反。图 12-5 最左边表示美国的进口地位。ED_A表示各个美元价格水平上美国对进口的过剩需求。这时，美国面临的世界供给 ES（R）是中国的过剩供给曲线 ES_C^2 与其他进口国的过剩需求 ED_B^0（在各个美元价格水平上）的水平方向之差。同样，我们用虚线表示汇率变化前的世界均衡情况。

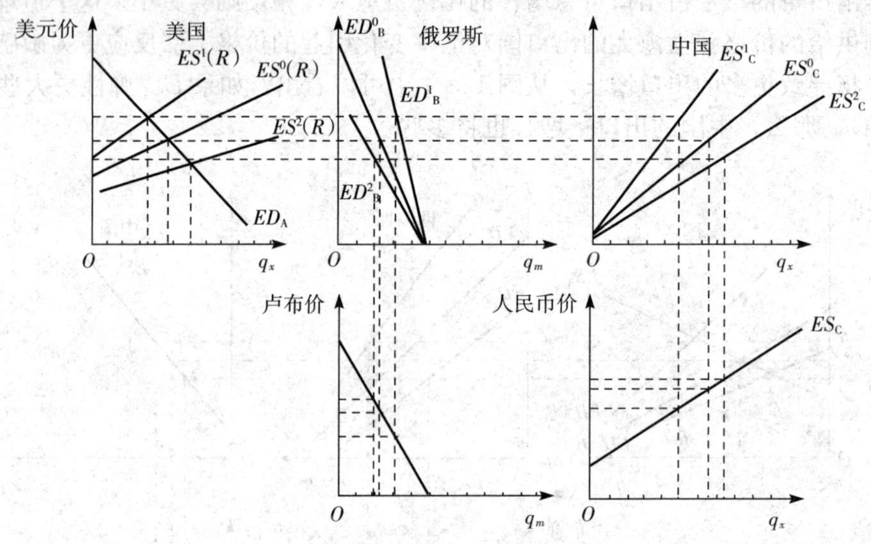

图 12-5　汇率变化的贸易效应：美国为进口国

首先，我们假定美元相对于卢布和人民币同时贬值。这时，ED_B^0移向 ED_B^1，ES_C^0移向 ES_C^1，这两者的共同作用使世界过剩总供给 ES^0（R）移向 ES^1（R）。由于美元汇率下跌，美元在国际市场上的购买力随之下降，这样，以美元标价的商品价格也会相应上涨，从而导致美国的进口需求量减少。美国进口量减少这一结果表明，国际市场的出口供给国将承受价格下降的压力，这样，以卢布和人民币表示的商品价格也将随之下降。结果，俄罗斯将以更低的价格（以卢布表示）增加进口，中国则因以人民币表示的商品价格下降而减少出口供给。这样，进口国（美国）的货币贬值使该国进口需求减少，使其他进口国（如俄罗斯）进口增加和国际市场上总供给下降，从而实现新的世界贸易均衡。因此，一个主要进口国货币贬值对价格的影响表现在两个方面：一是货币贬值国的国内价格上涨，一是其他国家（包括进口国和出口国）国内价格下降。

一个主要进口国（如本例中的美国）的货币升值对贸易、价格和市场份额的影响与贬值的情形刚好相反。货币升值后，货币升值国的国内价格下降，以其他货币表示的产品价格上涨。结果，美国的进口量增长，出口国对国际市场的供给量增加，其他进口国（如俄罗斯）

的进口量下降。在图 12-5 中，这表示为 ES_C^0移向 ES_C^2，ED_B^0移向 ED_B^2，两者共同作用的结果是美国面临的世界市场的总供给 $ES^0(R)$ 转向 $ES^2(R)$。

第四节　汇率定值高低的经济影响

经济理论和常识都告诉我们，如果国际货币市场具有自由竞争的运行机制，各国货币之间最终总能达到一种均衡汇率。由于货币汇率从本质上说代表这种商品的国际价格，因此，均衡汇率就总是会受国际交易中所有经济的、政治的和社会因素的综合影响。无论汇率是如何决定的，它都会处于动态的变化之中。但竞争市场均衡汇率的变化，与各国政府改变货币的相对币值这种行政干预引起的变化是不同的。当政府对汇率的决定实行干预时，相对于外国货币的本国货币值可以定得更高或更低，人为地改变本国货币对外国货币的汇率，从而出现汇率定值偏高或偏低。在实践中，所谓汇率定值偏高或偏低都只是经过某种分析后的主观结论，因为人们一般并不知道市场均衡汇率水平（如果用更复杂的经济学模型，可以模拟出各种货币的市场均衡汇率）。

政府对汇率决定的干预可以采取直接的方式，也可以采用间接的方式。政府对汇率的直接干预表现为：①政府确定对各种货币的官方汇率，然后用行政手段实行外汇管制，限制国内的外汇使用和外国对本国货币的获得；②政府通过国际货币市场，买卖足够数量的本国货币和外国货币，从而使国内货币的国际价格（本国货币对其他货币的汇率）保持在某一特定的期望水平上，或者将汇率的变化控制在比较小的幅度内。政府对汇率的间接干预方式很多，如通过持续地影响国内货币供给、通货膨胀、利息率或其他宏观经济因素，从而间接地使本国货币汇率定值偏高或定值偏低。汇率是否定值偏高（或偏低），是由什么原因引起的，为什么政府要对汇率进行这些干预，这些是国际金融和宏观经济学要研究的问题。本节只简单地说明用间接干预措施使汇率定值偏高和偏低对商品市场的价格、贸易以及产品生产和消费的基本影响。

一、汇率定值偏高的经济后果

由于我们把汇率和本国货币（相对于其他货币的）汇率两个词同等使用，因此，汇率定值偏高也相当于说本国货币（相对于其他货币）定值偏高。比如，美国使美元定值偏高，也即指美元对其他货币（如卢布、人民币等）的定值偏高。如果美国在外汇市场上持续地抛售卢布和人民币（假设这两种货币自由交易），购进美元，那么，只要美国有能力抛售卢布和人民币，就表明美元定值偏高。为什么呢？这是因为美元价格比均衡价格要高。假定最初的汇率是：1 美元＝0.8 卢布＝4.7 元人民币。美国政府不断购买美元将会使美元汇率上涨。比如说，变成：1 美元＝0.96 卢布＝5.65 元人民币。这是从美元供需变化的角度来分析的，即美国抛售卢布和人民币，使国际货币市场上这两种货币的供给增加；而美国不断购进美元，使美元需求增加，结果，美元汇率上涨（但卢布和人民币的汇率并未发生变化）。

汇率定值偏高的影响，相似于图 12-3 和图 12-5 中关于货币升值的分析。如果出口国的汇率定值偏高，将导致国际商品市场上外国需求的下降，从而使出口量减少，出口商品的价格下降。这一政策不利于可贸易商品的国内生产者，它相当于对农业的出口税（因为大多数农产品都是可贸易性商品）。从进口的角度来看（图 12－5），汇率定值偏高引起外国供给函数向外移动，从而使进口量增加，进口商品的国内价格下降。这种政策有利于国内进口商品的消费者（一般指城市居民），它相当于政府的进口补贴。

大量研究表明，许多发展中国家的汇率都定值偏高。由于发展中国家主要靠农产品和其他初级产品出口，因此，定值偏高的汇率政策是政府剥夺农业的一种隐蔽方式。同时，这些国家的进口商品主要在城市市场销售，因此，汇率定值偏高也是这些国家偏心于城市不利于农业的一种政策手段。由于汇率定值偏高抑制生产和出口，鼓励进口，再加上其他政策的作用，许多发展中国家的农产品生产者受害颇深。这一政策将农业部门的收入以隐蔽的形式转向城市消费者，同时，农业创汇收入又未能更多地用于农业的投资，或者以外汇管制的形式换成国内货币，从而使农业部门的损失进一步加大，对农业长期生产率的提高产生极其消极的影响。

二、汇率定值偏低的经济后果

现在假设一个国家在国际货币市场上有意地大量抛售本国货币，以购进外国货币，从而使本国货币汇率定值偏低。汇率定值偏低又叫本国货币贬值。我们仍以美国、俄罗斯和中国为例予以说明。如果美国大量抛售美元，购进卢布和人民币（仍假定这三种货币可以自由兑换），则以卢布和人民币表示的美元币值将下降（只要美国能够不断地获得卢布和人民币）。与前面相同，我们仍假定最初的汇率是：1 美元＝0.8 卢布＝4.7 元人民币。美国政府持续抛售美元将驱使美元汇率下降，比如使汇率变成 1 美元＝0.64 卢布＝3.76 元人民币。道理与前面一样，美国抛售美元购进卢布和人民币，使美元在国际货币市场上的供给增加，卢布和人民币的需求增加，结果，美元对卢布和人民币的汇率下降（但卢布对人民币的兑换率仍保持不变）。

汇率定值偏低的影响相似于图 12－3 和图 12－5 中关于货币贬值的情形。对出口国来说，汇率定值偏低使国外的商品需求增加，从而导致出口增长和以美元表示的价格上涨，它相当于美国政府对其产品给予的出口补贴。从进口的角度来看，定值偏低的汇率使外国的供给减少，从而使本国进口量下降，并提高进口商品的国内价格。它相当于进口国实行的进口关税政策。由于这一政策鼓励出口，限制进口，并提高商品的国内价格，所以有利于生产可贸易性商品的国内生产者，不利于进口商品的国内消费者。

第五节　复汇率问题

即使是经过政府精心筹划的政策引起的汇率变化，也不像传统的进口关税和出口补贴政策那样，被看做是一种贸易政策，而是将它归入宏观经济政策的范畴，但复汇率制则被认为是一种直接的贸易政策。复汇率（Multiple Exchange Rates）又称多元汇率，它被许多发展中国家广泛地用来对某类商品进行出口鼓励或进口限制。复汇率制是指国内货币与外国货币的官方汇率因商品贸易的种类不同而有一定差异，即不同的汇率用于不同的商品贸易。比如说，对电视机的进口采取一种汇率，而对机器设备的进口则采用另一种汇率，对石油出口和大米出口所用的汇率也各不相同。要实行复汇率制，政府必须对国内外汇进行严格的管制，以限制国内进口商获取外汇和出口商将外汇换成国内货币，也即政府必须对外汇的兑换进行严格控制。此外，政府也必须有能力记录并调控向国际商品市场的购销数量，也即必须能够对商品的进出口量进行记录和控制，以保证复汇率制的实施。

在复汇率体制下，对那些政府试图鼓励出口的商品和想要限制进口的商品，政府有意地使汇率定值偏低。同样，对那些需要鼓励进口的商品和限制出口的商品，政府有意使汇率定值偏高。复汇率的种类以及各种汇率之间的差异的大小，取决于这一汇率体制结构的复杂程度和政府的贸易政策目标。下面，我们来考察一个比较简单的假设的例子。我国是一个棉花和纺织品生产大国，政府试图用贸易政策保护和鼓励棉花生产和纺织品加工业。同时，我国的汽车工业也处于发展阶段，政府想通过政策措施促进国内汽车业的发展。此外，作为一个低收入发展中国家，政府的政策目标中同时也包括使国内食品价格尽可能地低，以保护消费者最低限度的利益。要实现这些目标的一种政策，是通过中国银行对汇率的直接控制，实行一种复汇率体制。

为说明的方便，我们只考虑两种进口商品和两种出口商品的情形。进口商品为小轿车和农用拖拉机，出口商品分别为棉纺织品和大米。最初，美元与人民币的市场均衡汇率（假定）是1∶1，即1美元兑换1元人民币。现在，中国银行决定实行复汇率制，使进口面临两种汇率（人民币对美元，或美元对人民币）。一种汇率定值“偏高”，即￥1.00＝＄1.10（或者￥1.00＝＄0.91），另一种汇率定值“偏低”，如￥1.00＝＄0.90（或者＄1.00＝￥1.11）。在进口方面，拖拉机进口商得到定值偏高的汇率，而小轿车进口商则面临定值偏低的汇率。为简便起见，我们假设国际市场上每部小轿车和农用拖拉机的价格都为1万美元，但在我国国内，进口拖拉机和小轿车的价格就不相同了。现在，农用拖拉机的价格为9 091元人民币，而每部进口小轿车的国内价格为11 111元。这样，与最初的单一汇率相比，这种复汇率政策使某种进口商品（农用拖拉机）的国内价格下降，因此鼓励了进口，而使另一种进口商品（小轿车）的国内价格上涨，从而达到限制进口的目的。

出口的情形与进口方面刚好相反。棉纺织品出口商面临定值偏低的汇率，而大米出口商的汇率测定值偏高。这样，在国际市场上出口1万美元的棉纺织品的收入，现在在国内将值11 111元人民币，而单一汇率条件下只值1万元人民币。相反，1万美元的大米出口收入将只值9 091元人民币，而以前值1万元人民币。这样，汇率的差异可以鼓励棉纺织品出口，限制大米出口。道理很简单，复汇率使同量纺织品出口的外汇收入换算成更多的国内货币，而同量的大米出口以人民币表示的收入将下降，它相当于补贴了纺织品出口，大米出口则面临出口税收。只要中国银行能够对人民币与外汇的交易进行严格管制，只要我国政府对所授权机构的国际交易能够进行监督和控制，这一复汇率政策就能够促进棉花和纺织业的发展，保护国内汽车制造业，降低国内的食品价格。用复汇率政策实现以上目标，可以不用大量的政府补贴，政策实施的直接费用只涉及对复汇率制的行政管理。当然，就像任何政策都得有人付出代价一样，以上措施使国内大米生产者的价格下降，并提高国内轿车购买者的价格。

复习思考题

1. 分析影响国际农产品市场稳定的主要因素。
2. 跨国公司对国际农产品市场有什么影响？

第十三章

农业贸易政策与世界农产品市场

在前面各章关于农业贸易政策的讨论中，我们着重于分析各种农业贸易政策对贸易和国内经济的影响。我们假定实行各种贸易政策的每个国家面临一个总体的国际市场，但这一国际市场的具体内容和经济行为则几乎没有触及。本章的任务是简单地讨论各国的农业贸易政策怎样影响国际市场的价格水平和价格稳定。我们仍将采用前面几章的基本分析工具和基本理论，这些方法应用于对整个世界市场的分析时，难免有其局限性。我们的目的是评价贸易政策，尤其是用来保护国内生产者的那些贸易政策是怎样对国际市场产生冲击的。我们还将讨论这些政策怎样影响世界市场的其他参与国，而这些参与国没有或者无法为自己的国内农业生产者提供贸易保护。各种国内贸易政策对国际市场的扭曲方式和与此相关的一些一般性结论，也将从局部均衡的角度予以探讨。

比如说，我们感兴趣的是各国贸易政策对国际小麦市场的作用。如果不进一步具体化，我们可以得出这样的结论：许多小麦出口国利用贸易政策保护各自的国内小麦生产者。这些政策包括关税与配额、可变关税、差额补贴或生产补贴，以及其他一些综合措施。几个主要小麦出口国对生产者的保护措施主要是出口补贴、市场与价格歧视政策、差额补贴和各种其他生产性补贴，但也有少数小麦进出口小国的政府基本上不对小麦贸易和定价进行直接干预。对这种国际商品市场的分析，我们主要在于了解进出口国保护政策对整个小麦国际市场运行方式及其结果的影响，尤其想了解这些政策对那些没有保护措施的参与国有什么影响。我们仍然采用供需曲线这一分析工具。

第一节　贸易政策对国际市场的基本经济影响

要了解各国保护性贸易政策如何影响国际市场，我们首先需要了解没有政府干预时的基本情况。假设我们考察的是小麦这种具有较大规模和众多参与者的农产品国际市场。在图13-1中，D_W是所有进口国在自由贸易条件下对小麦的过剩需求曲线，它是每个进口国各自的过剩需求曲线在水平轴方向的总和。S_W是全部出口国在自由贸易条件下对小麦的过剩供给曲线，同样，它是每个出口国各自的过剩供给曲线在水平轴方向的总和。我们首先假定所有的小麦进出口国都没有贸易干预政策。这样，D_W可以叫做小麦的世界需求曲线，S_W叫做世界供给曲线。D_W和S_W的交点即为自由贸易时的国际市场均衡点。这时，国际价格为P_1，世界贸易总量为q_1。由于国际市场供需双方都有许多参与国，很显然，D_W和S_W将不断变化，从而使P_1和q_1发生变化。但是，只要各国对这两个函数的形成没有政府的政策干预，国际市场变化产生的新的价格和贸易量就具有自由贸易的特征。

现在假设几个主要的进口国用贸易政策对国内小麦生产者进行保护，这些政策包括关税、配额、差额补贴、可变进口关税、生产补贴、汇率定值偏高，可以是其中的一种或者几种。毫无疑问，这些政策都具有对国内生产者的保护作用，它们都会使这些国家的过剩需求曲线向左下方移动。换句话说，这些保护性措施都可以使这些国家减少对国际市场的需求。从前几章我们对进口国的农业贸易政策的分析中可以知道，进口国保护国内生产部门的贸易政策一般都促使国内生产者扩大生产，并导致进口需求下降。这样，几个国家的共同作用就会使国际市场的总需求下降。因此，世界需求曲线向左下方移动，例如，移向 $D_W{}^*$。如果国际市场的供给总量不发生变化，S_W就不会移动。这样，国际价格下降到 P_2，国际贸易总量减少到 q_2。以上分析使我们得出如下一般性的结论：进口国的生产者保护政策将使国际价格和国际贸易总量都承受着下降的压力，具体的下降幅度取决于世界供需曲线弹性的大小，以及进口国贸易保护政策使本国过剩需求减少的程度（或本国过剩供给增加的幅度）。后者的道理容易明白，因为世界需求曲线是各进口国过剩需求的总和。在图 13-1 中，我们也可以说 $D_W{}^*$ 曲线与 D_W的水平差距的大小。需要说明一点，在图 13-1 中，$D_W{}^*$ 曲线并不是与 D_W平行的，这是因为各国贸易政策的影响程度不同，从而使本国过剩需求曲线的位置发生了变化。这样，“汇总”以后的 $D_W{}^*$ 曲线也就不一定与自由贸易时的 D_W平行。

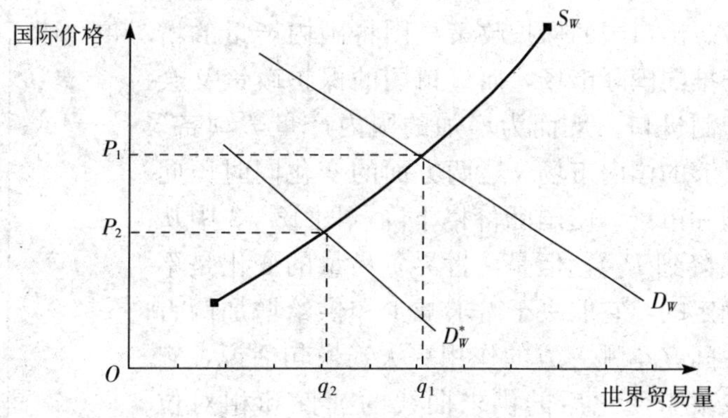

图 13-1　进口国实行贸易政策对世界市场的影响

我们用图 13-2 来说明出口国贸易保护政策对世界市场的影响，暂时假定进口国仍遵循自由贸易的实践，没有政策干预。如果 S_W表示自由贸易条件下各出口国过剩供给曲线的总和，像图 13-1一样，S_W为自由贸易时的世界供给曲线。再假设出口国政府对国内生产者的保护措施主要有出口补贴、生产补贴、市场歧视和汇率定值偏低。从前几章对出口国贸易政策的分析中可以知道，这些措施将使一个国家的过剩供给曲线向右边移动。出口国的这些政策对世界供给函数的总影响是将 S_W移向右下方，如图 13-2 中的 $S_W{}^*$。如果 D_W不变，出口国保护生产者的贸易政策也会使国际价格从 P_1下降到 P_2。但是，由于出口国的贸易政策将部分国内产出的增长推向国际市场，世界贸易总量将增加（图 13-2 中从 q_1增加到 q_2）。国际价格的下降幅度和贸易量的增长幅度取决于世界供需曲线的价格弹性以及 S_W的位置（它是由各出口国生产者保护政策的规模所决定的）。

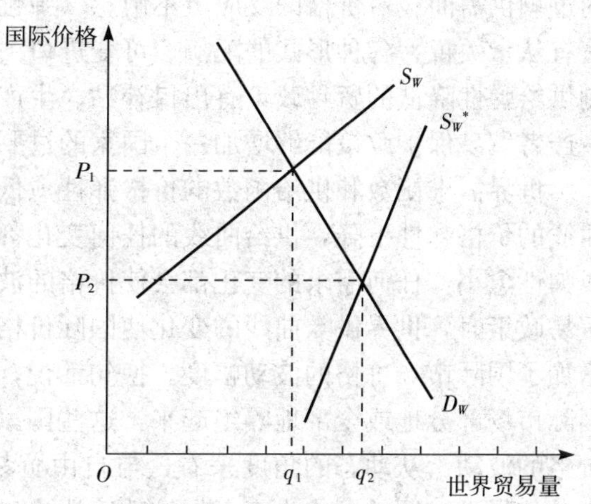

图 13-2　出口国贸易政策对世界市场的影响

现在，我们用图 13-3 来看看前面两种情况同时发生时的世界市场，即进口国和出口国都同时利用贸易政策保护自己的国内生产者。出口国的保护政策试图将国内产量的增长推向国际市场，而进口国的保护政策又会抑制进口，从而为增加的国内产量“预备”足够的国内市场。这两方面的变化同时压向国际市场，使国际价格下降（图 13 - 3 中从 P_1降到 P_2），但是，世界贸易量的变化是不确定的，它取决于需求减少和供给增加两者之间究竟哪一方的作用更大。换句话说，它取决于变化后的供求曲线的弹性和相对位置。在图 13 - 3 中，它们两者的弹性完全相等，相对位置也一样。因此贸易量没有发生任何变化。这样做只是一种假设的结果。在实践中，变化后的供求弹性和位置完全相同的例子并不多见，世界贸易总量可能增加，也可能下降。读者可以改变 S_W和 $D_W{}^*$ 的相对位置和弹性，看看结果如何。所以，我们可以得出如下结论：进出口国旨在对国内生产进行保护的贸易政策，导致价格下降，但世界贸易量可能增加，也可能减少，或者保持不变，它取决于世界供需曲线变化后的相对位置和弹性的大小。

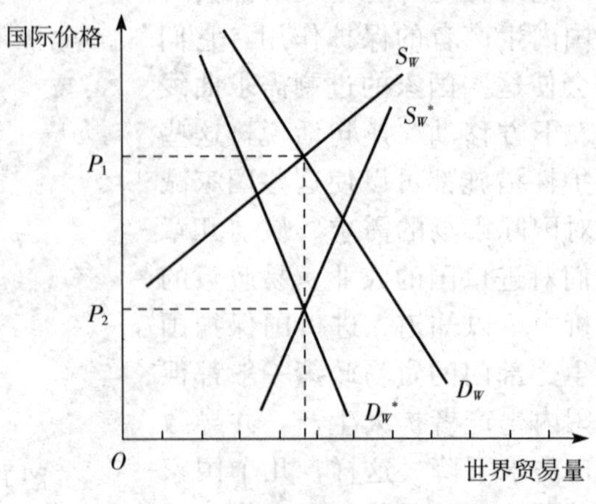

图 13 - 3　进出口国同时干预贸易后的世界市场

值得注意的是，在图 13 - 1 到图 13 - 3 中，D_W和 S_W都比相应的 $D_W{}^*$ 和 $S_W{}^*$ 更陡。或者说，变化后的世界供需曲线的价格弹性均小于自由贸易时的世界供需弹性。这并不是一种偶然的巧合。绝大多数保护性贸易政策都使单个国家的过剩供需曲线发生变化，以致于改变后的过剩供需曲线对价格的反应更不敏感（弹性变小）。在进口方面，产生这一结果的贸易政策有从量关税、各种形式的配额、可变进口关税、差额补贴和生产补贴；在出口方面，使过剩供给弹性降低的贸易政策有出口补贴、生产补贴和各种市场歧视政策。事实上，没有任何生产者贸易保护政策能够增加一个国家的过剩供需曲线的国际价格反应程度。

世界需求函数和供给函数的价格弹性愈低，产品的国际市场价格将愈不稳定。如果需求曲线的价格弹性下降，供给曲线的任何变化都将引起比以前更剧烈的价格波动。如果供给曲线弹性愈小，任何需求的变化都会使价格的波动幅度增加。因此，当贸易国实行生产者保护贸易政策时，世界供需曲线的变化使国际价格下降。同时，由于供需曲线的弹性下降，从而增加了国际市场价格的波动幅度。换句话说，由于保护本国生产者的贸易政策将国内市场与国际市场部分地或全部地隔绝起来，这些国家的贸易政策迫使国际市场价格下降并加剧这些价格的波动。从动态的角度来看，与自由贸易时相比的世界平均贸易量可能增加也可能减少。如果进口国的国内生产者保护政策比出口国的保护措施更有力的话，世界贸易量将少于自由贸易时的数量；相反，世界贸易量将增加。

第二节　对价格变化和价格波动的进一步分析

我们用一个具体的例子来进一步说明第一节的基本观点和结论。假定在没有政策干预时自由贸易的大米需求在各年之间的波动位于 D_{W_1} 和 D_{W_2} 之间（图 13 - 4），相似地，自由贸易

时的供给函数在 S_{W_1} 和 S_{W_2} 之间的范围内波动（这种动态变化完全是各国的非干预政策措施引起的供需条件的变化）。在这种情况下，各个时期的自由贸易均衡价格和数量将全部位于面积 A 以内。每千克大米的国际价格将在 15～20 美分之间波动，贸易总量在 750 万～1 250 万 t 之间变化。这是我们将用来与生产者保护政策的结果进行比较的自由贸易基准。

如果国际市场上的主要进出口国都实行贸易政策以保护国内水稻生产，情形又将如何呢？在需求方面，$D_{W_1}^*$ 和 $D_{W_2}^*$ 是各国干预政策实行后两个时期的世界需求函数，它们与上半图的 D_{W_1} 和 D_{W_2} 相对应。相似的，$S_{W_1}^*$ 和 $S_{W_2}^*$ 则对应于 S_{W_1} 和 S_{W_2}。它反映干预政策实行以后两个时期的世界供给函数。注意，D_W^* 和 S_W^* 在水平轴方向的波动（贸易量）与自由贸易时的波动是完全相等的。这就是说，影响供需变化的其他随机因素或不确定性因素（如气候、病虫害等）在贸易政策前后都没有差异。这样做一方面是为了简化我们的讨论，另一方面也表示至少是经济现象的一个特例。同时也请注意，D_W^* 和 S_W^* 比自由贸易时更陡峭或者说价格弹性更小。弹性下降是因为（至少是一部分）进出口国将国际市场与国内市场隔离起来的结果。在本例中，贸易政策实行后国际市场价格与贸易量在各时期的波动，将限于面积 B 以内。由于各个曲线水平方向的波动与自由贸易条件下的情况是一样的，所以，贸易政策前后的贸易量完全相同，都在 750 万～1 250 万 t 之间波动（贸易量不变并非一般情形）。但是，在 B 这个区域内，价格波动的范围比以前更大，价格的平均水平也低于上半图的水平。在本例中，贸易保护政策使每千克大米价格在 2.5～12.5 美分之间波动，变化幅度（即价格变异范围，或统计学上的"全距"值）是自由贸易时的两倍。平均价格水平或价格均值位于 7.5（自由贸易时的中点位于 17.5）。面积 B 的延伸率也大于面积 A，这是因为 D_W^* 和 S_W^* 的弹性均小于自由贸易时的供需弹性。

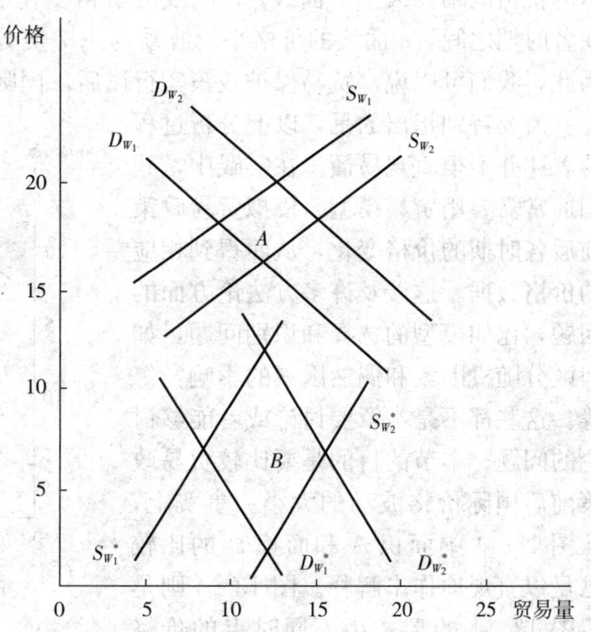

图 13-4　生产者保护政策与世界供需变化

为了进一步说明以上例子，我们用一个比较简单的数字实验，来说明保护贸易政策引起的世界市场的供需变化如何对国际市场产生影响。首先，我们需要知道 D_{W_1} 和 S_{W_1} 函数确切的数学表达式（可以用模型分析得出），并求解均衡价格（假设为每千克 17.5 美分）。然后，抽取两组数量相同的（如 25 个）随机数据，建立两个时间序列。一组数据是 D_{W_1} 在 D_{W_1} 和 D_{W_2} 之间的变化，另一组是 S_{W_1} 在 S_{W_1} 和 S_{W_2} 之间的变化。两组数据一一对应，实际上代表供给和需求同时变化的结果，这样，每对数据就对应一个均衡价格，这 25 个均衡价格数据可以看做是自由贸易条件下每天（或每周、每月）的均衡价格的"观察值"数列，这一"时间序列"价格数据实际上就是图 13-4 中面积 A 各点的值。这一价格序列由图 13-5 中的 a 曲线表示。用同样的方法可以得出面积 B 中的价格"观察值"时间序列，时间上与前面的顺序完全相同，它表示贸易政策实行以后供需变化产生的各时点的均衡价格。由于水平轴方向的变化对两个序列都相同（即相同贸易量时的价格水平），因此，这两组价格变化模式比较相似。但是，自由贸易时的价格（图 13－5 中的 a 曲线）围绕平均数为每千克 17.5 美分而波动，而贸易政策以后的国际价格（b 曲线）围绕平均数为 7.5 而波动。此外，b 曲线所表示的价格波幅要大于 a 曲线，a 曲线的价格变化的标准差为 1.5 美分，b 曲线为 3.0 美分。在各时期之间，a 曲线的价格平均波动为 1.7 美分，而 b 曲线价格的平均波动为 3.5 美分。因此，我们可以说，贸易保护政策实行以后，国际价格将比以前更不稳定。

需要特别指出的是，以上分析过程的表述并不很直观易懂。在实践中，我们通常需要用贸易模型，模拟贸易政策前后各时期的价格变化，从而得到相应的价格数据。这涉及许多方法论方面的问题，比如模型的选择和识别问题，如何区分随机因素和偶然因素的影响，等等。这些都不是本章要讨论或者能够讨论的问题。本节的目的是要比较贸易政策前后国际价格波动的大小。事实上，从图 13－4 中面积 A 和面积 B 的比较已足以直观地作出解释。图 13－5 则是将图 13－4 的形式用不同时点的价格“观察值”一一对应画出的两组曲线，进一步支持我们的结论。

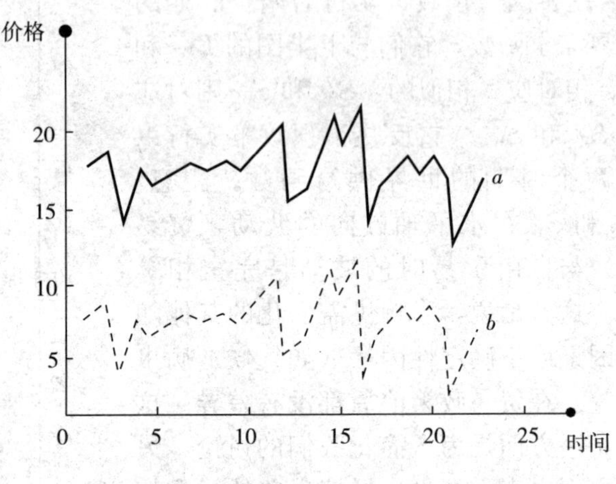

图 13－5 贸易政策与国际价格的变化

第三节 影响国际农产品市场稳定的其他因素

国内农业保护政策不仅加剧了国际农产品价格的不稳定，也增加了国际市场供给的不稳定性。供给量波动幅度的增加反过来又强化了国际市场价格的波动。在第二节，我们假设了各国过剩供给和过剩需求的变化引起的世界供需函数的水平轴移动，与贸易政策实施以前完全相同。事实上，由于进出口国的干预政策使国内价格比以前更为稳定，因此，国内供需条件的任何突然变化所导致的产品过剩和短缺，都将直接地冲击国际农产品市场，贸易政策将国内价格调整限制在最小范围内，这样，国内供需量的任何变化几乎都溢向国际市场；而没有国内的价格缓冲作用予以分担和调节。

我们从一个进口国的角度对此作一非常简单的分析，以便得出一些更为一般的结论。假设我们讨论的是我国的小麦问题。作为一个小麦进口大国，我国面临的世界市场上的小麦过剩供给曲线 ES（R）具有正斜率（图 13－6），这表示国内的小麦政策会影响国际市场。假定我国小麦的国内供需条件发生了变化，这就引起自由贸易条件下我国的过剩需求曲线在 ED_1 和 ED_2 之间移动。在没有政策干预的条件下，国内供需条件的正常变化使小麦进口量在 f 和 g 点之间波动，国际小麦价格和国内小麦价格将完全相等，并在 b 点和 c 点之间波动（图 13－6 的纵轴上）。

现在假设我国政府决定让国内小麦价格稳定在 p 点，p 位于自由市场价格变化的中点，

即位于 b 和 c 之间的中点。只要不是用政府的小麦储备来实现这一政策目标，这一价格稳定政策的实施细则对我们这里的讨论就不是非常重要。当过剩需求疲软时（如 ED_1），为了使国内市场价格保持在 p，就需要用行政手段将进口量限制在 e 点（p 与 ED_1 交点的垂直线）。这样，进口量减少将使国际价格下降到 a［ED_1 与 p 交点的垂直线和 ES（R）相交所决定的］。政府需用进口关税和配额才能实现这一目标。相似地，当国内过剩需求旺盛时（如 ED_2），进口量将增加到 h，才能使国内价格保持在 p，国际价格因此上涨到 d。要实现这一目标，政府必须用进口补贴或政府直接在国际市场上以 d 的价格进口，以 p 的价格销向国内市场。

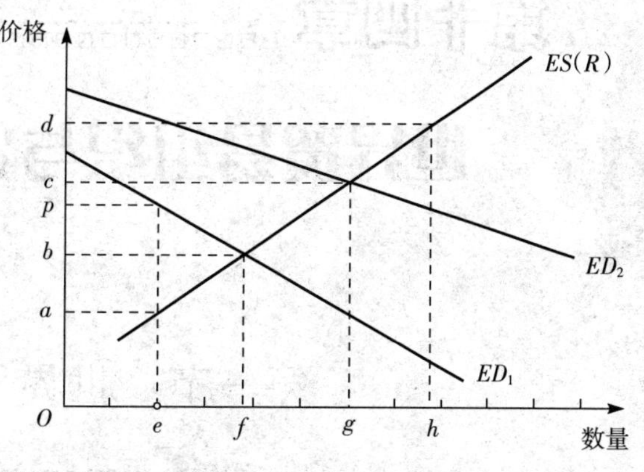

图 13-6　稳定国内价格的贸易效应

由于国际市场价格与国内价格相互隔绝，我国稳定国内价格的政策使国际价格和贸易量的波动都大于政策实施以前（政策干预前贸易量变化为 fg，价格变化为 cb。政策干预以后，贸易量在 eh 之间波动，价格在 ad 之间变化）。如果一个主要出口国稳定国内价格，对国际市场价格和贸易量也会产生与前述相同的影响。这时，出口国稳定国内价格的措施包括出口补贴（当国内过剩供给量较多时）和出口控制（当国内过剩供给量很紧时）。总之，一种产品的主要进出口国对国内价格进行干预，试图稳定国内价格时，国内市场条件本身的波动将直接转嫁到国际市场，并使这种被动在国际市场上进一步放大。这就是为什么现实国际农产品市场的波动远远大于各国国内市场的波动。因而各国国际市场营销决策具有较大的不确定性和风险。这种不确定性和风险反过来又促使各国政府干预国内市场，从而使国际经济的波动处于一种长期恶性循环之中。第二次世界大战以来世界农产品市场的不稳定不断增加，也正是各国政府竞相对国内市场进行干预的直接结果。

复习思考题

1. 人民币升值将如何影响中国农产品的出口？
2. 简述美元贬值是如何影响中国对日本和韩国农产品出口的。

第十四章 世界贸易组织与农产品国际贸易

第一节　世界贸易组织简介

一、世界贸易组织的建立

世界贸易组织（World Trade Organization，WTO）的前身是关税与贸易总协定（General Agreement on Tariff and Trade，GATT。以下简称关贸总协定）。关贸总协定自1948年1月1日开始实施，全名为“关税与贸易总协定临时适用议定书”，各缔约方原本准备将它作为即将成立的国际贸易组织管辖协议的一部分，在国际贸易组织成立之前，它还没有获得稳定的法律地位，只是一个“临时适用”的协定。当时，各缔约方起草了建立国际贸易组织的《哈瓦那宪章》，但该宪章在交由各缔约方国内法律批准时遇到阻碍，特别是当时极力主张贸易自由化的美国没有批准该宪章，因而拟议中的国际贸易组织被迫流产。这样，总协定作为“临时适用”的调整多边贸易关系的协议一直适用了48年之久，并在此期间演变为一个代替国际贸易组织行使组织多边贸易谈判、管辖多边贸易协议、解决国际贸易争端等职能的机构。

关贸总协定在其存续的48年中积极致力于国际贸易政策的协调，成功主持了8轮世界范围的多边关税与贸易谈判，各缔约方通过谈判减免了关税、规范了非关税措施，为国际贸易的自由化作出了积极的贡献。但在此期间，它的先天不足也逐渐显现出来，成为国际贸易自由化进一步发展的障碍；这些不足表现在：①关贸总协定属于“临时协议”，而不是正式生效的国际公约，这一点有损其法律效力；②关贸总协定没有国际公认世界贸易组织的管辖范围与基本职能的法人地位，缺乏组织基础；③关贸总协定管辖的范围仅限于货物贸易（其中农产品、纺织品、服装还不受其约束），而对于近年来发展迅速、在国际贸易中所占份额日益增加的服务贸易、技术贸易以及国际投资问题没有涉及；④关贸总协定的争端解决机制作用有限，它要求所有缔约方“完全协商一致”做出决策，即只要有一个缔约方不同意争端解决专家小组的仲裁结果，该专家小组报告就不能通过。

在此背景下，关贸总协定的第8轮多边贸易谈判即乌拉圭回合多边贸易谈判期间的1990年初，由当时任欧共体轮值主席国的意大利首先提出了建立多边贸易组织（Multilateral Trade Organization，MTO）的倡议，同年7月，欧共体将这一倡议以12个成员方的名义向乌拉圭回合体制职能小组提出，随后得到加拿大、美国等国的支持，经过多次谈判，修改、完善和磋商，1993年11月形成了《建立多边贸易组织的协议》框架，1993年12月15日，乌拉圭回合贸易谈判委员会通过了这一框架草案，后根据美国的提议，将多边贸易组织改名为“世界贸易组织”（World Trade Organization，WTO）。1994年4月15日在摩洛哥马拉喀什部长会议上 104 个缔约方政府的代表通过并签署了《乌拉圭回合多边贸易谈判结果的最终文本》，其核心就是《建立世界贸易组织协定》。根据该协定第 1 条的规定，世界贸易组织于 1995 年 1 月 1 日正式成立。

二、世界贸易组织的法律框架

根据《建立世界贸易组织协定》第 2 条的规定，世界贸易组织应当为其所有成员制定一套普遍适用的贸易规则，这些规则将涉及国际货物贸易、服务贸易、与贸易有关的知识产权和国际投资领域。此外，世界贸易组织还将建立一套行之有效的争端解决机制，解决成员方之间在执行上述规则过程中发生的争议。

世界贸易组织自成立到今天，历经关贸总协定的 8 轮多边贸易谈判和世界贸易组织成立后的多次部长级会议，世界贸易组织已形成了一套完善的法律体系，这一体系的框架主要体现在各成员方在乌拉圭回合谈判中达成的多边贸易协议《建立世界贸易组织协定》,《建立世界贸易组织协定》由正文 16 个条文和 4 个附件组成。其本身的条文内容很短，主要是就世界贸易组织的建立、职能、结构、适用范围、加入与退出等组织问题进行了规定，而没有涉及任何具有实质意义的贸易政策义务的内容。但各成员的具体贸易政策义务及其承诺作为该协定的附件，表现在 4 个附件中。这些附件作为协定的有机组成部分，对所有成员方都产生法律效力。这些附件的具体内容包括：

（一）附件一

附件一包括三个部分，即货物贸易多边协议、服务贸易总协议和与贸易有关的知识产权协议。

1. 货物贸易多边协议　多边货物贸易协议是在 1947 年关贸总协定及 8 次多边贸易谈判基础上建立的，是《建立世界贸易组织协定》中最成熟的部分，也是包含内容最多、最全面的部分。具体包括以下协议：

（1）《1994 年关税与贸易总协定》（以下简称《1994 年关贸总协定》)。《1994 年关贸总协定》是《1947 年关贸总协定》的继承和发展，它包括三个部分：《1947 年关贸总协定》的各项条款；《建立世界贸易组织协定》生效之前在关贸总协定下生效的法律文件的各项条款；乌拉圭回合就《1947 年关贸总协定》若干条款达成的谅解。

（2）《农产品协议》。在关贸总协定的运作过程中，农产品贸易一直是一个复杂的问题，虽然在多次谈判中曾涉及这一问题，但在前 7 轮谈判中始终未就农产品贸易达成一项协议，关贸总协定确定的若干货物贸易规则也始终不适用于农产品贸易。乌拉圭回合谈判中，经过多方努力，最终就农产品贸易问题达成一致，各成员方就农产品的市场准入、国内支持措施、出口补贴等主要方面做出承诺，极大地推动了农产品贸易自由化的进程。

（3）《纺织品与服装贸易协议》。纺织品和服装贸易是另一个一直游离于关贸总协定之外的国际货物贸易领域。在乌拉圭回合谈判前，国际纺织品、服装贸易主要受《多种纤维协定》的约束，各国主要通过签订双边协议，以纺织品配额形式约束进出口行为，这种非关税措施的实施严重阻碍了纺织品、服装贸易的发展。乌拉圭回合谈判中，发展中国家作为纺织品、服装的主要出口国，强烈要求将纺织品、服装贸易纳入多边自由贸易体制之下。经过艰苦的谈判，最终达成了《纺织品与服装贸易协议》，作为乌拉圭回合一揽子协议的一部分，纳入世界贸易组织统一管辖之下。

(4)《关于履行 1994 年关贸总协定第 7 条的协议》，即《海关估价协议》。一直以来，海关估价方法都是各国管理对外贸易活动的主要措施，但实践中存在的对海关估价方法的畸形使用，却使海关估价成为阻碍国际贸易发展的一项壁垒。关贸总协定体制下的《海关估价协议》最早产生于 1979 年东京回合谈判，在乌拉圭回合谈判中进一步得到补充和修改。

(5)《装运前检验协议》。该协议是乌拉圭回合谈判达成的新协议。20 世纪 80 年代以来，发展中国家为了保障国际贸易中的利益不受损失，雇用私人公司对从发达国家进口的货物在装船前进行检验。发达国家出口商认为这是一种不公正的做法，有碍国际货物贸易的发展。为此，乌拉圭回合谈判中，就装运前检验行为制定了统一的纪律，使这一行为受到有关法律、法规的约束。

(6)《进口许可程序协议》。进口许可证的使用是各国管理对外贸易的另一项主要措施，对于保护某些特定行业具有一定意义，但其滥用则会成为阻碍国际贸易发展的障碍。为了统一规范各成员方的进口许可制度，减少其对国际贸易的负面影响，1979 年东京回合达成了《进口许可程序协议》，该协议在乌拉圭回合谈判中得到进一步的改进和完善。由于该协议也是作为一揽子协议的一部分，其适用的成员方范围得到了扩大。

(7)《原产地规则协议》。在国际贸易中，各国通过制定和实施原产地规则一方面方便进出口贸易和消费者选购商品，另一方面通过对原产于不同国家和地区的商品给予不同的待遇，也易产生不公正的贸易歧视做法。为了规范各国采取原产地措施的行为，乌拉圭回合谈判中达成了《原产地规则协议》。

(8)《关于履行 1994 年关贸总协定第 6 条的协议》，即《反倾销协议》。20 世纪 70 年代以来，特别是进入 80 年代后，随着关税的不断降低和某些非关税措施的减少，世界各国越来越多地采取反倾销措施对他国以低价倾销方式进口的商品予以处罚，以保护国内相关产业。反倾销措施同其他管制进出口的措施一样，也具有双重作用，一方面它可以制止低价进口的倾销行为，保护成员方国内相关产业的发展，但对它的过度使用又会阻碍国际贸易自由化的进程。因而，在东京回合谈判中，各缔约方就反倾销问题达成一项协议。在乌拉圭回合谈判中，根据国际贸易发展的新形势、新问题，又对该协议进行了修改补充，形成现行有效的、所有成员方均应遵守的《反倾销协议》。

(9)《补贴与反补贴措施协议》。世界各国政府往往通过对国内某些产品的生产和出口提供补贴，以达到扶持某些产业部门、发展本国经济的目的。一般来说，补贴会对国际贸易发展产生扭曲和限制作用。因而，东京回合谈判中各方达成了《补贴与反补贴措施协议》，规范各缔约方采取补贴措施的行为。但由于只有多个缔约方接受该协议，其适用范围大受影响，实际作用不大。乌拉圭回合谈判中，该协议经补充、修改后，作为一揽子协议的一部分对所有世界贸易组织成员方能生效，扩大了它的适用范围，对贸易产生了促进作用。

(10)《贸易技术壁垒协议》。贸易技术壁垒（即 TBT）是指各国通过技术法规、技术标准、产品认证、环保要求等对进口产品予以限制，这一措施的滥用也将导致对国际贸易的阻碍。东京回合谈判中，各缔约方就此问题已达成协议，乌拉圭回合在原有协议基础上经过修改和补充，形成了新的《贸易技术壁垒协议》。

(11)《实施卫生与动植物检疫措施协议》（SPS 协议）。从广义上讲，动植物卫生检疫应属于贸易技术壁垒的一种。从适用对象上说，它主要适用于农畜产品的进出口。由于农产品贸易在国际贸易中的敏感性和重要性，动植物卫生检疫措施成为各国保护本国农业、畜牧业发展的一项重要措施。为了防止这一措施的滥用，乌拉圭回合谈判就这一问题达成协议，对所有成员方广泛适用。

(12)《保障措施协议》。关贸总协定自其产生时起，就包含了许多“例外”，这些“例外”可以使某些缔约方不承担关贸总协定规定的某些义务，保障条款就是这许多“例外”之一。为了规范各国采取保障措施的行为，使其发挥应有的作用，防止对它的过度滥用，谈判各方最终达成了《保障措施协议》。

(13)《与贸易有关的投资措施协议》。这是乌拉圭回合谈判达成的新协议，是第一次将与贸易有关的投资措施纳入关贸总协定多边贸易体制中。该协议通过确定与贸易有关的投资领域的国民待遇原则、取消数量限制原则、透明度原则等规范投资东道国采取的投资措施。

2. 服务贸易总协议 服务贸易规则体现在一个协议中，即《服务贸易总协定》(General Agreement on Trade in Services，GATS)。服务贸易领域在乌拉圭回合中第一次被纳入世界贸易组织体系之中，这与近年来服务贸易的迅速发展不无关系。进入20世纪90年代以来，国际服务贸易额每年达8 100多亿美元，约占世界贸易总额的20%。由于以往关贸总协定调整的范围仅限于国际货物贸易，因而服务贸易领域内所制定的各种政策、措施不受关贸总协定确定的贸易自由化原则约束，这些政策、措施不同程度地影响了外国服务业的进入，限制了国际服务贸易的自由流动。在服务贸易较发达的国家的极力倡导下，乌拉圭回合就服务贸易问题达成了一项协议，即《服务贸易总协定》，将这一重要贸易领域纳入世界贸易组织的多边规则管辖之下。

3. 与贸易有关的知识产权协议 与贸易有关的知识产权协议体现在《与贸易有关的知识产权协议》中。国际知识产权保护本不属关贸总协定管辖范围，国际社会为保护知识产权已订立了多项国际协议。但随着科技的发展，知识产权保护对贸易的影响越来越大，关贸总协定的各缔约方特别是科技领先的发达国家要求就知识产权保护达成协议，将与贸易有关的知识产权问题也纳入多边贸易体制之中。

在他们的努力下，乌拉圭回合谈判最终达成了《与贸易有关的知识产权协议》。该协议作为一揽子协议文件之一，适用于世界贸易组织所有成员方。

(二) 附件二

《建立世界贸易组织协定》附件二是《关于争端解决规则与程序的谅解》。1947年《关贸总协定》只有两条规定了有关贸易争端解决的程序，由于它们只是一些原则性规定，作为解决争端的程序规则显然不具操作性。关贸总协定在其运行的50多年间，虽形成了一套有关争端解决的实际做法，但并未达成一项专门的协议。乌拉圭回合通过的《关于争端解决规则与程序的谅解》第一次就争端解决问题制定了专门的规定。世界贸易组织建立后，其解决国际贸易争端的能力与以往相比得到了加强，通过严格遵守争端解决规则，提高了争端解决的效率，增强了有关裁决的强制力。

(三) 附件三

《建立世界贸易组织协定》附件三是《贸易政策审议机制》。对各国贸易政策的审议是世界贸易组织的三大职能之一。通过对各成员方贸易政策的审议，一方面提高了各成员方贸易政策的透明度，另一方面通过审议纠正各成员方贸易政策中与世界贸易组织规则不相符的内容，保证有关规则的贯彻执行。

（四）附件四

《建立世界贸易组织协定》附件四包括 4 个多边贸易协议：《民用航空及贸易协议》、《政府采购协议》、《国际奶制品协议》和《国际牛肉协议》。所谓诸边贸易协议，是指并不包括在一揽子协议中、并不自动地对全体成员方生效的协议，它们只对明确表示接受协议的成员方有效。由于这些协议适用范围有限，并且其中有些协议现在已经失效（《国际奶制品协议》和《国际牛肉协议》已于 1997 年底终止），本书将不再详细解释其具体内容。

三、世界贸易组织的职能

根据《建立世界贸易组织协定》第 3 条的规定，世界贸易组织的职能主要有五项：促进各项协定的实施管理和运作、为成员方提供多边贸易谈判的场所、解决贸易争端、审议贸易政策、与其他国际组织开展合作。

（一）促进各项协定的实施、管理和运作

《建立世界贸易组织协定》第三条规定，世界贸易组织的主要职能是促进本协定及各项多边贸易协议的实施、管理和运作，并促进各项既定目标的实现，为各项多边贸易协议的实施管理提供组织体制。世界贸易组织促进各项协定的实施、管理和运作的职能是指对多边贸易谈判达成的多边贸易协议、诸边贸易协议的实施予以管理和运作，促进其实施。它对协议的管理职能不仅涉及目前已达成的协议，而且也负责管理今后将在世界贸易组织框架下达成的新协议的实施。

（二）为成员方提供多边贸易谈判的场所

组织成员方就贸易问题进行谈判，为成员方谈判提供机会和场所，是世界贸易组织从关贸总协定继承来的一项职能。世界贸易组织为成员方提供多边贸易谈判场所的职能主要体现在两个方面：一是为成员方在执行《建立世界贸易组织协定》各附件所列协议遇到问题时，提供谈判场所，以解决有关的多边贸易关系问题；二是为各成员方继续进行新一体的谈判提供场所。乌拉圭回合结束时，不可能完全解决国际贸易中的所有问题，有许多问题由于在谈判中难以达成一致，而不得不留待以后继续谈判予以解决，如贸易与环境保护问题、贸易与劳工标准问题、政府采购问题和服务贸易部门自由化问题等。在乌拉圭回合结束后，世界贸易组织按照部长会议举行有关谈判的决议，已组织了涉及服务贸易部门的多项谈判，有些谈判达成了有关协议，如《全球金融服务协议》、《基础电信协议》等。按照部长会议的安排，世界贸易组织今后还将继续组织各种谈判。

（三）解决贸易争端

世界贸易组织负责对《关于争端解决的规则及程序的谅解》进行管理，解决成员方之间的贸易争端构成它的两大职能之一。

解决贸易争端的职能使世界贸易组织能够采取有效的措施解决成员方在实施有关协议时发生的争议，保证其所管辖的各协议的顺利实施。

（四）审议贸易政策

世界贸易组织的贸易政策审议机制创立于乌拉圭回合，是在 1979 年东京回合达成的《关于通知、协商、争端解决和监督谅解书》的基础上形成的。《贸易政策审议机制》共 7

条，作为《建立世界贸易组织协定》的附件三，内容包括审议的目标、透明度、审议程序、提交审议的报告等。

1. 目标　根据《贸易政策审议机制》第1条规定，贸易政策审议机制的目标是：通过定期的、集体的审议和监督，增强各成员方贸易政策与措施的透明度，检查成员方贸易政策与做法对多边贸易体制的影响，促进各成员方更好地遵守多边贸易协议及其接受的诸边贸易协议所确定的规则与纪律，更好地履行其所做出的各项承诺。但它并不能强制成员方履行具体义务，也不能作为争端解决程序的一部分，仅为解决贸易争端提供基础。

2. 透明度　根据《贸易政策审议机制》第2条规定，鼓励各成员方在贸易政策的公布上实现更高的透明度。但它同时也承认各成员方贸易政策对其经济、贸易发展的内在价值，贸易政策的公布应受成员方国内法律制度、政治体制的约束，因而实现更高的透明度应建立在成员方自愿的基础上。

3. 审议程序　根据《贸易政策审议机制》第3条的规定，审议程序包括以下内容：

（1）成立贸易审议组负责执行贸易政策的审议。

（2）所有成员方都应接受定期的审议，但根据其在世界贸易中所占比重的不同，接受审议的周期也不一样。具体审议周期的规定是：在世界贸易中所占份额居前4位的成员方——欧盟、美国、日本和加拿大每2年接受一次审议；在世界贸易中所占份额为第5～16位的成员方将每4年接受一次审议；其他成员方每6年审议一次；对于最不发达国家审议周期可以再适当延长一些。上述周期规定也有"例外"：当某一成员方的贸易政策与做法发生了对其他成员方可能造成重大影响的变更时，受其影响的成员方可请求贸易审议组提前审议该成员方的贸易政策与做法。

（3）贸易审议组应根据以下文件进行审议工作：第一，由受审议的成员方提供的完整的报告；第二，由秘书处根据收集的资料起草的报告。秘书处应尽量提供机会让有关成员方自己阐明其贸易政策与做法。

（4）由成员方和秘书处提供的报告以及审议组的所有会议记录应在审议结束后迅速予以公布。

4. 报告　根据《贸易政策审议机制》第4条的规定，各成员方应定期向贸易审议组提供报告。报告应按贸易审议组规定的统一格式描述有关成员方的贸易政策与做法。在两次审议之间的时期，成员方的贸易政策如发生重大变动，应向审议组提供简要报告，并应根据统一的格式提供最新年度的统计数据。由于发展中国家、最不发达国家在编纂报告时可能存在困难，秘书处应根据请求，向他们提供力所能及的技术帮助。

5. 对贸易审议机制的评议　根据《贸易政策审议机制》第6条的规定，贸易审议组应在《建立世界贸易组织协定》生效后5年内对于贸易政策审议机制的运行进行一次评议，其评议结果应提交给部长会议。在此之后，贸易审议组可以自行决定或根据部长会议的要求，对贸易政策审议机制的运作进行评议。

（五）与其他国际组织开展合作

《建立世界贸易组织协定》第3条规定："为实现全球经济决策的更大一致性，世界贸易组织应该与国际货币基金组织和世界银行及其附属分支机构进行合作，世界贸易组织总理事会应在职责上同与世界贸易组织有关政府间组织进行有效合作，与涉及世界贸易组织有关事项的非政府间组织进行磋商和合作"。为此，世界贸易组织负责与国际货币基金组织、世界银行、联合国贸发会以及其他国际机构进行合作，以促进全球统一经济政策的实现。

四、世界贸易组织的加入与退出

（一）世界贸易组织的加入

世界贸易组织的成员方分为创始成员方和加入成员方。

根据《建立世界贸易组织协定》第 11 条的规定，成为世界贸易组织原始成员方应符合以下条件：①在世界贸易组织成立时已是 1947 年关贸总协定的缔约方；②在规定的期限内（世界贸易组织成立后两年内）完成接受世界贸易组织有关协议的程序；③按各多边货物贸易协议规定做出减让承诺表，并附于《1994 年关贸总协定》之后；④按《服务贸易总协定》规定，做出具体的市场准入承诺表，并附于协定之后。按照上述条件规定，到 1996 年 12 月 3 日的截止日期，共产生了 128 个创始成员方。

加入成员方应首先向世界贸易组织提出加入申请。根据《建立世界贸易组织协定》第 12 条的规定，申请加入世界贸易组织的主体包括两种：一是主权国家；二是单独关税区即在对外商务及世界贸易组织规则规定的其他事项的处理方面拥有完全自主权的地区。申请加入的步骤有二：一是与世界贸易组织达成加入议定书；二是必须在部长会议上由 2/3 成员方表决通过。其中，第一个步骤的完成是比较复杂的，如我国的加入申请（从 1986 年申请“复关”直至 1995 年改为申请“入世”）前后共 14 个年头。在实际操作中，这一步骤可分为以下几个阶段：

1. 提出申请 申请加入世界贸易组织的国家或单独关税区，应首先向世界贸易组织提出正式申请。在提出申请的同时，应递交有关其对外贸易政策的备忘录。

2. 贸易政策的审议 世界贸易组织接受加入的申请后，将成立专门的工作组对其贸易政策进行审议。在审议中，如对其备忘录内容有疑问，申请者应进行解释。在审议期间，如申请者的对外贸易政策发生了重大变化，应做出补充说明。

3. 双边协议 世界贸易组织各成员方可提出要求与申请者进行双边谈判，双方就履行世界贸易组织的各项协议做出承诺，达成双边协议。根据世界贸易组织的非歧视原则，申请者在这些协议中所作承诺将同时适用于其他成员方。

4. 订立加入议定书 在完成双边谈判以及贸易政策的审议后，工作组将进行最终加入议定书的制作阶段。

5. 工作组将工作报告、加入议定书和减让表等文件提交部长会议或总理事会审议。

部长会议这一步一般来说是程序性的。待部长会议同意后，提交总理事会最后批准（基本上也是程序性的），即可成为正式成员。

（二）世界贸易组织的退出

根据《建立世界贸易组织协定》第 5 条的规定，任何成员方可自愿退出世界贸易组织。对其退出没有实体条件的约束，但应符合程序条件，即成员方的退出在世界贸易组织总干事收到退出的书面通知之日起 6 个月期满时方能生效。

截至目前，世界贸易组织的成员方还没有退出的先例。

第二节　世界贸易组织《农产品协议》

一、世界贸易组织《农产品协议》产生的背景

在世界农产品贸易系统存在普遍的保护主义和根深蒂固的结构问题这一背景下，农业和农产品贸易长期以来深受各国政府的高度重视，在关贸总协定的早期谈判中，一直未纳入谈判范围，直到20世纪60～70年代，关贸总协定肯尼迪回合和东京回合才开始将农业列为谈判的议题之一，但并未取得实质性的谈判进展。1986—1994年间的乌拉圭回合谈判过程中，农业和农产品贸易被确定为中心议题，经过多方艰苦谈判，谈判各方终于在1993年12月15日签署了《农产品协议》（Agreement on Agriculture）。《农产品协议》的签订和世界贸易组织的建立，并于1995年1月1日开始生效，是近代国际贸易关系史上的里程碑。

长期以来，由于农业关系到一国的粮食安全、生产结构、就业等诸多方面的重要产业部门，因而世界各国都对农产品国际贸易非常重视，并采取各种措施对本国农业生产和贸易施加保护，包括采取关税、非关税措施限制农产品的进口、给予农产品生产补贴支持、出口补贴等。由于农产品的敏感性和在国民经济中的特殊性和重要性，农产品贸易的自由化进程遇到极大阻力，乌拉圭回合前关贸总协定组织的多次谈判都未就农产品贸易的自由化问题达成协议；因而农产品贸易作为一个例外，一直游离于关贸总协定确立的多边货物贸易自由化体制之外。

尽管世界贸易组织存在不足之处，但是对农产品贸易而言，农业首次成为谈判的一项重要内容并且缔结了农产品协议，它至少在进一步放开市场和减少国内对农业支持方面取得了一些进展，而且新建立的世界贸易组织为改进整个贸易和农产品贸易的秩序，稳定和增加贸易政策透明度提供了一个框架。

二、世界贸易组织《农产品协议》的基本内容

世界贸易组织《农产品协议》明确规定了农产品贸易的约束机制和各种规则，为未来国际农产品贸易政策和成员方农业政策的制定确立了基本框架。《农产品协议》由13个部分21个条款以及5个附件构成，具体包括四个方面：①《农产品协议》主文件；②各谈判方在市场准入、国内支持和出口补贴方面做出的减让和承诺；③关于卫生和植物检疫措施的协议；④关于最不发达国家和粮食净进口发展中国家的决定。下面从《农产品协议》的市场准入、国内支持、出口补贴和卫生与植物检疫条款四个主要方面予以简要介绍。

（一）市场准入条款

《农产品协议》的市场准入条款将通过降低关税、非关税措施关税化和禁止使用新的关税壁垒的规定来削减农业贸易领域现有的市场壁垒，由此来促进农产品贸易自由化的实现。具体规定为：

1. 减让基期　协议规定：1986—1988年为减让基期；实施期限：6年，从1995年开始至2000年或2004年（发展中国家为10年）。

2. 减让承诺　协议规定：从1995年开始分年度执行减让承诺：第一，对于发达国家，

按简单算术平均数计算，以1986—1988年平均水平为基础，削减36%普通关税及关税化的关税，每项关税税目至少削减15%，并约束所有关税（包括关税化的关税）；第二，对于发展中国家，从1995年起10年内，按简单算术计算，在基准期平均水平基础上，进口平均关税削减24%，而每项关税税目至少削减10%。第三，最不发达国家可以不承担任何农产品进口关税减让义务。

3. 关税化 协议规定：第一，现行的非关税壁垒措施应转化成相应的关税值；第二，关税等值的计算方法是：某种农产品的关税等值：该产品的国内市场平均价格减去该产品或相近产品的国际市场平均价格；第三，关税等值用来制定进口的从量税或从价税（即建立相应的关税）；第四，农产品加工品的关税等值一般等于农产品原料的关税等值乘以农产品原料占农产品加工品的比重；第五，协议仅在某种条件（包括扩大准入及承诺）下，允许推迟关税化过程。

4. 最低市场准入 协议规定：第一，属于必须进行关税化的农产品，当基期（即1986—1988年）的进口不足国内消费量的5%时，则该国应承诺建立最低进口准入机会。在协议实施期间的第一年，该国应给予的进口准入机会为基期国内消费量的3%，在实施期限结束时（发达国家2000年，发展中国家2004年），应扩大到5%。第二，最低市场准入的实施通过关税配额来进行，亦即确保满足最低准入机会。最低准入承诺的进口数量应享受较低的或最低的关税，而超过该进口量的任何进口则应征收关税化后的关税。

5. 现行市场准入 当出现与协议规定的最低准入条件相反的情况时，即一个国家某种农产品（须进行关税化的产品）在基期的进口超过其国内消费量的5%时，协议要求该国维持基期已经存在的市场准入机会。也就是，该国可保持其现行的关税等值。

6. 特殊保障条款 协议对需要进行关税化的农产品建立了一个特殊保障机制，允许该国对进口量的突然增加或价格下跌做出相应的反应，即在特殊的情况下，对农产品进口可以采取一定的限制。特殊保障通过价格与数量“触发器”来实施。第一，进口数量触发。当农产品某年度的进口数量超过前三年进口量的平均水平（触发水平是依据该进口国的进口量占消费量的比例而确定的），则该进口国可动用此特殊保障条款。第二，价格触发。当进口产品价格下降且低于1986—1988年进口参考价格平均水平的10%时，可动用特殊保障条款。

7. 特殊和差别待遇 协议实施对发展中国家市场准入的要求：第一，发展中国家的平均减让承诺为24%，最低减让为10%，实施期限为10年；第二，发展中国家可灵活地建立关税上限约束；第三，最不发达国家列入关税化及关税约束，但免于减让承诺。

（二）国内支持条款

为消除许多国家的国内农产品支持政策对农产品市场产生不利影响，农产品协议对不同的国内支持措施进行分类处理：一类是产生贸易扭曲的政策，称为“黄箱”政策（Amber Box Policies）；另一类是不引起贸易扭曲的政策，称为“绿箱”政策（Green Box Policies）。“黄箱”政策被谈判各方用“支持总量”（AMS）来进行数量表示，《农产品协议》要求各成员方对其予以削减；“绿箱”政策则免于减让承诺。另外一类是将国家在实施限产计划中给予生产者的某些直接支付，称为“蓝箱”政策（Blue Box Policies）。

1. 国内支持减让承诺的政策范围 《农产品协议》规定需要减让承诺的“黄箱”政策包括下述范围：第一，价格支持；第二，营销贷款；第三，面积补贴；第四，牲畜数量补贴；第五，种子、肥料、灌溉等投入补贴；第六，某些有补贴的贷款计划。

《农产品协议》规定“绿箱”政策是政府执行某项农业计划时，其费用由纳税人负担而不是从消费者中转移而来，且对生产者没有影响的农业支持措施。主要包括：第一，政府的一般性服务（如研究、病虫害控制、培训、推广与咨询服务、检验、市场促销、基础设施服务等）；第二，由于粮食安全原因的公共存储所需费用；第三，国内粮食援助；第四，与生产不挂钩的直接收入支持；第五，作物保险与收入安全计划；第六，自然灾害救济；第七，结构调整资助（生产者退休计划、资源休作项目及投资援助）；第八，环境或储备计划；第九，地区援助计划。上述政策措施均免于减让承诺。

2. 支持总量（AMS）　按《农产品协议》的定义，支持总量是用来衡量为支持农产品生产者而提供某种农产品，或为支持广大农业生产者而提供非特定产品年度支持水平的技术指标，一般用货币单位表示。

3. 减让基期　国内支持减让承诺的基期为1986—1988年。

4. 国内支持减让承诺　《农产品协议》规定：第一，对具体农产品（或所有农产品）的支持，只要其国内支持总额不超过该产品生产总值（或农业生产总值）的5%（对发展中国家只要求10%），就无须削减其国内支持。第二，支持总量必须涵盖1986—1988年平均水平，并且自1995年开始，在6年内逐步削减20%的支持总量。支持总量减让承诺要求各国在执行期间每年的支持总量不能超过协议规定的新的减让涵盖面（即不能超过已经减让了的上年的水平）。第三，为满足某些生产限制需要的直接支付（如美国的差额补贴），应列入基本支持总量的计算中，但不应认为对一个国家每年容许的支持总量限制不利。每个国家可以自行决定政策的调整以便按要求减让支持总量。

5. 信用　协议规定，对自1986年以来已经减少了某些具体产品支持的国家，可以得到对这些产品免于减让的信用。这一点是根据美国的要求而设立的。

6. 特殊的差别待遇　在国内支持承诺上，《农产品协议》对发展中国家也作了特殊规定：第一，发展中国家只需削减13%的支持总量，且实施期限增加到10年；第二，发展中国家的一些“黄箱”政策也列入免于减让的范围，如农业投资补贴；对生产者提供支持，以鼓励生产者不生产违禁麻醉作物；对低收入或缺乏财力的生产者提供农业投入品补贴等。

（三）出口补贴条款

出口补贴被认为是对贸易扭曲最严重的政府政策。世界贸易组织之前的各轮谈判只是成功地对工业品出口补贴进行了限制。乌拉圭回合谈判才在削减农产品出口补贴上取得了进展，并达成如下协议：

1. 减让基期　减让基期：1986—1988年；实施期限：6年，从1996年开始（发展中国家为10年）。

2. 列入减让承诺的出口补贴措施范围　第一，因农产品出口而实施直接补贴；第二，以低于国内价格销售或处置政府库存；第三，资助生产者的出口补贴；第四，市场营销补贴；第五，交通运输补贴；第六，根据农产品纳入出口产品范围而定的补贴。

3. 出口补贴减让承诺　《农产品协议》规定，出口补贴减让以具体产品为基础的数量及价值削减为减让承诺方式。第一，数量减让：以1986—1988年的平均水平为基准，在实施期结束时，有补贴的农产品出口数量减少21%；第二，价值减让：以1986—1990年的平均水平为基础，每年等量减让，或者在某些出口补贴已经增加的条件下，以1991—1992年的平均水平为基础。

4. 控制补贴的扩大 《农产品协议》规定，如果在基期没有对某种农产品进行出口补贴，则禁止该国将来对该产品出口进行补贴。

5. 对农产品加工品的规定 《农产品协议》规定，农产品加工品的出口补贴只需削减预算开支。

6. 对发展中国家的特殊与差别待遇 第一，对有补贴的农产品出口数量，只需削减1986—1990年平均水平的14%；第二，对出口补贴的预算支出，只需削减1986—1990年平均水平的24%；第三，容许实施市场营销与国内运输补贴措施；第四，减让的实施期限为10年。

（四）卫生与植物卫生检疫条款

协议规定：①允许各国采取正常的以保护人类健康、动植物生命安全及其生长为目的的措施；②这些措施不应构成不公正的歧视，从而造成对农产品国际贸易的隐蔽限制；③所采用的检验措施和依据原则应以国际标准、准则和建议为基础，并以科学的依据为标准，而且这样的科学标准应该不断进步；④各国可以实施高于国际标准、指南和建议的措施，但这些措施必须以科学为依据；⑤各国应尽可能参与相关的国际组织及其附属机构，如国际营养标准委员会（CODEX）、动物流行病国际组织（OIE）及国际植物保护公约（IPPC）。此外，协议还对卫生与植物检疫的等同状况、风险估价、透明度等问题作了规定。

第三节　主要发达国家的农业政策

农业政策是指政府为促进农业持续、健康发展，并使之与国民经济其他产业发展相适应，而对农业采取的一系列保护和支持政策。实施农业保护政策是发达国家经济发展到一定水平后所采取的做法，从发达国家经济发展的经验看，随着经济水平的提高，农业政策往往走向支持、保护农业及农民的政策。发达国家农业政策的主要目标一方面是为了保护农产品生产者利益和农产品消费者的利益，另一方面是为了农村社区的环境保护及促进区域协调发展。当然，对农民利益的保护、稳定和增加农民的收入是其中最核心、最重要的目标。为实现这些目标，大多数发达国家都对农产品的价格、产量、种植面积以及国际贸易实行一定程度的政府干预。这类国家所采取的主要政策手段包括用最低价格保证的办法支持农产品的国内价格，用种植面积控制的方法对农业产出进行适度控制，用缓冲库存稳定农产品价格水平，用直接收入转移的方法支持农民的收入，对农业科研等基础设施和市场运销进行补贴，以提高农业的国际竞争力。在本节，主要介绍美国、欧盟和日本的农业支持与保护政策及其在世界贸易组织框架下所进行的调整。

一、美国的农业支持与保护政策及调整

美国是世界上最大的农产品生产国和出口国，美国农业政策的变化对世界农产品贸易有着深远影响，自世界贸易组织成立以来，美国先后出台了1996年农业法案《联邦农业促进和改革法案》、2002年农业法案《农业安全和农村投资法案》、2008年农业法案《食品、环保、能源法》，每一次农业法案的颁布，都大幅增加了对农业的补贴支持和保护力度。美国农业支持与保护政策体系大体可分为农业生产投入政策、价格和收入政策、国境政策等

三类。

（一）投入政策

1. 改善农业基础设施建设　美国的大型灌溉设施都是由联邦政府和州政府投资兴建的，中小型灌溉设施由农场主个人或联合投资，农业部给予一定的资助。

2. 构建农业科研、教育与推广体系　美国农业科研始终坚持基础研究与应用研究并重的方针。农业科研早期以保护农业生产为主要目标，如病虫害的防治等。农业教育除政府拨赠土地兴办农学院外，还提供资金在贫困地区兴办中小学，在农村中学开办农业课程，在农学院开办成人教育以及期限不同、内容不一的各种培训班。在农业推广体系中，除农学院外，各州的研究中心、实验站也单独或联合举办以农业生产者为主的各种培训班，普及农业科技知识和推广应用农业科研成果。农业科研的经费主要来源于联邦和州政府拨款。

3. 交通运输建设和信息服务建设　交通运输设施作为公共产品，离不开政府的参与和扶持。19 世纪末，政府开始拨地并提供贷款修路。此后政府还设立了公路建设基金，同时对公路建设给予大量补贴。在市场营销方面，美国政府为农场主提供基本市场行情预测、最新市场信息及供需情况等。

4. 扶持农业合作社　在合作社的发展中，美国政府给予了一定的优惠政策，包括税收及财务、技术支持等。在美国有专门的农村合作发展基金，有专门机构为合作经济的发展提供技术支持，提供有关的信息及资料，对合作经济的问题包括财务、管理、组织机构等展开专门研究。

5. 农业优惠信贷　美国有联邦土地银行、联邦中期贷款银行和合作银行，这些信贷机构构成了农业贷款的主体。政府通过各种途径予以资助，如提供低息贷款，免除联邦所得税、债券利息的地方所得税等。同时，政府还设立了政府的农业信贷机构——信贷管理局，为农场主提供中长期低息贷款。

6. 农业保险补贴　1980 年，美国国会通过农作物保险修正法案，将联邦农作物保险公司的股金增加两倍多，承保范围几乎覆盖了所有的粮食作物。政府对农场主所交保险费的补贴比例在 50％～80％，农场主只需交纳少量保费就可获得全额保险。

7. 灾害补贴　这项补贴是美国政府对因自然灾害而不能播种或严重减产的主要农作物生产者的补贴。

（二）价格和收入政策

价格和收入政策是各国农业政策中最核心的政策，其目标是稳定农民收入。

1. 营销支援贷款　这是一种抵押性贷款，即生产指定农作物的农场主以尚未收获的农产品按抵贷价格做抵押，从政府的农产品信贷公司取得一笔维持农业正常生产的为期 9 个月的无追索权贷款。农作物收获后，当市场价格高于借贷率与利息之和时，农民可按市场价格销售农产品，偿还贷款，赚取所得利润；当市场价格低于借贷率和利息之和时，农民可以以抵押品偿还，政府在市场价格上升之前不会将这些抵押品投放到市场。因而这实际上起到了价格支持的作用。

2. 直接补贴　直接补贴是与农产品的生产、价格不挂钩的补贴，属于生产中立性补贴，政府预先确定作物的面积和单产，对每种补贴商品规定一个固定的直接补贴率，补贴金额为补贴面积与补贴单产及补贴率的乘积。美国在 1996 年农业法案中直接补贴的农作物品种为小麦、玉米、大麦、高粱、燕麦、棉花、稻米等农作物，2002 年农业法案中，美国将直接补贴的作物品种范围进一步扩大，增加了大豆、花生等油料作物的直接补贴。

表 14-1　美国 2002 年农业法案中规定的主要农作物品种直接补贴率（2002—2007）

	玉米	高粱	小麦	大麦	燕麦	大豆	棉花	水稻
美元/蒲式耳①	0.28	0.35	0.52	0.24	0.024	0.44	0.067	2.35
美元/t	11.02	13.78	19.11	11.02	1.65	16.17	147.05	51.8

数据来源：美国农业部网站．http//www.usda.gov　①

3. 反周期补贴　反周期补贴实质是一种最低价格保障制度，当农产品的有效价格低于政府确定的目标价格时，反周期补贴将被促发实施。补贴额为补贴面积与补贴单产及补贴率的乘积，其中补贴率根据目标价格与有效价格的差额进行计算。从 1998 年开始，美国政府就采取一些紧急应对措施来防止农产品价格的波动，2002 年美国农业法案颁布之后，反周期补贴开始形成制度化，每年都有一定数量的资金来应对价格的下跌。

表 14-2　美国 2002 年农业法案中规定的主要农作物品种目标价格（美元/t）

	玉米	高粱	小麦	大麦	燕麦	大豆	棉花	水稻
2002—2003 年	102.36	100	141.83	101.51	96.45	213.11	1 635.81	231.49
2004—2007 年	103.54	101.18	82.31	66.14	270.06	213.11	1 635.81	231.49

数据来源：美国农业部网站．http//www.usda.gov

4. 贷款补贴　美国农产品贷款补贴政策分为市场贷款补贴和差额贷款补贴，当农产品价格低于贷款率时，政府补贴市场价格与贷款率间的差额。现在以美国大豆的贷款补贴为例做说明，美国的豆农在每个作物年度都有权获得生产援助贷款，根据大豆贷款率和作为贷款抵押品的大豆数量来获得贷款金额。大豆的贷款率是 5 美元/蒲式耳，如果一豆农以 1 万蒲式耳大豆去申请贷款，那么他就可以获得 5 万美元的贷款，贷款期限是 9 个月，当豆农在还款的时候，如果现货市场的大豆价格低于贷款率（5 美元/蒲式耳），那么农民无需还清全额贷款，只需按当地的现货市场基准价还款，这个基准价由当地政府部门根据现货市场价格情况每日计算公布，贷款率和农民实际偿还率（现货市场基准价）之间的差额就是政府给予农民的市场贷款补贴。另外，农民也可以放弃申请贷款，获得相当的补贴，这就是差额贷款补贴，贷款差额补贴就是贷款率超出当地基准价的部分，它与根据市场贷款计划的偿还条件每单位所获得的市场贷款补贴金额相同。

5. 作物收入保险计划　在 1996 年农业法案中就推出了农作物收入保险计划，农作物收入保险是既承担了作物产量风险又承担了收获后的价格风险，它是以春季作物种植时的价格为基础，收获季节的价格下降时，价格的变动成为保险的对象。一般农作物收入保险的保险费率要比通常的作物保险高，自 1994 年农作物保险改革法生效以来，收入保险成为美国农村地区最受欢迎的险种。

6. 市场丧失补助政策　受到国际市场谷物价格的持续下落和东南亚国家及地区金融危机的影响，1998 年美国农业收入比 1996 年减少了 21%。美国政府为了提高农民收入，于 1998 年 10 月导入了市场丧失补助政策。但这一项政策可以说是自 1996 年农业法制定后的

---

①　蒲式耳为法定计量单位，1 蒲式耳（美）＝35.239 升，下同。

一种后退，美国将市场丧失补助支出化为“绿箱”政策的范围，已引起了国际上其他国家的争议。

（三）国境政策

1. 扩大出口的政策措施　美国1/3以上的农作物收获面积所生产的农产品都出口到了海外市场，主要农产品的出口量均居世界前列。美国扩大出口的政策主要有：通过向农产品出口商提供出口补贴或增加对外农产品赠与等方法，降低本国农产品价格，从而增强其农产品的国际市场竞争力；通过向美国农产品的进口国提供各种形式的贷款或贷款担保，或采取易货等方式，促进美国农产品出口；通过双边或多边农产品贸易谈判和协议，促使农产品贸易伙伴国降低关税和非关税壁垒，拓宽美国农产品的出口渠道；扩大出口需求计划，即美国农业部采取广告宣传、信息服务、贸易服务以及技术援助等非价格手段，开发国际农产品市场，增加其他国家对美国农产品的需求，如2002年农业法案中颁布的对特殊作物技术援助和实施生物技术与农产品贸易计划等措施；扶持建立不同农产品的行业团体和协会，开发国际市场。目前，美国联邦政府的农产品出口补贴计划大致分为以下三类：一是提供农产品出口直接补贴，如出口促进计划和奶制品出口激励计划等；二是资助海外农产品市场开发活动，如市场准入计划（MAP）和海外市场开发合作者计划（FMD）等；三是为农产品出口提供信贷担保，如出口信贷担保计划、供货商信贷担保计划和设施担保计划等。

2. 限制进口的政策措施　主要包括两方面：①关税和进口配额。②非关税措施，即通过卫生检疫、技术标准、商品包装和标签等措施来限制进口。

二、欧盟的农业支持与保护政策及调整

1991年12月，欧洲共同体马斯特里赫特首脑会议通过《欧洲联盟条约》，通称《马斯特里赫特条约》（简称《马约》），1993年11月1日，《马约》正式生效，欧盟正式诞生。以1992年为界，欧洲的农业政策进入欧盟共同农业政策阶段。1992年欧盟在内部财政压力和外部农业贸易谈判的双重压力下决定对共同农业政策进行改革，将原来的以价格支持为基础的农业保护机制调整为以价格和直接补贴为基础的农业保护政策机制，调低了对农产品的价格支持，降低农产品补贴数额的过度增长，以保护环境，促进农业发展。为了适应世界贸易组织《农产品协议》及新一轮农业谈判的要求，1999年欧盟委员会通过了欧盟2000年议程，强调对农业政策进行彻底改革，2002年7月，欧盟设计了新的欧盟共同农业政策方案，后被称为2002年改革，该方案于2003年6月26日举行的欧盟农业部长会议获得通过，其主要内容是：废除将农业补贴与农产品产量挂钩的做法，改为直接收入补贴；将农业补贴额度与环保、食品安全等标准挂钩，不符合上述标准的农民将无法得到补贴等。

（一）投入政策

1. 改善农业生产的基础条件　欧盟规定凡购置大型农业机械、土地改良、兴修水利等，欧盟提供25%的资金，75%由本国自己解决。

2. 支持建立农业合作组织　法国政府规定，创办各种为农业服务的合作社，政府给予25%左右的投资补贴，并免除平时应交的工业利润和商业利润税、营业税和地产税。

3. 采取税收优惠政策　法国政府对农民购置农机具给予10%的税收回扣，购买农机燃料时免税，减少社会捐助费，减少9%的农业土地税，对安置青年农民务农的土地，在5年

中减免 50%的土地税。

4. 给予信贷支持　法国的农业信贷银行和地区农业互助信贷银行是面向农业的专业金融机构。贷款利率一般为正常贷款利率的一半左右。购置大型农机具和土地的贷款利率仅为 3%～4%，贷款期限一般为中长期，银行的利息差额由国家财政负责补贴。

（二）价格和收入政策

从 1962—1992 年以前，实行高于世界市场价格的内部市场价格支持政策，一直是欧盟共同农业政策的核心。这种价格支持政策包括标位价格、门槛价格和干预价格，每年春季调整一次，由欧盟部长理事会公布。标位价格是决策者认为的理想的消费者价格，它依据一种农产品在欧盟内部最稀缺的地区或供不应求的地区所形成的市场价格而定，其中包括了贮藏费和运输费，因而它会因地区不同和运输费用的不同而变化，是供生产者和消费者参考的价格。门槛价格是对欧盟之外的第三国设立的，是第三国农产品进入欧盟港口的最低进口价，这一政策在国境政策中将详细论述。干预价格是生产者每年出售农产品可以得到的最低价格，也叫保证价格或保护价格。当某类农产品出现供过于求，市场价格低于干预价格时，生产者在市场上出售农产品后，可以从欧盟设在各国的干预中心领取市场价格与干预价格之间的差额补贴，或者将农产品以干预价格卖给干预中心。干预价格可保证生产者收回生产成本并获得微利，保护了农民的利益。1992 年、1999 年新的共同农业政策对价格支持政策作了改革，分阶段大幅度降低农产品的干预价格，使欧盟内部市场价格更接近世界市场价格，并将价格支持变为直接收入补贴，费用由欧盟和各成员国共同承担。

2003 年新的农业改革实施后，欧盟的农业政策发生了较大变化，具体内容包括[①]：①逐步消减对农产品的价格支持。从 2004—2005 财政年度起，谷物干预价格削减到 5%，从 101.03 欧元/t 削减至 95.35 欧元/t，并取消黑麦的干预价格，将水稻的干预价格一次性削减 50%。新方案还扩大和加快了奶业的改革，牛奶生产配额维持到 2014—2015 年度，在 2004—2006 年对脱脂奶粉的干预价格降低 15%，在 2004—2007 年对黄油的干预价格降低 25%，在 2002 年改革后的五年内使欧盟的牛奶目标价格下降 28%。②改革直接补贴政策，引入单一农场支付补贴。以农民在 2000—2002 年收到的补贴总量作为参考，对大多数的补贴纳入单一农场支付补贴，让直接补贴政策与生产和价格不挂钩，与农民当年种植的作物类别和面积无关，属于“绿箱”政策。单一农场支付于 2005 年 1 月 1 日开始实施，各成员方可根据情况最迟推迟到 2007 年。由于单一农场支付体系可能会导致农民放弃种植某些低收益的作物，新方案仍然保留了一定比例的补贴与生产挂钩，如保留谷物 25%、硬粒小麦 40%、羊肉 50%等。而且获得补贴的农民必须让农产品满足一定的环境、食品安全、检疫等法定标准，并有义务使农业用地保持良好的农业条件。③调整和消减对大农场的直接补贴。从 2007 年开始，建立“强制性动态调整机制”，消减各种农业直接补贴，将节约出来的资金用于农村发展计划和农产品市场改革。对于获得直接补贴收入在 5 001～50 000 欧元的农民，根据年补贴规模逐年消减，2013 年消减幅度达到 12.5%，对于获得直接补贴收入在 50 000 欧元以上的农民，到 2013 年要达到 19%的消减幅度。

（三）国境政策

欧盟的国境政策主要包括运用进口撇油关税、出口补贴以及严格的食品卫生和动植物检

---

① 李秉龙，乔娟等．2006．WTO 规则下中外农业政策比较研究．北京：中国农业出版社．

疫标准等措施。欧盟从性质上来说是一个排他性的贸易集团，对内实行自由贸易，并提供高额的财政支持补贴，对外则实行较高水平的关税和贸易壁垒。

1. 进口撇油关税　欧盟对其以外的第三国农产品实行“门槛价格”，即限定第三国农产品进入欧盟港口时的最低进口价。如果第三国农产品的到岸价低于门槛价，就征收这两种价格之间的差价税，即“撇油关税”，它是对进口农产品所征收的一种调节关税，使得世界市场的农产品无法以低于欧盟内部市场价格的价格进入欧盟市场，以保护欧盟的农民收益。

2. 出口补贴　出口补贴的计算基础是干预价格与国际市场平均价格之差。实施出口补贴的农产品有粮食、糖、油菜、奶、肉、蛋、禽、水果和蔬菜等大部分农产品。经费来源于欧盟共同农业基金。在农产品协议中，欧盟承诺消减出口补贴，变进口差价税为关税并削减税率。

三、日本的农业支持与保护政策及调整

日本农业资源紧缺，农业经营规模小，集约化程度高，是世界上农业成本和补贴支持水平最高的国家之一。在世界贸易组织和农产品贸易自由化压力下，日本也面临进一步消减国内支持、降低关税水平和扩大农产品市场准入等多项压力。从 1995 年开始，日本政府对农业政策进行了较大调整，其中主要有：1995 年 1 月开始实施“关于主要粮食供需平衡及价格稳定的法律”（即“新粮食法”），取代了施行 54 年之久的“粮食管理法”，标志着日本的粮食流通管理体制正式进入了在国家宏观调控下以民间流通为主，实行部分管理、间接控制的新时期；1997 年出台了新的“大米流通法”，进一步改进政府米与“自由流通米”的价格形成机制，改变了过去长期保留下来的对粮食价格保护的方式，减少了政府对粮食流通的财政直接补贴规模；1999 年 7 月开始实施“食品、农业、农村基本法”（即“新农业法”），取代 1961 年制定的“农业基本法”。在逐步减少对粮食的直接补贴的同时，加大对农业资源保护、农业人才培养、基础设施投入、种植结构调整等方面的财政支持力度，以实现日本农业的可持续发展；2001 年政府通过了“农业经营政策大纲”，该大纲的主要内容包括：提高国内农产品的价格竞争力，选定并重点扶持 40 万户发展规模经营；通过 3～4 年的改革，推广生态有机农业；改善农产品的销售与流通环节等。

（一）投入政策

日本政府对农业的投入主要表现在国家财政对农业发展的支持，尤其是农业补助金占的比重很大。

1. 农业基础设施建设　日本政府对农业基础设施建设给予了多项补贴，主要包括水利建设补贴、农地整治补贴等。对于一般的农田改造项目，只要通过一定的审批程序并达到一定的标准，中央财政都要从农业预算中补贴全部费用的 50％左右，都道府县和市町村财政分别补贴 25％和 15％，剩余部分由农户自己负担，而这部分资金往往也能够得到有关金融机构的优惠贷款。

2. 农业生产资料购置补贴　日本政府规定，凡按一定标准联合起来进行平整耕地，区划田块或养猪、养鸡、用温室生产蔬菜的农户，在购置农业机械、建造农业设施方面的费用，50％可从中央财政得到补贴，25％可从都道府县财政得到补贴，其余 25％则可从接受国家补贴的金融机构得到贷款，有的地方市町村财政还要补贴 12.5％。

3. 重视农业科研推广与人才培训，提高农业科技水平　日本农业科研和推广体系比较完善。科研机构由国立和地方公立科研机构、大学、民间科研机构三部分组成。中央政府和地方政府对农业科研经费的投入占农业国内生产总值的 2.2%，近年来，政府拨款的农机推广经费占农业预算的 1.2%。

4. 农业信贷投入　日本政府设立的农林渔业金融公库，是日本农业的政策性金融机构，其贷款的 70%用于农业，20%用于林业，10%用于渔业。贷款范围包括购买土地、植树造林等，贷款利率为 3.5%～6.7%，有些甚至低于农民的存款利率（4.5%），贷款期限为 15～20 年。此外，日本政府还通过农协发放低息长期贷款，凡按政府规定的项目和条件贷出的资金，偿还期为 5～15 年，利率为 6.5%，政府负责补偿利差，并提供担保。

5. 农业保险投入　日本的农业保险是强制性的，稻农交纳相当于正常年景 10%的保险费，政府对农作物保险的保费补贴为 50%～80%。

6. 积极支持农协发展　为了支持农协事业，政府规定农协不需交纳所得税、营业收益税和营业税。在农产品收购资金的支持下，农协确保了 98%的大米收购市场份额。

（二）价格和收入政策

日本政府的价格保护范围较宽，程度较高，实行价格保护的粮食涉及上市粮食总量的 80%，其中对大米价格的保护是日本价格保护的核心。除此之外，对其他的农产品价格也有不同的保护政策。

1. 大米的价格支持保护

（1）双重米价制，即政府规定的收购价和销售价差价悬殊，收购价高于销售价，购销倒挂部分由政府补贴，这项政策由 1952 年开始实施。从 1960 年开始，大米收购价采用“成本—收入补偿方案”制定。

（2）成本—收入补偿方案，即大米价格以前 3 年的生产成本和劳动力成本为基础，劳动力成本按工业的平均工资水平计算。只要工业部门收入增加，劳动力成本也随之上升。而且出于缩小工农收入差距及保证大米再生产的考虑，大米的实际收购价格往往高于计算价格。20 世纪 80 年代中期以后，日本政府开始调低大米收购价格，直至 1987 年，购销倒挂的局面才结束。

乌拉圭回合农业谈判以后，日本农产品的平均关税率降到了 10.4%，在农产品市场准入方面，制定了以下计划：一是自 1995 年 4 月 1 日起开始实施降税计划；二是根据谈判减让表关于市场准入的承诺，对部分农产品进口采用关税配额的办法，并建立起现行的市场准入机制；三是根据农产品协议对大米建立最低市场准入机会。为了履行世界贸易组织《农产品协议》中日本的承诺，并能够保护国内农业继续发展，日本从 1998 年开始实行新的大米政策——水稻生产经营稳定对策。

（3）水稻生产经营稳定对策，这一政策的主要内容是：第一，政府的活动范围限定在维持国内大米储备（150 万～200 万 t）数量之内，大米价格的形成，主要由国内市场的供求关系决定。第二，以各品牌大米 3 年市场的平均价格为基准价格，如果当年的市场价格低于基准价格，差额的 80%给予补助。第三，大米价格的补贴资金，即水稻生产经营稳定资金的来源，生产者每年也要承担一部分义务（基准价格的 2%），政府每年支持一部分（基准价格的 6%）。

2. 其他主要农产品的价格支持保护

(1) 最低保护价格，主要用于对小麦、大麦以及加工用的土豆、甘薯、甜菜、甘蔗等的价格支持。若市场价格低于保护价格，产品则由政府按保护价购入。

(2) 价格稳定带，主要用于对肉类和奶类产品的价格支持。政府在自由贸易的前提下，通过买进和卖出的方式，使产品的市场价格稳定在一定范围内。

(3) 价格差额补贴，主要用于大豆、油菜子和加工用牛奶等产品支持。政府规定目标价格，当市场价格低于目标价格时，政府把实际市场价格与目标价格之间的差额直接补贴给农民。

(4) 价格平准基金，主要用于对蔬菜、小肉牛、仔猪、蛋类及加工水果等产品的价格支持。这实际上也是一种差价补贴制度，不同的是当这些产品的市场价格低于政府规定的目标价格时，价格差额不是全部由政府支持，而是由政府、农协和生产者三者共同出资建立的资金支付。这种由政府、农协和生产者共同出资建立的基金被称作“价格平准基金”。

(三) 国境政策

乌拉圭回合谈判后，日本对农产品进出口政策做出了调整，在世界贸易组织《农产品协议》中，日本承诺在2000年将农产品的平均关税率将为12%，列入关税目录中的主要农产品的“一次税率”平均为20%，但大米仍然受到较大程度的保护，在2000年大米的最终关税率仍然高达49%。

(1) 实行大米“关税化的特例措施”，1995—2000年大米不用关税化，即把大米关税化推迟了6年，作为补偿，增加大米的进口配额，最低准入量从1995年国内消费量的4%增加到了2000年的8%。但实际上，在1999年4月，日本政府在未到2000年底之前，宣布开始实行大米的关税化政策，但关税化后大米进口关税很高，进口大米价格高于国内大米批发价格，故而并没有带来进口的大量增加，但却使日本的国境措施更符合世界贸易组织的规定。

(2) 除大米之外，限制进口的农产品全部关税化，小麦、大麦、部分乳制品、生丝仍然由国家控制，其余的进行民间贸易，实行关税配额制。

(3) 在实施世界贸易组织《农产品协议》的最初6年内，日本的一般关税平均下调36%，单项品目关税至少下调15%。

美国、欧盟、日本等发达国家为了保证本国农业持续、稳定、健康发展，均采用了各种政策对农业进行支持与保护。在乌拉圭回合农产品协议之前，价格和收入政策、国境政策是各国常用的保护手段，这种直接影响农产品市场价格的保护政策的实施，造成农产品贸易市场的极度扭曲，增加了各国政府的财政负担，降低了农业生产效率，增加了农业生产成本。为了促进农产品自由贸易，乌拉圭回合谈判后，世界贸易组织各成员方纷纷调整了农业支持与保护的方式，取消非关税措施、降低关税水平、大幅度消减“黄箱”政策支出，转而使用免于消减的“绿箱或蓝箱”政策对农业进行支持与保护。这些政策转变对我国加入世界贸易组织后农业支持与保护政策的调整起到了良好的借鉴作用。

第四节 发展中国家农业政策概述

任何政策都旨在达到某些社会经济或政治目标，而这些目标在没有政府政策干预的条件下是难以达到的。发展中国家作为一个群体，具有显著的差异，其政策目标和措施不尽相同。但有关研究表明，发展中国家的农业政策都在一定程度上受以下目标所支配：①消费者食品价格目标（稳定、低价或城市优惠）；②食品安全目标；③生产者价格目标（稳定、鼓励生产、鼓励出口）；④农产品贸易目标（增加出口、减少食品特别是粮食进口）；⑤收入目标（稳定生产者收入、增加政府收入）；⑥工业化目标（提供资源、对工业尤其是加工业有利的比价关系）。尽管各国的农业政策目标不尽相同，各种目标的权重也有差异，但基本上都与以上六方面相联系。

过去几十年来，大多数发展中国家都一直致力于提高农产品尤其是粮食的产量，以解决国内人口增长和经济发展对食品不断增长的需求。但从世界范围来看，发展中国家普遍执行的总体经济政策却限制了农业生产的增长。在许多情况下，部门价格和税收政策也严重歧视农业。自相矛盾的是，许多一直强调农业重要性的国家，却精心地设计了一整套复杂的严重损害农业的政策。比如，有些发展中国家一方面为农产品价格低而苦恼，另一方面却对出口农产品征税；有些国家支付给国内谷物生产者的价格只相当于国际价格的一半，甚至更低，然后花大量稀缺的外汇去进口粮食。一些国家提高各个不同时期的生产者名义价格，但却又奉行使生产者实际价格不变或下降的汇率政策和宏观经济政策。一些国家已经建立起一套复杂的税收体制，然后又建立一套同样复杂而且往往是效率低下的补贴制度以抵消这些税收。一些国家补贴消费者以帮助穷人，但结果却减少了农民的收入，使农民更穷，使城市消费者更需要补贴。大多数发展中国家以自给自足作为重要的农业政策目标，但却奉行对农民征税、对消费者补贴的政策，从而增加了对进口粮食的依赖。

发展中国家对农业的普遍歧视，是由许多因素造成的。首先，它在很大程度上是在高度贸易壁垒保护下推动国内工业优先发展战略的重要组成部分。这种战略的目的是通过压低农业部门的赢利水平的办法，加速农业部门的资源向工业部门转移。换句话说，通过改变工农业之间的贸易条件，从而加速农业的剩余向工业的转移。这一政策使发展中国家本来就不发达的农业情况更糟，如果国内农产品价格与国际价格保持相对一致的话，农业的境况会好些。因此，这一政策使农产品出口遭受损失，与进口竞争的农产品也同样受害，这是因为农业的国内价格低于受到优惠的工业品价格，以及农民使用的工业投入物费用增加。此外，保护政策使实际汇率上升，这意味着贸易性农产品比非贸易性农产品的获利更少，从而对发展中国家的农业出口产生更为不利的后果。将农产品的国内价格保持在低于国境上的国际价格的部门政策，也大大加深了对农业的歧视。国内农产品产量下降以后，政府又会借助于投入物补贴，试图以此扩大生产。但许多发展中国家的实践表明，补贴政策并不能抵消对农业的课税，因此，歧视仍然存在。

第五节　世界贸易组织框架下中国农业的政策选择

世界贸易组织《农产品协议》的基本精神是在实施一系列基本规定条件下，使各国农业对世界的开放度增加，从而充分利用世界农业资源，提高农业产出和总收益水平，达到提高人类生活水平的目的。根据这一精神，中国未来的农业政策应以充分利用世界农业资源及国内农业资源，以及世界农产品市场及国内农产品市场为基础，使资源在更大范围内达到最佳配置，建立以比较收益为驱动机制的农业生产结构和贸易结构，既有益于中国农业发展，又有益于整个世界。

20世纪90年代后期以来，我国农产品供求关系发生了根本性的变化，中国农业发展不仅受到资源短缺的约束，而且受到市场的影响越来越大，农产品卖难、价格下跌问题频繁出现，农民收入没有得到根本性保障。加入世界贸易组织后，中国农业一方面面临国际国内的严峻挑战，另一方面也给中国农业带来了新的发展机会。中国在加入世界贸易组织谈判中，承诺执行世界贸易组织《农产品协议》，降低农产品关税，取消非关税措施，开放农产品市场；还承诺约束国内农业补贴，取消出口补贴，规范动植物卫生措施。执行加入世界贸易组织承诺后，中国农业的市场竞争从国内竞争转向国内、国际双重竞争，并出现国内农产品市场国际化、国内竞争国际化新趋势。中国农业在就业、收入压力越来越大、市场化改革远未完成的关键时期，不得不走向国际化阶段。中国应该积极参与农业国际化进程，加快战略转换、体制改革和政策调整步伐，全面提升我国农产品竞争力。

中国目前农业政策还不具备实施像美国、欧盟、日本等发达国家那样的农产品战略性贸易政策的社会经济条件，但是必须建立起符合中国农业实际的农业保护政策体系，在世界贸易组织规则下，认真吸取发达国家的农业保护政策经验，积极参与新的国际农业谈判，考虑中国作为发展中国家的现实，对农业政策措施进行筛选和组合，积极建立起高效的中国农业政策保护体系。

一、粮食的生产与贸易政策

1. 改革粮食进出口经营管理体制　中国目前的粮食进出口经营管理体制既从价格上将国内粮食市场与国际粮食市场相隔离，又从总量上控制了进出口规模。因而从市场准入条款来看，应不断增加粮食进入国际市场的机会，使粮食贸易国际化、自由化。对中国这样一个大国，这一进程应逐步进行。首先放开粮食进出口价格，使粮食国内市场与国际市场接轨，形成国际国内统一的大市场。其次，到合适的时间，适当放松粮食进出口的规模，使粮食完全进入国际市场。

2. 增加粮食国内支持的力度，尤其是“绿箱”政策措施　改革粮食进出口经营管理体制的前提是国内粮食生产与消费在某一水平上达到平衡，只有这样才能放开粮食价格。即只有通过粮食供给的充裕，才能调节粮食市场价格，使粮食的生产、消费、经营三方面达到协调，而要有充裕的粮食供给必须增加粮食的国内支持水平。

二、比较优势与农业产业结构调整

根据中国的具体情况，除粮食外，其他不具备价格优势的产品，不可能都对其进行保护，也没有必要对其全部进行保护。在世界贸易组织框架下，中国农业生产结构调整的方向是：除粮食外，其他农产品原则上都应按照比较优势来进行生产，即适当让出部分产品的国内市场，把不具备竞争优势的产品生产逐渐降下来，大力发展具有比较优势的产品，以扩大具有竞争优势产品的国际市场，实现国内有限资源的最佳合理配置，充分利用好国内和国际两个市场、两种资源。按照比较优势原则，调整和优化农业生产结构是世界贸易组织框架下中国农业宏观政策选择的另一重点。

依照前述的比较优势状况，除粮食外，今后中国农业生产发展的重点是：

1. 牛、羊、猪、禽肉等类产品　这类产品不仅具有较高的竞争优势，而且具有较大的出口市场。因此，在宏观政策安排方面，应把肉类生产作为中国农业发展的一个重要优势产业。为了不使肉类产品生产对国内粮食供求平衡形成太大的压力，肉类生产可采取“两头在外”方针，即通过适当进口一部分饲料，在国内转化成肉类产品后再出口到国际市场，以实现资源的有效转换。肉类生产还应注意保证产品卫生、质量和供货期，提高贸易信誉度。出口市场除继续巩固港澳地区市场外，还应扩大与中国相邻的日本、印度尼西亚及中东地区国家的出口，同时积极开辟新的市场空间。

2. 苹果、梨等水果类产品　这类产品价格竞争优势明显，国际市场潜力很大。目前中国水果类产品的出口水平还很低，鲜果出口量仅占总产量的1%左右，且售价很低，柑橘售价为其他国家的一半左右，苹果在香港市场的售价不及美国的1/2和日本的1/4，梨在香港市场的售价仅为澳洲梨的一半。市场份额也呈下降态势，20世纪60年代中国果品占香港市场份额在40%以上，现在则不到20%。造成中国果类类产品出口萎缩的主要原因是质量问题，具体表现：一是许多传统的出口水果品种退化；二是栽培管理粗放；三是产后商品化处理和贮运手段落后；四是品种结构不合理；五是不能保证全年供应和均衡上市。因此，加快中国果品业发展的关键是提高质量。只有质量提高了，产后商品化处理和贮运手段跟上了，价格竞争优势才能充分发挥出来，也才能占领更大的国际市场。

3. 花生、芝麻等油料类产品　中国油料生产在品种改良和提高单产方面潜力较大，价格上也较有竞争优势。因此，中国油料生产本身是有竞争力的。但植物油加工业不具有竞争优势，进入世界贸易组织框架后，榨油业如不加快企业经营机制转换，提高工艺水平，降低成本，将面临被冲垮的危险，并进而影响到油料生产。所以，把花生、芝麻等油料类产品作为优势产业发展，必须在宏观政策上把握两个重点：一是进一步提高油料生产本身的竞争力，具体措施是：加快建设商品油料生产基地，改善油料生产条件；扩大油料生产规模，实行区域化种植和集约化生产，以降低生产成本；增加科技投入，发展优质油料生产；适当调整油料品种结构，多发展价格较高、效益较好、出口前景好的花生、芝麻生产。二是下力气改造榨油业，引进国际先进加工技术和设备，改进食用油生产加工工艺，提高榨油业的整体效率和竞争水平。在世界贸易组织框架下，榨油业不能再继续成为中国油料生产优势产业发展的制约因素。

4. 甜菜、甘蔗等糖料产品　中国尽管目前人均食糖消费量不及世界平均水平的1/3，但由于人口多，食糖消费总量很大，多年来一直依靠大量进口平衡国内供求，因而成为世界食糖进口大国。国内市场为中国发展糖料生产提供了动力。另一方面，中国糖料生产的自然和经济条件较好，具有一定的竞争优势。因此，应该把糖料生产作为中国农业的一个优势领域来发展。然而，糖料生产优势的发挥同样受到国内制糖业的制约。由于国内制糖业技术水平低，加工出来的食糖在国际市场缺乏竞争力，因此，在世界贸易组织框架下，国外食糖会冲击国内制糖业而直接影响国内糖料生产的发展。所以，发展中国糖料生产的关键，同样是一方面继续提高糖料生产本身的竞争力，另一方面改造制糖业，使制糖业具备竞争力。

5. 水产品　中国水产品具有一定竞争优势。近年来水产品出口贸易发展很快，以沿海地区为重点、以出口创汇为发展方向的外向型渔业正在逐步发展壮大，一些名特优新水产品的生产和加工对国际市场已有较高的依附性。水产品生产作为优势领域发展的重点是：通过技术改造，提高产品质量，提高产品包装及营销手段水平。

三、世界贸易组织框架下的国内支持政策

尽管世界贸易组织规则对农业生产的国内补贴支持做出了明确约束，但在世界贸易组织框架内，中国尚有较大的活动空间。按减让基期1986—1988年的平均水平计算，中国包括基础设施建设、粮食储备、贫困地区的扶持、自然灾害救济、生产资料的补贴等，三年平均投入水平仅276亿元。因此，中国对农业生产的国内支持空间仍然具有一定的活动余地，仍大有文章可做。农业宏观政策应该充分利用这一空间，并利用好这一空间。在现有支持基础上，进一步调整国民收入分配格局，建立财政支农资金的稳定增长机制，增加农业国内支持总量。

长期以来，我国农业保护的主要目标是提高农产品产量，确保粮食安全。20世纪90年代后期以来，我国农业发展进入新阶段，面对新形势，我国农业保护的目标已发展成为促进农民增收和稳定重要农产品供给，以及确保粮食安全。进入21世纪以来，国际农产品市场价格变化对我国农业发展的影响日益加剧，发达国家依靠其科技、资源、经济等方面的优势，不断强化其农产品的国际竞争力。另外世界各国尤其是发达国家不断提高农业支持保护水平，农产品检验、检疫等技术性贸易壁垒逐渐加强，我国园艺、养殖等具备比较优势的农产品出口阻力也日益加大。因此，迫切需要加快建立我国农产品保护体系，有效抵御国际市场的冲击，保障产业安全，不断强化农业国际竞争力。

根据中国农业发展的需要，参考国际经验，今后中国农业生产的国内支持应着力优化农产品进出口结构；完善优势农产品出口的促进政策，提高优势农产品出口的档次、附加值和质量安全水平；在多双边和自由贸易区谈判中，保护战略性农产品国内市场空间，拓展优势农产品出口空间，保障我国农业产业安全；积极推进农业“走出去”，促进跨国农业投资，获得稳定的农产品供给能力。

建立以市场机制相融合的高效率的价格支持政策尤其是以粮食价格支持为核心的政策体系。这一支持体系的重点是：

1. 支持目标　由短期化转向长期化：目前和今后较长一段时期内，中国农业发展的主要矛盾越来越多样化，农产品的生产基本可以满足国内市场需求，但人口和资源的压力大、农业生产力发展水平仍然较低、农业发展方式依然粗放，农业基础设施和技术装备比较落后，农村发展滞后的局面尚未改变。因此，中国农业补贴支持政策的基本目标就应该是以提高农民的收入和农业生产力水平为中心，即通过农业补贴，调动农民增加农产品生产的积极性，促进农业增长向依靠科技进步方面转化，营造一个可持续发展的现代农业。农业补贴支持的所有操作，都要围绕着这个基本目标来进行。

2. 支持方式　由投入补贴转向产出补贴：投入补贴方式和产出补贴方式相比，产出补贴方式要优于投入补贴方式。这是因为：第一，投入补贴往往是与农产品的低价格相联系的。政府从农民手中购买农产品所用的低价格，一方面使农产品价格出现扭曲，并进而使整个产品价格体系都被扭曲，从而使产品市场扭曲；另一方面，低价格必然挫伤农民生产的积极性，农民不愿意以较低的价格把产品卖给政府，这样，政府的农产品采购就必然伴随着行政控制，必然带有强制性。因此，与投入补贴相联系的农产品低价格使生产系统缺乏效率。第二，投入补贴本身也使农业生产资料价格出现扭曲，从而使农业生产资料市场处于扭曲。

由于生产资料价格不能反映供求关系，不能反映价格规律，不能反映资源的稀缺程度，农业生产资料的交易实际上只是政府的行政配置。一方面，低价销售农业生产资料必然会生成一些寻租行为，降低农业生产资料的分配效率；另一方面，生产资料的低价销售还使农用工业企业不能根据经济法则进行自身的经济活动，不能根据效率原则有效组织生产，不能形成扩大再生产的自我积累和发展，企业缺乏内在的动力和活力，因而农用工业生产系统也缺乏效率。第三，与产出相比，投入的种类多、环节多，因此，投入补贴操作的难度相对较大，补贴政策运行的自身成本相对较高。正是基于投入补贴方式的这些不足，大多数发达国家在农业补贴的成功实践中，都采用产出补贴方式，而对农用生产资料的生产、分配与销售，一般都把价格完全放开，由市场供求形成价格，由市场进行调节，不给予补贴，同时采取措施防止农业生产资料产品的生产或销售环节形成价格垄断。

由于投入补贴方式所固有的不足，中国农业补贴支持的作用未能充分发挥出来。因此，农业补贴方式调整的基本点在于：由投入补贴支持逐渐转向产出补贴支持，即随着中国社会主义市场经济体制的确立和发展，形成一个完善的农用生产资料市场，完全放开农资产品价格，并采取相应措施防止农资产品市场形成价格垄断；对农业的财政补贴支持集中于农产品，以农产品的保护价格为手段，全面实施对农业的补贴支持，最终确立以产出补贴为主体的农业补贴支持方式。

3. 支持运行 由随意性转向制度化和规范化：即使确立了有效的补贴方式，如果没有规范的制度保证，农业补贴支持的作用也不能充分表现出来。因此，形成制度化和规范化的补贴支持政策，对于充分发挥农业补贴支持的作用十分重要。从中国的实际情况出发，农业补贴支持政策的设计一定要把补贴支持运行的制度化和规范化建设作为一个重点。通过制度调整，建立基本的规章制度，使农业补贴支持形成一个基本制度，加强管理，杜绝随意性，提高农业补贴支持的运行效率。

四、世界贸易组织规则中的“绿箱”和“黄箱”政策

世界贸易组织的《农产品协议》规则对国内支持措施按照生产和贸易的扭曲程度分为“绿箱”、“黄箱”和“蓝箱”政策。作为发展中国家和新加入成员，我国可享受农业产值17%的“黄箱”政策。根据我国加入世界贸易组织的承诺，我国现有“黄箱”政策支持水平占农业产值17%的微量允许水平之下，包括不超过占单个产品8.5%的特定产品综合支持总量和不超过占农业产值8.5%的非特定产品综合支持总量。由于“绿箱”政策在使用数量上不受约束，使用空间很大，是今后加强农业保护的主要方式，但“黄箱”政策支持对提高农产品竞争力有直接作用，不能偏废，因此应该进一步调整农业国内支持结构，保持“绿箱”支持和“黄箱”支持的合理组合。下一步应结合国家财政收入增长情况，有效利用世界贸易组织规则给予的政策空间，适当提高“黄箱”支持水平，而“蓝箱”政策是指在限产计划下对生产者的直接补贴，补贴水平不受金额限制，我国目前还没有实施“蓝箱”补贴。

随着中国经济综合实力的提高，工业反哺农业的能力会不断增强。2008年，我国开始实施的财政支农政策大体可分为四类：一是农作物和畜禽良种补贴、农机具购置补贴、粮食直接补贴、农资综合直接补贴等“四大补贴”，以及畜禽饲养补贴、渔业柴油补贴、农业科技入户补助资金、农民培训阳光工程、测土配方施肥补助、动植物疫病防治补助、农业生产

救济补助、草原生态保护等 12 项农业补贴。二是粮油、生猪农业大县奖励。三是改善农村生产生活条件的基本建设资金。四是种养业农业保险措施。根据世界贸易组织国内支持分类规则，农业大县奖励属于非农业支持类别，渔业柴油补贴不属于世界贸易组织农业补贴范畴，上述其他支农政策基本可以归入“绿箱”政策和“黄箱”政策范畴。按照 2008 年财政支农政策世界贸易组织口径分类计算，其中，属于“绿箱”政策的农民粮食直接补贴 151 亿元，农业科技入户补助 6.15 亿元，农民培训阳光工程 11 亿元，测土配方补贴 12 亿元，动植物疫病防治 42.15 亿元，农业生产救济补助 27 亿元，农村基本建设 140.7 亿元，种养业农业保险 60.5 亿元，“绿箱”支持总量约 451 亿元。属于“黄箱”政策的农资综合直接补贴 716 亿元，农机购置补贴 40 亿元，良种补贴 127.38 亿元，畜禽饲养补贴 31.1 亿元，“黄箱”支持总量约 914.48 亿元。仅占 2008 年农牧业产值 48 627.8 亿元的 1.88%，为“黄箱”政策允许使用空间的 11.06%，还有相当大的利用空间①。

从世界贸易组织规则下看我国现有的国内支持政策运用来看，我国现有国内支持政策仅限于“绿箱”和“黄箱”政策的微量使用，对“绿箱”、“黄箱”政策利用还不充分，在世界贸易组织《农产品协议》的 12 项“绿箱”政策中，至少还有 5 项没有利用，在“黄箱”支持方面还有很大空间。近年来国家不断加大农业投入力度，到 2008 年，中央财政用于“三农”的支出达到 5 625 亿元。但是，如果扣掉税费减免、大江大河治理和大生态环境治理投资，真正用于农业投入并不大，农业国内支持政策总量仍严重不足。

虽然我国在微量支持即可使用的“黄箱”政策方面还有较大的空间，但这些政策具有增产见效快等特点，一旦产量过剩，要么农民成为政策的受害者，要么政府为此增加财政支出。根据世界贸易组织规则下各国农业政策的发展趋势来看，各国农业政策改革的一个共同趋势是逐步减少政府对农产品市场的干预程度，政府农业保护政策措施逐步从“黄箱”政策向“绿箱”政策转移。因此，从策略上讲，我们就可以把用于价格和直接补贴的财力转移到“绿箱”政策的合法名目之下，把增加的财力通过“绿箱”政策合法地注入农业生产中，按照这一策略，今后中国农业支持政策应突出以下重点：

1. 增加农业科技投入　加强农业科学技术研究工作，加强农业科技推广工作，加强对农民的基础教育和技术培训工作。通过科技活动，提高中国农产品的科技含量，推动中国农业增长方式的转变，增强中国农业的整体竞争能力。

2. 增加农业基础设施建设投入　加强以水利建设为核心的农业基础设施建设工作，为农业生产提供良好的道路交通、邮电通讯、能源、市场信息等方面的服务，以间接减少农民用于生产农产品的成本支出，减缓国内农产品生产成本的上升速度。

3. 加强质量标准和食品安全方面的投入　加强农产品质量标准和食品安全方面的投入主要是在农产品质量和品质上加大监管和扶持的力度，建立完善的质量监管体系和追踪系统，推进生态型标准化农业建设，支持和补贴绿色农业、有机农业等。

4. 增加农村环境和生态保护投入　加强农村环境监测、污染治理和环境保护工作，加强农业病虫害的预测预报和控制工作，加强农村公共卫生工作。

5. 增加农业保险与灾害救助方面的投入　加强以农业保险与灾害救助相结合的灾害补偿制度建设，扩大农业保险的覆盖面，增加其赔付力度，增加灾害救助方面的投入，有力地

① 数据资料来源：郭建军 . 2010. “十二五”期间我国农业支持和政策保护体系 . 经济研究参考（45）.

增强农业抵抗自然灾害的能力。

五、农业保险体系与风险管理

农业生产的特点是生产周期长，市场反应能力差，自然风险大，为了增强农业的风险承受能力，保护农业生产稳定发展和维护农民的利益，需要建立农业保险制度和风险管理体系。

在国外，尤其在发达国家，农业保险受到广泛重视，成为政府支持农业发展的一个重要手段。如美国，政府为所有参加保险的作物提供30%的保险费补贴，投保的农民当年作物收成减产25%以上时，可以取得联邦作物保险公司的最高赔偿金额；日本政府对主要农作物保险给予15%的补贴，遇到灾害时给予正常年景10%～30%的保险费；加拿大的作物保险范围几乎涵盖了所有的农产品，农民自愿参加作物保险，联邦及各省政府支持50%的保险负担。作物保险升格成为农民收益保险，取代灾害救济及价格补贴，已是世界贸易组织框架下世界农业政策的新走向之一，且这一支持措施并不违背世界贸易组织规则，值得中国借鉴。

目前，中国农业保险制度还不完善，农业保险水平还很低，农业保险运行远远不能适应世界贸易组织框架下农业生产发展的需要。因此，农业宏观政策要高度重视农业保险问题，把农业保险制度体系列入政府农业宏观政策的议事日程，建立符合中国实际的农业保险制度和体系，充分发挥农业保险在促进农业发展方面的重要作用。

六、一体化的农产品生产与贸易管理

中国目前的管理存在着生产和贸易相互脱节问题，管生产的不了解市场，管贸易的又调控不了生产，这在一定程度上制约了中国农产品出口的发展和农产品在国际市场的竞争力。加入世界贸易组织后，中国应加快农产品外贸的改革，打破行业部门界限，使农产品的生产与贸易有机地结合起来，实行农产品生产和贸易的一体化管理。这样不仅可以有效地支持国内农业生产，而且也将大大提高中国农产品对外竞争的整体实力，对加快中国世界贸易组织框架下的发展是十分有利的，也是非常必要的。

复习思考题

1. 世界贸易组织《农产品协议》的基本内容是什么？

2. 世界贸易组织《农产品协议》中对不同的国内支持措施进行分类，请问是如何进行分类的。

3. 发达国家和发展中国家农业贸易政策的最大区别是什么？

第十五章

谷物国际贸易

世界粮食市场一般由谷物类、薯类和豆类三部分构成。其中谷物是最主要的粮食，主要品种有小麦、稻谷（大米）、玉米、大麦、高粱、小米等。联合国粮食及农业组织（FAO，以下简称联合国粮农组织）的粮食概念是指谷物，即小麦、玉米、稻谷三大类。我国国家统计局在统计全国粮食产量时采用的是广义的粮食概念，按照中国国家统计部门的统计指标解释，我国粮食包括稻谷、小麦、玉米、高粱、谷子、薯类、豆类以及其他杂粮。

谷物贸易不同于一般的农产品贸易，其特殊性在于：①谷物为土地密集型产品，谷物国际贸易的基础主要是各国土地资源禀赋的差异，不同的资源禀赋则采取不同的谷物进出口贸易模式。但随着以生物技术为核心的农业科学技术体系的重大突破和逐步应用于农业领域，将会对传统的以自然资源禀赋为基础的谷物国际贸易格局产生重大影响。②谷物类产品是关系国计民生的基础性产品，因此，谷物国际贸易涉及粮食安全与国家安全两个方面，如近年由于粮食价格的上涨，世界粮食主产国纷纷出台措施限制出口，致使许多国家陷入"粮食危机"。③谷物类产品的可替代性较强，随着全球从粮食安全到营养安全的转变中，食物消费结构由谷物类产品主导转向动物性产品主导，再转向生活质量类产品主导是必然趋势。

综上所述，研究谷物贸易结构及其变化特征，有助于把握谷物的国际分工格局与变动规律，分析不同类型国家谷物贸易的竞争能力和竞争战略，制定正确的农业结构调整战略，确保经济增长过程中的粮食安全。

第一节　谷物国际贸易概况及其发展态势

一、谷物国际贸易概况及阶段性特征

谷物的国际贸易可以追溯到很早。14 世纪以后，欧洲的粮食贸易已具相当规模。在15～16 世纪，荷兰的阿姆斯特丹成为国际粮食贸易中心。从 17～18 世纪，世界谷物的贸易格局是美洲新大陆为出口一方，欧洲、西印度群岛为进口一方。第二次世界大战之前，国际农产品贸易结构中，粮食和原料是这一期间的主要构成部分，西欧是世界农产品主要输入地区，而此时的美国是世界粮食最大的供应者。

第二次世界大战之后，随着各国农业经济的发展和农业政策的扶持以及人民生活水平的逐步提高，促使原来以粮食和原料为主的国际农业商品结构发生了变化，迄今为止，呈现出几个明显的阶段性特征：

（一）世界谷物市场的供求特征

人均谷物产量是衡量一个国家农业劳动生产率水平和综合经济实力（国力）的一个重要

指标，也是一国政治安全重要条件之一。因此，世界各国都致力于提高谷物产量，增加库存量。联合国粮农组织在20世纪70年代就提出“粮食安全”概念，当一个国家粮食储备低于全年所需粮食的17%，就是不安全。

从世界总体结构看，1961—1994年，世界人均谷物产量年均增长0.56%，其中增长最快的时期是1975—1985年，主要是“绿色革命”和“白色革命”等重大技术进步刺激了谷物单产的迅速提高。1985—1997年期间，世界粮食总产量增长了近15%，1998年度的世界谷物产量比1991年增加7.9%，2009年度的世界谷物产量比1998年增加了18.7%（表15-1）。谷物生产的不平衡性也给世界各国带来了很大风险，谷物生产基本符合近几十年来每隔一两年减产一次的规律，但每次的谷物增长势头要大于下降的势头，所以基本上未出现人们所担忧的“供给不足”的危机。另外，谷物供应的地区不平衡现象较突出，发达国家以及少数几个发展中国家集中了世界谷物产量的大部分，粮食大量剩余，发达国家目前占世界人口的23%，但其谷物产量占世界的45%，谷物库存量占世界库存量的70%。如美国谷物的出口额从2000年的564.8亿美元增加到2006年的713.8亿美元，法国谷物出口额也从2000年329.1亿美元增加到2006年的503.8亿美元（表15-2），遥遥领先于其他发达国家和发展中国家。全球有37个国家正面临粮食危机，发展中国家内仍存在大量的饥饿和贫困，拉丁美洲和撒哈拉以南的非洲地区多数国家面临粮食供应和营养不足问题，从长期看，粮价上涨会导致更多的人营养不良，特别是撒哈拉以南非洲地区，饥饿和营养不良的人口到2020年将会翻上一番。

表15-1　世界谷物的供应与消费

年　份	总产量（百万t）	出口量（百万t）	总消费量①（百万t）	期末库存（百万t）	库存占总消费（%）
1961	886.93	79.51	833.3	171.9	20.6
1965	1 005.89	105.15	952.0	159.1	16.7
1971	1 311.34	118.97	1 169.3	217.2	18.6
1975	1 372.67	157.42	1 299.2	280.0	21.5
1981	1 652.46	233.81	1 475.5	306.8	20.8
1985	1 843.35	224.49	1 595.0	430.0	27.0
1987	1 786.63	219.35	1 664.0	401.3	24.1
1996/1997	1 870.43	243.91	1 833.52	291.3	15.9
1997/1998	1 875.49	250.66	1 841.42	327.2	17.8
1998/1999	1 845.30	238.45	1 846.11	326.3	17.7
2005/2006	2 019.99	253.07	2 032.88	390.02	19.2
2006/2007	2 004.65	258.34	2 051.21	341.84	16.7
2007/2008	2 121.48	275.84	2 101.14	361.58	17.2
2008/2009	2 226.26	271.69	2 144.90	442.94	20.7

注：①为市场年份的数据。

资料来源：总产量引自FAO《世界作物及畜产品统计》1949—1985年、《生产年鉴》1987年；总消费量、年终库存量资料引自美国农业部《世界谷物现状与展望》1989年第9期；1996年以后数据引自《世界经济年鉴》（历年）。

表 15-2　世界谷物贸易地区分布　单位：亿美元

地　区	进口额			出口额		
	2000 年	2005 年	2006 年	2000 年	2005 年	2006 年
法　国	219.5	353.7	372.7	329.1	471.9	503.8
德　国	344.9	525.0	577.2	241.5	424.5	473.7
美　国	449.5	606.1	676.3	564.8	653.5	713.8
加拿大	114.4	169.0	193.0	156.6	217.9	247.5
中　国	153.6	334.7	378.5	130.8	205.3	224.4
日　本	361.5	425.6	423.3	15.6	8.0	12.1
阿根廷	13.4	9.4	10.7	107.8	179.9	196.4
南　非	13.9	26.8	32.2	21.5	39.3	37.4
世界总计	4 331.7	6 736.8	7 466.3	4 112.8	6 543.6	7 220.7

资料来源：联合国粮农组织数据库，转引自 2010 年国际统计年鉴。

从谷物消费状况看，第二次世界大战以后，由于谷物生产增长和人口增长。一方面，人们的消费需求多样化发展，高值农产品和绿色产品消费量增加；另一方面，随着畜产品的需求量增加使饲料粮的消费增加。世界谷物总消费量也由 1961 年的 83 330 万 t 增加到 2009 年的 214 490 万 t，谷物库存量也由 1961 年的 17 190 万 t 增加到 2009 年的 44 294 万 t。受谷物需求数量扩张和谷物生产徘徊的双重影响，全球谷物库存数量明显下降，世界谷物库存量从 2005/2006 年的 39 002 万 t，下降到 2007/2008 年的 36 158 万 t，减少了 7.9%。但除了个别年份，产销基本可以达到平衡。谷物贸易中增长最快的是粗粮，其次才是小麦和大米。尽管 2007 年世界谷物库存占总消费的比重才 16.7%，在安全线以下，但总体来说，世界谷物库存仍然保持在联合国粮农组织规定的谷物供应安全线上（安全线为库存占当年消费量的 17%～18%）。

（二）世界谷物市场的价格特征

谷物的消费需求弹性和进口需求弹性小，加之第二次世界大战后，谷物进口国的消费补贴政策和谷物进口政府控制，使进口需求弹性变得更小。一旦出现歉年或丰年，国际市场价格便会出现剧烈波动，粮食价格的不稳定给国际社会造成了振荡和不安。

从 1960—1987 年，世界大米、小麦和玉米价格波动的极差分别为 417 美元/t、139 美元/t 和 93 美元/t，分别是其 1987 年价格的 1.8 倍、1.1 倍和 1.2 倍。从 20 世纪 80 年代以来，美国与欧共体以出口补贴为手段在国际市场上的竞争导致国际市场粮食价格下降，从而给双方造成巨大财政负担。为了扭转这一局面，美国和欧盟从 20 世纪 90 年代初开始采取措施消减对粮食生产和出口的政策扶持，乌拉圭回合谈判的成功也促使其减少出口补贴和国内支持政策。随着欧美粮食生产和库存的下降，国际粮食市场价格出现大幅上升，抑制了需求。从 1997 年开始，国际市场粮食价格又呈下滑局面，并在 2000 年跌至近几年来的最低水平。2000 年美国芝加哥市场小麦平均成交价格每升 7.33 美分（折合人民币 785 元/t），比 1999 年上升 1.2%，比 1996 年的较高水平下跌 44%。① 1980—2006 年，小麦、大豆、玉米、稻米等谷物价格变化处于一个正常的波动范围内。但由于能源价格上涨和金融炒作等因

① 王兆阳. 2001. 当前国内外粮食价格基本态势及趋势. 世界农业（4）：61.

素，从2007年起，国际市场粮价出现了超常规的大幅上涨趋势，尤其是进入2008年后，粮价普遍出现了急速的上升，这给人口众多的发展中国家的居民生活造成了直接的影响。例如，印度大米的价格呈一路猛涨，1kg大米的价格已由原来的20卢比（1美元约合40卢比）涨到40卢比。从2008年中期开始国际粮价开始下降，但是在2010年6月又开始回升，与之前的30年相比，国际粮价底价太高，今后粮食的平均价格很可能保持在高价位波动①。

（三）谷物国际贸易格局

20世纪80年代以前，谷物贸易增长很快。从80年代中期开始，国际市场粮食贸易量由过去的持续增长转变为停滞局面，进出口贸易额增幅很小（表15-2）。究其原因：一是随着乌拉圭回合多边贸易谈判《农产品协议》的达成和世界贸易组织的建立，农产品贸易领域的一切干预行为造成的竞争和贸易的扭曲都将逐步取消，发达国家的农业保护政策受到相应限制。粮食价格在整个20世纪90年代先升后跌，21世纪初的十年里，粮食价格先涨后跌，再次上涨，并保持在高位运行，影响到谷物的市场供求状况。二是随着世界经济的发展，人们对农产品消费需求的多样化发展，食物结构趋向于营养、多样和安全。因此，从长期看，国际市场粮食需求会有相应的增长，但增长较快的将是生产收入弹性高的畜产品和水产品以及对加工食品和绿色食品的间接消费需求。

为辨别谷物国际贸易基本格局，我们从谷物国际贸易的流向分布、谷物国际贸易构成两方面加以分析。

从谷物贸易流向分布看，市场集中度高是其基本特征。第二次世界大战前谷物进口区主要是在西欧，第二次世界大战后西欧生产迅速发展，20世纪60年代以后，生产增长快于消费增长。谷物净进口呈现减少趋势，至1982年西欧开始了谷物的净出口，仅欧洲共同体1988/1989年净出口谷物达2 630万t。北美等传统谷物出口国，第二次世界大战后一直保持出口大国的地位，多年来出口量占世界贸易总量的40%～60%。由于得天独厚的资源条件，美国和加拿大在小麦和粗粮的生产上具有突出的优势，尤其是美国粮食出口量约占世界粮食出口的2/5，为粮食出口第一大国。近年亚洲已成为仅次于欧洲的第二大进口地区，位于欧洲和北美之后的第三大出口地区。其中，中国是亚洲出口和进口谷物最多的国家。日本、非洲一直为净进口地区，其中日本是世界最大的粮食进口国，进口量、进口额远高于其他国家（表15-2）。

可见，当今世界谷物贸易基本格局是出口主要集中于美国、法国、阿根廷、澳大利亚、加拿大、泰国。据联合国粮农组织统计，2007—2008年度的世界粮食供给量为24.57亿t，2007—2008年度世界粮食消费量为21.10亿t，2007—2008年度世界粮食贸易总量为2.69亿t。② 其中美国、阿根廷、加拿大出口粮食约为1.652亿t，占世界粮食总出口量的55%。欧盟曾经是世界粮仓，是小麦和粗粮的主要出口地，但从2007年7月开始“粮仓”空了，开始大量进口粮食。③ 进口国除日本、中国、印度、韩国、意大利等国家，广泛分布于全球150多个国家和地区，其中发展中国家是主要进口国（表15-2）。

从谷物贸易构成看，以小麦、玉米、大米、大麦为最主要品种。1961—1978年，近一

① 包宗顺．2011．世界粮食生产、贸易、价格波动与中国的粮食安全应对策略．世界经济与政治论坛（1）：142.

② 杨晓智．世界粮食贸易格局及趋势研究．国际贸易问题，2009（12）．

③ 陈印军等．国际谷物供需形势及我国谷物发展对策．中国软科学，2009（3）．

半的年份小麦出口量占谷物出口总量的50%以上，其余年份也在41%以上。1998—1999年度小麦出口量为9 460万t，占同期世界粮食贸易的46%，2007—2008年度小麦出口量为10 575万t，其中美国小麦出口量为3 130万t，占世界小麦出口总量的29.6%。玉米出口占谷物出口的比重，除1961年的17.6%以外，其余年份均在21.6%～38.5%之间。大麦在6%～13%之间。大米的贸易量最小，一般不超过10%左右，2007—2008年度，大米出口量为2 969万t，占同期世界粮食总出口量的9.8%，其中泰国大米出口量为900万t，占同期大米国际出口总量的30.31%。

二、谷物国际贸易发展态势

第二次世界大战以来，农业作为人类赖以生存的特殊产业，几乎所有参与贸易的国家都存在主权国家的政府行为对贸易活动的干预和影响。无论是发达国家的保护政策，还是发展中国家的负保护政策，都使得参与贸易的国家比较优势难以正常发挥，导致国家福利的净损失。随着世界贸易组织《农产品协议》的达成和实施，标志着国际农产品贸易迈上了自由化的道路，开放贸易对世界主要谷物产品的生产、消费、交换都将产生深刻的影响。

1. 各国粮食贸易政策的调整已成普遍趋势 第二次世界大战以后，对农业和粮食产业进行保护，是西方发达国家普遍推行的一项政策，主要谷物出口国大都实行了粮食保护性政策。

美国、欧盟对内实行生产价格支持及投入物的补贴和信贷优惠政策；对外实行出口补贴、出口信贷等鼓励出口政策，同时施用谷物进口关税壁垒及进口限额，并实施福利性质的食品分配计划，促进粮食需求。加拿大、澳大利亚对生产实行稳定价格的政策，对外也实行出口鼓励政策，同时不同程度地采用了关税及非关税壁垒。2007年以来，由于粮价的上涨，谷物出口国纷纷出台控制谷物及其产品出口政策。在粮食价格上涨的初期，传统的粮食出口国本可从中受益，但由于担心不能满足本国市场，多个国家纷纷采取限制粮食出口的措施，全球第二及第三大米出口国越南和印度大幅消减大米出口量，令全球大米供给减少了1/3。

谷物进口国一方，日本等发达国家为维持国内谷物高价，实施严格的进口限额、进口特许等非关税壁垒，如所谓的国内管制米，收购价一般是成本加一定的利润，收购价大于销售批发价，政府补贴差额。大多数发展中国家在国内实行谷物的消费补贴政策，进口谷物较少征税，甚至不征税。从2008年开始，为了满足国内对谷物的需求，抑制国内谷价的上涨，世界各国纷纷出台了鼓励谷物进口的相关政策，比如，印度尼西亚取消了对小麦5%的进口税；印度取消了对小麦面粉征收36%的进口税等。

这些政策与措施加剧了谷物产品贸易保护主义，干扰了世界性农业资源的合理配置。从1996年开始，各国逐步开始调整和改革农业贸易政策体系，发达国家的政策调整方向是从价格支持和边境控制为主的保护方式向加强农业的竞争力方式转变，2004年“新蓝箱”的产生，为美国和欧盟等发达国家提供了变相的农产品保护依据。发展中国家则积极利用世界贸易组织《农产品协议》中的“绿箱”政策及对其农业保护的一些特殊规定，开始由负保护政策转向实行一定程度的保护。

2. 各国将在世界贸易组织框架下继续寻求保护粮食产业的有效方式 由于粮食（主要指谷物）商品的特殊性，它不仅是“安全商品”，同时也是“政治商品”，某些大国经常为政治目的封锁禁运粮食。世界粮食贸易争夺战的意义不仅仅在于争夺世界粮食市场，还在于发达国家在取得这一市场后，进而取得对这一市场其他资源的控制，从而以不平等的价格掠夺其资源为本国政治经济利益服务。

就多数年份看，美国粮食出口约占世界粮食贸易的40%～50%。它控制着全球五大粮食跨国贸易公司：卡吉尔公司、康迪南特公司、路易特雷呼斯公司、邦奇公司、安特烈公司，它们的子公司分布于全球各地。而发展中国家由此在粮食出口中逐渐丧失了竞争优势。1961年发展中国家（地区）净进口粮食1 804万t，1987年达8 822万t。预计发展中国家粮食净进口将比20世纪80年代中期增长1～2倍，即从6 000万t增加到1亿～2亿t。当然，发展中国家中也不乏一些谷物出口增长较快的国家，如盛产石油的沙特阿拉伯1989—1991年成为世界第七大小麦出口国。中国在大米、玉米出口份额中也呈上升势头，越南从大米进口国转变为世界主要大米出口国之一等。但目前还未能改变发展中国家在世界谷物贸易中的整体地位。

因此，在发挥比较优势和确保国家粮食安全的两难选择上，许多发展中国家以粮食安全为政策导向而不惜陷入“粮食经济陷阱”。像中国是人口大国，创造了以占世界不到7%的耕地养活了世界20%以上的人口，粮食政策的基本方针是立足国内资源，实现基本自给，正常年份粮食自给率不低于95%，即粮食的进口量不超过国内消费的5%。这种高自给率在一定程度上是以环境恶化和牺牲经济效率和福利为代价的。

所以，即使世界贸易组织《农产品协议》能逐步贯彻执行，也不意味着世界谷物贸易能完全按照比较优势原则进行，各国对谷物贸易乃至整个农业贸易的保护将是一个长期的过程，无论是发达国家还是发展中国家，无论是谷物净出口国家还是谷物净进口国家，都将在世界贸易组织框架下寻找灵活有效的保护方式。

3. 谷物贸易价格年际间波动大，但呈现出周期性特征 世界谷物市场的消费需求弹性和进口需求弹性本来就小，加之各国政府行为的干预，降低了对国际市场波动的吸纳功能，谷物价格时常大涨，时常大跌。据泰尔斯和安德森的研究表明，1985年小麦、粗粮和大米的价格变化系数（不稳定系数）为0.45、0.19和0.31。乌拉圭回合寻求的目标之一是国际粮食价格的更加稳定，据世界银行报告，实现农业贸易自由化可降低国际价格不稳定性问题。如果发达国家实行自由化，则小麦的国际市场价格的不稳定性可下降33%，大米价格的不稳定性则下降25%。这将是一个长期发生作用的过程，据联合国粮农组织所做的分析：没有足够的证据表明年际和年内世界农产品价格不稳定性有任何重大变化。关于谷物，1995/1996年，小麦和玉米的价格上涨类似于20世纪70年代初世界粮食危机期间的情况，但1998年价格大幅度下跌，主要原因是气候造成的产量急剧变化。2007年小麦和玉米的价格上涨主要是因为供需面上的问题，2008年以后粮食价格急剧上升，是由于全球性的通货膨胀，能源价格上涨，金融炒作，生物能源对粮食的消耗等原因造成的。2011年进来受全球多数粮食产区天气干旱、天气寒冷等因素的影响，国际农产品价格开始走高。显然，20世纪70以来世界粮价的五次起伏，前四次大体上是七八年发生一次，第五次距前一次间隔的时间略长，约为10年。这显示出世界粮价波动带有明显的周期性质。

4. 谷物贸易格局总体上仍将以发达国家为主导，但贸易结构会出现几个重要变化

（1）美国和欧盟由于减少补贴，大米生产和出口竞争力相对削弱；日本和韩国将逐步开放市场；东南亚和南亚地区部分国家籼米出口能力将有较快增长；作为世界上最大的大米生产和消费国，中国的市场条件将对国际市场价格产生很大影响。

(2) 20 世纪 90 年代以来，特别是 2007 年以来，由于“粮食危机”，出口粮食的发达国家普遍降低了本国的粮食储备。根据东南亚地区的经验，收入提高后小麦在口粮中占的比重趋于上升，因而小麦供需平衡对国家粮食安全有重要影响。粮食净进口国会较大幅度地开放国内市场，同时，调整本国农业结构，增加供给，并拓宽小麦进口渠道，实现进口市场多元化，降低粮食贸易的政治风险，以更好地保障本国的粮食安全。秘鲁取消了对小麦和玉米17%～25%不等的进口关税；摩洛哥把小麦进口关税消减至历史最低水平，政府还考虑对软粒小麦的进口实施私有化，并向以特定基准价以上的价格采购的进口商提供国家补贴。

(3) 乌拉圭回合多边贸易谈判中暴露出的多边贸易体制缺陷，将加速农产品贸易区域化进程。西欧区域内的自给比率最高；北美自由贸易区是世界上最大的区域性贸易集团，农产品净出口能力很强；亚洲国家对地区间贸易的依赖性提高，以泰国为例，2006—2007 年泰国对东盟出口大米就超过对美国的出口。小麦贸易的区域性较强，南美和欧盟都是以地区内部贸易为主，只有亚洲和北非是各国竞争的重点地区。

第二节　小麦国际贸易结构及其变化特征

谷物类中不论按播种面积还是总产量计算小麦均居首位。小麦是全世界分布范围最广、种植面积最大、产量最高、贸易额最多的粮食作物之一，世界上约有 40%的人以小麦为主食。按照人—地资源的比例不同，世界小麦生产和贸易体现出资源禀赋特点。小麦进入国际贸易的量都比较大，小麦的贸易量一般占其总产量的 15%～23%，占谷物贸易总量的 50%左右。据联合国粮农组织报告，2008/2009 年度世界小麦贸易量为 1.11 亿 t，占世界粮食贸易量的 41.3%。所以，小麦贸易对保障世界粮食安全有特殊作用。

一、世界小麦的生产、消费和贸易

1. 世界小麦收获面积先增后降，随着单产水平提高，面积趋于稳定　世界小麦的收获面积逐步增加至 20 世纪 90 年代，随后逐渐下降，2004 年以来，收获面积趋于稳定。1948—1950 年世界小麦的年收获面积为 16 940 万 hm^2，1965 年增加到 21 550 万 hm^2，1988 年为 21 820 万 hm^2，1950—1988 年平均增长 0.65%。20 世纪 90 年代中期以后逐步下降，1995 年收获面积 21 631 万 hm^2，2000 年则下降到 21 360 万 hm^2，2004 年以来收获面积相对稳定在 22 000 万 hm^2左右。

1948—1950 年世界小麦产量为 16 040 万 t，1961—1988 年小麦总产量增长 3.0%，1990 年为 59 223 万 t，1995 年为 54 259 万 t，2000 年则为 57 632 万 t，2008 年到达最高点68 995 万 t（图 15－1）。1990 年小麦单产为每公顷2 562kg，1995 年为 2 508kg，2000 年为2 698 kg，2004 年为 2 869kg，2008 年为 3 086kg。

2. 世界小麦总消费量逐年增加，饲料用粮呈稳定增长状态　世界小麦总消费量 1961 年为 23 640 万 t，1988 年为 53 160 万 t，1998 年为 58 457 万 t，1999 年为 59 010 万 t。1961—1988 年，27 年内递增 3.1%，1988—1999 年，11 年内递增 0.95%，2004—2009 年，6 年内递增 1.5%。从小麦的消费结构上看，主要有食用消费、种子用量、工业消费和饲料消费以

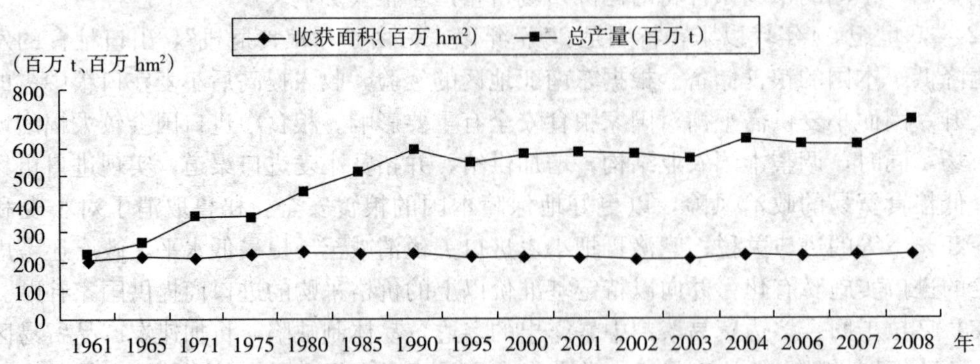

图 15-1　世界小麦收获面积与产量

资料来源：①美国农业部．世界谷物现状与展望．1987（2）和 1989（9）．
②国际统计年鉴历年整理．

及损耗。其中饲料粮消费增长较快，20 世纪 80 年代，世界各国饲料用小麦占小麦总消费量的比重约为 18.8%，自 20 世纪 90 年代后，小麦播种略有降低，比重基本保持在 17%左右的水平。1998 年饲料用量 10 343 万 t，占当年总消费的 17.7%，2006 年为 11 155 万 t，占当年总消费量的 17.9%，2007 年为 10 576 万 t，占当年总消费量的 17.2%。主要是欧盟、美国、独联体 12 国①等国家，其中，欧盟是世界上小麦饲料用量最大的地区，40%的产量用于动物饲料。

总体上看，小麦消费有以下特点：①小麦是保障世界食物安全的最主要粮食，其库存量占消费量之比：1961 年为 29.7%，1971 年为 26.1%，1980 年为 25.0%，1988 年为 21.8%，1998 年为 23.8%，1999 年为 23.2%，2006 年为 23.6%，2007 年为 20.6%。由此可见，小麦库存量占消费量之比一般都在 25%左右，高于其他谷物。②小麦供应与消费的不平衡性是各国粮食安全的隐患，一方面，发达国家以及少数几个发展中国家集中了世界小麦生产的大部分，有大量库存，而广大发展中国家仍存在大批饥民。2007/2008 年度小麦主要出口国储存量缩减明显，尤其是美国储存量降至 10 年来的最低量（1 100 万 t），澳大利亚、加拿大和欧盟等主要出口国也是如此。埃及、摩洛哥、突尼斯、土耳其等主要生产国的储存量预计均在很低水平。③随着收入水平的提高，粮食消费上将出现小麦取代大米的趋势。从日本、韩国和中国台湾等国家和地区的发展经验看，粮食消费上随收入水平的提高，将出现小麦取代大米的趋势。当然许多国家会受其消费偏好的影响，因而小麦供需平衡对国家粮食安全有重要影响。

3. 世界小麦贸易增长由快转慢，进入 21 世纪贸易呈相对稳定状态　从 20 世纪 60～90 年代，小麦贸易量一直呈稳定增长状态，至 1993 年达到顶峰，为 11 270 万 t。自此后，贸易量连续下降，1994 年为 9 972 万 t，1996 年为 9 721 万 t，比顶峰时下降 14%。至 1998 年又有所回升，为 10 942 万 t，1999 年为 11 409 万 t。波动的主要原因是小麦主要出口地欧盟受关贸总协定乌拉圭回合《农产品协议》的约束，减少出口补贴并实行小麦出口许可证管理，使小麦面积、产量和出口量逐年减少，小麦出口贸易量下降 20%。小麦主要出口地——加拿大因扩种更有经济价值的油菜而大量减少小麦生产，使其贸易量下降 20%。

① 独联体 12 国是指独立国家联合体的成员国，共 12 个国家，包括俄罗斯。

2007年小麦贸易量为11 330万t，2008年为11 120万t，2009年为11 900万t，比上年增长7%，价格下跌刺激了进口国需求，加上新粮上市以及有关国家取消出口禁令等利好消息，使贸易量显著增加。

二、小麦国际贸易格局及变化特征

（一）国际贸易格局

从小麦贸易的品种结构看，国际市场上交易的小麦主要有5个种类：硬质冬小麦、硬质春小麦、软质冬小麦、白小麦和硬粒小麦。

小麦国际贸易遍布全球，进口国约170多个国家和地区，出口国约60多个国家和地区，但主要出口国有美国、加拿大、澳大利亚、阿根廷和欧盟15国。20世纪60年代以来，它们的出口量约占世界出口总量的83%以上（经常达到90%），1998年占90%，1999年占到87.6%。主要进口国有中国、东欧、北非、独联体12国，还有其他一些国家，如日本、欧盟15国、美国等（表15-3）。可见，小麦贸易格局变动不大，特点是出口国高度集中，进口国相对分散。

表15-3　2004—2007年世界主要国家小麦的供应与消费（万t）

地　区	总产量			消费量			期末库存		
	2004/2005	2005/2006	2006/2007	2004/2005	2005/2006	2006/2007	2004/2005	2005/2006	2006/2007
美　国	5 874	5 728	4 932	3 182	3 136	3 104	1 470	1 555	1 241
欧盟27国	14 689	13 236	12 478	12 322	12 753	12 550	2 750	2 339	1 394
中　国	9 195	9 745	10 447	10 200	10 100	10 100	3 882	3 489	3 596
印　度	7 215	6 864	6 935	7 284	6 997	7 336	410	200	450
俄罗斯	4 540	4 770	4 490	3 740	3 840	3 640	678	962	422
世　界	62 573	62 084	59 200	60 694	62 418	61 545	15 084	14 750	12 405

资料来源：USDA，转引自《世界经济年鉴》历年资料整理．

（二）小麦贸易变化特征

1. 世界小麦贸易总体处于徘徊状态，进出口流量及流向在国别间变动较大　韩国由于小麦价格高，消减了饲料小麦的进口量，这也是小麦进口量减少的原因之一；澳大利亚产量向好，小麦供应前景改观；俄罗斯联邦干旱造成减产，独联体主产国大幅度减产，使得出口减少；东欧遭受了水灾，影响了小麦产量；欧盟和北部非洲也减产；伊朗的采购量下滑，因为该国获得了丰收且政府近期宣布决定禁止小麦进口（还包括其他若干粮食类商品），这样亚洲的进口量也减少；中国近期小麦进口幅度增加不会大，主要通过库存弥补其供给量的不足，小麦出口也大幅减少。

2007/2008年度，澳大利亚、欧盟及乌克兰的小麦出口扩大，加拿大出口量与上年持平；美国尽管国内产量增加，但由于国内饲料小麦用量增加，并且还需补充库存，出口量比上年减少；独联体国家为平衡国内供求关系和稳定市场价格，限制小麦出口；阿根廷因连续干旱产量大幅降低，导致出口量减少。

2. 小麦进出口大国的供需变化直接影响国际小麦市场及价格变化　一般遇到歉收年或

丰收年，或者遇到进出口大国粮食贸易政策的重大调整，都会造成小麦价格的大幅上涨或下跌。1972 年和 1974 年由于气候条件恶劣，许多国家粮食歉收而向世界市场抢购粮食，促使小麦价格上涨近一倍。1998 年世界小麦减产总量为 2 192 万 t，占世界谷物减产总量的 2/3 以上，小麦价格持续下跌，至 2000 年上半年已跌至近年来的最低水平。2000 年美国芝加哥市场小麦平均成交价格每升 7.33 美分（折人民币 785 元/t），比上年上升 1.2%，比 1996 年的较高水平下跌 44%。在过去 20 多年中，由于发达国家的补贴政策，国际市场小麦价格下降，随着美欧采取措施消减政策扶持，20 世纪 90 年代初小麦价又大幅度上升。2007—2008 年全球粮食危机，全球谷物市场的供给偏紧，对价格带来上涨压力，小麦价格又大幅上涨。因而，近年来国际市场小麦价格出现剧烈波动。2008 年，世界小麦增加产量为 7 139 万 t，占世界谷物增产总量的 2/3 以上，目前预测小麦价格有望下降。

3. 小麦的精深加工已成为发达国家的普遍趋势，发展中国家相对落后 发达国家农产品加工业产值已大大超过农业，加工食品占食物消费总量的比重已达到 80%，美国粮食加工环节的增值是种植生产环节的 3.6 倍，因此大大促进了农业的发展。小麦的精深加工表现在两个方面，一是为食品生产提供各种专用原料，如专用面粉品种日本有 60 多种，英国有 70 多种，美国则超过了 100 种。二是生产食用十分方便且营养安全的食品，在食品的方便化中，主食方便食品作为食品加工的一个难点问题近年发展较快，如针对不同人群和不同生理条件的不同营养与健康要求，开发出方便面、带馅米面食品等。

发展中国家，如中国农业生产有了长足发展，小麦加工业也进入了良好的发展势头，但小麦加工产业的层次和整体技术水平仍然较低，普遍存在产品低档化和技术含量低等问题。尤其国内小麦加工装备制造的整体水平落后于发达国家大约 20 年，产品在技术性能、质量可靠性和成套性方面的差距突出。整个发展中国家小麦的精深加工情况处于竞争劣势状态，与发达国家还存在较大差距。

第三节 大米国际贸易结构及变化特征

稻谷属于热带农作物，水稻生产对资源环境有特殊要求，主要种植分布于亚洲，南美，非洲等热带和亚热带地区。大米是全球人类主要的食品之一，但其主产国也是消费大米最多且最为集中的亚洲发展中国家。全球大米贸易额与大米消费和生产量相比，所占比例均小。在过去 30 年中，世界大米贸易量占总产量的比例仅为 5%左右，至 2007 年，全球大米进口量占消费量的 6.5%，远低于小麦和粗粮。

一、世界大米的生产、消费和贸易

第二次世界大战后，世界稻谷生产呈直线增长，收获面积由 1951 年的 10 373 万 hm^2 到 1987 年的 14 457 万 hm^2，单产提高也很快。但从 20 世纪年代末以后，世界水稻种植面积趋于相对稳定，一直在 1.5 亿 hm^2 左右，而相应的单产提高幅度也明显小于小麦和粗粮。1990 年大米收获面积为 14 688.6 万 hm^2，2000 年为 15 376 万 hm^2，2008 年达到 15 895.5 万 hm^2，单产分别为 3 540kg/hm^2、3 859kg/hm^2、4 309.4kg/hm^2。

大米的生产和消费主要集中在亚洲地区，总消费呈不断增长趋势，1961 年的大米消费量为14 770万t，1988年为32 280万t，此期间平均每年增长2.9%，2008年为43 603万t，1988—2008年这20年间平均每年增长1.5%，如表15-4所示。

世界大米消费具有以下特点：①大米的价格需求弹性、交叉弹性和收入需求弹性都小于小麦，所以大米消费量增长速度较缓慢。②大米消费约90%作为食用，且营养价值低于小麦，据测算，每千克含有的营养成分中，热量：大米15 949.41kJ（小麦16 045.64kJ）；蛋白质：大米76g（小麦118g）；脂肪：大米11g（小麦25g）。③大米的主要生产、消费国都是人多地少，以小规模生产为主，所产稻米以本国消费为主。④收入水平与人均大米消费量存在负相关的现象，在日本、韩国、中国台湾省以主产大米的其他亚洲国家和地区中，人均大米消费量随收入水平提高呈现下降趋势。① 全球大米年人均消费在1980年达60kg后呈缓慢增长态势，包括中国在内的一些发展中国家城镇居民年均大米消费量近年有所下降。②

第二次世界大战后，世界大米贸易呈增长趋势，但年递增率低于生产和消费的增长率，进入20世纪90年代增长趋缓，并逐渐下降，直至2002年贸易量有所逆转上升，但其后处于震荡增长中，其数额徘徊在2 800万t左右。

表15-4 1961—2008年世界大米供需表

年份	总产量（百万t）	出口量（百万t）	总消费量（百万t）	期末库存量（百万t）	库存与总消费之比（%）
1961	215.8	6.62	147.7	7	4.8
1971	318.07	9.32	216.8	28.4	13.1
1985	472.71	11.19	319.7	54	16.9
1988	479	13.4	322.8	42.9	13.3
1998	385.4	26.98	383.65	42.85	13.8
1999	408.21	24.06	399.02	139.23	34.9
2000	397.33	24.64	404.23	136.99	33.9
2001	396.53	24.33	406.91	126.61	31.1
2002	378.16	28.65	408.3	107.04	26.2
2003	388.3	24.96	412.92	82.42	20.0
2004	400.49	28.22	407.8	77.98	19.1
2005	414.55	28.05	413.69	78.84	19.1
2006	420.14	30.82	420.13	75.69	18.0
2007	433.38	31.17	428.23	80.25	18.7
2008	444.72	28.7	436.03	88.94	20.4

资料来源：1961—1988年资料转引自侯晓昌．农产品贸易．第325页；1998—2008年数据均引自历年《世界经济年鉴》．北京：经济科学出版社，1998—2009.

① 数据引自唐正平等．2000．入世与农产品市场开放．北京：中国对外经济贸易出版社，210.

② 数据引自廖永松．2009．全球大米供求和贸易形势分析与预测．农业展望（9）.

二、大米国际贸易格局及变化特征

(一) 国际贸易格局

世界大米的出口国（地区）大约 70 多个，进口国（地区）约有 160 多个。国际市场上大米的主要供应国有泰国、越南、美国和中国，这四国的出口量约占世界总出口量的 62%，其中，泰国是最大的大米出口国。在优质籼米贸易上占有主导地位。大米重要的进口国有印度尼西亚、菲律宾、中东、中美洲和加勒比海国家。其中印度尼西亚的进口量约占世界总进口量的 11%。

大米贸易的分布是：亚洲是最大的出口地，也是最大的净出口地，其次是北美及中美洲。非洲是最大的净进口地。印度和越南的大米出口快速增长，但这两个国家出口的主要为低质籼米，由于这两个国家收入水平和人均粮食消费水平较低，其长期出口潜力取决于能否有效地提高单产。美国和西欧长期向大米生产者提供较高的政策支持，生产成本高，乌拉圭回合协议实施后，其生产和出口潜力将受到削弱。需求增长最大的国家仍为印度尼西亚。除了 1989 年、1994 年和 1995 年以外，中国大米出口量均大于进口量，基本上是净出口国家，2007 年，中国出口大米 134.4 万 t。

世界大米贸易的品种主要有六种：优质长粒米、中等质量长粒米、中粒和短粒米（主要是粳稻）、蒸谷类、香米、糯米（贸易量很小）。这六种类型的大米贸易分布和流向见表 15-5。

表 15-5　大米国际市场的细分

品　种	主要出口国和地区	主要进口国和地区
优质长粒米	泰国、美国	西欧、中东、加勒比海地区、中国香港特别行政区、新加坡、马来西亚等地
中质长粒米	泰国、中国、缅甸、巴基斯坦	马来西亚、欧洲、中东、西非等地
中粒和短粒米	澳大利亚、加利福尼亚（美）、中国、意大利	太平洋地区岛国、亚洲、非洲、欧洲等地
蒸谷类	泰国、缅甸、巴基斯坦、美国	孟加拉、斯里兰卡、南非、西非、美国等
香　米	泰国、巴基斯坦、印度	中东、欧洲、独联体国家
糯　米	泰国	老挝

(二) 大米贸易变化特征

1. 世界大米贸易量逐年攀升，但增长幅度有限　近几年全球大米年均贸易量约 2 800 万 t，比 20 世纪 90 年代中期增加了约 1 000 万 t。最快增长周期出现在乌拉圭回合协议以前，在乌拉圭回合协议中，大米作为一个例外，没有要求所有国家都取消非关税措施，但制定了最低市场准入要求，只要扩大最低市场准入承诺，可在协议执行期间推迟非关税措施的关税化。但仅有三个国家利用这一例外规定，即日本、韩国、菲律宾。基于扩大最低准入机会承诺增加市场准入量，大米为 1 076 万 t，日本和韩国需要在 1995—2000 年期间逐步扩大市场准入量，由于上述两国主要消费粳米，开放市场将使国际粳米贸易量增加 50 万～100 万 t。这次回合协议之后并没有对大米贸易量有太大的影响，此后贸易量一直处于 2 800 万 t 左右徘徊缓慢增长。

2. 国际大米价格主要取决于贸易大国国内市场平衡和贸易政策调整　因国际大米市场容量有限，加之缺乏像小麦、玉米等完善的交易条件或期货市场，大国扩大或缩小大米进口势必拉动国际市场价格上升或下降。从历史上看，1970—1985 年间，大米国际贸易价格波动系数为 0.389 4，小麦和玉米只有 0.232 3 和 0.172 4。随着乌拉圭回合协议的实施，大米价格波动的不稳定性会下降。20 世纪 60 年代以来全球大米价格逐年下降，并呈现不同的波动周期。1971—1974 年以及 2006—2008 年价格的变动格外引人注目，其间全球大米价格经历前一阶段低迷后突然暴涨。全球大米价格与大米库存消费比存在一定的反向关系，这跟进出口大国的国内市场均衡是相关的。并且一些国家采取了如提高出口税，出口管制、进口粮食发放补贴等贸易政策影响其大米价格。

3. 世界大米的生产和消费具有明显的地理集中性　亚洲区大多数大米主产国具有人多地少资源禀赋特点，而且受人力资本素质不高、人口增长较快、科技投入和贡献率较低、水资源总量短缺以及农业生态环境恶化等影响，单产总体上看提高不快，且优质米所占比重低。随着现代农业生物技术和信息技术的广泛应用，将改变大米的传统生物特征。新物种塑造，新快速繁育技术应用于大米生产，使大米生产更加标准化、精细化和高效化，同时在经营管理、市场营销和产品质量控制方面都有质的飞跃，可极大地提高世界大米的单产和劳动生产率。

第四节　饲料国际贸易结构及其变化特征

饲料谷物俗称粗粮，指除小麦和大米外的一切谷物，包括玉米、大麦、高粱、裸麦、燕麦、小米等。世界市场上粗粮交易品种规模最大的为玉米，其次为大麦。

一、粗粮的生产、消费及贸易

世界粗粮的收获面积相对比较稳定，从 20 世纪 60～80 年代期间变化不大，20 世纪 80 年代期间出现较大幅度下降，但由于单产提高，总产量仍基本保持稳定。进入 20 世纪 90 年代后，粗粮面积趋于稳定，总产呈现较稳定的增长势头，平均增长幅度高于小麦和大米。1960/1961—1988/1989 年的 28 年间，总产量由 44 790 万 t 增加到 73 000 万 t，增加了 0.63 倍，年均递增率为 1.8%。1988/1989 年—1998/1999 年的 10 年间，总产量由 73 000 万 t 增加到 87 775 万 t，增加了 0.2 倍，年均递增率为 1.7%（表 15 - 6）。1998/1999—2008/2009 年的 10 年间，总产量由 87 775 万 t 增加到 109 921 万 t，增加了 0.25 倍，年均递增率达 2.3%（表 15 - 6）。

由于大部分粗粮用于饲养家禽畜，粗粮消费在很大程度上取决于经济发展水平和速度。1961—1999 年粗粮的总消费量由 43 720 万 t 增加到 87 031 万 t，38 年间消费量增加了 43 311万 t，年递增 1.8%，贸易量由 1961 年的 2 400 万 t 增加到 1999 年的 10 272 万 t，38 年间增加了 7 872 万 t，年递增 3.9%。而 1998—2008 年总消费量由 87 031 万 t 增加到 107 270万 t，年递增率为 2.1%，该数据表明近年来粗粮消费量增速更快。贸易量由 1960 年的 2 400 万 t 增加到 1998 年的 10 272 万 t，38 年间增加了 7 872 万 t，年递增 3.9%。而 1998—2008 年期间的贸易量起伏波动较大，时增时减，围绕在 11 300 万 t 附件上下波动。

表 15-6 1960/1961—2008/2009 年世界粗粮供需表

年 份	收获面积（百万 hm^2）	总产量（百万 t）	出口量（百万 t）	总消费量（百万 t）	期末库存量（百万 t）	库存与总消费之比（%）
1960/1961	324.4	447.9	24.0	437.2	109.7	25.1
1970/1971	326.6	568.9	46.0	583.3	83.6	14.3
1980/1981	342.3	732.3	108.2	748.0	125.8	16.8
1985/1986	341.3	843.3	83.2	779.0	208.1	26.7
1998/1999	—	877.8	102.7	870.3	142.6	16.4
1999/2000	—	877.6	121.7	883.2	214.5	24.3
2000/2001	—	858.0	105.8	881.6	186.1	21.1
2001/2002	—	880.1	97.7	899.0	167.1	18.6
2002/2003	—	871.8	104.1	901.0	165.4	18.4
2003/2004	—	898.8	101.4	940.5	123.8	13.2
2004/2005	—	1 014.6	101.5	976.3	178.1	18.2
2005/2006	—	972.8	101.0	982.9	167.9	17.1
2006/2007	—	988.5	116.8	1 014.6	139.5	13.8
2007/2008	—	1 077.2	127.2	1 056.2	160.1	15.2
2008/2009	—	1 099.2	106.6	1 072.7	186.7	17.4

资料来源：①美国农业部《世界谷物现状与发展》.1987 年第 2 期与 1989 年第 9 期.

②引自历年《世界经济年鉴》.1999—2009.

世界粗粮的贸易分布是：主要出口国为美国、阿根廷、澳大利亚、加拿大、中国等。主要进口国为日本、欧盟 15 国、独联体 12 国、中国等。美国一直是最大的粗粮生产和出口国，20 世纪 70～80 年代，美国粗粮出口占同期世界粗粮出口 60%左右，1998 年约占 53%，1999 年则占世界粗粮出口的 64.9%。2002 年约占 61.8%。

历史上，欧盟一直是世界粗粮的主要进口市场，但从 20 世纪 80 年代中期以后，其出口量开始大于进口量，成为净出口地区，1999 年欧盟 15 国出口粗粮 891 万 t，占当年世界粗粮出口总量的 12.4%。日本为当前粗粮进口大国，基本上不出口，1999 年进口粗粮 1 600 万 t，占当年世界粗粮进口总量的 22.5%。

二、玉米的生产、消费与贸易

（一）玉米生产状况

世界粗粮生产中，玉米占主要地位。玉米的产量通常要占粗粮总产量的 2/3 左右，1998 年玉米产量占粗粮总产量的 66.3%，2008 年则占到 74.8%。论产量，玉米总产量目前已接近小麦、稻谷、玉米三大谷物总产量的 50%，按现在生产发展趋势，粗粮总产量就将超过小麦和稻谷两个品种的总产量之和。1960 年世界玉米总产为 20 727 万 t，1987 年为 45 736 万 t，1998 年为 59 228 万 t，2008 年则达到 82 271 万 t，1960—1998 的 38 年间，玉米产量增加了 2.86 倍，年递增率为 2.8%。而 1998—2008 短短的十年间，玉米产量增加了 1.39 倍，年递增率高达 3.3%，是同期小麦、玉米、稻谷年增率中之最。

（二）玉米贸易增长快于生产量的增长

1960年世界玉米出口量为1 421万t，1987年增加到6 429万t，2002年则为7 467万t。1960—2002年的42年间，玉米贸易量增加了5.25倍，年递增率为5.1%。在国际粗粮市场上，贸易量的70%为玉米，玉米贸易量占世界谷物出口量的比值一般在20%～40%之间，仅次于小麦。

（三）贸易流向

世界玉米的主要出口国是美国、阿根廷、南非、欧盟15国（其中法国的出口量较大）等。美国玉米出口一般占世界玉米出口的一半左右，20世纪80年代以后多数年份达到70%左右，20世纪90年代以来也基本在50%左右，1999年占50.4%，2008年占53.2%，所以美国、欧盟在很大程度上可以左右国际玉米市场。玉米进口国主要有日本、韩国、欧盟25国、中国、独联体12国、东欧等。其中日本和欧盟1998年进口占世界玉米进口的37.7%和36.2%，但近年来其比重有下滑的趋势，其中2007年占比15.52%。

20世纪80年代以前，玉米是以原料进入国际市场的。20世纪80年代以后，玉米贸易出现了一些新的特点：

（1）科技进步和消费需求结构的变化推进了玉米深加工产业的发展，也使得玉米深加工产品的出口数量显著增加。美国1975年用于深加工产业的玉米为1 326万t，1995年增长至4 572万t，增加了2.4倍，占美国玉米总产量的20%左右。玉米以加工产品形式出口比以原料形式出口增值3～8倍。泰国、日本、加拿大等国也转向以玉米精深加工产品出口。

（2）世界果蔬玉米生产与贸易逐步增长。果蔬玉米系指供作蔬菜、干鲜果品以及加工罐藏食品的玉米，包括糯质玉米、甜质玉米、爆裂玉米，或称特种玉米。糯质玉米营养丰富，是现代工业的重要原料，广泛应用于食品、纺织、造纸、黏合剂、铸造、建筑和石油钻井等工业，原产于中国西南地区，美国是种植和出口最多的国家；甜质玉米起源于美洲大陆，20世纪40年代以来美国以每5年增长一倍的速度扩大甜玉米种植面积，并发展起颇具规模的甜玉米加工业，成为世界上最大的生产国和出口国，1999年全世界甜玉米种植面积超过66.7万hm^2，其中美国为31.4万hm^2，7%供作鲜食，有1/3的加工品进入国际市场；爆裂玉米是一种专门供作爆玉米花及其加工食用的专门玉米，20世纪50～60年代发展迅速。20世纪80年代罐装玉米种植面积约8万hm^2，20世纪90年代发展到20万hm^2，1999年为22.7万hm^2，美国和西欧一些国家是主要消费国。目前爆裂玉米加工产品已有200多种。①

（3）玉米也是各国政府干预的主要谷物之一，但玉米有较为完善的期货市场，国际价格波动幅度不是太大。近年来随着全球粮价猛涨，玉米价格一路攀升，并且随着玉米深加工的应用领域逐渐增多，更刺激玉米的需求量，使得玉米价格的上涨。

三、粗粮国际贸易变化特征

1. 世界贸易组织《农产品协议》实施后，粗粮贸易持续稳定增长　针对乌拉圭回合对世界产量的影响，粮农组织1995年评估为正值（增加300万t），对贸易粮的影响评估也为正值（约2%），其中玉米增长较快。日本承诺将增加其工业用玉米及大麦的进口准入机会，

① 佟屏亚．世界果蔬玉米生产概况．世界农业，2001（11）．

到 2000 年，该国工业用玉米的零关税进口量为 420 万 t，大麦进口配额为 136.9 万。美国承诺削减其饲料用玉米的关税 55%～75%；并削减对粗粮出口补贴；韩国对饲料用玉米将配额关税在 10 年执行期内由 3%下降到 1.8%，并设立最低进口准入机会；欧盟将调整其玉米饲料及其他非谷物配合饲料的进口，最少购买 200 万 t 玉米，在此基础上，欧盟承诺保持其现行玉米、大麦及黑麦等产品的市场准入机会。① 随后几年的贸易数据验证了该评估的预期正确性。世界粗粮出口量从 1998 年的 10 270 万 t 到 2008 年的 12 720 万 t。

2. 世界粗粮贸易格局相对稳定，但贸易流向时有变化 从近年贸易流向看，北美是世界市场上最大的粗粮供应者，20 世纪 90 年代以来的市场份额在 40%～60%之间波动。近年来，东亚地区成为最主要的销售地区，饲料粮贸易量中约 40%的份额流入了这些国家。近东及北非国家同样也表现出对饲料粮的强劲需求，其贸易量占全球贸易量的近 1/4。日本和韩国的畜牧业基本上完全用于供应当地市场，对饲料的需求没有较大的增长。欧盟的饲养业处于徘徊不前的状态，同时又存在粮食过剩问题。独联体国家中，饲养业也处于衰弱阶段，其对粗粮的需求不大。中国是世界第二大粗粮生产国，入世之后其贸易参与度逐年增强。

3. 畜产品的增长以世界粗粮生产和贸易增长为基础，反过来又影响粗粮生产和贸易的发展 第二次世界大战后，随着各国经济的逐步恢复并稳定发展，食物结构也逐步发生明显的变化，肉食消费趋于增加，谷物的消费量日趋减少，但饲料粮消费增加很快。1981—1986 年，世界饲料用粮占总消费量的比重为 63.3%，1998 年饲料用粮占总消费量的 65.8%，玉米仍为 70%。2000 年以来饲料用粮所占消费量比重有所下滑，主要原因在于工业加工用途对玉米的消费量增加了，2008 年饲料用粮占总消费量的 65%左右。由于畜产品和水产品贸易的不断增长，致使国际粗粮市场上对饲料用粮需求的增加，粗粮价格上涨幅度往往高于小麦和大米。据世界银行资料，与 2005—2010 年价格平均数相比，2010 年小麦价格上升 46.73%，而同期玉米价格上升 89.02%。

第五节 中国谷物对外贸易发展特征

从 20 世纪 70 年代初到 80 年代中期，努力促使各国的粮食安全，成为保障世界粮食安全的基础。我国人多地少，人均耕地只有世界平均水平的 1/3，人均淡水资源只有世界平均水平的 1/4。直到 20 世纪 80 年代中期粮食消费才基本上实现温饱，并开始由温饱向小康过度。稻谷、小麦、玉米是我国最主要的三种粮食作物，目前三者在粮食总产量和总需求量中的比重均为 85%左右，谷物种植面积占粮食作物总面积的近 80%，谷物产量占粮食总产量的近 90%。中国谷物的发展不仅关系到中国的粮食安全也关系到世界的粮食安全。

一、中国谷物供需状况

近 60 年来，我国谷物播种面积（稻谷、小麦、玉米）有一定增加，1952 年谷物播种面积为 6 580 万 hm^2，1980 年增加到 8 280 万 hm^2，28 年内年递增 0.14%；1990 年为 8 520 万 hm^2，10 年间增加了 240 万 hm^2；20 世纪 90 年代以后，一直维持在 8 200 万～8 600 万 hm^2

① 唐正平．入世与农产品市场开放．北京：中国经济出版社，2000.

之间，2000 年播种面积为 7 980 万 hm^2。但由于谷物单产提高较快，谷物总产量增长幅度快于播种面积的增长，1980 年谷物总产量为 257.72 万 t，2000 年增加到 405.22 万 t，20 年内年递增 2.3%。1996 年以后我国谷物生产出现了持续增长，谷物消费从“短缺”进入“过剩”时期，因而至 2000 年，谷物播种面积和产量都有所下降。2000—2003 年粮食减产，主要原因是由于前几年粮食连续丰收，形成积压，导致种植结构调整造成的。2005 年之后，由于人口的增加，消费的需要，国家政策的调整，农业税逐渐减免以及对种粮农民进行补贴，播种面积和产量持续增加（表 15-7）。

综合起来，我国谷物供需呈现以下特点：

（一）我国是世界谷物生产和消费大国

我国是世界上谷物产量和谷物消费量最大的国家。我国粮食生产的基本目标是确保年人均 400kg 的占有量，其中稻谷和小麦是城乡居民最主要的口粮用粮。玉米则是最主要的饲料用粮。目前我国粮食生产能力已稳超 5 亿 t。2008 年，我国粮食产量为 5.3 亿 t，粮食进口量为 0.4 亿 t，粮食总供给量（不含上年结转库存）为 5.4 亿 t，完全满足当年国内需求，如图 15-7 所示。2009 年，中国粮食总产量达到 5.3 亿 t，比 2003 年增产 1 亿 t。但粮食生产受资源、技术、资金制约和种粮比较效益影响，国内产量增长难度很大。据预测，2015 年中国谷物产量有望达 4.87 亿 t，缺口将达到 0.12 亿 t，2020 年我国粮食产量会达到 5.03 亿 t，缺口将达到 0.37 亿 t。从长远看，供需之间将存在一定缺口，个别年份、个别品种、个别地区还可能出现短暂的供求关系紧张问题①。可见，相对总量平衡来讲，品种和年际间供求平衡矛盾较为突出。

表 15-7　1980—2008 年中国粮食及谷物供需求表

年份		1980	1985	1990	1996	1998	2000	2005	2006	2007	2008
粮食	播种面积（百万 hm^2）	117.2	108.8	113.5	112.5	113.8	108.5	104.3	105.0	105.6	106.8
	总产量（百万 t）	320.56	379.11	446.24	504.50	512.30	462.18	484.0	498.0	501.6	528.7
谷物	播种面积（百万 hm^2）	82.8	79.0	85.2	85.5	86.2	79.8	81.9	84.9	85.8	86.2
	总产量（百万 t）	257.72	318.2	384.98	433.14	441.39	405.22	427.76	450.99	456.32	478.47
稻谷	播种面积（百万 hm^2）	33.9	32.1	33.1	31.4	31.2	30.3	28.8	28.9	28.9	29.2
	总产量（百万 t）	139.71	168.57	189.93	195.10	198.71	187.91	180.59	181.72	186.03	191.90
小麦	播种面积（百万 hm^2）	28.8	29.2	30.7	29.6	29.8	26.7	22.8	23.6	23.7	23.6
	总产量（百万 t）	55.21	85.81	98.23	110.57	109.73	99.64	180.59	108.47	109.30	112.46
玉米	播种面积（百万 hm^2）	20.1	17.7	21.4	24.5	25.2	23.1	26.4	28.5	29.5	29.9
	总产量（百万 t）	62.60	63.83	96.82	127.47	132..95	106.00	139.37	151.60	152.30	165.91
城市居民人均消费粮食（kg）			134.8	130.7	94.7	86.7	82.3	77.0	75.9	77.6	
农村居民人均消费粮食（kg）		257.2	257.5	261.1	256.2	249.3	249.5	209.0	206.0	200.0	199.1

资料来源：国家统计局农村社会调查队．中国农村统计年鉴（历年）和中国统计年鉴（历年）．

① 周立．2010．世界粮食危机与粮食国际战略．求是（20）．

（二）我国三大谷物的生产变化趋向各具特点

水稻、小麦和玉米是中国的三大谷物，近年来三大谷物种植面积占谷物种植总面积的95％以上，三大谷物产量约占谷物总产量的98％。2005年以前，三大谷物在中国谷物生产中的比重明显上升。2005年以后三大谷物在谷物总量中的比重趋于稳定。玉米产量比重持续上升；小麦产量经历上升—稳定—下降的过程；稻谷产量经历下降—回升—下降的过程。①

（三）我国谷物消费具有较强的消费偏好约束

谷物消费中一般各品种之间有一定的可替代性。但我国不同地区居民往往消费特定的粮食品种，消费偏好有很强的刚性。东亚地区的收入提高后小麦消费增长的模式在我国不一定适用，稻米的消费比重在我国占到60％～65％，因而稻米供需平衡对国家粮食安全有重要影响。

（四）我国谷物消费增长将主要取决于农民消费模式的变化

我国居民食品消费结构已经进入副食品替代时期，人均口粮消费量对收入增长的需求弹性已呈负值，1981—1997年，主食在食品支出中占的比例城镇由23％下降到12％，农村由54％下降到37％。随着生活水平的提高，城镇居民食品消费基本结束了“鲜菜＋粮食＋动物性食品”的消费格局，开始步入“鲜菜＋动物性食品＋粮食”的消费格局阶段，动物性食品替代了粮食的消费。农村的这种情况也渐渐出现，但是没有城镇的明显，主要由于农民工资性收入从1990—2008年，总体上仍然是增加的趋势，但是增长率却是下降的，1995年工资性收入的增长率为154.8％，2008年的增长率仅为16.1％。因此，今后谷物消费增长主要受人口变动的影响，尤其是农民收入增长和食品消费模式变化的影响。

（五）谷物生产的耕地面积将持续减少

据统计，我国1949年人均耕地0.18hm^2，1979年为0.1hm^2，1999年下降为0.08hm^2，比1949年减少1倍多。2005年为0.093hm^2，2010年下降为0.092hm^2，虽然相比1999年有所增长，但是由于人口的增长和城镇化进程的加快，我国的人均耕地面积的形势很不宽松，要实行严格的耕地保护政策。农田抗灾能力弱，谷物机械化水平低，生产不稳定，谷物产品品质不高，影响谷物的多样化和优质化消费需求。

二、中国谷物贸易结构与变化特征

（一）谷物贸易现状

谷物是我国传统的贸易产品，既有进口也有出口，而且谷物对外贸易的年际波动较大（表15-8）。

分阶段考察可以看出，新中国成立初期的20世纪50年代，谷物生产发展较快，谷物出口量年均递增速度在10％以上；20世纪60年代，由于天灾人祸，粮食供需矛盾突出，1961—1976年，平均每年净进口粮食300万t，进口总量中90％以上是小麦。20世纪80年代以后，谷物贸易主要随人口增长状况和生产消费状况波动，总体上比以往任何时期增长显著。1981—2008年间，中国有14年谷物净进口，14年谷物净出口，1990年粮食大丰收之

① 陈印军等.2008.中国谷物发展态势、展望与对策.农业经济问题（7）.

后，1993—1994 年谷物连续两年净出口，1995—1996 年又开始大规模的进口，到 1997 年，再度表现为净出口，并且一直持续到 2003 年。2004 年又开始进口，但这之后直到 2008 年谷物一直持续净出口状态。2008 年谷物的净出口为 113 万 t，相对于 2007 年的 1 404 万 t，减少了 1 291 万 t（表 15 - 8）。1982—2008 年中国粮谷贸易情况见图 15 - 2。

表 15 - 8　1982—2008 年中国谷物贸易情况

单位：万 t

年份	粮食			大米			小麦			玉米		
	进口量	出口量	净进口（+）净出口（−）	进口量	出口量	净进口（+）净出口（−）	进口量	出口量	净进口（+）净出口（−）	进口量	出口量	净进口（+）净出口（−）
1982	1 611.7	125.1	1 486.6	39.6	45.7	−6.1	1 353.4	—	1 353.4	161.2	2.8	158.4
1984	1 064.5	344.0	720.5	24.6	118.9	−94.3	1 000.0	0.7	999.3	4.6	91.1	−86.5
1988	1 478.9	654.2	824.7	33.2	70.5	−37.3	1 455.0	0.3	1 454.7	19.6	352.2	−332.6
1990	1 356.4	543.7	812.7	4.9	30.3	−25.4	1 233.5	—	1 233.5	0.04	288.7	−288.6
1993	733.0	1 611.9	−878.9	9.6	170.9	−161.3	642.3	0.1	642.2	—	1 178.6	−1 178.6
1996	1 083.4	123.8	959.6	76.1	26.4	49.7	824.6	—		44.1	15.8	28.4
1998	388.3	888.6	−500.3	24.4	374.5	−350.1	148.9	—		25.1	468.6	−433.5
2000	314.6	1 378.4	−1 063.3	23.9	294.8	−270.9	88.0	—		—	1 046.6	−1 046.6
2002	284.9	1 482.2	−1 197.3	23.6	196.5	−172.9	60.5	68.8	−8.3	—	1 167.3	−1 167.3
2004	974.0	473.0	501.0	76.0	91.0	−15.0	726.0	109.0	617.0	—	32.0	−32.0
2006	359.0	605.0	−46.0	73.0	124.0	−51.0	61.0	—		7.0	310.0	−293.0
2007	155.0	986.0	−831.0	49.0	134.0	−85.0	10.0	—		4.0	492.0	−488.0
2008	154.0	181.0	−27.0	33.0	97.0	−64.0	4.3	—		5.0	27.0	−22.0

资料来源：据《中国对外经济贸易年鉴》（1993—2001 历年）和《中国农村统计年鉴》（2002—2009 历年）整理计算.

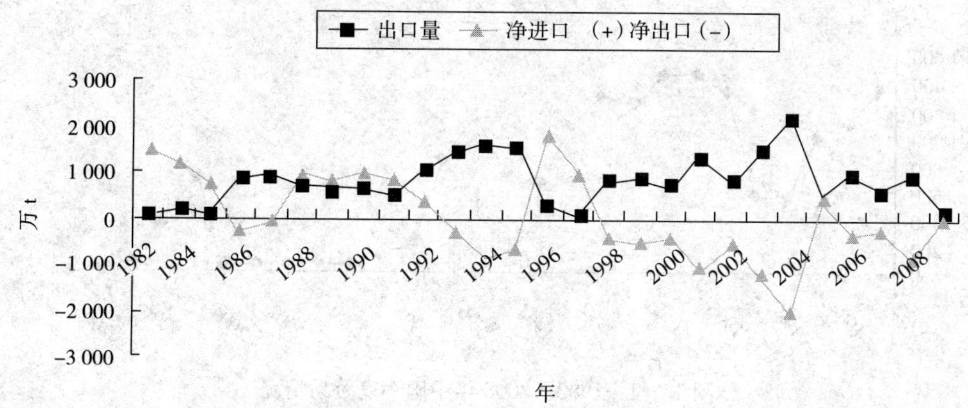

图 15 - 2　1982—2008 年中国粮谷贸易情况

（二）我国谷物贸易结构特征

从谷物贸易品种构成看，进口的品种主要是小麦和大麦，其进口量一直占出口量的 85%以上，而且中国也是世界市场上的主 9 要的小麦进口国。1982—2008 年中国小麦贸易情况见图 15 - 3。1989—1999 年度小麦进口量为 9 460 万 t，我国出口 194 万 t，出口量占进口量的 2.1%。2000—2008 年度小麦的进口量为 1 417 万 t，出口量为 283 万 t，出口量占进口量的 19.9%。可见小麦的进口量相对有所减少。出口的品种主要为大米和玉米，我国大米出口曾在国际市场上占有重要地位，后来由于国内粮食供求关系的变化，及大米品质的影响，出口量不断减少。1995—1998 年，大米和玉米的出口量分别为 500 万 t 和 1 157 万 t，1996—2010 年，大米连续保持净出口贸易形态，如图 15 - 4 所示。自 20 世纪 80 年代以来，我国玉米出口量逐步增加，并取代大米成为谷物出口中的主要品种，在国际市场上，我国玉米所占份额逐渐上升，1981 年仅为 0.2%，1994 年增至 15%，成为仅次于美国的玉米出口大国，但 1995 年以后，由于国内粮食市场形势的变化，出口有所波动和调整。① 1982—2008 年中国玉米贸易情况见图 15 - 5。2011 年 1 至 2 月，大米进口 7.7 万 t，同比增长 5.7%；出口 7.3 万 t，同比下降 46.92%，净进口 0.4 万 t；玉米进口 0.48 万 t，同比下降 85.7%。玉米出口 0.12 万 t，同比下降 97.2%，净进口 0.36 万 t。

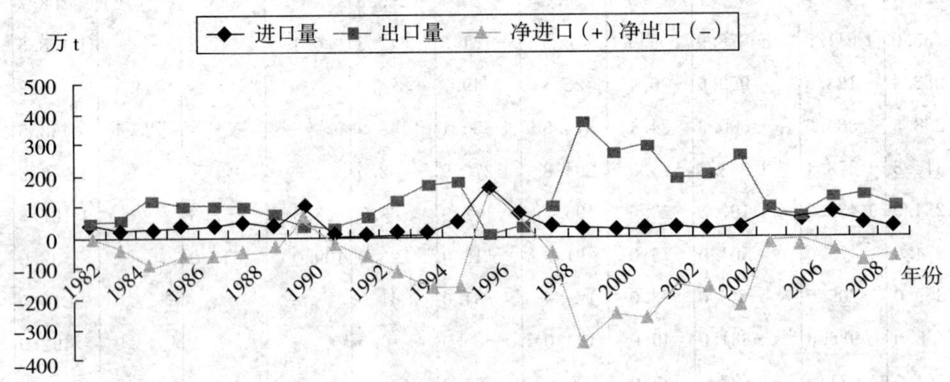

图 15 - 3　1982—2008 年中国大米贸易情况

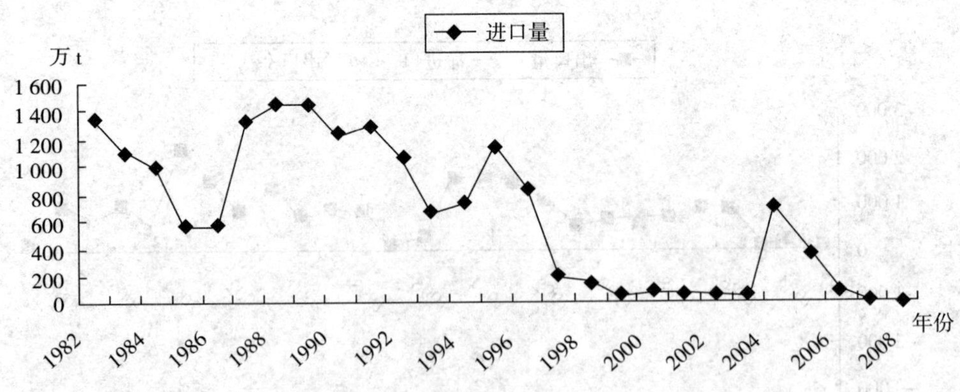

图 15 - 4　1982—2008 年中国小麦贸易情况

从谷物贸易国别来看，以贸易量份额超过 10%为标准，谷物（主要是小麦）进口来源

① 冯海发 . 1996. 论我国农产品国际贸易的发展及其前景 . 经济问题（12）.

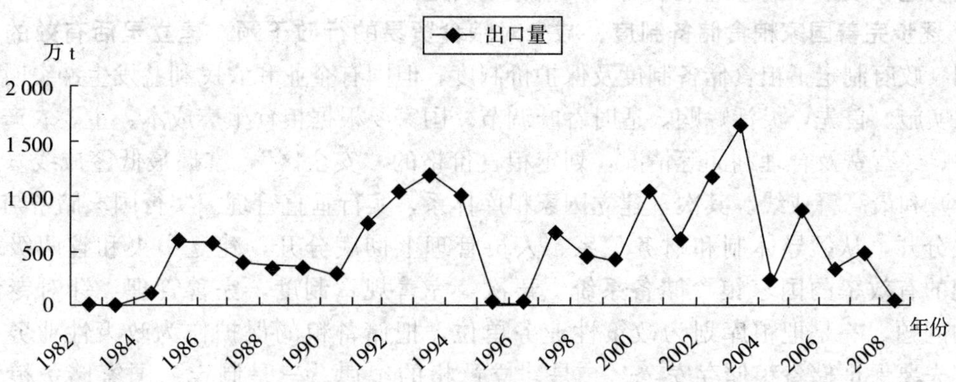

图 15-5 1982—2008 年中国玉米贸易情况

是加拿大、美国、澳大利亚、东盟（主要是泰国）和欧盟（主要是法国），其中加拿大、澳大利亚主要对我国出口大麦、小麦；美国对我国出口以小麦为主；泰国和法国分别对我国出口粳米和大麦。谷物出口相对分散，出口国主要是韩国、日本、东盟（主要是马来西亚、印度尼西亚）。大米出口五大洲，相对集中在亚洲、非洲及东欧一些国家，玉米出口主要集中在日本、韩国、前苏联、马来西亚和中国香港特别行政区。稻米、小麦出口主要集中在日本、韩国。

三、世界贸易组织框架下中国谷物贸易政策

谷物贸易政策实质上就是粮食贸易政策。对一国粮食贸易开放度起决定作用的政策目标无非是：①按比较优势原则配置农业资源，提高农业效率，实施自由化贸易政策；②粮食是关系国计民生的战略性产品，粮食自给是国家粮食安全乃至政治安全的主要目标，因此实施有限度的开放政策。

中国是人口众多的农业大国，确保粮食的供给有特殊的政治意义，理论界在这个问题上向来存在严重的分歧。国内理论界和政府部门的主流观点是，中国应奉行粮食的自给自足政策；而部分学者和研究机构倡导粮食贸易自由化政策，在贸易自由化条件下，保持传统的高度自给自足实现中国粮食安全的代价将越来越大，保证国民经济持续高速发展和人民收入水平的提高，将成为保持我国粮食安全的更加重要的因素。①

作为 20 世纪 70 年代粮食危机以来国际粮食市场最引人注目的全球性事件，2007—2008 年全球粮食危机的影响无疑是深远的。② 因此，我国的粮食贸易政策的核心是在效率和安全目标之间做出抉择，应该兼顾效率和安全目标。③ 贸易政策方向是在加强对粮食贸易中的风险因素的监控下立足国内资源，实现粮食基本自给，同时积极开展粮食对外贸易，调节粮食供给平衡。

① 引自刘剑文．2004．论贸易自由化与粮食安全．农业经济问题（6）．

② 详见王士海，李先德．2010．全球粮食危机与后危机时代的国际粮食市场．郑州大学学报（哲学社会科学版）（7）．

③ 引自朱泽．1998．中国粮食安全．实证研究与政策选择．武汉：湖北科学技术出版社．

围绕这一政策取向，应采取的政策措施主要是：

1. 逐步完善国家粮食储备制度，减少对粮食贸易的行政干预，建立灵活有效的吞吐调节机制 政府制定了粮食储备制度及保护价制度，但国有企业和农民利益发生冲突时，保护价难以实施。首先，灵活赊购，适时吞吐调节。国家要根据粮食生产成本、主要农产品的比较效益、经营费及合理利润等情况，划定粮食价格的"安全区"，掌握最低警戒线（指收购保护价）和最高警戒线。其次，建立国家粮库体系，实行垂直管理。实行国家储备与商业经营彻底分开，从领导体制和财务关系、人员管理上彻底分开，建立中央和省两级政府直接管理的有效率的国家粮食储备系统。再次，完善规章制度，完善管理，针对专储粮管理中的问题，一是把粮库划为政策性业务单位，把储备粮的保护作为政策性业务，明确粮库首先要保证储备粮储存安全。二是建立严格的纪律。三是制定《国家储备粮管理条例》，把储备粮管理的原则、有关部门的分工与职责、储备粮的赊销调存和轮转、价格确定与资金供应，统计方面的要求、奖惩办法等，用法规的形式确定下来，使粮食储备管理有法可依，规范各方面的关系和整个运行过程。① 逐步下放农产品的进出口管理权限，简化农产品进出口管理业务行政审批权限，建立起灵活的进出口机制，及时应对瞬息万变的国内外农产品市场。

2. 调整粮食生产结构是粮食贸易政策的核心 我国粮食播种面积一般占农作物播种面积的比重为75%左右，远远高于46%的世界平均水平，从而导致结构单一和资源配置的低效率。在土地资源稀缺的中国，粮食生产的不经济性是显而易见的，这同样影响农民收入的增长和社会安定，结构调整已是大势所趋。

一方面，提高科技对粮食生产的贡献率（2010年科技对粮食生产的贡献率达到60%左右的水平，2030年有望赶上世界发达国家目前的水平），推动粮食品质改进和加工增值，推进粮食生产的规模经营。另一方面，调整粮食生产区域布局，充分发挥各地农业的比较优势，② 把沿海地区的粮食市场作为进口粮食和国内粮食（主要是中西部的粮食）竞争的战场，一边缩小沿海地区的粮食生产规模，一边增加机会成本较低的农产品出口，提高资源配置效率。据我国部分学者从农业资源禀赋特点对几种谷物比较优势研究的结果看，大米是我国具有比较优势的粮食产品，小麦和玉米是劣势粮食产品，而且这些产品的进口配额量较大（表15-9）。因此，出口大米进口小麦，可以获得明显的经济效益和营养价值，从产量上看，稻谷单产高于小麦，稻谷单位面积减税纯收益也远远高于小麦。

表15-9 入世第一年至2004年中美谈判中我国关于关税配额及管理的承诺

品 种	初始配额（万t）	2004年配额（万t）	私营部门比率（%）	关税配额实施的最终年份
小 麦	730	930	10	
大 米	260	530	50	
玉 米	450	720	25～40	2004

资料来源：唐正平．2000．入世与农产品开放．北京：中国对外经济出版社．

① 详见李萌．2007．中国粮食安全治理方略．北京：中国农业出版社．

② 详见白石和良．2010．中国的粮食安全保障和粮食贸易政策．世界农业（3）．

3. 关于粮食生产的保护与支持政策　由于农业的特殊性，世界贸易组织《农产品协议》中，一方面倡导自由贸易，另一方面规定了“绿箱政策”及对发展中国家的区别对待条款，进行有限度的保护与支持农业发展，即允许各国实施直接支持生产的政策，禁止扭曲市场，可以支持生产，不能保护市场。而且随着经济全球化进程的加快，世界贸易组织要求各国对粮食的保护，尤其是关税保护，必须大幅度消减直至消除，所以，关于粮食生产的保护与支持，今后的趋向是取消保护（即面向流通环节主要利用财政间接转移支付，调节粮食种植面积和供给），加强支持（即针对生产环节，通过财政直接转移支付，刺激农民生产积极性，以增加粮食供给）。所以我国粮食保护应以国内支持为主，边境保护为辅。国内支持限于“绿箱”政策所涉及的内容，不应轻易采用价格和收入支持政策。

复习思考题

1. 决定国际谷物贸易的进出口格局的主要因素是什么？主要出口国和主要进口国是哪些？

2. 试分析中国粮食贸易格局。解释中国大豆进口激增的原因。

第十六章

非谷物农产品国际贸易

第一节 非谷物国际贸易的基本格局及其特征

一、国际非谷物贸易的发展

按《国际贸易分类标准分类》，农产品的范围为：A 食品及主要供食用的活动物，B 饮料及烟类；C 非食用农业原料；D 动植物油、油脂。这里非谷物贸易则指除去粮谷贸易的一切农产品。

在 15 世纪末 16 世纪初以前，农业生产是在相互隔绝的条件下进行的，农业技术进步缓慢，商品经济极不发达，国际农产品贸易量极少，直到通向东方和新大陆的航路打通以后，东西方各大陆之间农产品交易成为可能，非谷物国际贸易才发展起来。到 19 世纪大商船和蒸汽机火车发明之后，运输成本下降，农产品贸易空间扩大。第一次世界大战后，随着农业生产的科技进步，农业劳动生产率的提高以及人们食物消费结构从谷物的单一需求转向对畜产品、蔬菜、水果的多样化需求，大大推动了国际非谷物贸易的发展，世界农产品贸易在第二次世界大战前 25 年增加了两倍。总体上看，第二次世界大战之前，农产品国际贸易中形成了以农业原料和粮食为主的贸易格局，而且主要是先进工业国的工业品落后的农业国之间的农产品的交换。

第二次世界大战之后，从 1950—1973 年的 24 年，是战后新科技革命的高潮时期，世界经济（国民生产总值）平均每年增长 4.9%。从 2000—2010 年，是以信息网络技术为中心的高科技发展时期，世界国民生产总值年均增长在 6.9%以上。世界贸易、金融投资、科技、劳动力流动的规模都迅速扩大，世界经济全球化趋势不断加强。这种趋势推动了世界农业生产的快速发展，也促使以原料为主的非谷物国际贸易格局发生了变化。

1. 世界农产品贸易增长较快，但始终低于世界商品贸易发展速度 20 世纪 70 年代农产品出口量年均增长 4.5%，1980—1985 年年均增长 1.4%，1985—1990 年年均增长 2.0%，1985—1990 年年均增长 2.0%，1990—1995 年年均增长 6.9%，1995—2000 年年均增长 2.1%，2000—2005 年年均增长 7.6%，2005—2009 年年均增长 7.1%。而世界商品贸易年均增长率分别达 5%、2%、6%、7.7%、5.1%、8.1%、3.1%。2005—2009 年商品贸易年均增长率增速急剧下降主要原因是 2008 年的金融危机导致（图 16－1）。

不同时期，世界各地区的农产品增长领先地位也是不断转移的。20 世纪 90 年代，非洲农产品贸易基本处于停滞状态，北美洲和中美洲进出口基本上市稳定增长，亚洲是位于欧洲和北美洲的第三大农产品出口地区，其中中国农产品贸易增长较快，1980—1997 年年均增长率达 5.4%。但 21 世纪以来，中东地区和独联体国家农产品贸易增长表现显著，其次是

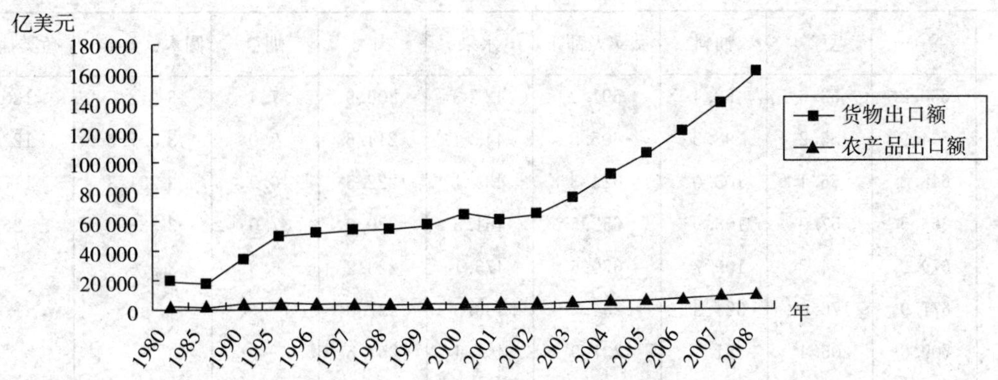

图 16-1　世界农产品贸易状况

数据来源：国际统计年鉴．北京：中国统计出版社．1995—2009.

南美洲，而非洲由曾经的停滞状态转而提升到增长速度排名第四，年均增长率高达 8.4%，2009 年农产品出口总额为 693.78 亿美元。

2. 农产品贸易在世界中的地位趋于下降　农产品贸易发展长期低于工业制成品贸易的发展速度，使其在世界商品贸易中所占比重逐步减少。这一规律在发达国家早已表现出来，并且在发展中国家也日趋明显，特别是在经济发展较快的亚太地区，农产品贸易所占比重显著下降。1980 年农产品贸易额占世界商品贸易总额的 15%，1985 年下降到 13.7%，1995 年则降为 11.8%，1998 年进一步下降为 8.4%。2000 年进一步下降到 4.9%，之后其比重一直徘徊于 5%上下。

3. 农产品国际价格不断下跌导致农产品贸易条件恶化　20 世纪 80 年代以来，以发达国家为代表的世界农业技术已远远超过了几十年前的水平。农业是现代生物技术应用最广阔、最具挑战性的领域；信息技术的使用使农事操作更加标准化、精确化和高效化；高新技术的采用，大大提高了农业劳动生产率。许多国家提高了农产品自给程度甚至成为主要农产品出口大国，欧美发达国家以低价将大量过剩农产品推向国际市场，导致农产品市场价格下跌。1998 年初级产品自第二次世界大战后以来在世界贸易中的份额首次降到 20%以下。发展中国家整体实力下降，因为从总体上看，目前初级产品的出口仍占发展中国家出口收入约 50%以上，有近 20 个发展中国家的农产品出口占其出口收入的 35%。贸易条件恶化使发展中国家在农产品出口的许多领域丧失了竞争优势。目前发展中国家只在几种热带水果和一些原材料（麻、天然橡胶等）贸易中占主导地位。国际主要非谷物农产品生产情况如表 16-1 所示。

表 16-1　国际主要非谷物农产品生产情况　单位：百万 t

年份	薯类	豆类	油料	蔬菜及甜瓜	水果	肉类	烟草	圆木（万 m^3）	鱼类捕获量
1987	575.0	50.0	67.0	436.0	335.0	164.0	6.2	3 335.0	93.9
1988	563.0	54.0	68.0	440.0	341.0	170.0	6.9	3 394.0	97.9
1989	580.0	55.0	73.0	449.0	348.0	173.0	7.1	3 451.0	99.2
1990	573.5	58.3	75.5	461.5	352.8	179.6	7.1	3 319.8	98.6
1995	631.3	54.9	91.9	559.1	410.7	204.6	6.3	3 250.4	116.4

（续）

年份	薯类	豆类	油料	蔬菜及甜瓜	水果	肉类	烟草	圆木（万 m^3）	鱼类捕获量
1996	666.2	53.6	93.4	591.2	427.3	206.9	7.4	3 218.7	120.3
1997	634.9	55.2	98.3	605.8	445.4	214.6	9.0	3 327.6	122.5
1998	648.8	56.1	103.0	624.3	439.1	222.5	6.9	3 251.3	117.7
1999	666.5	57.0	108.9	652.5	461.5	229.0	7.0	3 336.2	126.2
2000	679.2	54.7	109.7	670.6	475.1	223.2	6.9	3 376.3	—
2001	677.9	176.6	324.3	234.2	466.3	237.0	—	—	—
2004	709.6	206.4	381.4	237.9	497.4	257.5	—	—	—
2005	713.3	214.3	391.3	241.0	505.0	265.4	—	—	—
2006	736.7	221.5	403.3	256.4	526.5	272.9	—	—	—
2007	748.4	216.1	387.7	247.9	499.7	285.7	—	—	—
2008	729.6	231.0	—	227.6	572.4	280.0	—	—	—

资料来源：自历年《国际统计年鉴》和《世界经济年鉴》。由于《国际统计年鉴》的统计类别口径在 2001 年以后有所改变，2001 年之后统计的类别是大豆，根茎类植物，花生，油菜子，芝麻，籽棉，甘蔗，甜菜，茶叶，水果。因此，2001 年之后的统计数据中薯类的数据是根据根茎类植物的数据所得，豆类的数据是根据大豆的数据所得，油料数据是来自《世界经济年鉴》，蔬菜及甜果采用的是甜菜的统计数据。

二、非谷物农产品贸易结构特征

第二次世界大战以来，国际非谷物贸易格局已发生了巨大变化，20 世纪 60 年代以前主要交易的是棉、油等产品；20 世纪 60 年代以后，随着农产品保鲜贮运技术发展，果蔬、水产品相继进入国际市场；70 年代以来，加工食品贸易迅速增长；90 年代以来，绿色食品在市场上备受青睐。

（一）产品结构特征

随着收入水平的提高，世界范围内的一个基本趋势是食品需求呈现出多样化和优质化的趋势。在农产品和食品贸易中，表现为贸易品种由传统的未加工大宗商品转向高附加值的加工食品。据美国普度大学的资料，在 1980—1995 年期间，深加工食品贸易的增长速度最快，年均为 8.3%；其次为畜产品和园艺产品，增长速度分别为 6.9%和 6.6%；油料贸易增长速度最低，仅为 2.1%。① 同时新鲜蔬菜、速冻、脱水蔬菜也大步进入国际市场，花卉和一些土特产品在国际市场上也占了相当地位。但第二次世界大战以后，世界化学纤维工业发展迅速，致使天然纤维的棉、麻、丝等农业原料贸易份额起伏不定，增长不大，20 世纪 80 年代以来世界棉花贸易基本稳定在 550 万～700 万 t。

（二）市场结构特征

从农产品进出口市场结构看，欧洲是世界上最大的农产品贸易区，其出口额和进口额基本上占到 50%左右。

1994 年，这一地区农产品出口额占世界市场份额的 48.9%，进口额占世界市场份额的

① 唐正平．入世与农产品市场开放．北京：中国对外经济贸易出版社，2000.

48.0%，1999 年农产品进出口额分别为 49.5%、50%，2009 年农产品进出口额分别为 47.1%、45.7%（图 16-2）。欧洲农产品主要进口国为德国、法国、意大利、荷兰、南斯拉夫等，农产品主要出口国为荷兰、法国、德国和比利时、卢森堡。

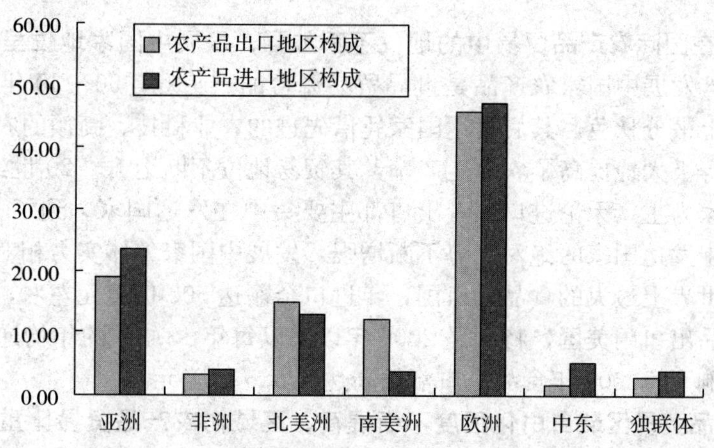

图 16-2　2009 年世界农产品贸易地区构成（%）

亚洲是世界农产品第二大进口地区，同时也是仅次于欧洲和北美洲的第三大农产品出口地区。1989 年亚洲农产品进口额达到 858.7 亿美元，2008 年增长到 1 227.6 亿美元，比 1989 年增长了 42.96%。1989 年亚洲农产品出口额为 464.1 亿美元，2009 年增长到 693.8 亿美元，比 1989 年增长了 49.5%。亚洲的农产品进口大国为日本、中国；出口大国为中国、泰国和马来西亚。中国在 20 世纪 80 年代以前，非谷物农产品贸易为逆差，进入 20 世纪 80 年代以后，特别是 20 世纪 90 年代以后，由于畜产品和水产品出口增长很快，非谷物农产品贸易保持顺差，且顺差额不断增长。

北美洲农产品进出口贸易均呈稳定增长态势，是仅次于欧洲的第二大出口地区，也是位于欧洲和亚洲的第三大进口地区，基本上保持净出口态势。2009 年北美洲农产品出口额占世界市场份额的 15.1%，农产品进口占世界市场份额的 12.7%。其中加拿大、美国、墨西哥三国农产品进出口额占该地区进出口总额的 90%左右。2009 年美国农产品出口额占世界市场份额的 10.1%，加拿大占 3.6%，同年农产品进口额所占份额美国为 8.5%。加拿大为 2.4%。

南美洲农产品贸易近年来保持迅猛增长速度，且一直保持农产品净出口局面，1980 年该地区农产品出口额为 203.7 亿美元，2009 年增长到 2 626.5 亿美元，年均递增 9.2%，农产品进口额 1980 年为 74.8 亿美元，2009 年增长到 812.5 亿美元，年均递增 8.6%。这一地区主要进出口大国为巴西、阿根廷、委内瑞拉。

三、国际农产品贸易变化特征

1. 农产品贸易在国际贸易中的地位趋于下降　世界农产品出口增长趋势与世界商品出口趋势同步，但农产品出口增速慢于商品出口的增速。农产品出口增长比商品出口增长慢 2.7 个百分点。世界农产品出口额在商品出口额中的比重呈下降趋势，而粮食出口在农产品出口总额中的比重基本稳定。农产品在货物贸易中所占比重仍不足一成。当前，贸易量相对较大的产品包括畜产品、水产品、粮食、水果、蔬菜、植物油子和油、食糖、花卉及棉花，其中前3种在农产品贸易额中占40%左右。粮食等大宗、低值农产品所占比重呈缓慢而稳定的下降趋势，食用油、水果、水产品及花卉、坚果等非基本生活需要的农产品所占比重稳中有升。

2. 发达国家在国际农产品贸易中的地位不断加强，发展中国家地位呈下降趋势　第二次世界大战前后，发展中国家农产品是世界贸易舞台的重头戏，50～60年代，发展中国家与发达国家基本上平分秋色，其后发达国家凭借先进的农业科技、高额的农业补贴和垄断性的农业知识产权等极大地提高了农业生产率，其贸易地位不断上升。20世纪80年代，农产品贸易以发达国家为主，无论进口或者出口都主要集中在发达国家。到了20世纪90年代，世界农产品贸易中发达国家的绝对优势不断增强，发展中国家整体实力相对下降。以食品贸易为例，日本是世界上最大的食品进口国，年进口金额达500亿美元左右，2009达到575.1亿美元，最大食品出口国美国，特别是2006年以来以每年13.3%的年均递增率增长，即使在金融危机的影响下，2009年食品出口额仍高达975.5亿美元。

3. 国际农产品贸易区域自由化程度不断提高，区域内农产品贸易比重趋于上升　区域经济合作是当今世界经济发展的一个重要趋势，区域经济一体化经历了20世纪50年代、80年代和90年代的三次发展高潮，特别是在20世纪90年代中期以后，地区性贸易安排的数量和规模迅速扩大。据世界贸易组织估计，到2005年底，区域贸易安排的总数目将达到300个，其中，欧盟、北美自由贸易区和中国—东盟自由贸易区被称为世界区域经济的三大板块。

联合国粮农组织和世界贸易组织的统计都表明了区域内农产品贸易比重趋于上升的趋向。总体上看，占到全世界农产品贸易总额80%的西欧、北美和亚洲进出口的主要特点是：西欧区域内的自给率最高，一般在70%左右。北美以玉米为主的谷物及其他农林水产品自给率变化不大，从1970年的21%上升到1995年的23%。亚洲近年区域内贸易上升最快，区内贸易比重从24%上升到1995年的63%。非洲虽是区内贸易比重最低的地区，但也呈现出上升趋势。2002年11月中国政府与东盟十国签署《中国—东盟全面经济合作框架协议》后，中国与东盟的农产品贸易总体上保持了快速增长的态势。2007年的中国与东盟农产品贸易总额达到117.95亿美元，比2002年的36.33亿美元增长了224.67%，年平均增长率为26.56%。我国从东盟的农产品进口额增长迅速，从2002年的17.7亿美元到2007年的79.85亿美元，年均增幅达到了35.16%。

4. 农产品贸易壁垒由传统的关税壁垒转向非关税壁垒，由数量限制转向技术性措施　非关税贸易壁垒对农产品贸易的影响在于，首先，影响农产品贸易规模，限制其流量；其次，使农产品贸易发生转移，改变贸易流向；再次，发展中国家为达到较高的技术标准，成本增加，而达不到标准的产品只能出口到技术要求相对较低但市场价格也较低的市场，贸易条件恶化，贸易利益受损，社会福利减少。从长远看，农产品贸易的技术壁垒对发展中国家而言也是一把双刃剑，成为发展中国家改变农产品生产方式、提升自控能力和监测水平、催生绿色农业及开拓新的国际市场的外在推动力。

5. 世界大宗农产品贸易垄断性特征突出，使得农产品贸易进入了产业链竞争时代　从一般经济学意义上讲，农产品市场是较为典型的完全竞争市场，但在国际农产品贸易中却常常出现垄断，从而导致国际农产品市场偏离完全竞争，进入21世纪以来农产品贸易中市场竞争中的垄断性有增强趋势，使得农产品贸易进入了产业链竞争时代。

目前掌握全球粮食运销的是 4 家跨国公司；又称 ABCD，四家世界五百强企业，即美国 ADM、美国邦吉、美国嘉吉、法国路易达孚，业内称之为四大粮商。他们垄断了世界粮食市场交易量的 80％，成为大豆、玉米、棉花等大宗农作物的定价者。造成国际农产品贸易趋于垄断的主要原因有：①自然资源禀赋条件决定了某些农产品的自然垄断，如印度尼西亚和马来西亚区的橡胶出口占世界出口额的 70％左右，中国荔枝产量占世界荔枝产量的 80％，广东约占 50％。②农业是各国经济部门中受政策干预最多的一个部门，几乎所有参与贸易的发达国家都存在主权国家的政府行为对贸易活动的干预和影响，这些农业贸易国内措施和国境措施成为农产品市场扭曲、偏离完全竞争的原因之一。③农产品贸易区域化的加强将是农产品贸易不完全市场竞争的重要原因，生产国往往通过地缘经济，以各种方式垄断市场，获取贸易创造和贸易转移利益，这方面，欧盟是一典型例子。④列宁早就指出：金融资本造成了垄断组织的时代。而垄断组织则到处实行垄断的原则：利用联系来订立有利的契约，以代替开放的市场上的竞争。

第二节　肉类国际贸易结构及变化特征

世界肉类贸易主要包括红肉（即牛、羊、猪肉）和禽肉类，随着各国经济发展和食物结构变化，肉类国际贸易在农产品贸易中地位不断上升。

一、世界肉类生产与消费

20 世纪 50 年代，世界肉类总产量每年平均为 4 490 万 t，1980 年达 14 108.1 万 t，1990 年为 17 959.8 万 t，2000 年则上升为 23 321.8 万 t，比 1980 年增长了 65.396t，年递增 2.5％，2008 年则上升为 27 995.3 万 t，比 2000 年增加了 20％（图 16－3）。世界肉类产品的国际贸易多年来一直保持增长趋势，过去 30 年内翻了一番。其中 1982 年、1997 年和 2008 年的肉类产量比前一年略减（图 16－3）。

第二次世界大战以前，世界肉类的生产和消费以猪肉和牛肉为主，禽肉为数极少。第二

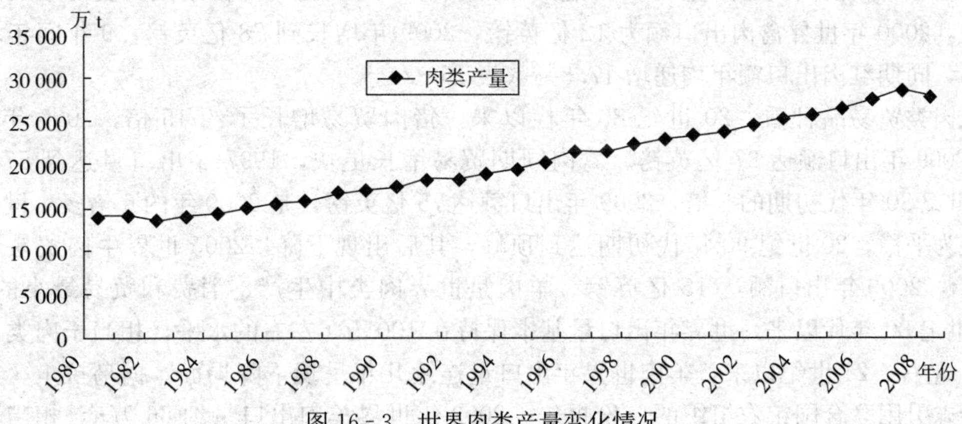

图 16－3　世界肉类产量变化情况

资料来源：国际统计年鉴（历年）．北京：中国统计出版社．

次世界大战以后，猪、牛、羊肉和禽肉的产量都有所增长（表 16-2），其中禽肉的增长最快，1985 年禽肉产量为 3 150 万 t，1997 年达到 5270 万 t，12 年间，年均递增 4.4%，比 20 世纪 80 年代初期增长了近 1.5 倍。20 世纪 80 年代以来猪肉生产稳定增长，年均增长率大约在 2.5%左右。2008 年达到 9 170 万 t，10 年间，年均递增 5.6%，比 20 世纪 90 年代初期增加了 1.4 倍。20 世纪 80 年代以来猪肉生产稳定增长，1999—2008 的 10 年间增加了 16.7%，但 2008 年比上一年的产量略有收缩。从 20 世纪 80 年代末开始，世界牛肉生产处于停滞状态，年产量保持在 6 000 万 t 左右。世界羊肉由 20 世纪 90 年代初的 970 万 t 上升到近年的 1 317 万 t。

世界肉类消费随着生产增长而增长。从产值来看，红肉消费额 2000 年为 408 亿英镑，2009 年增长到 483 亿英镑，增加了 18.5%，禽肉消费额则从 222 亿英镑，增长到 2009 年的 354 亿英镑，增加了 60%（表 16-2）。

表 16-2　2000—2009 年世界肉类生产与消费　　单位：百万英镑

种类	年	2000	2004	2005	2006	2007	2008	2009
牛、羊、猪肉	产值	38 787	46 299	45 555	45 848	47 675	48 817	50 567
	进口额	3 295	4 127	4 960	4 803	4 265	4 223	4 055
	出口额	1 250	3 760	2 649	3 373	4 158	4 579	5 259
	消费额	40 784	46 559	47 737	47 385	47 696	48 435	48 333
禽肉	产值	23 468	36 073	39 585	40 935	41 231	42 143	43 235
	进口额	0	9	33	42	61	74	92
	出口额	1 222	5 584	5 400	5 902	5 911	6 618	7 785
	消费额	22 153	30 508	34 139	34 949	35 544	35 574	35 379

资料来源：①U. S. Department of Agriculture.
②Agricultural Outlook：Statistical Indicators.

二、肉类国际贸易结构特征

据估计，目前肉类总产量的 12%进入国际贸易，且该比例仍在增大。贸易增长仍以禽肉最快，2000 年世界禽肉出口额为 12 亿英镑，2009 年增长到 78 亿英镑，9 年间年均递增 23.1%，同期红肉出口额年均递增 17.3%（表 16-2）。

从肉类贸易品种看，20 世纪 80 年代以来，猪肉贸易增长了约 15 倍，2005 年是 500 万 t，2009 年出口额达 37 亿英镑。禽肉同期贸易增长更快，1997 年出口量达到 570 万 t，为 20 世纪 80 年代初期的 5 倍，2009 年出口额达 75 亿英镑，是 2000 年的 6 倍多。世界牛肉贸易较为平稳，20 世纪 90 年代初期达到顶峰，其后出现下降，2005 世界牛肉贸易规模在 695 万 t，2009 年出口额达 15 亿英镑。羊肉是世界肉类中生产、消费和贸易最小的一项，从 20 世纪 80 年代以来，世界年出口量基本保持在 100 万 t 左右的水平，相当于肉类出口量的 10%左右。21 世纪以来，羊肉世界年出口量连续几年呈现下降局面，据乌拉圭《羊肉市场》杂志引用联合国粮农组织的一份报告，2003 年世界羊肉出口量约 66 万 t，相当于肉类出口量的 5%左右。

从肉类贸易的地区分布看，肉类的国际贸易主要在发达国家之间进行。1984 年发达国家出口占世界肉类总出口量的 84%，进口占总进口量的 73%。到目前为止，肉类国际贸易主要集中于少数几个出口国和净进口国，美国在全球肉类贸易中处于领导地位，约占世界肉类贸易量的 1/4。日本是最大的肉类产品净进口国，但主要是高档肉类产品，只有有限的几个国家可进入这个市场。俄罗斯是世界第二大肉类净进口国，但其购买力不稳定使其对俄贸易存在较大风险。世界肉类贸易流向见表 16-3。

表 16-3 世界肉类贸易流向

品 种	主要出口国	主要进口国和地区
禽 肉	巴西、西欧、中国、泰国	俄罗斯、日本、西欧、中国
猪 肉	西欧、美国、加拿大	日本、俄罗斯、美国、中国香港特别行政区
牛 肉	西欧、加拿大、澳大利亚、墨西哥	美国、意大利、西班牙、日本
羊 肉	澳大利亚、爱尔兰、罗马尼亚	中东国家、意大利、尼日利亚

从品种的区域分布看，家禽特别是肉鸡适合于采用集约技术饲养，使得美国有突出的竞争优势，目前其出口占世界出口总量的 22%。从 20 世纪 80 年代中期开始，东南亚地区成为家禽净出口者，但贸易规模相对较小。中国内地和香港同时大量进口和出口家禽。西欧作为一个整体，养猪规模仅次于中国，目前净出口也到 141 万 t 左右，为 20 世纪 80 年代初期的 4 倍多。日本一直为猪肉进口国，20 世纪后期进口增长较快，2005 年达到 124 万 t 的水平。以净出口为例，澳大利亚是世界上最大的出口国之一，西欧进口和出口数量均排在前列。2008 年，巴西、美国、德国、荷兰和澳大利亚的出口合计约占世界出口总额的 49%。

三、世界肉类贸易模式的变化

1. 世界贸易组织《农产品协议》实施后，世界畜产品市场将发生重大变化 目前肉类的进出口仍以发达国家为主，但经济全球化下，饲料供给、劳动力、生产成本、消费习惯与汇率加大了对肉类生产、消费与贸易的影响，亚洲等区域的国内生产满足不了其增长的肉类需求，对进口的依赖性增强，日本和韩国均承诺扩大畜产品市场的开放程度，日本承诺消减牛肉进口关税，韩国承诺增加牛肉市场准入量及降低禽肉进口关税。而欧洲等传统出口国家的肉类生产和出口区域向低成本国家转移。

2. 贸易转口国家的崛起是近年世界肉类贸易的一个显著特征 肉类转口贸易近年发展很快，主要在发达国家和发展中国家之间进行。典型的如美国鸡腿出口到中国去骨后，转口销到日本市场，中国从中获得加工费。这种模式被称作精细供给管理计划，① 即公司通过物流实现利润的最大化。这同时也是改变国际贸易流动特征，使第三国进入进出口链条的一种战略。

3. 世界肉类市场的细分化程度将不断提高 畜牧业生产在世界农业中占有很大的比重，特别是在发达国家农业中几乎占农业总产值的一半。发展中国家的畜牧业生产将会以较高速度增长，从而使世界畜牧业生产有较大的增长。随着竞争的加剧，出口商将以消费为导向确

① 于平．2001. WTO 与世界肉类贸易．世界农业（11）．

立目标市场，根据消费需求多样化细分市场，甚至为某一个特定市场开发个性化产品。这种变化推进了肉类加工技术日新月异，加工方式具有多样性，不但增强了肉类产品的适销性，而且增加肉类产品的附加值。如整胴体贸易和分割产品贸易均有其不同的消费市场。美国禽肉出口公司将肉分割后投放市场，不但成功地实现了每一胴体价值的最大化，也相应改变了禽肉产品的贸易方式。

4. 世界贸易组织框架下技术性贸易壁垒对世界肉类贸易影响很大 近年来，世界上屡屡发生农产品污染事件，如发生在1996—1997年间的英国疯牛病事件；1997年底、1998年初的中国香港特别行政区禽流感事件和1999年初的二噁英污染事件等严重威胁到食品安全。上述事件虽然都发生在发达国家和地区，但由于不发达国家和地区经济水平低，检测技术水平不高，发现率低而已。其实，食品污染事件更多的可能发生在发展中国家。由于国际贸易，一国发生食物污染，立即会影响到其他国家，因此各国（特别是发达国家），为保证本国人民的健康和安全，纷纷提高对进口食物的安全标准和加强海关的检验和检疫工作，世界贸易组织默认各国技术性贸易壁垒的存在。各国为了保证肉类的安全和出口，必须注意提高肉类产品的质量和安全性检测水平，否则，肉类的出口将会受到严重影响。

5. 世界生态畜牧业发展方兴未艾 随着生活水平的提高和环境保护意识的增强，消费生态食品已成为一种新的消费时尚，高价格的生态食品在西欧、美国等发达国家备受青睐，甚至需求量远远超过了本国的供给量。同时，为实现资源高效转化、持续利用和环境保护，世界各国遵循“整体、协调、循环、再生”的原则，在实践过程中探索了各具特色的生态畜牧业发展模式，并通过出台相关的法律、法规和政策，不断扩大生态畜牧业的规模；而国际生态农业和生态农产品的法规和管理体系不断完善，进一步促进了世界生态畜牧业的协调发展。

第三节 棉花国际贸易结构及变化特征

世界纤维分为天然纤维、化学纤维和人工纤维。在天然纤维中，以棉花为主，羊毛、蚕丝只占极少比例。

第二次世界大战之后，世界化学纤维工业发展迅速，致使农业纤维（天然的棉、麻、丝）国际贸易份额趋于下降，世界棉花生产和贸易面临日趋激烈的替代品的竞争。棉花作物产出两种主要贸易产品——纤维和棉子。棉花纤维是主产品，代表棉花生产价值的85%～90%。棉子一般加工成棉子油或棉子粉以食用或饲用进入国际市场。

一、世界棉花生产与消费

棉花是农业原料生产中分布面最广的一种作物，广泛分布于亚洲、大洋洲、非洲、欧洲和西半球各地。亚洲是世界上最大的棉花产区，主要生产国有中国、印度、巴基斯坦和中亚国家。发达国家中仅美国和澳大利亚是重要的生产国，主产棉花的亚洲发展中国家通常也是棉花的重要消费国，因而多数国家并不具有出口能力。

表16-4和表16-5描述了部分地区或国家个别年份的棉花生产情况。总的来说，第二次世界大战后40年来世界棉花产量持续上升，但各国产量增长情况各有不同。世界棉花生产在2007—2008年达到顶峰，为2 626万t，比上年增长2%，比1980年的1 392.8万t增

长了 88.5%。20 世纪 90 年代中期以来，世界棉花总消费量基本保持在 2 000 万 t 左右，其中中国、印度。巴基斯坦、美国、巴西、土耳其的棉花年消费量占世界消费量的 80%左右。进入 21 世纪后，世界棉花消费总体呈现上升趋势。中国仍然是消费增长最快与用棉量增长最多的国家。1998—2007 年，10 年间世界年均消费量为 2 267 万 t，消费最高的 2007 年为 2 709万 t，比 10 年平均数高出 19.5%，最低年份是 1998 年，为 1 846 万 t，比 10 年平均数少 18.6%。

表 16-4　世界棉花主产国生产情况

国　别	面积（万 hm^2）			单产（kg/hm^2）			原棉产量（万 t）		
	2007/2008	2008/2009	增减（%）	2007/2008	2008/2009	增减（%）	2007/2008	2008/2009	增减（%）
世界总计	3 381.5	3 143.2	−7.0	776	788	+1.5	2 626	2 477	−5.7
其中：中国	543.3	576	+6.0	1 483	1 380	−6.9	805.6	794.7	−1.4
印度	930	937.3	+0.7	576	581	+0.8	535.6	544.3	+1.6
巴基斯坦	326	282	−13.5	595	695	+16.8	193.8	196	+1.1
美国	424.6	312.8	−26.3	985	954	−3.1	418.2	298.5	−28.6
巴西	111	105.7	−4.8	1 443	1 339	−7.2	160.2	141.5	−11.7
土耳其	73.5	49.5	−32.7	918	1 012	+10.2	67.5	50.1	−25.8
其他	973.1	879.9	−9.5	457	514	+12.5	445.1	451.9	+1.5

资料来源：世界经济年鉴．北京：经济科学出版社．2009/2010.

表 16-5　2003/2004 年世界棉花生产与消费　　单位：百万 t

地　区	供应总量			消费总量		损失量①	期末库存
	期初库存	生产量	进口量	国内消费量	出口量		
世　界	10.12	19.14	6.56	21.29	6.52	0.01	7.99
美　国	1.62	3.75	0.01	1.63	2.39	0.00	1.35
其他各国合计	8.50	15.39	6.55	19.66	4.13	0.01	6.64
主要出口国	2.33	5.20	0.30	3.02	3.12	0.02	1.68
巴基斯坦	0.71	1.68	0.19	2.00	0.05	0.01	0.51
中　亚	0.42	1.49	0.00	0.41	1.15	0.00	0.35
澳大利亚	0.48	0.30	0.00	0.03	0.56	−0.02	0.22
主要进口国	5.73	9.55	5.18	15.24	0.70	−0.01	4.45
印　度	0.98	2.37	0.30	2.94	0.01	0.00	0.71
墨西哥	0.15	0.04	0.45	0.48	0.01	0.01	0.14
中　国	2.80	4.92	0.57	6.10	0.16	0.00	2.03
俄罗斯	0.05	0.00	0.37	0.37	0.00	0.00	0.05
土耳其	0.32	0.89	0.46	1.37	0.03	0.00	0.27
印度尼西亚	0.10	0.01	0.49	0.50	0.00	0.01	0.08
泰　国	0.13	0.01	0.41	0.44	0.00	0.01	0.12

注：①指销售渠道的损失及统计上的误差；资料来源：世界经济年鉴．2004/2005.

二、棉花国际贸易结构特征

棉花是世界农产品贸易中的一项大宗产品，1986 年世界棉花出口值为 52.27 亿美元，占当年农产品贸易出口总值的 2%。从数量上看，20 世纪 80 年代以来世界棉花贸易基本稳定在 550 万～700 万 t（表 16-5）。

世界棉花出口市场比较集中，主要集中在美国、澳大利亚、乌兹别克斯坦，合计出口量约占世界出口量的 65%，其中美国的出口量占世界出口量的 36%（表 16-5）。从价值上看，1999—2004 年间，三国各自的年均出口贸易额约为 25.27 亿美元、8.09 亿美元和 7.90 亿美元，同期世界平均水平约为 71.69 亿美元，三国分别占世界出口总额的比重约为 35.25%、11.28%、和 11.01%。

中国在 20 世纪 90 年代以前基本上是棉花净出口国，90 年代以后，生产成本快速上升，棉花贸易由净出口转变为净进口。北美自由贸易协定签署后，墨西哥出口有所扩大。

世界棉花进口市场既分散又集中，第二次世界大战后至 20 世纪 80 年代，世界棉花的进口一向集中在欧洲（英国、德国和法国）和亚洲（日本、印度和中国香港）两大地区。在 20 世纪 50 年代初，英国和日本的棉花进口量最大。到 20 世纪 80 年代初，日本的进口量居于世界首位，英国进口量开始下降，德国和法国相对稳定。进入 21 世纪，欧盟 25 国、中国和印度尼西亚是世界上进口棉花最多的国家。1999—2004 年间，三地平均棉花进口贸易额分别约为 11.996 亿美元、8.364 美元和 7.527 亿美元，同期世界平均水平约为 78.472 亿美元，三地棉花进口分别约占世界棉花进口水平的 15.29%、10.66% 和 9.59%。

三、世界棉花贸易模式变化特点

1. 棉花在农业纤维市场中所占份额相对稳定　第二次世界大战后，在世界纤维市场中棉花受到合成纤维的激烈竞争，在纤维市场中所占的比重一直在下降。20 世纪 50 年代初，棉花占纤维市场份额的 72.7%，60 年代下降为 69.1%，70 年代初降为 56.0%，80 年代初降为 48.0%。之后下降趋于稳定，1982 年占 50%，1984 年占 48%，1990 年世界棉花产量仍占纺织纤维的 45.9%，1996 年占 41.0%（表 16-6）。乌拉圭回合农产品协议实施后，对棉花市场会有一些影响，但更多的是受 2005 年的多纤维协定终止的间接影响。据联合国粮农组织/国际棉花咨询委员会模拟，预计棉花需求因受纤维协定终止而增长 5%，预期影响要推迟到 2005 年。但棉花的比重将取决于其他纤维，特别是合成纤维的竞争情况。

2. 乌拉圭回合为发展中国家纺织品出口创造了竞争机遇　世界上出口纺织品的主要为发展中国家，而进口纺织品的主要为发达国家，因而纺织品贸易制度涉及两类国家间的利益分配。在过去的多边纤维协定框架下，发达国家广泛采用非关税措施限制纺织品进口数量。乌拉圭回合多边贸易谈判取得的一个重要成果是使纺织品贸易逐步纳入世界贸易组织管理之下。根据协定，自 1995 年起，世界贸易组织《纺织品服装协定》（ATC）取代了《多种纤维协定》。到 2005 年，该产业已纳入世界贸易组织规则之中。

表 16-6　全球纺织纤维产量　单位：万 t

年份	总计	天然纤维（A）			化学纤维（B）			B/A	人均消费（kg）
		合计	棉	羊毛	合计	纤维素	合纤①		
1950	940.4	772.3	664.7	105.6	168.1	161.2	6.9	18/82	3.75
1960	1 492.8	1 160.7	1 011.3	146.3	332.1	260.8	71.3	22/78	4.99
1970	2 153.1	1 278.9	1 115.6	159.3	874.2	343.3	530.9	41/59	5.85
1980	3 652.8	1 590.3	1 426.6	158.1	1 462.5	424.4	1 138.1	48/52	6.91
1990	4 093.5	2 074.4	1 871.4	196.4	2 019.1	284.6	1 734.5	49/51	7.67
1993	4 285.7	2 040.5	1 867.0	166.7	2 245.2	311.8	1 933.4	52/48	7.69
1995	4 677.6	2 108.0	1 946.0	155.0	2 569.6	326.0	2 243.6	55/45	8.14
1996	4 726.1	2 108.0	1 939.6	146.1	2 640.4	230.4	2 410.0	56/44	8.12

注：①合纤中包括烯烃类纤维。

资料来源：[美]《纤维研究》，转引自《1997 年世界经济年鉴》.

纺织品进口国有义务按拟定的时间表和幅度扩大纺织品贸易纳入世界贸易组织规则管理的一体化比例，并最终实现完全的过渡。特别是配额将最终取消，进口国将再也不能对出口国实施歧视性待遇。因而为扩大纺织品贸易创造了一个良好的竞争环境。

3. 产棉国和棉花出口国增加　美国棉花垄断国际市场的状况虽经历了波动，目前仍保持其垄断地位。二次世界大战之后，美国棉花在国际市场上一直保持垄断地位。20 世纪 50 年代美国棉花出口占世界出口总量的 34.3%，60 年代的出口量比 50 年代增加 20%左右，但由于各国棉花出口量的增加，美棉出口量只占世界出口总量的 25.2%，70 年代美棉出口量在世界出口总量的份额比 60 年代稍有提高。

1985 年美棉出口锐减，只占世界出口总量的 14.4%，1986 年美棉出口只有 65.7 万 t，占世界棉花出口总量 466.4 万 t 的 14%。由于美国纺织业的调整和转移，80 年代中期以后，出口量又开始回升，整个 90 年代，美国棉花出口量在世界棉花市场出口份额的 25%～33%之间（表 16-7）。但棉花生产国和出口国分布状况发生了较大变化，1949 年美国棉花产量占世界总量的 48.7%，2000 年只占到 19.9%。1983 年，世界棉花出口量超过 50 万包的只有 6 个国家，1985 年上升为 11 个国家。

表 16-7　1991—1999 年美国棉花出口量变化　单位：万 t

年　份	1991	1992	1993	1994	1995	1996	1997	1998	1999
美　国	250.3	200.0	152.9	204.8	161.2	167.2	148.1	163.3	163.3
世界总计	755.2	674.7	590.6	625.1	615.9	595.7	590.3	578.9	516.9
美国占世界出口份额（%）	33.1	29.6	25.9	32.8	26.2	28.1	25.1	28.2	31.6

资料来源：1992—2000 年历年世界经济年鉴．北京：经济科学出版社．

第四节　糖料、油料国际贸易结构及变化特征

一、糖料贸易结构及变化

（一）世界食糖生产、消费状况

世界食糖生产的分布面极广，五大洲各地区均有食糖生产，至今全世界产糖国家共有

130 个，其中产蔗糖的有 81 个，占 62.3%，产甜菜糖的国家有 49 个，占 37.3%。

二次世界大战的 40 年间，世界食糖的产量迅速上升，1946 年世界食糖产量为 1 000 多 t，自 2002 年以来，世界主要国家的食糖产量一直波动在 1.4 亿 t 上下，2006 年度有了快速增长。2006 年，世界食糖的总产量由上年的 1.449 亿 t 增加到 1.613 亿 t，增长 1 637 万 t，增幅为 11.3%，2007 年达 1.655 亿 t。2008 年度，世界食糖的总产量又降为 1.487 亿 t，下降 1 775 万 t，降幅为 10.7%。

世界甘蔗、甜菜产量见图 16-4。甘蔗糖分布地区很广，主要在南美洲、加勒比海地区、大洋洲、亚洲、非洲的大多数发展中国家和少数发达国家。甜菜糖主要分布在欧洲、北美洲的发达国家，少数在亚洲地区。在产糖大国中分布在亚洲的只有中国。美国、日本、埃及、西班牙等少数国家既产甘蔗糖又产甜菜糖。2004 年，世界前 10 位的产糖国家和地区依次是巴西 2 478 万 t，印度 1 988 万 t，欧盟 1 713 万 t，中国 1 007 万 t，美国 807 万 t，泰国 769 万 t，墨西哥 547 万 t，澳大利亚 511 万 t，巴基斯坦 404 万 t，南非 253 万 t。这 10 个国家的产糖量为 10 476.4 万 t，占世界产糖总量的 74%。

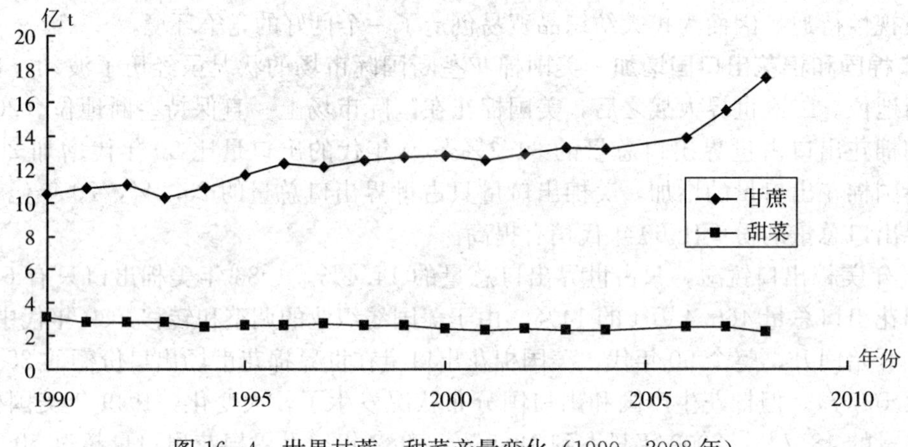

图 16-4 世界甘蔗、甜菜产量变化（1990—2008 年）

2008 年世界食糖的消费总量为 1.575 亿 t，高出当年的食糖总产量 0.088 亿 t。近 10 年来世界食糖消费量平均每年递增速度为 1.2%，10 年中一大半年份生产量大于消费量。从消费总量上来看，世界前 10 名的食糖消费国家和地区依次是：印度、欧盟、巴西、美国、中国、俄罗斯、墨西哥、巴基斯坦、印度尼西亚和日本，这 10 个国家和地区的食糖消费量占世界食糖消费总量的 60%以上。

（二）世界食糖贸易基本格局

从 20 世纪 80 年代以来，食糖的贸易量与生产量变化趋势相近，从食糖的生产、消费与贸易情况看，世界食糖贸易呈现如下特点：

1. 世界食糖具有很高的自给率，贸易量只占产量的很少部分 一般情况下，食糖贸易量只占到世界食糖的 25%左右。1997 年贸易量为 3 700 万 t，水平比 20 世纪 80 年代初高约 40%；2000 年世界食糖总产量为 1.313 亿 t，比上年增长 2%；世界食糖消费量达 1.29 亿 t，比上年增长 2%；世界食糖出口量达 3 480 万 t，占当年总产量的 26.5%。2008 年世界食糖总产量为 1.487 亿 t，比上年减少 10.7%；世界食糖消费量达 1.575 亿 t，比上年增长

1.5%；世界食糖出口量达 4 824.8 万 t，比上年减少 7.4%，占当年总产量的 32.4%。

2. 发展中国家食糖出口占比较优势，并且食糖进口逐步超过发达国家　1963—2003 年，发展中国家年食糖出口量占世界的比重维持在 70%左右，虽然个别年份该比重波动较大，但总体而言其整体优势地位并未改变。20 世纪 90 年代中期以前，发达国家食糖进口一直大于发展中国家，特别在六、七十年代，发达国家食糖进口量占世界的 70%以上。发展中国家食糖进口量增长很快，从 1961 年的 533 万 t 增加到 2003 年的 2 069 万 t，年均增长率将近 3.3%，而同期发达国家还不到 1%。

3. 世界食糖出口日益集中于少数国家，进口的国别集中程度相对较低　如图 16-5 所示，8 大食糖出口国合计出口量占世界总量的 80.4%以上，其他国家和地区仅占不到 1/5。3 大出口国的合计比重超过 50%。随着食糖生产能力的拓展，巴西成为最大的食糖出口国，占世界的 1/3 还多。2004/2005 年度 10 大进口国合计比重不到 50%。俄罗斯是唯一比重超过 10%的国家（图 16-6）。

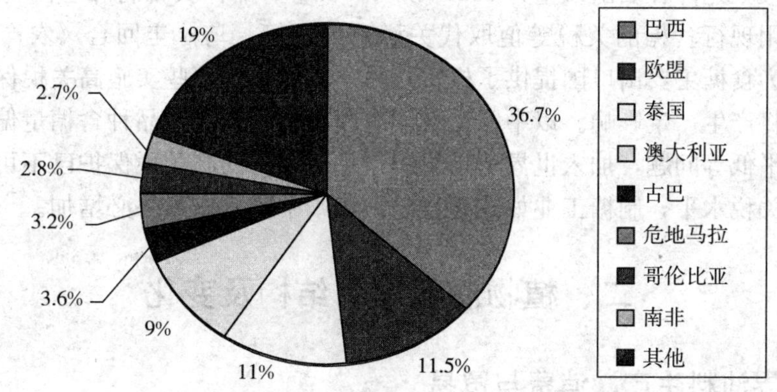

图 16-5　2004/2005 年度世界食糖主要出口国家

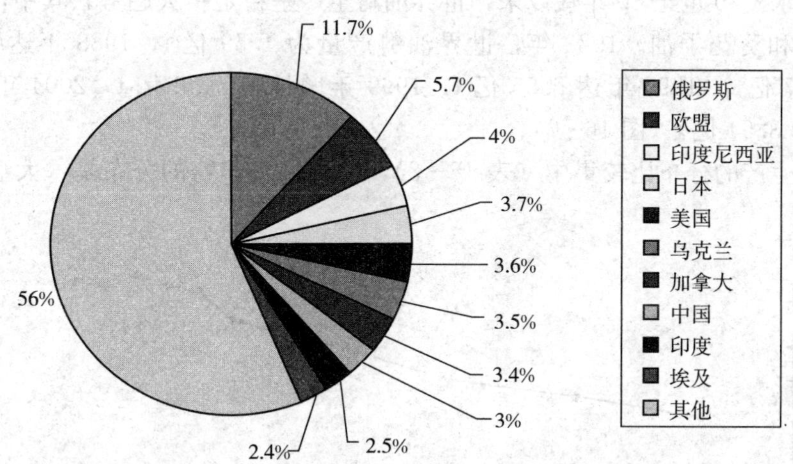

图 16-6　2004/2005 年度世界食糖主要进口国家

4. 国际糖价变动对各国糖业生产影响较小　世界食糖生产、消费、贸易的相对集中性及食糖自给率高的特点，即使国际糖价有变动，世界食糖的总量仍然保持稳定的水品。据统计，1975—1986 年 11 年间，世界糖价在波动中处于下跌趋势，尤其是 1980—1984 年 5 年间国际糖价连续下跌，但同期世界食糖总产量仍在平稳上升。2000 年 10 月世界食糖价格达到 11.4 美分/磅。自 2001 年以来国际糖价持续走低，2004 年平均国际糖价仅为 6.7 美分/磅，最高时也不到 9 美分/磅，大大低于成本价。这种变化对世界糖业产生影响并不大。主要原因是世界各国所生产的糖实际出口量很少，再加上库存量可以调节国际市场供需状况，糖价主要是有库存率即库存量与消费量的比率决定的。虽然许多国家普遍采用高关税限制食糖进口，尤其是北美、西欧和东亚地区的经济发达国家，但进口和出口贸易量相对都不大。因此对各国糖业生产者冲击相对较少。而食糖替代品的兴起，影响作用更大，致使发达国家人均食糖消费量下降。

5. 世界贸易组织《农产品协议》实施后将对各主要食糖进出口国产生一定影响，尤其是发展中国家糖业生产将受到较强冲击 各主要食糖进出口国家在乌拉圭回合谈判中都做出了相应的承诺，如欧盟将在基础水平上消减其补贴出口的数量及出口补贴预算支出，2000 年，欧盟每年最大允许补贴出口量为 127.7 万 t。日本、菲律宾都将相应降低有关糖制品的关税。美国则用现行食糖的关税等值取代关税率配额等。乌拉圭回合《农产品协议》实施后，一方面，为食糖主要出口国提供了机遇，另一方面，对那些实施高关税保护的发展中国家的制糖工业将产生一定影响。以中国为例，中国糖料生产存在品种含糖量偏低、栽培技术落后、加工水平低等问题，加入世界贸易组织以后，食糖的高关税保护已不可能，必须按照承诺逐步降低关税水平，制糖工业如缺乏竞争力，则中国进口量势必增加。

二、植物油料贸易结构及变化

（一）世界油料生产、消费与贸易

世界植物油生产是农业生产中仅次于粮食生产的大宗作物，按用途可分为食用油、工业用油和饲用需求。20 世纪 80 年代以来，世界油料生产呈稳定扩大趋势，其中，增长幅度最大的是棕榈油和葵花子油。1983 年，世界油料产量为 1.59 亿 t，1988 年达到 1.95 亿 t，1992 年为 2.27 亿 t，1996 年达 2.55 亿 t，1999 年增长为 2.92 亿 t，2004 年为 3.8 亿 t，2008 年增长为 3.94 亿 t（图 16 - 7）。

世界油料生产的分布比较集中（表 16 - 8），各种油料作物的分布是：大豆主要产自美

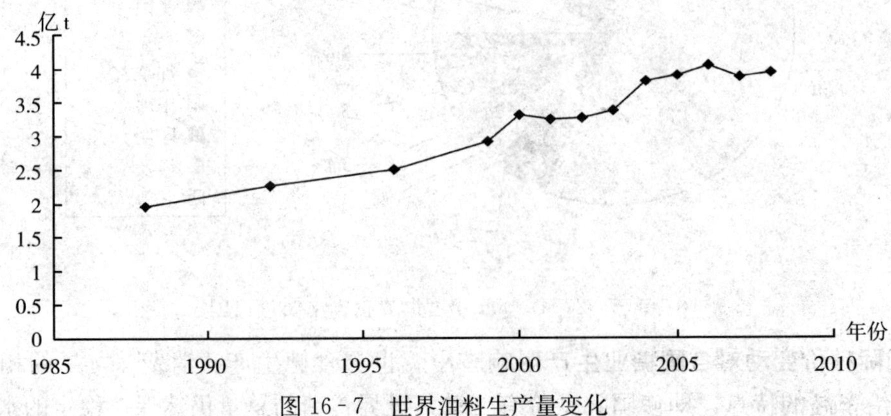

图 16 - 7 世界油料生产量变化

国、巴西、阿根廷、中国及印度 5 国，它们的生产量占世界总生产量的 98%。菜子主要生产国是中国、加拿大、印度、欧盟及澳大利亚，它们的产量约占世界总产量的 70%。棉子主要产自中国、美国、印度、巴基斯坦，四国产量占世界总产量 93%。葵花子主要生产国为俄罗斯、乌克兰、阿根廷。

世界油料消费随生产变动而波动，其中豆油、棕榈油、菜子油的消费量居前三位。2007 年，国内消费大豆量为 2.297 亿 t，2008 年减少为 2.220 亿 t，减少了 3.4%。

表 16-8 主要生产国油料产量（万 t）

种 类	生产国	1999/2000	2000/2001	2001/2002	2002/2003
大 豆	美 国	7 222.4	7 505.5	7 867.2	7 501.0
	巴 西	3 412.7	3 905.8	4 276.9	5 201.8
	阿根廷	2 120.0	2 740.0	3 000.0	3 481.9
	中 国	1 425.1	1 541.1	1 545.0	1 630.0
	印 度	516.0	501.0	535.0	430.0
棉 子	中 国	681.7	786.8	537.0	465.0
	美 国	576.4	583.8	676.1	561.0
	印 度	530.0	480.0	537.0	465.0
	巴基斯坦	382.4	365.1	361.0	347.2
	土耳其	115.9	128.9	132.0	124.5
菜 子	中 国	1 013.2	1 138.1	1 132.0	1 030.0
	加拿大	879.8	720.5	517.0	432.0
	印 度	510.0	375.0	485.0	370.0
	德 国	428.5	358.6	416.0	389.0
	法 国	439.2	348.1	287.4	341.0
	澳大利亚	242.6	177.5	175.7	87.0
葵花子	俄罗斯	415.0	391.1	268.5	368.4
	乌克兰	274.0	345.7	225.1	351.0
	阿根廷	576.0	297.0	373.0	334.0
	中 国	176.5	195.4	175.0	190.0
	法 国	186.8	183.3	158.4	149.7

资料来源：2003/2004 年世界经济年鉴．北京：经济科学出版社．

从 2005—2008 年世界油料生产品种结构看（表 16-9），油料作物生产总量中，大豆占 50%以上，其次是油菜子，约占 13%，棉花子占 11%以上，花生、葵花子不到 10%，棕榈油子和椰（仁）干分别占 3%和 1.5%左右。

油料贸易在世界农产品贸易中占有重要地位，20 世纪 80 年代初，油料贸易值约占世界农产品出口贸易值的 9%，80 年代以来，油料贸易呈稳定增长势头。

从贸易结构来看，被称为热带油脂的棕榈油、棕榈核油及椰子油 3 种油占总贸易量的 60%以上。而生产量最多的大豆油只有 25%，大豆的输出量仅为其生产量的 30%。而在热带油脂中，其输出量所占生产量的比例则分别是：棕榈油 78%，棕榈核油 51%，椰子核油 60%。

表 16-9　世界主要油料作物的产量　　单位：百万 t

	2005/2006	2006/2007	2007/2008	2008/2009
大　豆	220.67	237.11	221.18	210.62
油菜子	48.50	45.09	48.29	58.17
花　生	33.22	30.72	32.39	34.40
向日葵子	30.04	29.80	27.02	32.78
棉花子	43.47	46.00	45.94	40.96
椰（仁）干	5.60	5.27	5.72	5.88
棕榈油子	9.97	10.18	11.10	11.82
总　计	391.45	404.18	391.63	394.63

资料来源：2009/2010 年世界经济年鉴．北京：经济科学出版社．

(二) 世界油料贸易的特征

1. 油料的商品种类多　可分别以原料、加工品或加工副产品进入国际市场油料可分为油料种子（原料）及其下游产品即油料加工（植物油）和加工副产品（饼粕）。世界油料的种类很多，传统的有大豆、花生、棉子、葵花子、亚麻子和棕榈仁等。20 世纪 80 年代以来，棕榈油异常突出，产量增长很快，1993—1994 年度接近 100 万 t，占整个植物油增加量的 45%，出口猛增 11%。1996/1997 年度，植物油出口总量为 2 523 万 t，占当年植物油生产总量的 37.8%，其中出口最多的是棕榈油，出口总量为 1 054 万 t，占植物油出口总量的 41.8%。这些植物油的年生产量约 1 亿 t。生产量最多的是大豆油，其次是棕榈油。其中，大豆油与从棕榈果肉中提取的棕榈油及从棕榈核提取的棕榈核油其年产量均为 3 000 万 t 左右。

2. 世界油料总产中有相当大的份额进入国际市场　20 世纪 90 年代以来，油料作物出口占其总产量的比重一直保持在 20%左右。世界各种油料的进出口中，大豆占有举足轻重的地位。大豆不仅是油料作物，也是保健食品，由于持续农业的发展和大豆加工产品的开发，大豆需求量迅猛增加。以产量记，1979—1981 年年平均为 8 607 万 t，1989—1991 年分别达到 10 716 万 t、10 819 万 t 和 10 285 万 t，1999 年为 15 719 万 t，2008 年则达到 21 062 万 t。大豆生产量的 30%在国际市场上流通，是国际贸易比率最高的油子原料商品。

从世界大豆贸易地区构成看，2004/2005 年美国、阿根廷、巴西三国出口量占世界大豆出口量的 92%（图 16-8），其中美国占世界市场份额的 46%，巴西占 32%，阿根廷占 14%。

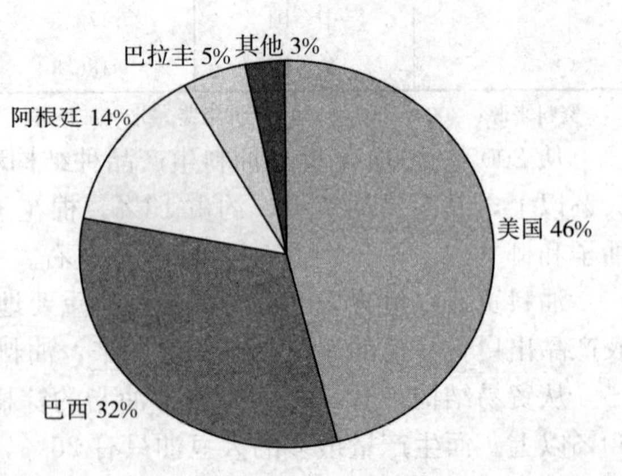

图 16-8　大豆主要输出国比例

3. 世界油料的消费量主要取决于各国的收入水平　世界植物油的人均年消费量同收入水平有密切关系，发达国家人均年植物油消费量达 20.9kg（1986/1987 年度），发展中国家（地区）当年人均年消费量 7.96kg，中国只有 3.55kg。发达国家的人均年消费量为生产中国家人均消费量的 2 倍，但随着世界经济的发展，这种差距在逐步缩小。中国 1992 年城镇居民消费油脂类产品占食品消费支出的 3.69%，1995 年占 4.13%，1999 年为 3.82%。其中城乡居民对大豆直接食用需求增加，1999 年进口大豆 431.8 万 t，比 1997 年的 287.6 万 t 增长 33.4%。

当然，油料价格、消费偏好、政策干预等都将对油料作物消费产生一定影响。

表 16-10　人均年植物油消费量

人均消费量的区分	主要消费国
超过 30kg 的国家	马来西亚（116）、比利时（73.5）、丹麦（52.9）、希腊（47.5）、西班牙（42.8）、美国（36.8）、加拿大（35.5）、德国（33.4）、意大利（32.6）、葡萄牙（31.4）、英国（30.2）
20～29.9kg 的国家	瑞典（24.7）、土耳其（23.9）、法国（23.2）、巴西（22.1）、阿根廷（21.3）
不足 20kg 的国家	南非（19.3）、日本（18.5）、墨西哥（18.4）、韩国（16.4）、印度尼西亚（15.3）、波兰（15.0）、中国（14）、俄罗斯（12.1）、印度（10.5）

资料来源：引自刘喜亮、刘智峰 . 2005. 世界植物油料油脂的生产贸易消费概况 . 粮油加工与食品机械（2）：18.

第五节　中国非谷物农产品国际贸易的发展特征

中国对农产品贸易统计在 1980—1991 年采用联合国《国际贸易标准分类》（SITC）进行进出口贸易分类统计；自 1992 年起采用海关合作理事会《商品名称和编码协调制度》（HS）进行统计。与此同时，关贸总协定《农产品协议》定义的农产品贸易统计范围未包括水产品。一般在分析农产品进出口时间序列数据时，采用国际贸易标准分类统计数据，分析农产品贸易结构特征时，将水产品计入，并定义为“GATT 口径＋水产品”。

中国是世界农产品贸易大国，农产品进出口规模快速增长。2008 年我国农产品贸易总额达 991.6 亿美元，成为世界第四大农产品贸易国。逐步形成了以蔬菜、水果、畜产品、水产品等劳动密集型产品为代表的出口优势产品。1980 年以来，中国农产品对外贸易规模不断增长，20 世纪 90 年代中期以前，中国农产品贸易顺差保持不断扩大趋势；90 年代中后期农产品贸易顺差规模出现大幅度下降。2004 年，我国农产品进出口贸易呈现重要转折，贸易总额突破了 500 亿美元大关，已跨入世界农产品贸易大国的行列。这一年农产品进出口继续保持双增长势头，但进口增幅大大超过出口增幅，农产品贸易由上年同期的顺差转变为逆差，逆差额高达 46.4 亿美元，2008 年逆差达到 181.6 亿美元，同比增长 3.4 倍，2009 年，我国农产品外贸进出口总额为 921.3 亿美元，同比下降 7.1%，结束了连续 9 年的增长势头。其中，出口 395.9 亿美元，同比下降 2.3%；进口 525.5 亿美元，同比下降 10.4%；贸易逆差为 129.6 亿美元，同比下降 28.6%，已连续六个年头呈现逆差走势。

我国农业对外贸易的主要产品分三类，即传统产品（蚕丝、茶叶）、高附加值产品（农副产品加工品）和高价值产品（水产品、畜产品、果蔬等）。而粮油产品在农产品出口中所占份额不断下降，1981—1999 年间，中间有 13 年粮食净进口，1990—2009 年间，食糖与食用植物油一直处于净进口。可见，非谷物贸易在我国农产品贸易中居于重要地位。

一、中国非谷物农产品供需状况

为分析非谷物农产品比较优势，我们将农产品分为土地密集型产品（主要指大宗农产品，如谷物、油菜子、棉花、烟草等）和劳动密集型产品。劳动密集型产品又包括中间产品（乳制品、鲜活动物、动物饲料等）和消费者导向产品（如肉类加工品、果蔬加工品及食糖等）。可见，非谷物农产品主要是劳动密集型产品。其畜产品、水产品、蔬菜及农产品加工品成为农业生产和贸易中最具有比较优势的产品。

（一）畜产品

我国是世界上最大的畜产品生产国，改革开放以来，城乡人均畜产品消费增长很快，推动了畜牧业生产的快速发展。1952 年，我国肉类总产为 338.5 万 t（主要为猪、牛、羊肉），1978 年增长为 856.3 万，26 年间增加了约 2.5 倍，年均递增 3.6%。1980—1990 年 10 年间增加了 2.1 倍，年均递增 7.6%。2000 年增长为 4 838 万 t，10 年间增加了 1.9 倍，年均递增 7.8%。2010 年增长到 7 780 万 t，20 年间增长了 2.7 倍，年均递增 5.1%，如图 16 - 9 所示。

畜产品主要供国内消费，随着城乡居民消费结构的变化，对肉类及其制品需求将出现缓慢下降趋势；这种趋势在 20 世纪 90 年代初已开始，部分品种甚至出现下降。

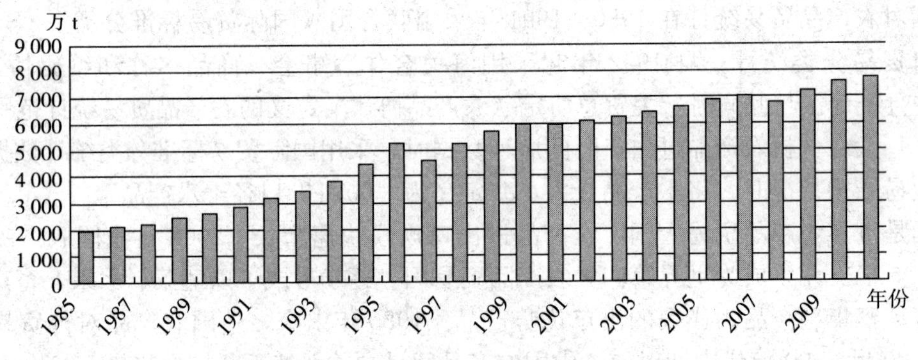

图 16 - 9　中国畜产品生产量变化

（二）水产品

我国水产品是市场放开经营较早的产品，随着市场化程度的提高和消费需求旺盛，水产品一直保持稳定快速增长的势头。1952—1978 年，水产品产量由 130.4 万 t 增长到 465.3 万 t，26 年间增加了约 3.6 倍，年均递增 5%。1980—2000 年，水产品产量由 449.3 万 t 增长到 4 278.5 万 t，20 年间增加了约 10 倍，年均递增 11.9%。1990—2010 年，水产品产量由 3 570.1 万 t 增长到 5 366 万 t，20 年间增长了 1.5 倍，年均递增 2%，如图 16 - 10 所示。

由于世界水资源趋于衰竭，远洋捕捞业发展将受到限制。而我国历来有近海和内陆水产养殖的生产习惯和技术积累，自 1990 年以来，养殖产量逐渐增长，并超过了捕捞产品。2009 年，我国水产品养殖产量为 3 621.7 万 t，占水产品总产量 5 116.4 万 t 的 70.8%，捕捞产量则占水产品总产量的 29.2%（表 16 - 10）。水产品的主要种类为鱼类、虾蟹类、贝类、藻类等，其中以鱼类和贝类产量最高。

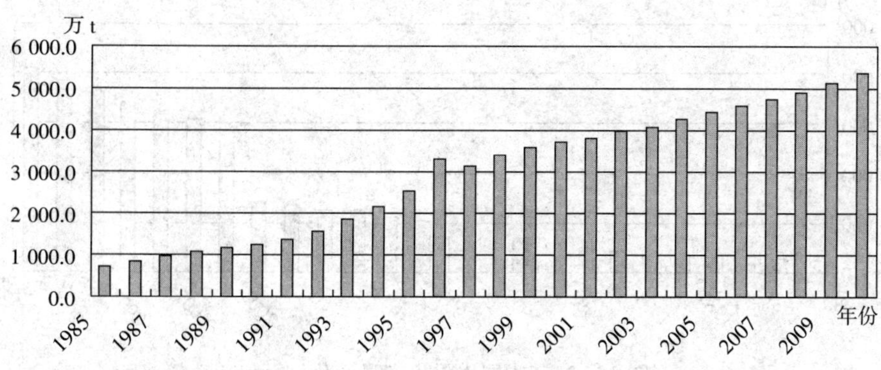

图 16-10　中国水产品生产量变化

30 多年来，我国人均水产品消费随收入水平提高不断增长，优质产品增长更快，水产品消费需求预期将以较快速度增长。

表 16-11　中国水产品生产方式分类　单位：万 t

生产类型		1990 年	1995 年	2000 年	2008 年	2009 年	2009 年为 2008 年百分比（%）
按海水、内陆分	海水产量	713.3	1 439.1	2 203.9	2 598.3	2 681.6	103.2
	内陆产量	523.7	1 078.0	1 502.3	2 297.3	2 434.8	106.0
按生产性质分	捕捞产量	629.2	1 164.1	1 469.4	1 482.8	1 494.7	100.8
	养殖产量	607.8	1 353.1	2 236.8	3 412.8	3 621.7	106.1
按品种分	鱼类	928.1	1 776.8	2 606.0	2 862.8	2 990.7	104.5
	甲壳类	116.5	212.1	385.4	498.8	532.4	106.7
	贝类	154.9	412.8	1 085.0	1 122.6	1 172.0	104.4
	藻类	27.5	74.9	122.2	142.3	148.4	104.3
水产品总产量		1 237.0	2 517.2	3 706.2	4 895.6	5 116.4	104.5

资料来源：2010 年《中国农村统计年鉴》.

（三）蔬菜水果

蔬菜和水果在劳动力资源丰富的中国具有低成本生产优势，目前我国蔬菜和水果的总产量均属于世界首位。1952 年水果总产量为 244.3 万 t，1978 年增长为 657.0 万 t，26 年增长 2.7 倍，年递增 3.9%，1980 年水果总产 679.3 万 t，2000 年上升为 6 225.1 万，20 年间增加了 9.2 倍，平均递增 11.7%。1993 年蔬菜播种面积为 808.36 万 hm^2，2000 年增长为 1 334.69万 hm^2，17 年间增加了 1.7 倍，年均递增 3%。水果中以苹果、柑橘、梨、葡萄、香蕉为主，2009 年增长为 1 841.4 万 hm^2，16 年间增长了 2.3 倍，年均递增 5.3%，如图 10-11 所示。水果中以苹果、柑橘、梨、葡萄、香蕉为主，2009 年各品种占水果总产量依次为：26%、21%、12%、6%、7%。我国水果消费远低于发达国家，今后水果消费在收入水平提高后会有一定增长。我国城乡居民人均鲜果消费水平很高，今后主要是品种结构的变化。

（四）植物纤维（棉花）

我国是世界上最大的纺织品生产国，我国棉花消费数量居世界首位。2008 年中国、美

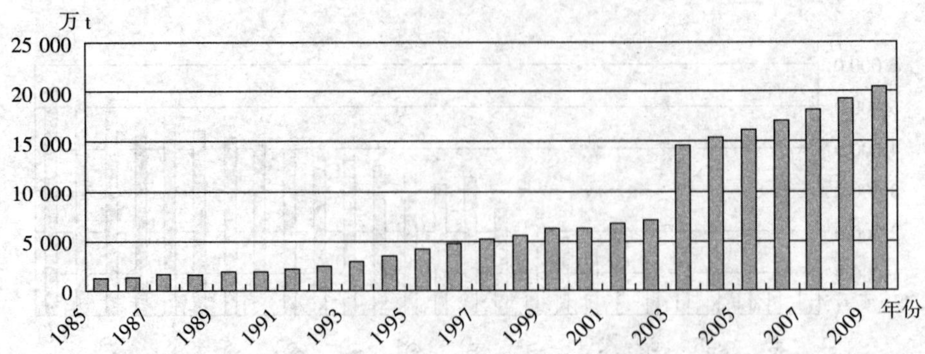

图 16－11　中国水果生产量变化（万 t）

国、印度和巴西四国的棉花库存占世界棉花库存总量的 70.1%，棉花产量占世界产量的 1/4，棉花消费数量居世界首位。棉花生产在 20 世纪 80 年代以来增长较快，90 年代以后生产出现大幅度波动。1952—1978 年，棉花产量由 130.4 万 t 上升为 216.7 万 t，增加了 1.7 倍，年均递增 2%。1980—1990 年，棉花产量年均递增 5.2%，1993 年以后，棉花产量在 370 万～460 万 t 之间波动（表 16－12、图 16－12），2007 达到最大产量 762.4 万 t，近两年又出现回落。今后棉花生产发展一方面具有加入世界贸易组织后纺织品工业快速发展的机遇，但另一方面，我国 1997 年以后，棉花生产成本上升，而北美自由贸易协定签订后，美国纺织品进口将从亚洲转向墨西哥。国内市场棉花消费量已趋于稳定，因而棉花生产扩张将取决于棉花和纺织工业的国际竞争力水平的提高。

表 16－12　中国棉花供需情况

年份	生产量（万 t）	出口量（万 t）	进口量（万 t）	全国人均占有量（kg）
1990	450.8	167 282	42	4
1993	373.9	150 711	1	—
1995	476.8	21 619	74	4
1999	382.9	236 322	5	—
2000	441.7	292 475	5	3.5
2004	632.4	9 092	191	4.9
2005	571.4	4 962	257	4.4
2006	753.3	12 956	364	5.7
2007	762.4	21 004	246	5.8
2008	749.2	16 361	211	5.7
2009	637.7	8 249	153	4.8

资料来源：中经网统计数据库.

（五）食糖

改革开放以来，我国糖料产量由 1990 年的 7 214.5 万 t 增长到 2009 年的 12 276.6 万 t，19 年间增长了 2.6 倍，年均递增 2.8%，如图 16－13 所示。食糖消费量增长也较快，供需缺口较大，国内食糖生产只能满足消费的 70%～80%。30 年间食糖一直是进口大于出口，20 世纪 90 年代中期以来，城乡居民人均消费趋于稳定，年消费量在 630 万 t 左右，食糖生

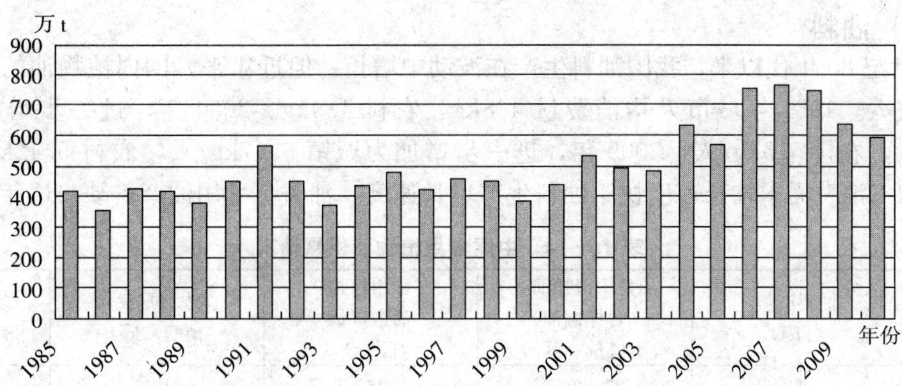

图 16-12　中国棉花生产量变化

产增长很快，食糖进口量急剧减少（表 16-13）。

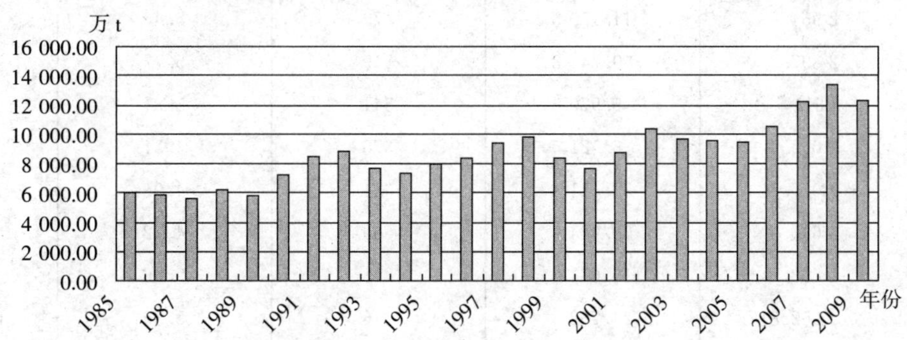

图 16-13　中国糖料生产量变化

表 16-13　中国食糖供需情况

年份	生产量（万 t）	出口量（万 t）	进口量（万 t）	农村居民人均消费（kg）
1990	7 214.50	57.00	113.00	1.5
1993	7 624.20	185.00	45.00	1.43
1996	8 360.20	66.00	125.00	1.37
1999	8 334.20	37.00	42.00	1.5
2000	7 635.30	41.00	64.00	1.28
2001	8 655.20	20.00	120.00	1.43
2002	10 292.70	33.00	118.00	1.64
2003	9 641.70	10.32	78.00	1.24
2004	9 570.60	8.52	121.00	1.11
2005	9 451.90	35.83	139.00	1.13
2006	10 460.00	15.44	135.00	1.09
2007	12 188.20	11.05	119.00	1.07
2008	13 419.60	5.84	78.00	1.11
2009	12 276.60	6.39	106.00	1.07

资料来源：中经网统计数据库．

（六）油料

20世纪80年代以来，我国油料生产在波动中增长。但近年来，国内植物油的生产和消费缺口较大。1981年城市人均消费量4.8kg，农村1.9kg。2000年，进一步增加为城市8.2kg/人，农村5.5kg/人，2009年，进一步增加为城镇9.67kg/人，农村5.42kg/人。由于油料加工消费需求增长速度快于油料生产增长速度，油料与食用油产需缺口逐年加大。

表16-14　中国食用植物油供需情况

年份	油料产量（万t）	食用植物油（含棕榈油）出口量（万t）	食用植物油进口量（万t）	农村居民消费（kg）	城镇居民消费（kg）
1994	1 989.6	27.026 7	163	—	7.53
1996	2 210.6	47.346 5	264	—	7.13
1998	2 313.9	30.920 2	206	—	7.6
2000	2 954.8	11.150 5	179	5.45	8.16
2002	2 897.2	9.744 3	319	5.77	8.52
2003	2 811	5.970 5	541	5.31	9.2
2004	3 065.9	6.521 5	676	4.31	9.3
2005	3 077.1	22.521 4	621	4.9	9.25
2006	2 640.3	39.924 9	669	4.72	9.38
2007	2 568.7	16.634 8	838	5.06	9.63
2008	2 952.8	24.762 3	816	5.36	10.27
2009	3 154.3	11.401 9	816	5.42	9.67

资料来源：中经网统计数据库.

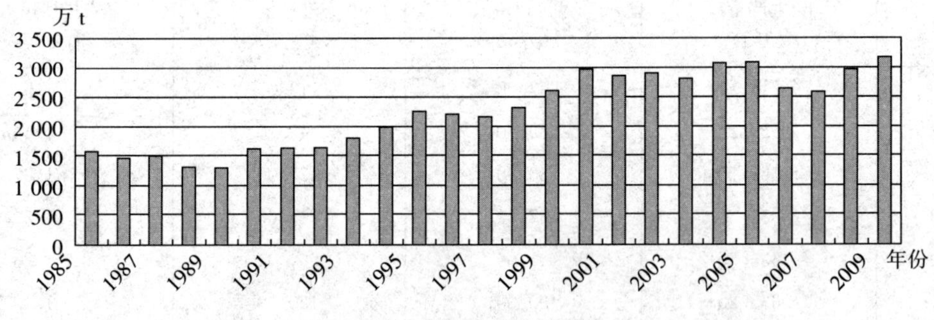

图16-14　中国油料生产量变化

二、中国非谷物农产品贸易格局及变化特征

（一）贸易格局

与我国农产品贸易增长相对应，非谷物贸易在改革开放以来增长很快，进口、出口额都大幅增长，但贸易逆差呈现增大趋势。1990年非谷物农产品出口总额为92.338 2亿美元，占同期农产品出口总额的93.7%，非谷物农产品进口总额为32.395亿美元，占同期农产品出口总额的57.9%。1998年非谷物农产品出口总额为123.593 5亿美元，占同期农产品出

口总额的88.7%，非谷物农产品进口总额为140.239 8亿美元，占同期农产品出口总额的95.1%。2008年非谷物农产品出口总额为446.084 3亿美元，占同期农产品出口总额的98.3%，非谷物农产品进口总额为612.342 1亿美元，占同期农产品出口总额的98.8%（表16-15）。

表16-15 中国农产品贸易分类变化情况　　单位：亿美元

年份	农产品贸易额			谷物及谷物粉贸易额			非谷物贸易额		
	出口总额	进口总额	净出口（＋）净进口（－）	出口总额	进口总额	贸易差额	出口总额	进口总额	贸易差额
1998	139.32	147.40	－8.08	15.73	7.16	8.57	123.59	140.24	－16.65
2000	153.52	166.66	－13.14	16.94	5.94	11.00	136.58	160.72	－24.14
2002	173.45	176.79	－3.34	17.17	4.94	12.24	156.28	171.86	－15.58
2004	203.41	271.18	－67.77	8.28	22.29	－14.01	195.13	248.89	－53.76
2005	315.25	315.21	0.04	15.19	14.09	1.10	300.06	301.12	－1.06
2006	357.72	351.36	6.36	11.54	8.39	3.16	346.18	342.97	3.20
2007	413.50	444.20	－30.70	21.89	5.34	16.55	391.61	438.86	－47.25
2008	453.67	619.66	－165.99	7.59	7.32	0.27	446.08	612.34	－166.26

资料来源：据中经网统计数据库和《中国农业年鉴》整理计算.

可以说，中国农产品贸易的发展速度取决于非谷物农产品贸易的增长。1998—2008年，非谷物农产品出口总额由123.593 5亿美元增长到446.084 3亿美元，10年间增长了3.6倍，年均递增13.7%。进口额由140.239 8亿美元增长到612.342 1亿美元，增长了4.4倍，年均递增15.9%。净进口额由16.646 3亿美元增长到166.257 8亿美元，增长了10倍，年均递增25.9%。非谷物农产品贸易结构特征如下：

（1）主要出口的非谷物农产品为园艺产品、水产品和畜产品。园艺产品出口一般占32%以上，1995年达40.46%，2003年最高达48%。畜产品出口比重有所下降，1998—2008年间，畜产品由31%下降为19%，而园艺产品在45%左右波动，水产品在农产品出口中的比重相对稳定。

（2）进口非谷物农产品中，畜产品、水产品的比重上升，其他农产品进口比重大幅度下降，园艺产品比重变化较小（除1998年园艺产品进口占农产品进口17.93%，超过畜产品进口比重16.95%），其中食用油子进口额快速增长。

（3）中国非谷物农产品的主要出口市场是亚洲地区。1992—1996年中国对亚洲国家的出口占农产品出口的64%，1994—1996年达70%，2000年1～10月则上升为73.4%。其次是欧洲市场，1992—1996年间对该地区出口占农产品出口的18%以上，1998年为23%，2000年1～10月则下降为13.3%。我国对北美地区的农产品出口比重一般在5%～6%，近年有上升趋势，由1998年5.8%上升为2000年1～10月的8.3%。对非洲、南美洲的农产品出口比重较小，2000年1～10月分别为3.1%和1.2%。

（4）中国非谷物农产品主要进口市场是北美地区，但有下降趋势。近年来，南美洲对中国出口农产品出现上升趋势，欧洲对中国的农产品出口波动较大，亚洲地区进口近年有所下降。进口主要国家依次为美国、澳大利亚、阿根廷、加拿大、巴西。1992—1996年间进口地区构成比重依次为：北美26%以上，亚洲20%左右，拉丁美洲11%左右，其他地区27%左右。

（二）变化特征

1. 非谷物贸易仍将以较高的速度增长，但其增长速度要受国内外市场需求状况的影响 从国内需求看，我国城乡居民主食消费支出下降，副食消费逐渐替代主食消费。肉奶蛋、蔬菜、水产品等消费需求逐渐增大。从总体趋势看，尽管恩格尔系数会随收入提高而下降，但我国目前离食品消费饱和期差距较大，食品消费仍会保持较快的增长速度。从国际市场需求看，国际商品价格差异调节需求变动水平。我国肉类仍具有价格优势，非谷物贸易仍将以较高速度增长，但其贸易结构将会在国内外市场需求的影响下发生变动。

2. 从比较优势到竞争优势转化是非谷物农产品对外贸易持续增长的根本保证 据国内部分学者研究显示，农产品出口的比较优势为中间产品，其次为消费者导向产品，大宗农产品相对具有比较劣势。具体产品依次为畜产品、水产品、蔬菜、肉类和水产品加工制品等。① 现有的比较优势只反映了单纯根据资源禀赋所形成的贸易结构，只是一种静态优势，是竞争优势的基础，只有将比较优势转化为竞争优势，才能形成真正的出口竞争力。竞争优势的实现是一系列综合因素作用的结果，但主要受四类因素的影响，即要素禀赋状况，尤其是高级要素的影响；需求状况，尤其是农业产业市场化和开放度的影响；相关及支持产业；国内环境，尤指政府应创造公平的竞争环境，保护支持农业的发展，以取得竞争优势。

我国现行农业政策，尤其是有关市场支持政策属于负保护政策（国内支持总量AMS为负数），要发挥农业在国民经济中的外汇贡献作用，提升农业国际竞争力，必须构建有利于形成竞争优势的农业支持和保护政策体系。

3. 世界贸易组织框架下，非谷物农产品的生产和出口竞争将更为激烈 《中美农业合作协议》规定中国要平均减少农产品关税17%。其中：大豆关税限定在3%；猪肉由20%降到12%；牛肉由45%降到12%；禽肉由20%降到10%。到2004年柑橘和葡萄由40%降到12%和13%。同时还规定了关税配额（TRQ），豆油关税配额开始是170万t，2005年增加到330万t；棉花关税配额由74万t增加到89万t。这意味着要逐步开放农产品市场，非谷物农产品将面临巨大的竞争压力，因为我国非谷物农产品生产在劳动生产率、资源、技术、资金、市场营销管理上都与世界发达国家存在明显差距，发达国家迄今对农业的支持维持在较高水平。而且，在进入市场方面，目前还面临日益加强的区域性贸易集团的竞争和挤压。所以，我国农产品包括非谷物农产品对外贸易持续增长的根本出路在于全面提升农业国际竞争水平。

复习思考题

1. 中国农产品国际贸易中，蔬菜、水产品呈现较大贸易顺差的原因何在？
2. 制约中国非谷物农产品出口竞争力的主要因素是什么？
3. 分析转基因农产品（GMOs）贸易对中国农产品贸易格局的影响。

---

① 程国强．1999．中国农产品贸易：格局与政策．管理世界（京）（3）．

主要参考文献

程国强 . 2001. WTO 农业规则与中国农业发展 . 北京：中国经济出版社 .
程国强 . 1996. 农业贸易政策论 . 北京：中国经济出版社 .
大卫・格林纳韦 . 2001. 国际贸易前沿问题 . 北京：中国税务出版社 .
高成兴 等 . 2011. 国际贸易教程 . 第 3 版 . 北京：中国人民大学出版社 .
海闻 . 1993. 国际贸易：理论、政策、实践 . 上海：上海人民出版社 .
侯晓昌 . 1992. 农产品国际贸易 . 北京：农业出版社 .
牛宝俊 . 1999. 农产品对外贸易政策研究 . 广州：广东人民出版社 .
唐正平 . 2000. 入世与农产品市场开放 . 北京：中国对外经济贸易出版社 .
王福明 . 2000. 世贸组织运行机制与规则 . 北京：对外经济贸易大学出版社 .
希尔（Hill C. W. L.）. 2008. 国际贸易理论 . 第 6 版 . 北京：人民邮电出版社 .
薛荣久 . 2006. 国际贸易——新编国际经贸核心精品课程教材 . 北京：对外经济贸易大学出版社 .
Bhagwatti，J. N. 1991. The World Trading System at Risk. Princeton，N. J. ：Princeton University Press.
Corden，W. M. 1992. International Trade Theory and Poiicy. Brookfield，Vt. ：Edward Elgar.
Houck，JarflesP. 1986. Elements Of Agricultural Trade Policies. New York：Macmillan Publishing Company.
Krugman，Paul and Maurice Obstfield. 1996. International Economics：Theory and Policy. New York：McGraw-Hill.
Salvatore，D. 1997. Theory and Problems of Intemational Economies. New York：McGraw-Hill.